KB180189

지방의회, 아는 만큼
잘할 수 있다!

바로 읽고 바로 실무에 적용 가능한
의정 활동 워크북

지방의회, 아는 만큼 잘할 수 있다!

강상원 · 한태식 외 지음

알파미디어

그동안 지방정부를 둘러싼 대내외적 환경에 많은 변화가 있었다. 32년 만에 맞이한 「지방자치법」의 전부개정으로 자치분권 2.0시대 진입의 핵심인 주민주권과 주민자치가 구현될 수 있는 토대가 마련됐다. 1991년 지방의회 부활 이후 오랜 숙원이던 인사권 독립, 정책지원관 도입, 인사청문회와 교섭단체 법정화 등이 실현되면서 지방의회의 위상과 권한이 대폭 확대되었다.

이러한 의정환경 변화와 함께 저자들의 신분도 많이 바뀌었다. 서울특별시의회에서 오랫동안 한솥밥을 먹고 지내던 저자들 중 누구는 경력과 전공을 살려 대학으로, 다른 지방의회로, 행정책임자로, 전문연구자, 정책평가자로 자리를 옮겼다. 서울특별시의회에서 승진하며 여전히 훌륭한 경력을 쌓고 있는 저자들 또한 있다.

《지방의회, 아는 만큼 잘할 수 있다!》 이 책만큼 인생에서 우리에게 소중한 기억은 없다. 시중의 전공서가 지방의회의 현실과 실무를 간과하고 있다는 고민에서 출발한 무모한 도전일 수도 있었다. 그러나 혈기지용(血氣之勇)의 패기와 열정을 담았고, 그 결과 독자들로부터 과분한 사랑과 격려를 받았다.

저자들은 예상치 못한 성공(?)에 자아도취되어 헤어나질 못했다. 첫 출판 이후 6년이란 시간이 지났음에도, 의정환경이 비약적으로 변화 발전했음에도, 완판 이후 독자들의 인쇄 요청이 있었음에도 이러한 절실한 요구에 제대로 대응하지 못했다. 서문의 마지막 문장에 미흡한 점은 앞으로 거듭 보완해 나갈 것을 약속했지만 부끄럽게도 그러지 못했다. 실무를 핑계로 한 저자들의 게으름과 불친절함을 용서하지 마시라. 이제부터라도 정신 바짝 차리고 지방의회 최고 전문가이자 경력자라는 자긍심에 어긋나지 않게 우리나라 지방자치와 지방의회의 발전에 기여하고, 자치분권과 주민주권 실현이라는 시대적 그리고 사회적 사명을 앞장서 실천해 나갈 것이다.

2024년 6월 저자 일동

| 초판 서문 |

현장 경험과 전문성을 바탕으로 한, 살아 있는 의정활동 지침서

주민이 지방자치단체 대표를 직접 뽑아 행정을 펼치는 일명 민선 지방자치를 시작한 지도 올해로 24년째 되는 해입니다. 지방자치는 주민이 필요로 하는 행정을 찾아 자치법규를 제정하고 적절한 시기에 재정을 투입하는 등 주민의 삶의 질과 복지수준을 높이는 데 기여해 왔습니다. 최근 우리는 대통령 탄핵과 국정공백이라는 정치적 불안정 시기에 정부가 거의 아무 일도 못하고 지켜만 보고 있었던 경험이 있습니다. 이 때 우리나라 국민의 삶을 지탱해 준 것은 다름 아닌 '지방자치'라 해도 과언은 아닐 것입니다.

지방자치는 앞으로 더 많이 변할 것으로 예상됩니다. 행정 정보가 주민에게 충분히 공개되는가 하면, 지방행정에서 주민의 참여도 더 확대될 것입니다. 중앙정부가 가진 행정 권한도 더 많이 지방정부로 넘겨질 것입니다. 자치입법 권한이 높아지는가 하면 지방정부 행정조직의 자율권과 인사권도 더 확대될 전망입니다. 지방자치 여건이 변모하고 발전해 갈수록 지방의회의 권한과 역할은 더 커질 것입니다. 집행기관과 더불어 지방자치를 형성하는 두 수레바퀴의 한 축이 지방의회이기 때문입니다.

지방의회는 주민의 뜻을 행정에 반영시키는 주민의 대표기관이자 자치조례의 입법, 예산안의 심의 · 확정과 같이 지방정부에서 벌어지는 각종 정책을 최종적으로 결정하는 최고의결기관이기도 합니다. 집행기관이 행정을 잘 펼치고 있는지, 예산을 적법하게 집행하고 있는지 감사하는 행정감시와 통제기관으로서의 지위도 아울러 갖고 있습니다.

최근 지방의회는 어떤 곳이고, 지방의원은 의회에서 어떤 일을 하는지 궁금해하는 분들이 많습니다. 지방의회의 역할이 커지면서 지방의회와 지방의원에 대한 관심이 그만큼 높아진 게 아닌가 생각됩니다. 의회에 처음으로 등원하는 의원 또한 지방의회에서 이루어지는 의사결정의 종류는 무엇이고, 의원이 어떠한 방식으로 의정활동을 하고 있는지 그리고 의정활동을 잘하기 위해 필요한 노하우는 무엇인지 궁금할 것입니다.

이 책은 이러한 관심과 요구에 조금이나마 부응할 목적으로 만들어졌습니다. 사실 지방의원의 역할은 알려진 것 이상으로 매우 큽니다. 고질적인 민원을 해결하여 주민 갈등을 해소하는가 하면, 지역에 꼭 필요한 사업을 추진하게 함으로써 생활환경의 변화를 이끕니다. 일선 공무원의 행정이 시대 흐름에 어긋날 경우 이를 바로잡아 올바른 정책으로 유도하기도 합니다. 새로운 정책을 발굴할 때에는 일선 행정 공무원과 긴밀히 협의하여 제대로 된 사업 모델을 함께 만들어 가기도 합니다.

저자들은 지방의원이 지방의회에서 권한과 역할을 더 충실히 하는 데 이 책이 기여할 수 있기를 바라는 마음으로 함께했습니다. 지방의회의 주체인 지방의원과 집행부 공무원은 물론, 의원이 되고자 준비하는 정치인, 지방자치 분야를 전공하는 학생, 지방자치 발전에 애정을 가진 시민도 지방의회를 이해하는 데 이 책을 활용할 수 있습니다.

이 책은 크게 네 장으로 구성되어 있습니다. 우선 들어가는 글에서는 지방의회가 어떠한 기관인지를 설명하였습니다. 이는 이 책의 전체 내용을 이해하는 중요한 길잡이 구실을 할 것입니다. 1장에서는 지방의회에서 다루는 의안의 심사 과정을 종합적으로 다루었습니다. 의안의 종류가 무엇이며, 어떠한 과정을 거쳐 의안이 처리되는지를 설명하고 있습니다. 아울러 중요 의안 중 조례안 심사과정과 조례안 입안 기법, 공유재산관리계획 심사, 민간위탁과 출연 · 출자 동의안 심사, 도시계획처럼 행정계획에 대한 의견청취안의 심사, 주민 청원 심사 과정을 묶어 읽기 쉽게 설명하였습니다.

2장은 예산안과 결산 승인 심사 과정을 별도로 엮었습니다. 예산의 구조와 예산편성–집행–결산으로 이어지는 일련의 재정집행체계에 대하여 설명하였습니다. 예산에 대한 높은 관심에 비추어 예산을 체계적으로 이해하는 의원과 공무원, 시민은 그리 많지 않습니다. 집행기관에서는 예산을 어떻게 편성하고 있는지, 예산의 원칙이 무엇이며 왜 필요한지를 알기 쉽게 설명한 책도 많지 않아 보입니다. 특히 이 장에서는 수십 년 간의 공직 경험을 바탕으로 예산서에서 놓치면 안 되는 사항, 결산심사 할 때 꼭 검토해야 할 사항까지 함께 설명하고 있습니다.

3장은 지방의회의 행정 견제와 통제 기능의 실질적 활동인 행정사무감사와 조사활동, 대집행부 질문 등 지방의회의 권한을 내실 있게 운영하는 데 도움될 만한 사항을 다뤘습니다. 이 외에도 특별위원회 활동에 관한 사항, 지방의회에 두는 교섭단체 구성기준, 인사청문회 운영현황과 유의사항, 본회의장에서의 의원의 발언 유형과 발언시 유의사항을 포함하고 있습니다.

마지막으로 4장은 그간의 의회 근무를 통해 터득한 전문 지식과 경험을 바탕으로 의원의 의정활동에 도움될 만한 내용을 담았습니다. 서류제출요구, 업무보고서 활용, 민원 처리, 출판기념회 활용, 의정보고서 작성 등 의정활동에 필요한 각종 노하우를 가능한 한 이해하기 쉽게 설명하였습니다. 이는 다른 지방의회 관련 책에서는 쉽게 찾아보기 어려운 주제들일 것입니다.

지방의회와 관련된 내용은 이 책에서 말한 내용 말고도 무수히 많습니다. 주제별 내용도 각 장마다 별도의 책으로도 묶어질 수 있습니다. 이 책은 현재 지방의회에서 종사하는 공직자들이 다년간의 경험을 바탕으로 저술하여, 사실의 이해뿐 아니라 지방의원이 꼭 알아야 할 사항을 보다 알기 쉽게 전달하고 있어 일반적인 이론서와는 달리 생생한 현장감이 장점입니다. 아쉬운 점은 여러 전문가가 공동으로 작업한 관계로 주제마다 내용의 깊이가 다소 차이가 날 수 있다는 점입니다.

실무로 바쁜 와중에도 이 책을 출간한 데는 지방선거 후 새로 구성되는 의회에서 의원이 효과적으로 의정활동을 펼쳐 주민의 삶의 질 향상과 지방자치 발전에 기여할 수 있기를 바라는 저자들의 애정이 앞섰기 때문입니다. 미흡한 점은 앞으로 거듭 보완해 갈 것을 약속드립니다. 끝으로 어려운 여건에도 불구하고 기꺼이 출판에 나서주신 도서출판 알파미디어 정광성 대표님께 감사한 마음을 전합니다.

2018년 5월 저자 일동

| 차례 |

3장

지방의회의 감사 · 견제 활동 제대로 하기

4장

아무도 쉽게 알려주지 않는 의정활동 노하우

| 들어가는 글 |

지방의회는 이런 기관입니다! 박순종

우리나라 지방자치제도와 지방의회의 연혁에 대해 간단히 설명해 주세요!

우리나라의 지방자치는 1945년 8 · 15 해방 이후 1948년 정부가 수립되어 헌법에 지방자치 관련 조항이 명시되고, 같은 해 「지방행정에 관한 임시조치법」, 이듬해인 1949년 「지방자치법」이 공포 · 시행되면서 시작됐습니다. 이후 지방의원 선거 연기와 6 · 25로 우여곡절을 겪다가 1952년 최초로 지방의회가 구성 · 출범했으나, 1961년 5 · 16 군사 쿠데타로 중단됐습니다.

이로부터 30년이 지난 1991년, 지방의회가 새롭게 재구성되면서 본격적인 지방자치가 부활됐습니다. 1995년에는 단체장도 주민직선으로 선출하게 됩니다. 지방자치단체의 양대 기관이자 핵심축인 지방의원과 단체장 모두 주민의 투표를 통해 선출하기 시작했다는 점에서 진정한 지방자치가 재출발했다고 보면 됩니다. 이후 모두 7번의 전국동시지방선거가 실시됐고, 2022년 6월 1일, 제7회 전국동시지방선거를 통해 향후 4년간 지방행정을 책임질 단체장과 지방의원을 선출했습니다.

우리나라 지방자치제도와 지방의회에 관한 법적 근거에 대해 알고 싶어요!

우리나라 지방자치제도에 관한 법적 근거는 「헌법」 제8장 〔지방자치〕 편에서 찾을 수 있습니다. 제117조에서 지방자치단체는 주민의 복리에 관한 사무와 재산을 관리하고, 법령의 범위 안에서 자치에 관한 규정을 제정할 수 있으며, 그 종류는 법률로 정하도록 규정하고 있습니다. 제118조 제1항은 "지방자치단체에 의회를 둔다"고 규정함으로써 지방의회가 헌법기관에 해당함을 명시적으로 밝히고 있습니다. 제2항에서는 "지방의회의 조직 · 권한 · 의원선거와 지방자치단체의 장의 선임방법 기타 지방자치단체의 조직과 운영에 관한 사항은 법률로 정한다"고 규정하고 있습니다. 이에 따라 우리나라는 지방의회를 포함한 지방자치에 관한 일반법으로서 「지방자치법」이 있으며, 이를 기반으로 각종 제도가 운영돼 오고 있습니다.

「지방자치법」은 총 12장, 총 211개의 조로 구성되며, 제5장에 〔지방의회〕 편을 두고 있습니다. 구체적으로 살펴보면, 제1절 조직, 제2절 지방의회의원, 제3절 권한, 제4절 소집과 회기, 제5절 의장과 부의장, 제6절 교섭단체 및 위원회, 제7절 회의, 제8절 청원, 제9절 의원의 사직 · 퇴직과 자격심사, 제10절 질서, 제11절 징계, 제12절 사무기구와 직원 등에 관한 사항을 규정하고 있습니다.

지방자치단체와 지방의회의 구역 및 계층은 어떻게 되나요?

우리나라의 지방자치단체는 광역자치단체(특별시, 광역시, 특별자치시, 도 · 특별자치도)와 기초자치단체(시 · 군 · 자치구)로 나눌 수 있으며, 이에 따라 지방의회도 광역의회와 기초의회로 구분됩니다. 이처럼 우리나라 지방자치의 구역과 계층은 원칙적으로 중앙정부 아래 광역자치단체 안에 기초자치단체가 모두 존재하는 중층제를 기본으로 하고 있으나, 제주특별자치도와 세종특별자치시는 광역만 존재하고 기초가 없는 단층제 형태로 운영하고 있다는 점을 봤을 때 양자가 혼합된 구조를 가지고 있다 할 수 있습니다. 다만 제주특별자치도는 기초자치단체가 아닌 행정시에 속하는 제주시와 서귀포시가 있으며, 시장도 주민들의 투표로 선출하지 않고 제주특별자치도지사가 직접 임명합니다. 2023년말 기준으로 광역의회는 17개가 있으며, 기초의회는 226개에 이릅니다.

한편, 「지방자치법」 제182조에 따라 지방자치단체의 장이나 지방의회의 의장은 상호 간의 교류와 협력을 증진하고, 공동의 문제를 협의하기 위하여 각각 전국적 협의체를 설립할 수 있습니다. 이에 따라 시 · 도지사협의회, 시 · 도의회의장협의회, 시장 · 군수 · 구청장협의회, 시 · 군 · 자치구의회의장협의회가 구성돼 있으며, 이를 통틀어 전국 4대 지방협의체라 부릅니다. 지방의회는 광역의회 의장들로 구성되는 시 · 도의회 의장협의회와 기초의회 의장들로 구성되는 시 · 군 · 자치구의회 의장협의회가 중심이 되어 지방자치와 지방의회의 발전을 위한 다양한 활동을 펼쳐가고 있습니다.

우리나라의 지방의회와 단체장의 구성 형태는 어떻게 되나요?

일반적으로 지방의회와 단체장의 관계를 어떻게 설정하느냐에 따라 기관통합(일체)형과 기관대립(분리)형으로 구분할 수 있는데, 우리나라는 후자의 형태를 취하고 있습니다. 즉, 우리나라 지방자치단체는 의사결정기능을 담당하는 의결기관으로서 지방의회를 두고, 그 의사의 집행과 행정의 통할권을 가진 집행기관으로서 단체장을 서로 분리시켜 상호 견제와 균형의 원리에 의해 운영되는 형태라 할 수 있습니다. 이는 대통령제와 형태적으로 유사한 특징을 가지고 있으며, 양자 간의 경쟁과 협력, 상호 견제와 감시, 일방의 권력남용을 효율적으로 방지할 수 있다는 장점이 있습니다. 반면에 의결기관과 집행기관 간 대립과 갈등이 발생할 소지가 크고, 갈등이 장기화될 경우에는 신속하고 효율적인 행정을 저해할 수 있다는 단점이 있습니다.

그러나 이러한 기관 구성 형태에도 불구하고 우리나라는 단체장에게 권한이 집중된 강시장-약의회의 모습을 띠고 있습니다. 이는 지방의회의 의결에 대한 단체장의 재의요구와 대법원 제소권, 단체장의 선결처분권 등이 인정되고 있다는 점에서 특히 그러합니다. 「지방자치법」을 비롯한 각종 법령에서도 대부분의 권한이 단체장에게 부여돼 있습니다. 이는 지방의회 부활 초기, 선출직인 지방의원으로 구성되는 지방의회보다는 중앙정부가 임명권한을 가진 임명직 단체장에게 권한을 몰아주었던 관행이 고스란히 남아 있기 때문입니다.

한편, 지방자치법 전부개정으로 지방자치단체 기관구성 형태의 특례가 제4조에 새롭게 규정되었습니다. 즉 지방의회와 집행기관에 관한 지방자치법의 규정에도 불구하고 따로 법률로 정하는 바에 따라 지방자치단체의 장의 선임방법을 포함한 지방자치단체의 기관구성 형태를 달리 할 수 있도록 하고 있습니다. 다만, 지방의회와 집행기관의 구성을 현행과 달리하려는 경우에는 「주민투표법」에 따른 주민투표를 거쳐야 합니다.

지방의회는 어떠한 지위와 권한을 갖나요?

일반적으로 지방의회는 지방자치단체의 의결기관으로서 주민에 의해 선출된 지방의원을 그 구성원으로 하여 성립하는 합의제 기관을 의미합니다. 지방의회가 어떠한 지위를 갖느냐에 대해서는 학자들마다 그 견해가 매우 다양합니다. 하지만 일반적으로 지방의회는「헌법」과「지방자치법」이 정하는 바에 따라 다음과 같은 4가지의 지위와 이에 따른 다양한 권한을 갖는다고 보시면 됩니다.

첫째, 지방의회는 주민의 대표기관으로서의 지위를 가집니다. 대의제 민주주의를 채택하고 있는 우리나라에서는 지방의회가 주민의 대표기능을 담당하고 있습니다. 특히 주민이 직접 선출한 지방의원들로 구성된다는 점에서 그러하며, 이 때 지방의원의 대표권은 지역구 주민에만 해당하는 것이 아니라 지역주민 전체를 대표하는 것이라고 봐야 합니다. 이에 따라 지방의원은 전체 주민의 여론과 정치적 의사를 적극적으로 수렴해 이를 기초로 의정활동을 수행해 나가야 하고, 청원, 진정을 비롯한 주민들의 각종 건의사항을 처리하는 등 민의를 행정에 반영시키는 기능을 수행하게 됩니다. 이러한 주민대표 기능의 가장 대표적인 방법은 현행법상 청원제도를 들 수 있으며, 이외에도 각종 민원이나 진정, 건의사항 등을 지방의회에 제출할 수 있습니다.

둘째, 지방의회는 해당 지방자치단체의 의사를 결정하는 최고의결기관으로서의 지위를 갖습니다. 지방의회는 해당 지방자치단체의 다양한 정책과 입법, 예산, 주민부담에 관한 사항, 기타 지방행정의 운영에 관한 사항 등을 최종적으로 심의 · 의결하게 됩니다. 보다 구체적으로 살펴보면, 지방의회는 각종 안건의 심의 · 의결, 예산안의 심의 · 확정, 결산의 승인, 중요 재산의 취득 · 처분 등에 관한 전반적인 정책을 심의하고 결정하는 기능을 수행합니다. 「지방자치법」 제47조는 지방의회의 의결사항을 열거하고 있으나, 이외의 사항이라도 법령에 따라 국가 또는 단체장, 기타 집행기관의 권한으로 되어 있는 사항을 제외하고는 조례로써 새로운 의결사항을 정할 수 있습니다.

셋째, 지방의회는 조례의 제 · 개정 등 입법기관으로서의 지위를 갖습니다. 지방자치단체는 「헌법」과 「지방자치법」에 따라 보장되는 자치권의 하나로 자치입법권을 가지며, 이는 지방의회의 가장 핵심적인 기능 중 하나라고 할 수 있습니다. 「지방자치법」 제28조에 따르면, 지방자치단체는 법령의 범위에서 그 사무에 관하여 조례를 제정할 수 있고, 다만 주민의 권리 제한 또는 의무 부과에 관한 사항이나 벌칙을 정할 때에는 법률의 위임이 있어야 함을 명시하고 있습니다. 지방의회의 조례 입법권은 지역의 대표자가 법령의 범위 안에서 주민의 복리에 관한 사항 등 그 사무에 대하여 주민들의 의사를 대표하여 최종 규율토록 하려는 취지입니다. 한편, 대외적 효력을 가지는 조례는 일정 수 이상의 지방의원과 단체장이 발의하거나 제출할 수 있습니다. 하지만 최종적으로는 지방의회의 의결을 거쳐야만 성립되고, 대외적 효력을 갖게 됩니다.

마지막으로 지방의회는 행정 감시와 통제기관으로서의 지위를 갖습니다. 앞서 밝힌 바와 같이 우리나라 지방자치는 지방의회와 단체장이 상호 견제와 균형의 원리에 의해 지방행정을 처리하도록 설계돼 있습니다. 특히 지방의회가 단체장(집행기관)의 독주를 견제하고, 각종 정책의 합목적성과 효율적 집행여부 등을 감시하게 됩니다. 이를 통해 지방행정의 민주성과 적법성, 그리고 타당성을 보장받게 되는 것입니다. 지방의회가 감시와 통제기능을 수행하는 구체적인 방법으로는 행정사무감사 및 조사, 지방행정 전반에 관한 질문과 질의, 관계공무원의 출석요구, 서류제출 요구 등이 있습니다.

지방의원의 지위와 신분은 어떻게 되나요?

지방의원은 해당 지방자치단체 주민들의 직접 · 평등 · 보통 · 비밀 선거로 선출되는 주민의 대표자로서 선출직 공무원에 해당하며, 「지방공무원법」(제2조)에서는 특수경력직인 지방정무직공무원으로 규정하고 있습니다. 다만, 여타의 일반직 공무원과는 달리 공무원연금의 적용대상이 아니며, 국민연금의 적용을 받게 됩니다.

한편, 지방의원은 국회의원과는 달리 면책특권이 부여돼 있지 않습니다. 따라서 지방의회, 즉 본회의, 상임위원회 회의 등 각종 회의석상에서 행해지는 지방의원의 발언은 경우에 따라 민 · 형사상의 책임을 져야 하는 경우가 발생할 수 있으므로 각별히 유념할 필요가 있습니다.

지방의원의 권리와 의무는 어떻게 되나요?

지방의원은 그 직무를 수행하기 위한 일정한 권리를 가지는데, 의안의 발의권, 동의 발의권, 발언 및 표결권, 의회 내 선거권 및 피선거권, 청원 소개권, 각종 요구 또는 청구권 등이 있습니다. 한편, 지방의원은 주민의 대표자이자 지방의회의 구성원으로서 다양한 의무가 부여되어 있습니다. 원칙적으로 지방의원은 공공의 이익을 우선해야 할 의무를 지니며, 「지방자치법」 상 지방의원의 주요한 의무로는 청렴 및 품위유지 의무, 회의출석 및 직무전념에의 의무, 직위남용금지의 의무, 질서유지 의무, 겸직금지 및 소관 상임위원회 직무와 관련된 영리행위금지 의무 등이 있습니다.

지방의회의 구성과 운영은 어떻게 되나요?

지방의회는 주민들의 직접 투표로 선출된 지방의원으로 구성되며, 지역구 의원과 비례대표 의원으로 구분할 수 있습니다.* 총 임기 4년 중 각 2년간 전반기와 후반기로 구분해 각각 원 구성을 별도로 실시하며, 의장, 부의장, 상임위원장 등을 새로 선출하고, 상임위원회 위원을 선임합니다. 의장과 부의장은 광역의회의 경우 의장 1명, 부의장 2명, 기초의회는 의장과 부의장 각 1명씩 선출합니다. 특히 의장은 지방의회를 대표하는 의회대표권, 원활한 회의 진행과 질서를 유지하는 의사정리권, 질서유지권, 의회사무기구의 사무처리 및 감독권 등의 권한을 갖습니다. 의장이 사고가 있을 때에는 부의장이 그 직무를 대리하게 됩니다.

지방의원은 1개 이상의 상임위원회 위원이 되며, 운영위원회 위원은 다른 상임위원회 위원과도 겸직할 수 있습니다. 그러나 특별위원회 위원은 그 제한이 없으므로 지방의원은 복수의 특별위원회 위원이 될 수 있습니다. 다만 의장은 상임위원회와 각종 특별위원회의 위원이 될 수 없습니다.

---

* 다만, 제주특별자치도의회의 경우에는 예외적으로 교육의원을 별도로 선출하고 있어 지방의회 구성 측면에서 보면 지역구 의원, 비례대표 의원, 교육의원으로 구분할 수 있습니다.

지방의회의 회의는 정례회와 임시회로 구분하며, 1차 정례회는 6 · 7월 중에(다만, 총선거가 실시되는 해는 9월 · 10월 중에 열 수 있음), 2차 정례회는 11월 · 12월 중에 개최합니다. 특히 1차 정례회에는 결산 승인을 하고, 2차 정례회에는 예산안을 처리합니다. 한편, 총선거 후 최초로 집회되는 임시회는 지방의회 사무처장 · 사무국장 · 사무과장이 지방의회의원 임기 개시일부터 25일 이내에 소집합니다. 이외에 수시로 집회되는 임시회*의 경우 지방자치단체의 장이나 조례로 정하는 수 이상의 의원이 요구하면 의장은 15일 이내에 임시회를 소집해야 합니다. 매년 첫 번째 열리는 임시회에는 대체로 해당 연도의 업무보고를 받음으로써 1년간의 주요업무와 정책의 방향에 대해 논의하게 됩니다.

지방의원의 의정활동은 누가 도와주나요?

지방의회에는 의회의 각종 사무를 전담 처리하고 의원들의 의정활동을 보좌하기 위해 사무기구를 두고 있습니다. 「지방자치법」(제102조~제104조)에 따라 광역의회에는 의회사무처를 둘 수 있으며, 사무처에는 사무처장과 직원을 두고 있습니다. 기초의회에는 의회사무국이나 의회사무과를 둘 수 있으며, 사무국 · 사무과에는 사무국장 또는 사무과장과 직원을 둘 수 있습니다. 지방의회에 두는 사무직원의 정수는 해당 지방자치단체의 조례로 정하며, 사무직원의 인사권은 의장에게 부여되어 있습니다.

하지만 현재 기관대립형의 구조 속에서 집행기관에 대한 견제와

* 임시회의 소집은 집회일 3일 전에 공고해야 하지만, 긴급할 때는 그렇지 않습니다.

감시 역할을 수행해야 하는 의회사무직원에 대한 인사권이 단체장에게 부여돼 있었으나, 「지방자치법」 전부 개정으로 의장 에게 이관되었습니다. 그러나, 여전히 의회 예산편성과 조직권은 단체장이 가지고 있어 지방의회의 독립성과 자율성을 크게 훼손하고 있습니다. 조속한 시일 내에 이러한 문제점은 개선될 필요가 있다고 생각합니다.

한편, 지방의회에는 의원의 자치입법활동 등 각종 의정활동을 전문적으로 보좌하기 위해 각 위원회에 전문위원(수석전문위원을 포함한다)을 두고 있습니다. 전문위원은 위원회에서 의안과 청원 등의 심사, 행정사무감사 및 조사, 그밖의 소관 사항과 관련하여 검토보고 및 관련 자료의 수집 · 조사 · 연구 등의 업무를 수행합니다. 위원회에 두는 전문위원의 직급과 정수 등에 관해 필요한 사항은 「지방자치단체의 행정기구와 정원기준 등에 관한 규정」(대통령령)으로 정하고 있으며, 그 구체적인 내용은 다음과 같습니다.

의회사무기구의 설치기준

의회사무기구명	설치대상
의회사무처	특별시 · 광역시 · 특별자치시 · 도 · 특별자치도
의회사무국	지방의원의 정수가 10명 이상인 시 · 자치구, 지방의원의 정수가 10명 이상이고 별표 3 제1호 실 · 국의 설치기준에서 "인구 10만 미만" 구간의 기준을 적용받지 아니하는 군
의회사무과	지방의원의 정수가 10명 미만인 시 · 군 · 구, 별표 3 제1호 실 · 국의 설치기준에서 "인구 10만 미만" 구간의 기준을 적용받는 군

의회사무기구 공무원의 직급기준

<table>
<tr><th colspan="2">구분</th><th>의회사무처장</th><th>의회사무국장</th><th>의회사무과장</th><th>과장 또는 담당관</th></tr>
<tr><td rowspan="3">시
·
도</td><td>서울특별시</td><td>1급 일반직
지방공무원</td><td>–</td><td>–</td><td>4급 일반직
지방공무원</td></tr>
<tr><td>부산광역시</td><td>2급 일반직
지방공무원</td><td>–</td><td>–</td><td>4급 일반직
지방공무원</td></tr>
<tr><td>그밖의광역
시 · 특별
자치시 및 도</td><td>2급 일반직
지방공무원
또는
3급 일반직
지방공무원</td><td>–</td><td>–</td><td>4급 일반직
지방공무원</td></tr>
<tr><td colspan="2">시 · 군 · 구</td><td>–</td><td>4급 일반직
지방공무원</td><td>5급 일반직
지방공무원</td><td>–</td></tr>
</table>

위원회에 두는 전문위원의 직급 및 정수기준

<table>
<tr><th colspan="4">시 · 도의회</th></tr>
<tr><th rowspan="2">지방의원의 정수</th><th colspan="3">전문위원</th></tr>
<tr><th>총 정수</th><th>4급</th><th>5급 이하</th></tr>
<tr><td>20명 이하</td><td>5명 이내</td><td>4명</td><td>1명</td></tr>
<tr><td>30명 이하</td><td>6명 이내</td><td>5명</td><td>1명</td></tr>
<tr><td>40명 이하</td><td>8명 이내</td><td>6명</td><td>2명</td></tr>
<tr><td>50명 이하</td><td>10명 이내</td><td>6명</td><td>4명</td></tr>
<tr><td>60명 이하</td><td>12명 이내</td><td>7명</td><td>5명</td></tr>
<tr><td>80명 이하</td><td>15명 이내</td><td>7명</td><td>8명</td></tr>
<tr><td>100명 이하</td><td>17명 이내</td><td>8명</td><td>9명</td></tr>
<tr><td>110명 이하</td><td>20명 이내</td><td>10명</td><td>10명</td></tr>
<tr><td>120명 이하</td><td>21명 이내</td><td>11명</td><td>10명</td></tr>
<tr><td>130명 이하</td><td>22명 이내</td><td>11명</td><td>11명</td></tr>
<tr><td>131명 이하</td><td>23명 이내</td><td>12명</td><td>11명</td></tr>
</table>

시 · 군 · 자치구의회			
지방의원의 정수	전문위원		
	총 정수	5급	6급 이하
7명	2명 이내	1명	1명
9명 이하	2명 이내	2명	
15명 이하	3명 이내	2명	1명
20명 이하	4명 이내	2명	2명
25명 이하	5명 이내	3명	2명
30명 이하	6명 이내	3명	3명
35명 이하	7명 이내	4명	3명
40명 이하	8명 이내	4명	4명
45명 이하	9명 이내	5명	4명
50명 이하	10명 이내	5명	5명
51명 이상	11명 이내	6명	5명

한편, 지방자치법 전부개정으로 정책지원 전문인력, 즉 정책지원관 제도가 도입되어 지방의원의 의정활동을 지원하는데 나름대로 큰 역할을 하고 있습니다. 정책지원관은 지방자치법, 같은 법 시행령 및 지방자치단체의 행정기구와 정원기준 등에 관한 규정(대통령령)에 근거하고 있습니다. 이를 보다 구체적으로 살펴보면 다음과 같습니다. 첫째, 먼저 지방자치법 제41조에 따라 지방의회의원의 의정활동을 지원하기 위하여 지방의회의원 정수의 2분의 1 범위에서 해당 지방자치단체의 조례로 정하는 바에 따라 지방의회에 정책지원 전문인력을 둘 수 있습니다. 정책지원 전문인력은 지방공무원으로 보하며, 직급 · 직무 및 임용절차 등 운영에 필요한 사항은 대통령령으로 정하도록 규정하고 있습니다. 둘째, 지방자치법 시행령 제36조에 따라 정책지원 전문인력은 지방의회의원의 의정자료 수집 · 조사 · 연구, 지방

자치법 제47조부터 제52조까지와 제83조에 관련된 의정활동을 지원하는 직무를 수행합니다. 정책지원 전문인력의 직무범위와 관련된 보다 세부적인 사항은 위의 범위에서 조례로 정할 수 있고, 그 명칭은 정책지원관으로 정하고 있습니다. 마지막으로 지방자치단체의 행정기구와 정원기준 등에 관한 규정(대통령령) 제15조에 따라 의회사무기구(위원회 포함)에 두는 정책지원 전문인력은 일반직지방공무원으로 보하되 그 직급은 시 · 도의 경우 6급 이하, 시 · 군 · 구의 경우 7급 이하로 해야 합니다. 다만, 정책지원 전문인력을 임기제공무원으로 임명하는 경우에는 일반임기제공무원만으로 임명할 수 있도록 하고 있습니다.

1장

지방의회의 기본 업무
의안 심사 핵심 실무 가이드

지방의회 회의석상에서 의원들이 모여 심의하고 토론하려면, 그 대상인 안건이 있어야 하겠죠? 회의의 의제가 되는 것이 바로 의안입니다. 넓은 의미에서 보면 의안은 회의에 제출된 안건을 말합니다. 범위를 좁혀 해석하면, 지방의회에서 발의 또는 제출되어 의결을 필요로 하는 안건이 의안입니다.

1

의안은 어떤 종류가 있나요? 강상원

의안(議案)이 뭔가요?

주민의 대의기관인 지방의회는 해당 지방자치단체의 의사를 결정하는 최고의결기관입니다. 즉, 지방자치단체의 정책과 입법, 주민 부담, 그밖에 중요한 사항에 대해 심의해 최종적으로 확정하는 지위를 가집니다.

이러한 권한을 갖는 지방의회인 만큼 회의석상에서 의원들이 모여 심의하고 토론하려면, 그 대상인 안건이 있어야 하겠죠? 이때 회의의 의제가 되는 것이 바로 의안입니다. 넓은 의미에서 보면 의안은 회의에 제출된 안건을 말합니다. 범위를 좁혀 해석하면, 지방의회에서 발의 또는 제출되어 의결을 필요로 하는 안건이 의안입니다.

즉, 조례안, 예산안, 결산, 동의안, 결의안 등과 같은 안건을 의안이라고 부릅니다.

이 때 안(案)이라는 표현을 쓰는 것은 아직 지방의회에서 의결되지 않은 안건이기 때문입니다. 결산의 경우는 예외적으로 집행기관이 전년도에 의회에서 심의 확정한 예산을 집행 완료한 것이기에 미결상태인 '결산안'이라는 용어를 쓰지 않습니다.

그런데 모든 안건이 의안이 되는 것은 아닙니다. 특별한 형식적 · 절차적 요건을 갖춰야만 의안으로 성립됩니다. 일반적으로 의안이 되기 위해서는 ▶안(案)으로서의 일정한 내용을 갖춰야 하고, ▶의원, 위원회 또는 단체장 등 정당한 권원을 가진 사람이 발의(제안)하거나 제출해야 하고, ▶안의 형식에 하자가 없고, 절차가 적법하며, ▶일사부재의의 원칙을 위배해서는 안 됩니다.

Check Point

발의, 제출, 제안 등의 용어를 헷갈리는 경우가 많은데, 다음과 같이 구별할 수 있습니다.

의원이 의안을 낼 때는 "발의"라고 합니다.
집행기관(단체장)이 의안을 낼 때는 "제출"이라고 합니다.
의회 내 위원회(상임/특별)가 의안을 낼 때는 "제안"이라고 합니다.
의장이 의안을 낼 때는 "제의"라고 합니다.
일반적으로 발의와 제출을 모두 포함해 "제안"이라고 부릅니다.

의원은 조례안, 결의안, 건의안 등을 발의할 수 있습니다. 다만, 기관분립형 지방자치단체구조상 예산안, 결산, 타 자치단체와의 규약,

의견청취안, 집행기관의 설치와 정원의 개정 등과 같이 단체장의 고유한 업무에 속하는 의안은 의원이 발의할 수 없습니다.

한편, 모든 의안은 지방의회의 심의 · 의결 과정에서 수정될 수 있습니다. 이 경우도 결산은 앞에서 설명한 이유로 수정할 수 없고, 그 결과에 대한 정치적 책임만 묻는 것이 가능합니다. 수정안은 그 속성상 원안과 완전히 독립된 별도의 의안이 아닙니다. 따라서 독립된 고유의 의안번호를 부여하지 않고, 원 의안과 관련된 의안번호를 부여합니다(예 : 관련 ○○○).

의안에는 어떤 종류가 있나요?

개별 법령이나 자치입법에 따라 지방의회의 의결을 필요로 하는 주요 의안은 ▶조례안 · 규칙안, ▶예산안 · 결산 · 기금, ▶동의(승인)안, ▶결의안 · 건의안, ▶의견청취안이며, 그밖에 의결까지는 필요 없지만 주요 업무추진상황들의 보고가 있습니다.

조례안 · 규칙안

가장 일반적인 의안은 자치법규인 조례나 규칙의 제정안, 개정안, 폐지안입니다. 지방자치단체는 법령의 범위 안에서 즉, 법령을 위반하지 않는 범위에서 그 사무에 관하여 조례를 제정할 수 있습니다(「지방자치법」 제28조). 이 때 사무란 관할 구역의 자치사무와 법령에 따라 지방자치단체에 속하는 사무(단체위임사무)를 말합니다(같은 법 제13조①). 따라서 자치사무와 단체위임사무에 대해서는 조례의 제 · 개정이 가능합니다.* 조례안은 지방의원이 발의하거나, 위원회에서 제안하는 경우, 단체장이 제출하는 경우 3가지로 구분됩니다.

규칙안은 개별 법령이나 조례에서 위임한 범위에서 단체장이 제정하는 것이므로 별도로 의회의 심의절차가 필요 없습니다. 다만, 의회 회의규칙 등과 같이 지방의회 내부 운영과 관련한 사항을 규칙으로 정하는 경우에는 의회의 심의 · 의결이 필요합니다.

예산안, 결산, 기금

예산과 기금의 편성권은 지방자치단체장의 고유권한입니다. 의원이나 위원회가 발의할 수 없다는 말입니다. 제2차 정례회에서 심사하는 예산안의 경우 광역자치단체는 회계연도 시작 50일 전(11월 11일)까지, 기초자치단체는 40일 전(11월 21일)까지 의회에 제출합니다. 의결은 광역의회에서는 회계연도 시작 15일 전(12월 16일)까지, 기초의회는 10일 전(12월 21일)까지 의결해야 합니다(「지방자치법」 제142조②). 지방의회에서 심의 확정한 예산을 변경할 필요가 있을 때에는 추가경정예산안(이른바 추경)을 종종 제출하기도 합니다.

결산은 지방자치단체가 회계연도 말 회계 출납폐쇄를 마친 후 80

---

* 지방자치단체의 사무를 예시하면, ▸지방자치단체의 구역, 조직, 행정관리 등에 관한 사무, ▸주민의 복지증진에 관한 사무, ▸농림 · 상공업 등 산업 진흥에 관한 사무, ▸지역개발과 주민의 생활환경시설의 설치 · 관리에 관한 사무, ▸교육 · 체육 · 문화 · 예술의 진흥에 관한 사무, ▸지역민방위 및 지방소방에 관한 사무 등입니다(지방자치법 제9조②). 물론 개별 법률에 다른 규정이 있다면 달리 적용합니다.

일 이내(3월 21일)에 결산서와 증빙서류를 작성하고(「지방자치법」 제150조①), 지방의회가 선임한 검사위원의 검사의견서를 첨부해 5월 31일까지 지방의회에 제출합니다(「지방회계법 시행령」 제10조①). 이밖에 예산과는 별도로 특정한 사업을 탄력적으로 추진하기 위해 운용하는 기금운용계획안을 예산안과 함께 제출하고 있습니다.

동의(승인안)

법령이나 조례에 따라 지방자치단체가 지방의회의 동의나 승인을 받아야 하는 의안들이 있습니다. ▶민간위탁 동의안, ▶출자 · 출연 동의안, ▶공유재산 관리계획안 등이 이러한 경우에 해당됩니다.

민간위탁 동의안은 단체장이 자신의 행정사무를 민간에게 위탁할 때 지방의회의 사전 동의를 받도록 한 것입니다. 무분별한 민간위탁 남발을 방지하기 위한 절차로, 관계 법령에서는 별도의 규정이 없습니다. 몇 해 전부터 지방의회 차원에서 조례를 제정해 운영하는 경우가 많습니다.

출자 · 출연 동의안은 단체장이 지방공기업과 출연기관의 고유사업을 예산으로 지원하기 전에 지방의회의 사전 동의를 받아야 할 때 제출합니다. 「지방재정법」에서는 '출자'의 경우 법령에 근거가 있는 경우에만 허용하고 있습니다. 주로, 지방공기업과 그 자회사의 설립을 위한 출자금이나 이들 기업의 공익목적 사업 출자금을 증액할 때 활용합니다. '출연'은 법령 이외에 조례에 근거가 있는 경우까지도 가능하며, 출연기관의 설립이나 기관의 원활한 운영 지원 등을 위해 출연하게 됩니다.

공유재산 관리계획안은 공유재산의 보호와 그 취득 · 유지 · 보존 등을 위한 지방의회의 동의 절차입니다. 단체장은 매년 공유재산의 취득 · 처분에 관한 공유재산관리계획을 세워 예산안 의결 전에 지방의회의 의결을 받아야 합니다. 공유재산의 사용료나 대부료를 면제하는 경우나 공유재산에 영구시설물을 축조하기 위해 단체장 간에 합의하는 경우도 의회의 동의를 거쳐야 합니다.

이밖에도 지방공기업이 200억 원 이상의 신규 투자사업을 추진하려면 사업의 필요성과 타당성 등에 대한 지방의회의 의결을 거쳐야 합니다. 다른 지방자치단체와 행정협의회를 구성하거나 지방자치단체조합을 만들어 운영하는 경우에도 제정 또는 변경되는 규약에 대한 의회의 동의가 필요합니다.

결의안 · 건의안

지방의회 전체의 의사를 모아 결의를 다지기 위한 의안이 결의안입니다. 결의안 중 가장 대표적인 의안은 '특별위원회 구성결의안'입니다. 특별위원회는 여러 개의 상임위원회 소관과 관련되거나 지역의 특정한 사안이나 안건을 일시적으로 논의하는 위원회입니다. 특정한 사안에 대한 조사를 위해 구성되는 '조사 특별위원회'와 고위 공무원이나 산하기관 대표 후보자를 검증하는 '인사청문 특별위원회'의 경우도 마찬가지며, 특별위원회의 활동기간 연장안과 활동결과보고서 채택도 결의안의 범주로 봅니다.

또한, 지방의회가 단체장의 독주나 전횡을 효과적으로 견제할 수 있는 제도적 장치들도 결의안의 형태로 발의됩니다. ▶보고 · 서류 등의 제출요구, ▶행정사무감 · 조사 시기와 기간 결정, 그리고 결과보고서 채택, ▶증인 · 참고인의 출석요구, ▶관계공무원 출석요구, ▶행정사무처리의 진상 촉구 등이 이에 포함됩니다.

건의안은 지역사회의 중요한 문제에 대한 지방의회의 의견이나 희망사항을 담은 의안을 말합니다. 주로 단체장이나 정부, 국회에 지방의회의 주장을 전달할 때 이용합니다.

건의안은 주로 해당 지방자치단체의 중요한 현안이나 지방의회의 요구사항 등을 담아 발의합니다. 특정 지역사업의 촉구나 거부, 행정업무의 개선이나 대책마련 촉구, 지방의회의 위상강화 요구, 국책사업이나 국비지원 요청 등이 있습니다. 법적 구속력은 없지만 정치적 의미에서 단체장이나 특정 공무원에 대한 해임이나 징계 건의안도 발의되곤 합니다.

의견청취안

지방자치단체 중장기 기본계획 수립과 같이 중요한 정책을 결정함에 있어 해당 지방의회의 의견을 미리 듣도록 법령이나 조례에서 정하는 경우가 있습니다. 이 경우 의견청취안의 형태로 의회에 제출됩니다.

주로 ▶광역/기초 건축기본계획 ▶경관계획 ▶도시 · 군기본계획 ▶도시재생전략 ▶재정비촉진계획 ▶리모델링 기본계획 ▶도시철도기본계획 등과 같이 도시계획의 중장기 마스터플랜을 짜거나 도시기반시설 설치의 기본방안을 마련하는 사전적 절차로 지방의회의 의견을 듣도록 하고 있습니다.

실제로 지방의회에서는 ▶도로 ▶철도 ▶공원 ▶학교 ▶공공청사 ▶유원지 ▶자동차 정류장 등 도시계획시설의 결정이나 변경 결정을 위한 의견청취안이 가장 많이 다뤄집니다. 의견청취에 대해서는 별도의 장에서 자세히 설명합니다.

그밖의 의안들

본회의에서 의장, 부의장, 위원장을 선거하거나 각종 위원회 위원을 선임 또는 개선할 때, 이를 의안으로 접수 · 처리하는 경우가 있습니다. 예를 들어 결산검사위원*의 선임이나 의회 회의록에 서명할 2명 이상의 의원 선출 등이 여기에 해당됩니다. 또한 법령이나 조례상에 지방의회가 집행기관의 각종 위원회에 위원을 추천하는 경우가 있는데, 이 때 위원 추천안을 상정 처리하기도 합니다.

그밖에 드문 경우이기는 하지만 의원에 대한 징계요구나 의원의 자격심사를 청구하는 경우도 의안으로 처리합니다. 지방의원은 다른 의원의 자격에 대하여 이의가 있으면 재적의원 4분의 1 이상의 연서로 의장에게 자격심사를 청구할 수 있습니다. 그리고 지방의원이 지방자치법령이나 자치법규에 위배되는 행위를 하거나 동료의원을 모

---

* 결산검사위원은 해당 지방의회 의원이나 공인회계사 · 세무사 등 재무관리에 관한 전문지식과 경험을 가진 사람 중에서 시 · 도의 경우에는 7~20명, 시 · 군 및 자치구의 경우에는 3~10명으로 선임합니다. 지방의원은 검사위원 수의 3분의 1을 초과할 수 없습니다. 그밖에 구체적인 결산검사위원의 수와 선임방법 등의 사항은 해당 지방자치단체의 조례로 정합니다(「지방자치법 시행령」 제83조).

욕해 징계요구가 있으면, 본회의 의결로써 해당 의원을 징계할 수 있습니다.

지방의회 심사 의안의 일반적 분류

구분	종류	비고
조례안	· 의회 발의(의원, 위원회) · 단체장 제출	· 「지방자치법」 제76조①
규칙안	· 내부 운영 또는 회의	· 「지방자치법」 제52조 · 제83조
예산안/기금	· 예산안 · 추가경정예산안 · 수정예산안 · 기금운용계획안 · 기금운용계획변경안	· 「지방자치법」 제142조① · 「지방자치법」 제145조 · 「지방자치법」 제142조④ · 「지방기금법」 제8조② · 「지방기금법」 제11조②
결산	· 결산의 승인	· 「지방자치법」 제150조①
동의(승인)안	· 민간위탁 동의 · 지방채 발행 · 보증채무부담행위 · 출자 · 출연 동의 · 예비비 지출 승인 · 채무부담행위 · 재정건전화계획 수립 · 긴급재정관리계획 수립 · 공유재산관리계획(변경)안	· 「해당 지방자치단체의 민간위탁 관련 조례」 · 「지방재정법」 제11조② · 「지방재정법」 제13조② · 「지방재정법」 제18조③ · 「지방재정법」 제43조④ · 「지방재정법」 제44조① · 「지방재정법」 제55조의3 · 제55조의4 · 「지방재정법」 제60조의5 · 「공유재산 및 물품 관리법」 제10조의2①후단

구 분	종 류	비 고
	· 국가의 공유재산 사용 무상 동의	· 「공유재산 및 물품 관리법」 제18조
	· 사용료 · 대부료 면제	· 「공유재산 및 물품 관리법」 제24조①4. 및 제34조①2..
	· 일반재산의 교환	· 「공유재산 및 물품 관리법」 제39조①4.
	· 영구시설물의 축조 협의	· 「공유재산 및 물품 관리법」 제13조 및 시행령 제9조①11.
	· 200억 원 이상 신규 투자사업	· 「지방공기업법」 제65조의3① 및 시행령 제58조의2①
	· 출자 · 출연기관의 해산요청	· 「지방출자출연법」 제24조①
	· 지자체 지분 25% 미만 감소	· 「지방출자출연법」 제28조②
	· 명예시민 대상 선정	· 「해당 지방자치단체의 명예시민 증수여 조례」
	· 지방자치단체조합 규약	· 「지방자치법」 제176조①
결의안	· 일반 의안으로서의 결의안	· 「지방자치법」 제76조
	· 회기 결정	· 「지방자치법」 제56조①
	· 특별위원회 구성결의안	· 「해당 지방의회의 기본 조례 또는 위원회 조례」
	· 특별위원회 결과보고서 채택	· 「해당 지방의회의 기본 조례 또는 위원회 조례」
	· 감사원 감사청구안	· 「공익사항에 관한 감사원 감사청구처리 규정」
	· 서류제출요구	· 「지방자치법」 제48조
	· 행정사무감 · 조사 결과보고서 채택	· 「지방자치법」 제50조
	· 단체장 · 관계공무원 출석요구안	· 「지방자치법」 제51조
	· 증인 등의 출석요구안	· 「지방자치법」 제49조④
	· 행정사무감사 시기 · 기간 결정	· 「지방자치법 시행령」 제41조③
건의안	· 일반 의안으로서의 건의안	· 「지방자치법」 제76조
	· 의장 · 부의장 해임 건의안	· 「지방자치법」 제62조
	· 단체장 등의 해임 · 징계 촉구 건의안	· 별도 규정 없음(정치적 의미)
의견청취안	· 그린벨트 관련 도시 · 군관리계획 입안	· 「개발제한구역법」 제7조⑤ 및 시행령 제5조
	· 광역/기초건축기본계획 수립 · 변경	· 「건축기본법」 제12조②
	· 경관계획 수립 · 변경	· 「경관법」 제11조③

구분	종류	비고
의견청취안	· 공사중단건축물 정비계획 수립 · 변경	· 「방치건축물정비법」 제6조②
	· 공유수면매립 기본계획 수립	· 「공유수면법」 제22조④
	· 도시 · 군기본계획 수립 · 변경	· 「국토계획법」 제21조①
	· 도시 · 군관리계획 입안	· 「국토계획법」 제28조⑥
	· 성장관리계획구역의 지정 · 변경	· 「국토계획법」 제75조의2②
	· 도시 · 군관리계획의 단계별 집행계획 수립	· 「국토계획법 시행령」 제95조①
	· 도시 · 주거환경정비 기본계획 수립	· 「도시정비법」 제6조②
	· 정비구역의 지정 신청	· 「도시정비법」 제8조⑤ 단서
	· 정비계획 입안	· 「도시정비법」 제15조②
	· 정비구역 등의 해제	· 「도시정비법」 제20조④
	· 도시재생전략계획 수립 · 변경	· 「도시재생법」 제15조①
	· 도시재생활성화계획 승인 신청	· 「도시재생법」 제20조③
	· 도시재생선도지역 신청	· 「도시재생법」 제33조②
	· 재정비촉진지구 지정 · 변경, 해제	· 「도시재정비법」 제4조③, 제7조③
	· 재정비촉진계획 수립 · 변경	· 「도시재정비법」 제9조③
	· 리모델링 기본계획의 수립 · 변경	· 「주택법」 제72조①
	· 노선별 도시철도기본계획 수립	· 「도시철도법」 제6조③
	· 역세권개발사업실시계획 승인	· 「역세권개발법」 제13조③
	· 군 공항의 이전건의서	· 「군공항이전법 시행령」 제4조①3.
	· 금융중심지 지정 개발계획안	· 「금융중심지법 시행령」 제4조②
	· 지역 건축물 에너지 소비총량 설정	· 「녹색건축물법」 제11조②
	· 공원녹지기본계획 수립 · 변경	· 「공원녹지법」 제8조③
	· 자연재해저감 종합계획 수립 · 변경	· 「자연재해대책법 시행령」 제13조②
	· 상권활성화구역 지정 · 변경	· 「전통시장법 시행규칙」 제7조③
	· 상권활성화사업계획 수립 · 변경	· 「전통시장법 시행규칙」 제7조의2②
	· 지자체 폐지, 설치, 분할, 통합 등	· 「지방자치법」 제5조③
	· 국가정책에 관한 주민투표	· 「주민투표법」 제8조②
	· 시 · 군 · 구의 통합권고안	· 「지방분권특별법」 제45조⑤
	· 긴급재정관리단체 지정 · 해제	· 「지방재정법」 제60조의3①②④
	· 지속가능 지방교통물류 발전계획 입안	· 「지속가능교통법 시행령」 제8조1.
	· 지역특화발전특구계획안 수립	· 「지역특구법」 제7조②
선거, 선임 · 선출(추천)안	· 의장 · 부의장 선거	· 「지방자치법」 제57조
	· 위원장 선거, 위원 선임 · 개선 등	· 「해당 지방의회의 기본 조례 또는 위원회 조례」

구분	종류	비고
선거, 선임 · 선출(추천)안	· 결산검사위원 선임 · 회의록 서명위원 선출 · 각종 위원회 위원 추천	· 「지방자치법」 제150조 · 「지방자치법」 제84조② · 해당 지방자치단체의 조례
의원징계안 및 자격심사	· 의원에 대한 징계요구 · 의원의 자격심사 청구	· 「지방자치법」 제95조② · 제99조 · 「지방자치법」 제91조

의안은 아니지만 중요한 "의회 보고"

의안의 형태는 아니지만 본회의나 위원회의 안건으로 상정되는 각종 '보고'도 있습니다. 보고는 행정사무에 대한 내용이나 결과를 직접 회의체에서 말로써 알리거나 글로써 전달하는 것을 말합니다. 별도의 의안번호를 부여하지 않고 의결절차 없이 당일의 의사일정에 포함해 보고를 받습니다.

단체장이 법령에 따라 지방의회에 보고할 사안은 ▶공기업 설립 ▶공유재산 변동액 ▶장기미집행 도시계획시설의 현황과 단계별 집행계획 ▶각종 중장기 계획(지방녹색성장 추진계획, 중기기본인력운용계획 등) ▶행정사무감(조)사 처리결과 ▶청원 처리결과 ▶결산 때 시정요구된 사항의 처리결과 등입니다.

또한 해당 지방자치단체 조례로 ▶조례안 제출 계획 ▶투자 · 출연기관의 정관 변경 ▶주요 시행정책의 추진실적과 평가 ▶각종 기금의 운용계획서와 결산 ▶규칙 등 하위 자치법규의 제 · 개정 ▶감사위원회 감사결과 ▶세입예산 징수현황과 세출예산의 집행상황, 예산전용 ▶기본재산의 취득 · 처분 등을 보고하도록 요청할 수 있습니다.

각종 의회 보고의 종류

구 분	종 류	비 고
보고	· 공유재산 증감 · 현재액	·「공유재산법」 제47조①
	· 물품 증감 · 현재액	·「공유재산법」 제62조
	· 도시 · 군계획시설의 실효 등	·「국토계획법」 제48조③
	· 장기미집행 도시 · 군계획시설	·「국토계획법 시행령」 제42조②③
	· 지방탄소중립 녹색성장 기본계획 수립 변경	·「탄소중립기본법」 제78조②
	· 지방탄소중립 녹색성장 기본계획 추진상황 점검결과	·「탄소중립기본법」 제78조③
	· 교육청 중기기본인력운용계획	·「지방교육행정기관 행정기구 등 규정」 제14조④
	· 지자체 중기기본인력운용계획	·「지방자치단체 행정기구 등 규정」 제23조④
	· 주민감사청구 감사조치결과	·「지방자치법」제21조⑫후단
	· 행정사무감 · 조사 처리결과	·「지방자치법」 제50조③
	· 행정사무처리 상황	·「지방자치법」 제51조①
	· 청원처리 결과	·「지방자치법」 제88조②
	· 단체장의 선결처분	·「지방자치법」 제122조②
	· 결산 시정요구 처리결과	·「지방자치법」 제150조①
	· 보증채무관리 · 예산외 의무부담	·「지방재정법」 제13조④
	· 재난복구 등 긴급 채무계약 체결	·「지방재정법」 제44조③
	· 승인된 긴급재정관리계획	·「지방재정법」 제60조의5②
	· 공기업 설립, 경영개선명령 등	·「지방공기업법」 제78조의6①
	· 주민투표 결과	·「주민투표법」 제24조④
	· 공기업 등의 정관 변경, 예산 전용 및 예비비 사용, 시책 추진실적 · 평가결과 등	·「해당 지방자치단체의 관련 조례」

– 이것만은 꼭!

통상 보고는 구두나 서면, 통신 등의 수단을 통해 합니다. 이 때 지방의회 차원에서 보고의 시기와 방법, 대상(의회, 상임위) 등에 대한 명확한 규정이 없을 경우에는 공문이나 문서 전달을 통해 집행기관이 보고의 의무를 완성했다고 주장할 수 있습니다. 이럴 경우 보고의 이행 여부와 그 책임소재를 놓고 의회와 집행부 간 소모적 논쟁이 있을 수 있습니다. 따라서 보고의 방법과 대상, 절차에 대한 명확한 규정을 해당 조례나 회의규칙에 마련할 필요가 있습니다.

2

의안은 어떻게 처리되나요? 강상원

의안 제안부터 위원회 회부까지

앞 장에서 설명한 바와 같이 의안은 ▶의원 ▶위원회 ▶단체장이 발의(제안)하거나 제출할 수 있습니다. 의원은 단독으로 의안을 발의할 수 없으며, 재적의원 5분의 1 이상이나 의원 10명 이상의 연서로 발의해야 합니다(「지방자치법」 제76조①).

의안에는 일정한 형식이 있습니다. 의안의 서식에는 ▶의안제목 ▶의안번호 ▶제안일 ▶제안자 ▶제안이유와 주요 내용 ▶참고사항 ▶신구조문 대비표(조례안) ▶주문(결의안 · 건의안) ▶비용추계서 ▶입법예고 결과 등이 포함됩니다.

이러한 형식을 갖춘 의안은 대표발의 의원이 서명한 공문, 그리고 발의자 · 찬성자 서명부 원본과 함께 의회에 접수하면 됩니다. 의안을 접수하는 부서에서는 의안의 형식요건을 확인하고, 발의자 서명부, 제안서식과 제안본문의 제명 등의 일치 여부를 확인한 후 보완사항이 없으면 바로 의안번호를 부여합니다.*

의안이 접수되면, 상임위원회별 소관 기관에 따라 의안의 소관 위원회를 결정해 의장에게 보고합니다. 소관 위원회가 불분명할 때에는 의장이 운영위원회와 우선 협의하고, 협의가 이루어지지 않을 경우에는 의장이 소관 위원회를 결정해 회부하는 것이 통례입니다.

의장에게 보고되어 의안으로 확정된 의안은 의회 홈페이지에 등록한 후 인쇄해 모든 의원과 해당 위원회 전문위원실에 배부합니다. 그리고 본회의에 보고하는데, 회기 중이고 본회의가 개의 중이라면 지체 없이 보고하고 소관 상임위원회에 회부합니다. 본회의가 폐회 중이거나 휴회 중이라면 보고를 생략하고 상임위원회에 바로 회부합니다. 그리고 다음 번 가장 먼저 열리는 본회의 때 보고하게 됩니다.

하나의 안건은 반드시 하나의 소관 상임위원회에 회부해야 합니다. 안건을 분할해 여러 위원회에 회부할 수는 없습니다. 극히 예외적이긴 하지만 특별위원회에 회부하는 경우도 있습니다. 이럴 때는 특별위원회 구성 목적에 특정한 안건을 심사한다는 내용이 포함돼 있어야 합니다. 하나의 안건이 여러 상임위원회의 소관과 중첩되거나 어

* 의안번호는 의안의 종류에 관계없이 대체로 접수된 순서대로 일련번호를 부여합니다. 다만, 청원은 일반의원과는 다르므로 구별하여 청원번호를 부여합니다. 수정안과 재의요구안은 원 의안을 수정하거나 재의결 요청된 것이므로, 독립된 의안번호를 부여하지 않고 관련 의안번호를 부여합니다(예, 관련 ○○○).

느 상임위원회에도 속하지 않는 안건이라면 이를 위한 특별위원회를 새로 구성하거나 기존의 관련 특별위원회에 회부할 수도 있습니다.

의장은 예산안이나 기초 선거구 획정과 같이 법정 의결시한이 정해져 있는 의안이나 시급히 처리해야 할 의안에 대해 심사기한을 정해 위원회에 회부할 수도 있습니다. 본회의 직권상정을 위한 사전 절차입니다. 해당 위원회가 특별한 이유 없이 심사기한에 심사를 마치지 못한 경우에는 다른 위원회에 회부하거나 바로 본회의에 부의할 수 있게 됩니다. 최근 들어 지방의회 기능이 활성화되면서 의원 입법이 급증하고 있습니다. 이를 반영해 지역주민의 일상생활과 밀접한 관련이 있는 조례안을 의원이 발의하는 경우에도 입법예고를 하는 지방의회가 늘어나고 있습니다.* 주민의 자치법규 참여기회를 확대하고자 하는 취지에서 입니다. 의장은 위원회에 회부된 조례안에 대해 의회홈페이지 등에 게재하는 방법으로 조례안의 취지와 내용, 전문을 입법예고할 수 있습니다. 입법예고의 절차와 방법 등은 별도의 조례로 정하고, 입법예고 기간은 주말이나 공휴일을 제외하고 최소 5일 이상은 보장하는 것이 좋습니다.

---

* 정부나 지방자치단체의 입법은 「행정절차법」 제41조에 따라 법령이나 자치법규를 제정 · 개정 또는 폐지하려는 경우에는 해당 입법안을 마련한 정부나 지방자치단체가 이를 예고하도록 의무화하고 있습니다. 그러나 지방의회의 경우에는 이러한 규정이 별도로 없었습니다. 이로 인해 주민생활과 밀접한 관련이 있는 조례안이 충분한 주민 여론수렴 없이 의결된다는 문제제기가 있어 왔습니다. 국회의 경우는 「국회법」 개정(1994. 6. 28.)을 통해 위원회가 입법예고할 수 있는 법적 근거를 신설하였고, 제18대 국회(2011. 5. 19.)에서 재량사항이던 입법예고 실시여부를 의무화했습니다. 그리고 입법예고의 시기, 방법, 절차 등을 규정하는 「국회 입법예고에 관한 규칙」이 제정됐습니다(2012. 2. 27.).

의안의 제안부터 본회의 의결까지 처리절차도

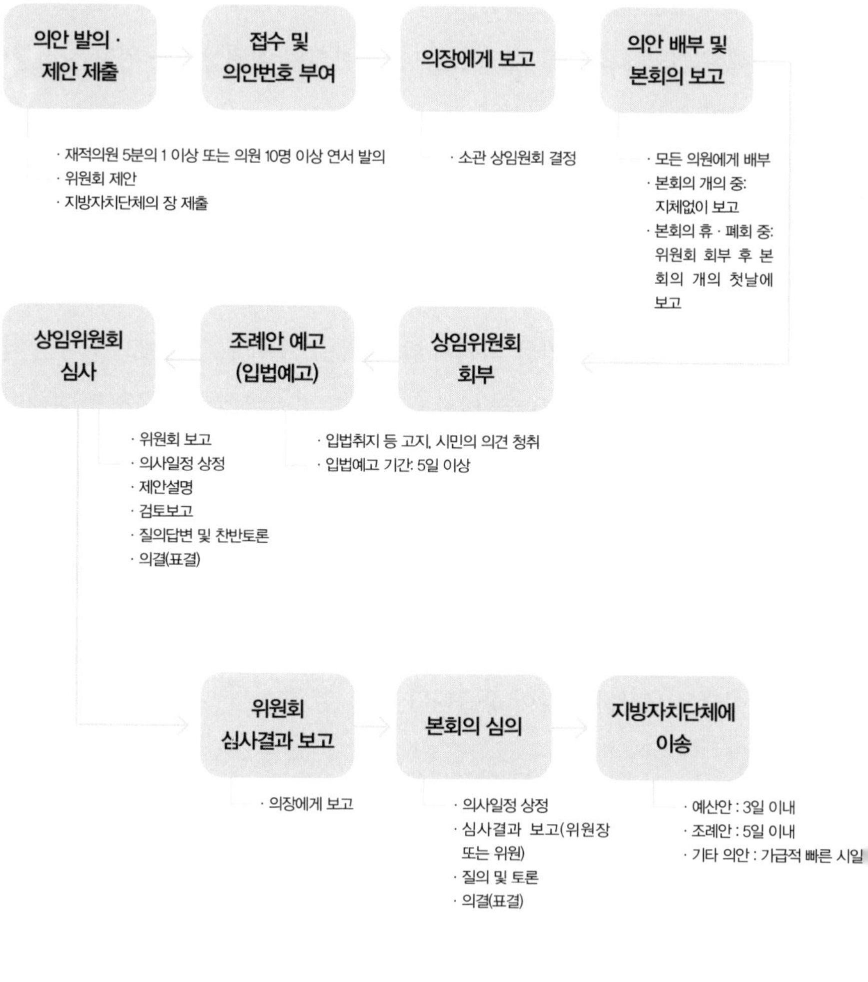
의안 발의 · 제안 제출
접수 및 의안번호 부여
의장에게 보고
의안 배부 및 본회의 보고
· 재적의원 5분의 1 이상 또는 의원 10명 이상 연서 발의
· 위원회 제안
· 지방자치단체의 장 제출
· 소관 상임위원회 결정
· 모든 의원에게 배부
· 본회의 개의 중: 지체없이 보고
· 본회의 휴 · 폐회 중: 위원회 회부 후 본회의 개의 첫날에 보고
상임위원회 심사
조례안 예고 (입법예고)
상임위원회 회부
· 위원회 보고
· 의사일정 상정
· 제안설명
· 검토보고
· 질의답변 및 찬반토론
· 의결(표결)
· 입법취지 등 고지, 시민의 의견 청취
· 입법예고 기간: 5일 이상
위원회 심사결과 보고
본회의 심의
지방자치단체에 이송
· 의장에게 보고
· 의사일정 상정
· 심사결과 보고(위원장 또는 위원)
· 질의 및 토론
· 의결(표결)
· 예산안 : 3일 이내
· 조례안 : 5일 이내
· 기타 의안 : 가급적 빠른 시일

위원회 심사를 거쳐 본회의 의결까지

위원회 심사절차

의안을 '위원회에 회부'한다는 것은 의장이 의안을 심사할 권한이 있는 소관 위원회에 송부함으로써 의안 심사가 본격적으로 시작했다는 것을 의미합니다. 위원회 중심주의로 운영되고 있는 지방의회의 사정상, 위원회의 심사결과가 본회의에서 수정 없이 그대로 의결되는 사례가 많습니다. 따라서 본회의의 최종 의결에 앞서 소관 상임위원회에서 처리한 예비심사 결과는 매우 중요합니다.

상임위원회는 의장으로부터 회부된 의안을 위원장과 소속 위원들에게 보고하고, 의사일정에 상정합니다. 그런데 때로는 위원회 위원들이 의안에 대한 최소한의 검토도 못한 상태에서 의안이 위원회 의사일정에 상정되기도 합니다. 이럴 경우 위원회 심사가 형식적으로 진행될 우려가 있습니다. 이에 국회와 지방의회에서는 회부한 날로부터 일정기간 이상 상정을 제한하는 규정을 두고 있습니다. 반대로 위원회에 회부된 후 상정이 미뤄지면서 발생하는 문제를 막기 위해 일정한 기간이 경과되면 자동으로 상정된 것으로 간주하는 제도도 있습니다.

상임위원회의 안건심사는 ▶의안 상정 ▶제안자의 취지설명 ▶전문위원 검토보고 ▶질의답변 ▶축조심사 ▶찬반토론 ▶의결(표결)의 순으로 진행됩니다. 위원장의 개의 선포, 당일의 의사일정 설명을 거쳐 해당 의안을 상정합니다. 그리고 나서 제안자의 취지설명이 이어집니다. 제안설명이라고도 불리는 취지설명은 위원회에서 안건을 심사하는 데 참고할 수 있도록 제안자가 의안의 제안 이유와 주요 내용 등을 설명하는 것입니다. 안건 심사에 중대한 영향을 미치게 되므로 충분하고 상세한 설명이 있어야 합니다. 의원 발의 의안의 경우에는 대표발의 의원이 직접 참석해 설명하는 것이 서면으로 제안설명하는 것보다 안건심사에 여러모로 유리합니다.

제안설명이 끝나면 전문위원의 검토보고를 듣습니다. 모든 안건에 대해서 반드시 전문위원의 검토보고를 들어야 합니다. 이는 위원회에 소속된 전문위원으로 하여금 안건의 제안배경과 기대효과, 문제점, 개선방안 등 필요한 사항을 검토하여 보고하게 함으로써 위원의 안건심사를 보다 효율적이고 전문적으로 할 수 있기 때문입니다. 그러나 위원회에서 제안한 의안은 검토와 논의 과정에 전문위원이 직접 참여하므로 별도의 검토보고를 하지는 않습니다. 전문위원의 검토보고서는 해당 안건의 위원회 상정 최소 3일 전에 위원들에게 배부하는 것이 좋습니다. 이는 위원들이 사전에 안건을 충분히 검토할 수 있도록 시간을 주기 위함입니다. 검토보고 이후에는 위원과 제안자 간에 질의 · 답변을 합니다. 안건에 대한 궁금증과 의문사항, 문제점, 당부(當否, 옳고 그름) 등에 관한 일반적인 의견을 주고받음으로써 수정방향을 미리 제시합니다. 그래서 안건에 대한 찬성 · 반대를 표시하는 찬반토론과는 구별됩니다. 질의는 주로 제안자에게 합니다. 그러나 의원이 발의한 의안에 대해서는 해당 집행기관 공무원에게 그 의견을 물을 수도 있고, 전문위원에게 검토보고와 관련된 내용에 대해 질의할 수도 있습니다. 질의 · 답변이 끝난 후에는 종결을 선포하고, 축조심사나 찬반토론에 들어가게 됩니다.

축조심사는 의안을 한 조항씩 낭독하면서 심사하는 것입니다. 국회는 본회의 중심주의로 운영되던 제5대 국회까지 본회의 제2독회에서 축조심사를 했으나 지금은 제정법률안과 전부개정법률안을 제외하고는 위원회 의결로 생략하고 있습니다. 지방의회에서 축조심사는 거의 이뤄지지 않습니다. 국회만큼 심사해야 할 조문이 복잡하거나 방대하지 않기 때문이기도 하고, 필요한 경우 소위원회에 회부해 세부적인 심사가 가능하기 때문입니다.

찬반토론은 의제에 대하여 위원회 소속 위원이 찬성과 반대의 뜻을 표명하는 것입니다. 안건에 대한 의견과 문제점, 옳고 그름에 관한 의견을 상호 교환하는 질의 · 답변과는 다릅니다. 그래서 찬반토론은 의견을 개진하는 데 그치지 않고 무슨 이유로 찬성하는지, 반대하는지를 정확하게 전달해야 하고, 수정의견이 있으면 그 내용을 명확히 발언해야 합니다.

찬반토론이 모두 끝나면 위원장은 토론 종료를 선포하고, 해당 안건은 표결에 부쳐집니다. 일단 위원장이 표결을 선포한 이후에는 해당 안건에 대한 추가 발언이나 수정안 제출, 소위원회 회부, 표결 보류 등과 같은 표결 이외의 어떠한 의사표시나 발언을 할 수 없습니다.

표결은 위원장의 요구에 따라 위원이 부의된 안건에 대한 찬성 또는 반대의 의사를 표명하고, 그 수를 집계하는 것을 말합니다. 표결에 들어가기 위해서는 소속 위원들이 의결 정족수를 충족시켜야 합니다. 의결 정족수는 회의체에서 의안을 의결하는 데 필요한 최소한의 출석 의원수를 말합니다. 「지방자치법」에서는 특별한 안건을 제외하고는 '재적의원 과반수의 출석'과 '출석의원 과반수의 찬성'으로 의결하도록 하고 있습니다(「지방자치법」 제7조①). 따라서 의결정족수는 재적의원의 반수를 넘어야 합니다.

표결방법에 있어서는 ▶전자투표 ▶거수 ▶기립 ▶기명 또는 무기명 ▶이의유무의 방식이 있습니다. 위원회는 통상 전원 합의의 의사결정에 도달할 때까지 소속 위원 간 충분한 토론 기회를 부여합니다. 그래서 출석의원 전원이 다 찬성한 후에 시행하는 이의유무 방법(만장일치법 또는 전원일치법)을 선호합니다.

표결이 끝났을 때에는 위원장은 가부의 수를 계산하여 위원들에게 보고하고, 의안의 가결 · 부결 결과를 위원장석에서 선포합니다. 이때 출석의원 과반수 이상의 득표를 얻은 의안은 위원회를 통과하게 됩니다. 위원장이 의안이 원안대로 가결되었음을 선포한 후 다음 의제로 들어가면 이의신청을 할 수 없습니다.

본회의 보고 및 의결, 이송

위원회가 안건의 심사를 마친 때에는 심사경과와 결과, 그밖에 필요한 사항을 서면으로 작성한 심사보고서를 의장에게 제출합니다. 그리고 각 의원들에게 심사보고서를 인쇄해 배부하거나, 인터넷 홈페이지에 게재 또는 이메일 발송 등의 방법으로 전달합니다. 심사보고서를 통해 다른 위원회 위원이나 시민들이 해당 안건의 취지와 문제점, 수정내용, 표결 결과 등을 상세히 알 수 있기 때문에 본회의 안건 심의에 가장 중요한 자료가 됩니다.* 특히 본회의는 원활하고 효율적인 운영을 위해서 제안자의 제안설명과 질의와 토론 등의 절차가 생략되는 경우가 많으므로 그 중요성은 더욱 큽니다.

위원회에서 심사를 마친 안건이 본회의에서 의제가 되면, 그 안건을 심사한 위원장이 심사경과와 결과 등 필요한 사항을 구두로 보고합니다. 이 때 위원회 의결사항 외에 위원장의 개인 의견을 보고에 가미해서는 안 됩니다. 위원장이 부득이한 이유로 심사보고를 할 수 없는 경우에는 간사(부위원장)나 위원장이 지명한 위원이 심사보고를 할 수 있습니다. 이후 질의 · 토론을 거쳐 표결을 하게 됩니다. 사전에 질의 토론의 신청이 없을 경우에는 이를 생략합니다.

지방의회는 의안심사의 전문성과 효율성을 강조하는 위원회 중심주의를 채택하고 있어 본회의에서는 안건에 대한 토론이 활발히 이뤄지지는 않습니다. 상정안건에 대해 토론하고자 하는 의원은 미리 반대나 찬성의 뜻을 의장에게 알리고, 발언기회를 얻어 토론을 할 수 있습니다. 이 때 의장은 반대–찬성–반대의 교대 순으로 골고루 발언기회를 부여합니다. 반대자에게 먼저 발언하게 하는 이유는 제안자의 취지설명이 안건에 대한 찬성의 뜻을 담고 있기 때문입니다.

모든 토론을 마친 후에는 의장의 토론 종료 선포와 함께 표결을 하게 됩니다. 표결은 앞서 설명한 바와 같이 여러 가지 방법이 있지만, 국회처럼 지방의회에도 전자회의 시스템이 잘 구축되어 있어 '전자투표'를 하는 추세입니다. 전자투표는 ▶표결 선포 ▶재석 버튼 조작 ▶표결(찬성 · 반대 · 기권 버튼) ▶투표 종료 선포 및 전자집계 ▶투표결과 집계

---

* 심사보고서에는 ▶심사경과(발의일자 및 대표발의자, 회부일자, 상정 및 의결일자), ▶제안설명 요지(제안이유, 주요내용), ▶전문위원 검토보고 요지, ▶질의 · 답변 요지, ▶찬반토론의 요지, ▶수정안의 요지, ▶심사결과(원안가결, 수정가결, 대안반영폐기, 부결 또는 본회의에 부의하지 아니하기로 의결), ▶소수의견의 요지, ▶비용추계서, ▶그밖에 필요한 사항 등이 기재됩니다.

▸투표결과 선포의 순으로 진행합니다.

본회의에서 의결된 의안 중에는 조항이나 자구, 숫자 등의 정리를 필요로 하는 경우가 있습니다. 한꺼번에 수십 건의 안건을 상정 · 처리하다 보니, 간혹 조항이 밀려 있거나 법률용어가 부적절하거나 숫자를 잘못 명시했거나 하는 등의 실수가 발생할 수 있기 때문입니다. 이러한 단순한 의안정리 사항을 의사진행 중에 부의하여 처리하거나 다음 회기 때 처리하면 아마도 의회운영이 상당히 지체되고 의사진행의 효율성이 떨어지게 될 것입니다. 이럴 경우 의결된 내용이나 취지를 변경하지 않는 범위에서 의장(실제로는 의안 담당 부서)이 체계나 자구 등을 수정하게 됩니다.

조례안, 예산안, 결산, 동의안이나 단체장 · 교육감이 처리해야 할 건의안, 청원 등이 본회의에서 최종 의결되면 집행기관에 이송합니다. 「지방자치법」에서는 이송기한을 정하고 있는데, 예산안은 의회에서 의결한 날로부터 3일 이내에(제149조①), 조례안은 5일 이내에 이송해야 합니다(제32조①). 청원은 특별한 규정이 없습니다. 이 경우 본회의에서 의결한 다른 의안과 동일한 날짜에 함께 이송하면 됩니다.

의안의 공포 및 재의요구

제 · 개정된 조례의 시행일은 부칙으로 정합니다. 조례는 공포한 날부터 바로 시행할 수도 있고, 유예기간을 두고 공포한 날부터 일정기간이 경과한 날부터 시행하도록 규정하기도 합니다. 그래서 공포일자는 매우 중요합니다. 그런데 조례와 규칙에 특별한 규정이 없을 경우도 있습니다. 이 때는 공포한 날부터 20일이 지나면 효력이 자동으로 발생합니다.

지방의회에서 의결된 조례안이 집행기관에 이송되면, 단체장은 20일 이내에 조례·규칙심의회의 심의를 거쳐 서명한 후 직인을 찍고 공포 연월일을 기입하여 지역주민에게 공포합니다. 대부분 공포는 지방자치단체가 발행하는 공보(公報) 등과 같은 정기 간행물에 게재하는 방법을 활용합니다.

그런데 지방의회에서 의결한 조례안이 집행기관 입장에서 볼 때, 집행 곤란하거나 의견을 달리하는 상황에 놓일 수 있습니다. 이럴 때 재차 지방의회의 의사를 묻는 재의(再議) 절차를 거치게 됩니다. 즉, 단체장이 이송된 조례안에 대해 이의가 있으면 20일 이내에 그 이유를 붙여 다시 지방의회로 환부하고, 재의를 요구합니다(「지방자치법」 제32조③).*

이에 대해 지방의회가 재의에 부쳐 재적의원 과반수의 출석과 출석의원 3분의 2 이상의 찬성으로 종전과 같은 의결을 하면 그 조례안은 조례로서 확정됩니다(같은 법 제32조④). 또한 이송된 날로부터 20일 이내에 공포하지 않거나 재의요구를 하지 않아도 그 조례안은 조례로 자동 확정됩니다(같은 법 제32조⑤). 이러한 경우 단체장은 지체 없이 조

---

* 우리나라는 조례안의 재의 이유를 다소 포괄적으로 규정하고 있습니다. 이는 기관분립형 자치제도하에서 지방의회와 집행기관에게 각자 독자적인 권한을 부여하고, 상호 견제와 균형을 이루도록 하고 있기 때문입니다. 이러한 이유로 「지방자치법」에는 ▶법령 위반, ▶월권, ▶공익을 현저히 해치는 경우 외에도 "의견을 달리하는" 경우까지도 재의를 할 수 있도록 일반적인 거부권을 인정하고 있습니다. 그리고 광역자치단체에 대해서는 주무부처의 장관이, 기초자치단체에 대해서는 시·도지사가 같은 이유를 들어 재의요구를 명령할 수 있습니다(「지방자치법」 제32조③, 제120조①, 제121조①, 제192조①).

례를 공포해야 합니다. 만약 조례가 확정된 후 5일 이내에 단체장이 공포하지 않는다면 지방의회 의장이 대신 공포할 수 있습니다(같은 법 제32조⑥).

의안의 공포 및 재의요구 절차도

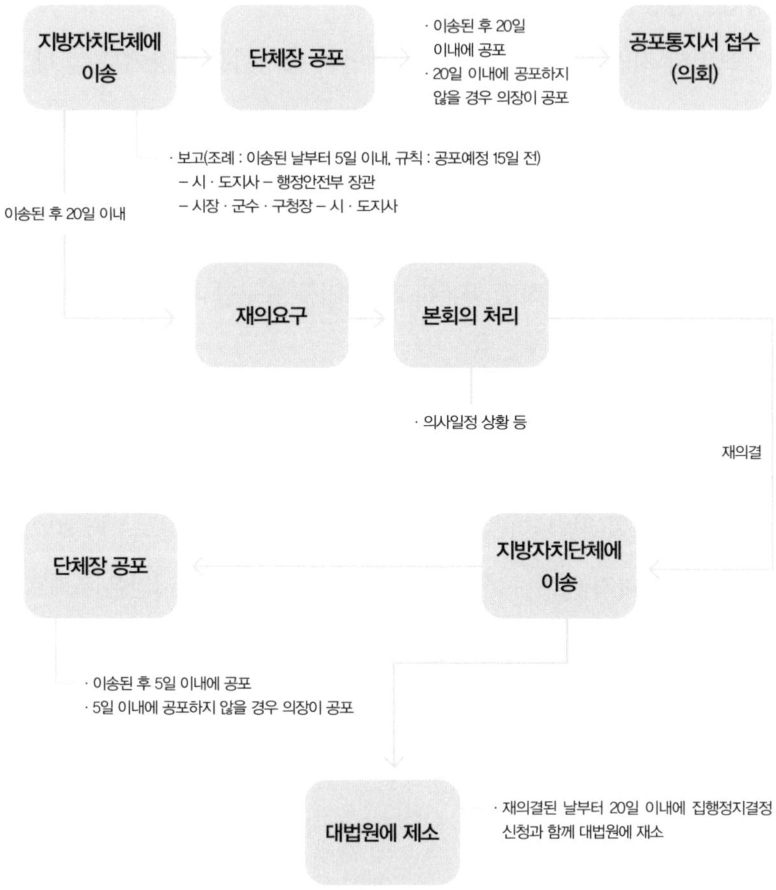

3

조례안, 어떻게 입안하나요? 이재효 · 최현재

조례 입안의 기본원칙

조례는 의회에서 제정되는 자치법규입니다. 의회 심의를 위한 조례안을 만들기 위해서는 조례의 제정범위를 고려해야 하는데, 그 내용은 「헌법」 제117조 제1항 및 「지방자치법」 제28조 제1항에 잘 나타나 있습니다.

대한민국 헌법 제117조 ① 지방자치단체는 주민의 복리에 관한 사무를 처리하고 재산을 관리하며, 법령의 범위 안에서 자치에 관한 규정을 제정할 수 있다.

지방자치법 제28조(조례) ① 지방자치단체는 법령의 범위에서 그 사무에 관하여 조례를 제정할 수 있다. 다만, 주민의 권리 제한 또는 의무 부과에 관한 사항이나 벌칙을 정할 때에는 법률의 위임이 있어야 한다.

광역자치단체의 조례는 기초자치단체의 조례에 대한 효력에서 우위에 있습니다. 기초자치단체의 자치법규는 광역자치단체 자치법규를 위반해서는 안 됩니다.

지방자치법 제30조(조례와 규칙의 입법한계) 시 · 군 및 자치구의 조례나 규칙은 시 · 도의 조례나 규칙을 위반하여서는 아니 된다.

조례안을 입안할 때는 비례의 원칙, 평등의 원칙, 신뢰보호의 원칙, 적법절차의 원칙, 체계정당성의 원칙, 포괄위임금지의 원칙 등 법제 일반원칙을 준수해야 합니다.

법제의 일반원칙

구분	내용
비례의 원칙	국가안전보장 · 질서유지 또는 공공복리를 위하여 그 제한이 불가피한 경우이어야 하고, 또 제한이 최소한으로 그쳐야 한다.
평등의 원칙	법 적용과 법 내용에 있어 합리적인 이유가 없는 자의적인 차별을 하여서는 아니 된다.
신뢰보호의 원칙	행정기관의 일정한 명시적 · 묵시적 언동의 정당성 또는 존속성에 대한 개인의 보호가치 있는 신뢰는 보호해 주어야 한다.
적법절차의 원칙	입법 · 사법 · 행정 등 모든 국가작용은 정당한 법률을 근거로 하여야 하고 정당한 절차에 따라 발동되어야 한다.
체계정당성의 원칙	법령 상호간에는 규범구조나 규범내용에서 서로 상치되거나 모순되어서는 아니 된다.
포괄위임금지의 원칙	상위법령에서 조례에 위임하고 있는 사항에 대해서는 위임법령의 취지에 따라 조례로 정해야 하고, 규칙에 위임하는 경우에도 조례에 중요사항은 정하고, 규칙으로 정할 사항에 관한 기준이나 그 범위를 한정하여 위임하여야 한다.

조례안을 입안하기 위해서는 무엇보다도 조례 입안의 기본원칙인 '소관 사무의 원칙', '법령의 범위 안에서', '법률유보의 원칙' 등을 염두에 두어야 합니다. 이제 조례 입안 기본원칙을 차근차근 살펴보도록 하겠습니다.

1) 소관 사무의 원칙

소관 사무의 원칙이란 조례는 해당 지방자치단체의 사무에 관하여 제정되어야 하는 것을 말합니다. 지방자치단체의 사무는 지방자치법 규정에 따라 다음과 같이 구분할 수 있습니다.

지방자치법에 따른 사무 구분

제13조(지방자치단체의 사무범위) ① 지방자치단체는 관할구역의 자치사무와 법령에 따라 지방자치단체에 속하는 사무를 처리한다. ⇨ 자치사무, 단체위임사무
제15조(국가사무의 처리제한) 지방자치단체는 다음 각 호에 해당하는 국가사무를 처리할 수 없다. 다만 법률에 이와 다른 규정이 있는 경우에는 국가사무를 처리할 수 있다. ⇨ 국가직접처리사무
제115조(국가사무의 위임) 시 · 도와 시 · 군 및 자치구에서 시행하는 국가사무는 법령에 다른 규정이 없으면 시 · 도지사와 시장 · 군수 및 자치구의 구청장에게 위임하여 행한다. ⇨ 기관위임사무

지방자치단체는 고유사무인 자치사무와 개별법령에 의하여 지방자치단체에 위임된 단체위임사무에 관하여 자치조례를 제정할 수 있으며, 기관위임사무에 관하여 제정되는 이른바 위임조례는 개별법령에서 일정한 사항을 조례로 정하도록 위임하고 있는 경우에 한하여 제정할 수 있습니다(대법원 판례 2006추52). 일반적으로 자치사무, 단체위임사

무, 기관위임사무는 다음과 같은 기준으로 구분할 수 있습니다.

사무별 특징

구분	자치사무	단체위임사무	기관위임사무
경비부담	지방자치단체 부담 (국가의 장려적 보조금 가능)	사업비의 일부 국가 부담	국가 전액 부담
입법방식	개별법령에 자치단체 또는 자치단체장에게 권한 부여 (시 · 도지사는 ○○○을 시행한다)	개별법령에 명시적 규정 (자치단체에게 ○○○을 위임한다)	법률 · 시행령 및 법령 해석 (시 · 도지사에게 ○○○을 위임한다)
지방의회	조례 제정 가능 조사 · 감사권 원칙적 인정	조례 제정 가능 조사 · 감사권 원칙적 인정	조례 제정 불가 조사 · 감사권 원칙적 불인정
국가 관여	소극적 감독 및 적법성 감독	소극적 감독 및 합목적성 감독	포괄적 지휘 · 감독권

※ 출처: 행정안전부(2010), 사무구분체계 개선 및 자치입법 실무, p.10.

하지만 사무 구분에 대한 기준이 모호하기 때문에 사무의 명칭만으로 국가사무인지 자치사무인지 구분하기 곤란한 점이 있습니다. 예를 들면, 치안은 국가사무로 조례로 입안하기 곤란하지만, 지역주민의 안전을 위한 사무는 자치사무로 조례를 만들 수 있습니다. 따라서 조례를 성안할 경우, 사무 구분의 구분이 모호한 점이 있다는 것을 감안하여 해당 사무가 지방자치단체의 사무에 해당하는지를 판단해야 할 것입니다.

그리고 소관 사무와 관련하여, 시 · 도의 조례로 시 · 군 · 구의 사

Check Point

사무 구분 기준(대법원 판례 2001추57)

법규의 규정 형식과 취지를 우선 고려하되, 그 사무의 성질이 전국적으로 통일적인 처리가 요구되는 사무인지 여부, 경비부담과 최종 책임귀속 주체 등을 고려해야 합니다.

무에 대하여 규정할 수 없으며, 시 · 군 · 구의 조례 또한 시 · 도의 사무에 대하여 규정할 수 없다는 점도 기억해야 합니다.

2) 법령의 범위 안에서

조례는 「헌법」 제117조 제1항 및 「지방자치법」 제28조 제1항에 규정된 바와 같이, 법령의 범위에서 조례의 제정이 가능합니다. 여기에서 법령이란 법률, 대통령령, 부령뿐만 아니라, 조약 및 일반적으로 승인된 국제법규, 법규명령으로 기능하는 행정규칙을 포함합니다. 조약과 관련하여 판례는 국제협약에 반한 조례는 효력이 없다고 판시한 바 있습니다.

Check Point

국제조약에 위배되는 조례①(대법원 판례 2004추10)

특정 지방자치단체의 초 · 중 · 고등학교에서 실시하는 학교급식을 위해 지방자치단체에서 생산되는 우수 농수축산물과 이를 재료로 사용하는 가공식품(이하 '우수농산물'이라고 한다)을 우선적으로 사용하도록 하고 그러한 우수농산물을 사용하는 자를 선별하여 식재료나 식재료 구입비의 일부를 지원하며 지원을 받은 학교는 지원금을 반드시 우수농산물을 구입하는 데 사용하도록 하는 것을 내용으로 하는 지방자치단체의 조례안이 내국민 대우 원칙을 규정한 '1994년 관세 및 무역에 관한 일반협정(General Agreement on Tariffs and Trade 1994)'에 위반되어 그 효력이 없습니다.

Check Point

국제조약에 위배되는 조례②(대법원 판례 2004추72)

학교급식을 위해 우리 농수축산물을 우선적으로 사용하도록 하고 우리 농수축산물을 사용하는 자를 선별하여 식재료나 식재료 구입비의 일부를 지원하는 것 등을 내용으로 한 광역지방자치단체의 조례안이, 국내산품의 생산보호를 위하여 수입산품을 국내산품보다 불리하게 대우하는 것에 해당하는 것으로서 내국민 대우 원칙을 규정한 '1994년 관세 및 무역에 관한 일반협정' 제3조 제1항, 제4조에 위배되어 위법한 이상, 위 조례안에 대한 재의결은 효력이 없습니다 .

행정규칙과 관련하여, 판례는 행정규칙의 형식으로 그 법령의 내용이 될 사항을 구체적으로 정하고 있는 경우에, 그 행정규칙이 법령의 위임한계를 벗어나지 아니하고 그 법령의 규정과 결합하여 대외적인 구속력이 있는 법규명령으로서의 효력을 갖는다고 판시한 바 있습니다(대법원 판례 98두7503).

Check Point

행정규칙 형식의 법규명령(헌재 91헌마24 결정)

법령의 직접적인 위임에 따라 위임행정기관이 법령을 시행하기 위하여 필요한 구체적인 사항을 정한 행정규칙(고시, 훈령, 예고 등)은 상위법령의 위임 한계를 벗어나지 아니하는 한 대외적인 구속력을 갖는 법규명령으로서의 기능을 합니다.

조례의 제정범위는 '법령의 범위 안에서'로 한정하고 있습니다. 이와 관련하여 대법원 판례(2000추29)는 '법령의 범위 안에서'를 '법령을 위반하지 않는 한도 안에서'라고 보고 있습니다. 즉, 지방자치단체는 「지방자치법」 제28조 제1항에 따라 자치사무와 법령에 의하여 지방자치단체에 속하게 된 단체위임사무에 대하여 법령에 '위반'되지 않는 범위에서 조례를 제정할 수 있습니다.* 따라서 법령의 구체적인 위임이 없더라도 전체적인 법령체계의 범위 안에서 조례를 제정할 수 있습니다. 요컨대, 조례는 그것이 자치조례에 해당하는 것이라도 법령에 위반되지 않는 범위 안에서만 제정할 수 있기 때문에 법령에 위반되는 조례는 무효입니다.

Check Point

조례의 법령 위반 판단①(대법원 판례 2008추32)

지방자치단체가 제정한 조례가 법령에 위배되는지 여부는 법령과 조례의 각각의 규정 취지, 규정의 목적과 내용 및 효과 등을 비교하여 둘 사이에 모순 · 저촉이 있는지의 여부에 따라서 개별적 · 구체적으로 결정하여야 할 것입니다.

Check Point

조례의 법령 위반 판단②(대법원 판례 2006추52)

조례가 규율하는 특정사항에 관하여 그것을 규율하는 국가의 법령이 이미 존재하는 경우에도 조례가 법령과 별도의 목적에 기하여 규율함을 의도하는 것으로서 그 적용에 의하여 법령의 규정이 의도하는 목적과 효과를 전혀 저해하는 바가 없는 때 또는 양자가 동일한 목적에서 출발한 것이라고 할지라도 국가의 법령이 반드시 그 규정에 의하여 전국에 걸쳐 일률적으로 동일한 내용을 규율하려는 취지가 아니고 각 지방자치단체가 그 지방의 실정에 맞게 별도로 규율하는 것을 용인하는 취지라고 해석되는 때에는 그 조례가 법령에 위반되는 것은 아닙니다.

* 법령의 범위 안에서의 의미는 반드시 법령의 위임이 있어야 한다는 의미는 아니며, 법령에 위반되지 않는 범위 내에서를 가리키므로 지방자치단체가 제정한 조례가 법령에 위반되는 경우에는 효력이 없다는 의미입니다[한수동(2015), 지방자치법 강의, p.124].

3) 법률유보의 원칙

법률유보는 법률에 근거가 있어야 한다는 것입니다. 조례 입안과 관련한 법률유보의 원칙은 주민의 권리 제한 또는 의무 부과 및 벌칙을 정할 때에는 법률의 위임이 있어야 하는 것으로, 「지방자치법」 제28조 제1항의 단서에 규정되어 있습니다. 즉, 조례를 제정함에 있어 주민의 권리를 제약하거나 의무를 부과하고 벌칙을 정하려는 규정을 만들려고 할 경우에는 국회의 입법이 없으면 조례로 만들 수 없습니다. 따라서 주민의 권리제한, 의무부과, 벌칙에 해당하는 조례를 제정할 경우에는 자치조례인지 또는 위임조례인지에 관계없이 법률의 위임이 있어야 하고, 그러한 위임 없이 제정된 조례는 무효입니다.

Check Point

법률유보의 판단(대법원 판례 2007추134)

법률의 위임 없이 조례로 인·허가, 등록, 신고 등을 신설하거나 정년제한, 의무사항 등을 신설하는 것은 법률의 위임 없는 권리 제한 또는 의무 부과이므로 그 효력을 인정할 수 없습니다.

---

4) 견제와 균형의 원칙

견제와 균형의 원칙은 집행기관과 의결기관 간 권한 분리 및 배분의 원칙이라고 할 수 있습니다. 우리나라 지방자치제도는 기관대립형을 채택하고 있으며, 현행 지방자치법은 의결기관으로서의 지방의회와 집행기관으로서 지방자치단체장에게 독자적 권한을 부여하는 한편, 지방의회는 행정사무감사와 조사권 등에 의하여 지방자치단체장의 사무집행을 감시 통제할 수 있고, 지방자치단체장은 지방의회의 의결에 대한 재의요구권 등으로 지방의회의 의결권행사에 제동을 가할 수 있게 함으로써 상호 견제와 균형을 유지하도록 하고 있습니다. 따라서 지방의원이 모든 조례안을 발의할 수는 없습니다. 즉, 의원발의로 집행기관의 인사권이나 조직권을 다루는 의안 또는 예산편성권을 침해하는 조례안을 발의할 수 없습니다.

조례와 관련하여 견제와 균형의 원칙은 판례를 통하여 상대방의 고유권한 침해 여부에 따라 위법성 심사의 기준을 제시하고 있습니다. 예를 들면, 대법원은 지방의회가 지방자치단체장의 고유권한이 아닌 사항에 대하여도 그 사무집행에 관한 집행권을 본질적으로 침해하는 것은 지방자치법의 관련 규정에 위반되어 허용할 수 없다고 판시하고 있습니다(대법원 판례 2001추57).

Check Point

집행기관과 의결기관의 권한 판단①(대법원 판례 2011추18)

지방의회 의결로 집행기관 공무원에 대해 의원의 자료요구에 성실히 이해하지 않는 사유로 징계를 요구할 수 있다는 취지의 '행정사무감사 및 조사에 관한 조례'는 법령에 근거하지 않는 새로운 견제장치로서 지방의회가 집행기관 고유권한을 침해하여 위법합니다.

Check Point

집행기관과 의결기관의 권한 판단②(대법원 판례 2000추36)

집행기관의 고유권한에 속하는 인사권의 행사에 있어서 지방의회는 견제의 범위 내에서 소극적 · 사후적으로 개입할 수 있을 뿐 사전에 적극적으로 개입하는 것은 허용되지 않습니다.

조례안의 구성

법률은 문자로 표현되고 일정한 형식을 갖춘 문서로 작성하는 것이 일반적인 입법 형식입니다.* 법률의 형식이란 법률조문의 구성 및 배열방식으로 다음과 같은 구성을 가집니다.

법률의 구성체계

본칙	총칙규정	목적규정, 정의규정, 해석규정, 기본원칙, 효력규정, 적용범위
	실체규정	행정행위(행정처분), 제재적 행정처분, 위임입법, 결격사유, 행정기관, 부관
	보칙규정	보고 · 검사, 청문절차, 행정심판 · 행정소송, 손실보상, 권한의 위임 · 위탁, 수수료
	벌칙규정	위반요건 · 처벌범위 및 형량, 양벌규정, 행정질서벌(과태료)
부칙	시행일, 유효기간, 다른 법률의 폐지, 적용례, 특례, 결과조치, 다른 법률의 개정 등	

※출처 : 법제실무(2011), 국회법제실, p.74.

조례의 형식도 법률의 형식과 동일합니다. 조례안은 법률안의 일반적인 구성체계를 따르지만, 법률안에 비해 조례안은 조문의 수가 많지 않습니다.

---

* 법제실무(2011), 국회법제실, p.39.

조례안을 입안할 때, 조례는 제명, 본칙 및 부칙으로 구성합니다. 제명은 조례의 이름이고, 본칙은 조례의 본체적 사항을 규정하는 부분이며, 부칙은 당해 조례안의 본체적 규정사항에 부수되거나 경과적인 성격의 사항을 규정하는 부분을 말합니다. 조례안의 내용은 본칙과 부칙으로 이루어집니다. 실제 입안되고 있는 조례안의 본칙을 보면 목적, 정의, 다른 조례와의 관계, 단체장의 책무, 위원회 구성 및 운영 등을 주요 내용으로 하고 있습니다.

조례안의 구성체계

제명	제명은 당해 법규를 다른 법규와 구별하기 위하여 붙이는 법규의 이름을 말하며, 자치법규의 공포번호 다음에 줄을 바꾸어 제명이 위치
본칙	조례안에는 "본칙"이라는 표시는 하지 않으며, 본칙은 시간의 순서와 내용의 유사성 등을 감안하여 순서대로 구성
부칙	당해 조례의 본체적 규정사항에 부수되거나 경과적인 성격의 사항(시행일 · 경과조치 등)을 규정하는 부분

지금부터는 조례안을 입안할 때 주로 작성하는 본칙 및 부칙의 규정을 중심으로 주의해야 할 사항을 중심으로 살펴보고자 합니다.

Check Point

조례안 입안시 구성 체계

조례안의 입안 때 목적, 정의, 기본원칙, 책무, 다른 조례와의 관계의 순서로 구성하는 것이 바람직합니다.

1) 제명

제명은 조례의 고유한 이름이므로, 일반적으로 「…… 조례」 또는 「……에 관한 조례」의 형식으로 제명을 붙입니다. 제명은 조례의 주요한 규정내용을 잘 나타낼 수 있도록 함축적으로 표현하되 알기 쉽고 간결하게 작성합니다.

조례의 제명 중에 「○○○ 기본 조례」라는 명칭을 붙이는 경우가 있습니다. 하지만 제명이 기본 조례라는 이유만으로 다른 모든 조례를 구속하고 각 개별 조례에 우선하여 적용된다고 볼 수는 없습니다.

Check Point

기본 조례의 구속력(법제처 의견제시12-0188)

어떠한 조례가 그 내용상 해당 규율 분야에 대한 전반적이고 기본적인 방향을 정하면서, 그 제명을 '○○○ 기본 조례'라고 정한다고 하더라도, 다른 조례와의 관계 규정 등을 별도로 두어 다른 조례보다 우선하여 적용할 것을 구체적으로 명시하거나 이와 같이 일반적인 우선조항을 두는 경우에도 내용에 따라 조례에서 우선 적용될 수 있는 사항이 달라질 수 있으므로, 내용과 제명에 있어 기본 조례라는 이유만으로 다른 모든 조례를 구속하고 각 개별 조례에 우선하여 적용되는 것은 아닐 것입니다.

조례를 제정하거나 개정하는 경우 사용하는 조례안의 제명은 다음과 같습니다. 조례의 전부개정은 기존 조문의 3분의 2 이상을 개정하는 것을 말합니다.

조례안의 제명

조례의 제정	⇨	○○○ 조례안
조례의 일부 개정	⇨	○○○ 조례 일부 개정 조례안
조례의 전부 개정	⇨	○○○ 조례 전부 개정 조례안
조례의 폐지	⇨	○○○ 조례 폐지 조례안

또한, 조례안의 제명에 발의의원을 부제로 표시할 수 있습니다. 「지방자치법」 제76조 제4항에 따라 의원이 조례안을 발의할 경우 발의의원과 찬성의원을 구분합니다. 의원발의 조례안은 해당 조례안 제명의 부제로 발의의원의 성명을 기재하여야 하며, 발의의원이 2명 이상인 경우에는 1명을 대표발의의원으로 명시하여야 합니다. 조례안 제명에 부제로 발의의원의 이름을 기재하도록 하는 조례안실명제는 입법에 대한 의원의 책임의식 향상과 주민의 알권리를 충족시키려는 것으로, 국회법에서도 법률안실명제를 규정하고 있습니다.*

「지방자치법」 제76조(의안의 발의) ④ 제1항에 따라 지방의회의원이 조례안을 발의하는 경우 때에는 발의 의원과 찬성 의원을 구분하되, 해당 조례안의 제명의 부제로 발의 의원의 성명을 기재하여야 한다. 다만, 발의 의원이 2명 이상인 경우에는 대표발의 의원 1명을 명시하여야 한다.

* 「국회법」 제79조(의안의 발의 또는 제출) ③ 의원이 법률안을 발의하는 때에는 발의의원과 찬성의원을 구분하되, 당해 법률안에 대하여 그 제명의 부제로 발의의원의 성명을 기재한다. 다만, 발의의원이 2인 이상인 경우에는 대표발의의원 1인을 명시해야 한다.

2) 목적

조례의 목적 규정은 해당 조례가 달성하려는 입법목적을 간결하고 명확하게 밝히는 문장으로, 조례의 입법 취지를 쉽게 이해할 수 있도록 도움을 줍니다. 또한 목적 규정은 입법목적과 입법취지를 담고 있기 때문에 조례의 해석지침이 됩니다. 따라서 조례안을 작성할 경우, 목적 규정은 그 조례의 입법목적과 취지가 나타나도록 작성해야 합니다. 일반적으로 조례의 목적 규정은 "이 조례는 ……을 규정함을 목적으로 한다", "이 조례는 ……에 관한 사항을 정함으로써 …하는 데 이바지함을 목적으로 한다"는 식의 방법으로 작성합니다. 다만, 지방자치단체의 고유사무에 대하여 정하는 자치조례와 달리, 법령의 위임에 의하여 제정되는 위임조례는 목적 규정에 해당 법령을 명시하여 작성합니다.

Check Point

위임조례 목적 규정의 예시

서울특별시 지방공무원 복무조례
제1조(목적) 이 조례는 「지방공무원법」 제59조에 따라 서울특별시 지방공무원의 복무에 관한 사항을 정함을 목적으로 한다.*

조례를 입안하는 과정에서 약칭을 종종 사용하며, 약칭은 조례 규정에 반복 사용되는 문구나 단어군을 대표할 수 있는 간단하게 줄인 문구나 단어로 표시하는 방법으로, 목적 규정에서는 사용하지 않습니다.

* 「지방공무원법」 제59조(위임규정) 공무원의 복무에 필요한 사항은 이 법에서 규정하는 것 외에는 대통령령 또는 해당 지방자치단체의 조례로 정한다.

Check Point

약칭의 사용

목적 규정에서는 약칭이나 약칭된 용어를 사용하지 아니하며, 목적 규정 다음에 맨 처음 그 용어가 나오는 곳에서 사용하며, 약칭은 해당 문구나 단어군 뒤에 '(이하 ○○이라 한다)'의 형식으로 작성합니다.

3) 정의

조례의 정의는 해당 조례에서 사용되는 용어의 뜻을 명확하게 설명하는 규정입니다. 정의는 해당 조례에서 쓰고 있는 용어 중 개념상 중요한 용어이거나 일반적으로 쓰는 용어의 의미와 다른 의미로 사용되는 용어에 대하여 사용합니다. 그리고 정의는 조례 자체에서 그 의미를 명확하게 함으로써, 조례를 해석하고 적용할 때 나타나는 의문점을 없애는 기능을 합니다.

조례안을 작성할 경우, 정의 규정은 목적 규정 다음에 위치합니다. 정의는 그 내용에서 "등", "그밖에", "…와 같은" 등의 불확정적인 단어는 사용하지 않도록 합니다. 법률안과 마찬가지로 조례를 성안할 때, 정의 규정 내용을 포괄적으로 규칙에 위임하지 않도록 해야 합니다.

조례의 정의 규정과 관련하여, 법률의 정의 내용을 조례에 반복하여 규정하는 것은 중복 소지는 있으나, 법적으로 불가능한 사항은 아닙니다. 다만, 상위법령에서 위임한 사항을 정하거나 그 시행을 위한 자치법규의 경우에는 상위법령의 용어가 자치법규에도 당연히 그대로 적용되므로, 법률에서 정의가 된 동일한 용어에 대하여 자치법규에서 다시 용어 정의를 하지 않도록 하는 것이 바람직합니다. 또한,

일반적으로 상위법령의 위임에 따라 제정된 조례에서 상위법령에서 정의된 동일한 용어에 대하여 다르게 정의하는 것은 상위법령에 위반되거나 자치법규 해석상 혼란을 야기할 소지가 있어 바람직하지 않다고 할 수 있습니다.

Check Point

상위법령과 다른 정의 규정

일반적으로 상위법령의 위임에 따라 자치법규를 제정하는 경우, 상위법령의 용어 정의는 자치법규에도 당연히 그대로 적용되므로 법률에서 정의된 용어에 대하여 자치법규에서 다시 용어 정의를 하지 않도록 하여야 합니다(법제처 법령해석 의견15-0136). 반면, 상위법령의 위임 없이 제정되는 자치법규의 경우에는 상위법령의 위임에 따라 제정되는 자치법규에서와 같은 문제점이 발생할 소지가 적으므로 법률과 다른 새로운 용어를 정의할 수 있을 것입니다(법제처 법령해석 의견 14-0037).

4) 다른 조례와의 관계

다른 조례와의 관계 규정은 다른 조례의 적용, 적용배제, 준용, 우선적용 및 해당 조례의 우선적용과 같이 그 조례와 다른 조례 간의 관계에서 어느 조례가 먼저 적용되는지 등에 관하여 적용의 우선순위를 정하기 위하여 사용합니다.* 이 규정은 다른 조례와의 관계를 명확하게 하며 다른 조례와의 상충을 피하고 조례 상호 간의 조화를 도모하고자 활용합니다.

---

* 법제실무(2011), 국회법제실, p.211.

다른 조례와의 관계 규정은 조례의 목적 규정의 내용과 호응을 이루어 작성하여야 합니다. 다만, 조례는 상위법령에 위반하여 규정을 둘 수 없습니다. 따라서 조례를 성안하면서 다른 조례와의 관계에 관한 규정을 작성할 때에는 상위법령의 위임에 따라 제정되는 조례보다 우선하는 규정을 두는 것은 법령 위반의 소지가 있을 수 있으므로 다른 조례와의 관계 규정을 둘 때 주의하여야 합니다.

5) 위원회 구성 및 운영

지방자치단체에서 시행되고 있는 조례들을 살펴보면 많은 조례들이 위원회의 구성 · 운영에 관한 사항을 포함하고 있습니다. 위원회는 독립적으로 의사결정을 하고 외부에 표시할 수 있는 합의제 행정관청으로서의 위원회, 외부에 표시할 수 있는 권한은 없고 심의 · 의결 또는 의사결정권자에게 자문만 할 수 있는 위원회로 구분할 수 있습니다. 조례 제정과 관련하여 위원회가 심의 및 자문위원회의 기능에 그치는지, 행정기관으로서의 위원회에 해당하는지 살펴보아야 합니다.

상위법령에 규정된 위원회 구성 · 운영 및 본칙의 일부 내용을 조례에 그대로 반복하여 규정하는 경우가 있습니다. 상위법령의 사항을 조례안에 그대로 반영하여 조례를 개정하면 당장은 상위법령 위반사항의 문제는 없으나, 차후에 법령의 개정시 해당 조례도 개정을 해야 하는 문제가 발생합니다. 즉, 법령의 개정시 그 조례도 개정해야 하는 번거로움이 발생하게 되며, 법령의 개정과 함께 조례의 개정이 적시에 이루어지지 못할 경우 조례가 상위법령을 위반하게 되는 혼란을

Check Point

센터 및 위원회 설치 · 운영 조례안의 판단

최근 지방자치단체장이 센터나 위원회를 설치 · 운영하도록 하는 조례 제 · 개안을 의원이 발의하는 사례가 있습니다. 이와 관련하여, 센터나 위원회가 실제 행정기구나 행정기관의 역할을 하는지 아니면 그 기관성을 인정받지 않는 임시적 자문기관에 그치는지 그 성격을 따져보아야 하겠으나, 행정기구나 행정기관의 성격을 갖는 센터 또는 위원회 설치 · 운영하는 조례안을 의원발의 형식으로 성안하는 것은 집행기관의 고유권한인 조직권을 침해할 수 있어 바람직하지 않습니다.

초래할 수 있습니다. 따라서 위임조례의 경우, 상위법령에서 위임된 해당 사항만을 조례에 반영하여 개정하는 것이 바람직합니다.

Check Point

위원회 위원 구성 개정시 시행시기 검토

위원회의 위원 구성을 개정하는 내용을 담고 있는 조례안은, 부칙 규정을 활용하여 개정된 내용을 공포한 날부터 시행할지, 아니면 다음 위원회의 위원 구성부터 적용할지를 고려해야 합니다.

조례를 성안하는 과정에서 조문의 내용을 강행규정 또는 임의규정으로 정해야 하는 경우가 있습니다. 상위법령 규정의 '할 수 있다'라는 표현은 자유재량에 해당합니다. 법률의 위임에 따라 조례를 만들 경우 해당 규정은 지방자치단체의 입법재량 사항이라고 할 수 있습니다. 따라서, 상위법령의 규정이 임의규정일 경우 조례는 강행규정과 임의규정 모두 가능합니다.

6) 과태료

과태료는 형벌의 성질을 가지지 않는 법령위반에 대하여 부과되는 금전벌입니다. 과태료는 행정법규 위반 정도가 비교적 경미하여 직접적으로 행정목적이나 사회공익을 침해하는 것이 아니라 간접적으로 행정목적 달성에 장애를 줄 위험성이 있을 정도의 단순한 의무태만에 대하여 부과합니다(대법원 판례 69마400). 과태료는 행정청에 대한 협조의무 위반에 대하여 부과하거나 경미한 형사사범에 대한 비범죄화 차원에서 부과된다고 볼 수 있습니다.*

지방자치법 제34조(조례위반에 대한 과태료)

① 지방자치단체는 조례를 위반한 행위에 대하여 조례로써 1천 만원 이하의 과태료를 정할 수 있다.

② 제1항에 따른 과태료는 해당 지방자치단체의 장이나 그 관할 구역 안의 지방자치단체의 장이 부과 · 징수한다.

조례안에서 조례의 집행력을 담보하기 위하여, 과태료에 관한 내용을 규정하고자 할 경우 면밀한 검토가 필요합니다. 조례 위반행위에 대하여 과태료를 최고 1천만 원까지 부과할 수 있으나, 조례로 벌칙을 정할 경우 법률의 위임이 있어야 하기 때문에 이것을 고려해야 합니다. 과태료를 부과하도록 조례에 규정하는 경우, 과태료 부과의

---

* 이경준(2017), "행정제재처분에 제척기간, 소멸시효 제도 도입 방안 검토", 법제 제678호, p.161.

전제가 되는 과태료 부과 대상 행위는 주민의 권리제한이나 의무부과에 해당하므로 그에 대한 법률적 근거가 있어야 합니다.*

Check Point

조례의 과태료 규정 (법제처 법령해석 의견 09-0135)

법률에서 일정한 의무 부과를 조례로 정할 수 있도록 위임한 경우에 과태료에 대한 별도의 법률 위임이 없더라도 조례로 과태료를 부과할 수 있는지에 대하여, 법률에서 별도로 과태료에 관한 사항을 조례에 위임한 경우뿐만 아니라, 법률에서 과태료 부과원인이 되는 의무의 부과를 조례로 위임한 경우에도 그 의무를 위반한 경우의 과태료를 조례로 정할 수 있다고 할 것입니다.

7) 부칙 규정

부칙은 본칙 규정에 부수적이거나 경과적인 성격의 사항을 규정하는 부분입니다. 부칙은 본칙에서 규정하는 사항의 시행일과 본칙의 시행에 따른 과도적 조치인 시행을 위한 준비행위, 적용례, 경과조치, 특례, 기존 조례 · 규칙의 폐지, 그리고 본칙의 시행에 따라 필요한 다른 조례 · 규칙의 개정, 개정된 본칙과 다른 조례 · 규칙 등과의 관계 등을 규정한 부분으로 구성됩니다. 부칙에 규정하는 사항을 배열하는 일반적인 순서는 다음과 같습니다.

* 한수동(2015), 지방자치법 강의, p.145.

부칙 규정의 배열 순서

- 조례의 시행일에 관한 규정
- 조례의 유효기간에 관한 규정
- 기존 다른 조례의 폐지에 관한 규정
- 조례의 시행을 위한 준비행위에 관한 규정
- 조례의 시행에 따른 적용례에 관한 규정
- 조례의 시행에 따른 특례에 관한 규정
- 조례의 시행에 따른 경과조치에 관한 규정
- 조례의 시행과 직접 관련된 다른 조례의 개정에 관한 규정

Check Point

부칙의 조 번호 사용

부칙도 본칙과 마찬가지로 조로 구분하고 조에 제목을 붙이며, 조 번호는 제1조부터 새로 시작하도록 하되, 부칙에서 시행일만을 규정하는 경우에는 조와 조의 제목을 표시하지 아니합니다.

① 시행일

조례는 일반적으로 부칙에서 시행일을 정하고 있습니다. 조례의 시행일이란 조례에서 규정한 법률 효과가 발생하는 날입니다. 즉, 조례의 시행일은 조례가 효력을 발하는 시기에 관한 규정이므로 그 시기에 관한 다른 해석의 여지가 없도록 명확하게 규정해야 합니다.

Check Point

시행일 규정의 입법례

① 부칙에 시행일 규정만 있는 경우

이 조례는 공포한 날부터 시행한다.

이 조례는 공포 후 ○개월이 경과한 날부터 시행한다.

이 조례는 ○○○○년 ○월 ○일부터 시행한다.

② 부칙에 시행일 이외의 규정이 있는 경우

제1조(시행일) 이 조례는 공포한 날부터 시행한다.

제2조(다른 조례의 개정)「서울특별시의회 기본 조례」 제20조 제1항 및 제2항 중 "정책연구위원회"를 "정책위원회"로 한다.

Check Point

시행일을 규정하지 않았을 경우

조례는 시행일로부터 효력을 발생하는데, 조례에서 시행일을 정하지 아니한 경우에는 공포한 날부터 20일이 경과함으로써 효력을 발생합니다.

Check Point

"공포 후 3개월이 경과한 날부터 시행한다"의 의미

조례가 공보(시보) 게재일이 2018년 7월 1일이라면 7월 2일 0시부터 기산하여 2018년 10월 2일 0시부터 시행이 되는 것입니다.

② 유효기간

유효기간이란 해당 조례가 그 법적 효력을 유지하는 기간을 정하는 규정으로, 유효기간이 지나면 당해 조례는 자동적으로 효력을 상실하게 됩니다. 유효기간을 정한 조례를 한시조례라고도 하며, 유효기간은 조례 전체에 대하여 정할 수도 있고, 조례의 일부 조항에 대하여 정할 수 있습니다. 조례에 따라서는 '유효기간' 대신에 '적용기간' 등을 조 제목으로 쓰고 있는데, '유효기간'을 사용하는 것이 더 바람직합니다.

Check Point

유효기간 규정의 입법례

① 제○조(유효기간) 이 조례는 ○○○○년 ○월 ○일까지 그 효력을 가진다.
② 제○조(유효기간) 이 조례는 각 조문에서 별도로 달리 규정한 바가 없는 경우에는 ○○○○년 ○월 ○일까지 그 효력을 가진다.

③ 다른 조례의 폐지

새로운 조례의 제정 및 개정으로 기존 조례를 폐지할 경우에 부칙에서 다른 조례의 폐지에 관한 규정을 둘 수 있습니다. 기존 다른 조례의 폐지에서 주의할 점은 상호 관련성이 없는 기존 다른 조례의 폐지에 관한 규정을 둘 수 없다는 겁니다. 그리고 상호 관련성이 있다 하더라도 조례로 규칙을 폐지해서는 안 됩니다.

Check Point

다른 조례의 폐지 입법례

「서울특별시 시민감사옴부즈만위원회 운영 및 주민감사청구에 관한 조례」의 부칙 중 다른 조례의 폐지
제4조(다른 조례의 폐지) 이 조례의 시행으로 「서울특별시 시민감사옴부즈만 운영 및 주민감사청구에 관한 조례」는 폐지한다. 다만, 제6조, 제10조부터 제12조까지는 시민감사옴부즈만위원회가 구성되는 날부터 폐지한다.

④ 적용례 · 특례 · 경과조치

적용례는 새로운 조례의 적용시기 또는 적용대상 등을 명확하게 할 필요가 있는 경우에 두는 규정입니다. 시행일만을 규정하는 것으로는 구체적으로 어느 대상부터 적용할 것인가가 명확하지 않을 경우에 적용례를 통하여 시행일을 정함과 동시에 어떤 대상에 대하여 어느 경우부터 규율할 것인가를 명확하게 규정할 수 있습니다.

경과조치는 조례의 제 · 개정 또는 폐지로 인하여 종래의 법질서를 일시에 새로운 법질서로 변화시킬 경우 예상되는 선의의 피해자를 방지하고 새로운 법질서로의 변천에 관해 잠정적인 적용기준을 명확히 하는 것입니다. 경과조치는 신 · 구 법 질서 간의 원만한 교체와 법적 안정성 유지를 위한 목적을 가집니다. 조례 개정시 경과조치를 두지 않을 경우, 개정된 조례 규정이 적용되므로 기득권자의 보호를 위하여 경과조치를 둘 필요가 없는지 검토해야 합니다.

Check Point

적용례와 경과조치의 구분

적용례는 새롭게 제정 또는 개정되는 규정의 적용관계를 명확하게 설명하기 위한 것이며, 경과조치는 기존의 규정에 대한 정당한 신뢰를 보하기 위하여 일정한 기득권자에 대해서 종전의 규정을 적용하도록 하려는 것입니다.

특례는 조례를 제 · 개정하면서 정책적인 관점 또는 특수한 상황을 전제로 하여 한정된 기간 또는 한정된 대상에 대하여 예외적으로 본칙의 내용과 다른 제도를 도입하여 운용할 필요가 있을 때 두는 규정입니다. 특례에 따른 조치가 끝나면 법률관계는 제 · 개정된 새로운 조례로 규율이 됩니다. 조례를 입안할 때, 특례 규정에는 "제○조에도 불구하고"라는 표현을 써서 해당 규정이 특례임을 분명히 하도록 합니다.

Check Point

특례와 경과조치의 구분

특례는 새로운 조례의 규정과는 다른 내용의 규정을 잠정적으로 적용하기 위하여 사용하는 것이며, 경과조치는 기득권자 등을 새로운 조례 규정의 적용대상에서 일정기간 배제하고 종전의 조례 규정의 적용상태로 인정하는 데 사용하는 것입니다.

⑤ 다른 조례의 개정

조례의 제 · 개정은 각각 하는 것이 원칙이나, 예외적으로 조례의 제 · 개정에 수반하여 영향을 받는 다른 조례가 있는 경우에 부칙에서 다른 조례를 개정할 수 있습니다. 부칙에 의한 다른 조례의 개정은 관련 조례를 별도로 입법 · 심의하는 절차를 생략할 수 있고, 조례 개정의 시차에 따른 집행의 혼란을 방지할 수 있습니다.

Check Point

다른 조례의 개정 작성시 유의사항

부칙으로 다른 조례를 개정할 때, 실체적 내용을 개정하는 경우 소관주의를 위반하므로 원칙적으로 다른 조례의 자구수정이나 경미한 사항의 개정이 필요한 경우에 제한적으로 사용하는 것이 바람직합니다.

조례안 만들기

풀뿌리 민주주의인 지방의회의 권한을 행사하는 지방의원이 주민 복리증진과 지역발전을 위해 적극적으로 의정활동을 수행해야 할 책무 가운데 하나가 입법 활동입니다. 시민생활과 직결되거나 상위법령에 맞게 조례를 제정, 개정하고 불필요한 조례는 폐지하는 것입니다. 그럼 실제로 조례안은 어떻게 만들어야 할까요?

입법지원조직 활용하기

앞서 조례안을 만드는 데 필요한 원리들을 살펴보았습니다. 그런데 막상 조례안을 만들려고 하면 막막하기만 합니다. 지방의원이 조례안을 발의하거나 심사하는 것은 중요한 권리이자 의무 중의 하나입니다. 하지만 지방의원이 조례안을 손수 만들어내는 것은 무척이나 어렵습니다. 이럴 때 필요한 것이 바로 전문가의 도움을 받는 것입니다. 대부분의 광역지방의회에서는 의원들의 입법활동을 지원하기 위한 조직을 만들어 전문가들을 채용하여 운영하고 있습니다. 부천시의회를 비롯한 일부 기초지방의회에서도 의원들의 입법지원 조직을 운영하고 있는 경우가 있고, 정책지원관이 채용되어 있는 만큼 앞으로는 의회의 입법역량이 커질 것으로 예상됩니다.

서울특별시의회의 경우, 의원들이 입법지원을 담당하는 입법담당관에게 "자치법규 입안 및 검토의뢰서"를 작성하여 입법지원을 요청하는 제도를 운영하고 있습니다. 의뢰자는 제안이유, 제 · 개정 방향, 관련 법령 등을 기본적으로 숙지할 필요가 있습니다.

자치법규 입안 및 검토 의뢰서 양식

자치법규 입안 및 검토 의뢰서

수 신 : 의회사무처장
참 조 : 입법담당관

다음과 같이 자치법규안의 입안 및 검토를 의뢰합니다.

1. 조 례 명 :
2. 제안이유
   • 현행 제도의 문제점, 제·개정 필요성 등

3. 제·개정 방향
   •
   •

4. 기타
   • 관련 법규, 서울시 해당부서, 기타 입안 시 요구사항 등

※ 의뢰하신 내용이 다음 사항에 해당 할 가능성이 있습니까? (중복체크 가능)

□ 법률의 위임없는 주민의 권리제한 또는 의무부과
□ 시장 교육감 권한 침해
□ 자치구 소관사무에 해당
□ 많은 예산 소요(예상비용 연평균 5억원이상, 한시적 경비 총 10억원이상)
□ 서울시에 유사 조례나 제도 존재

의뢰 위원회 · 의원실 담 당 자 :
전화번호 : 휴대전화 :
E-mail :
20 년 월 일
의뢰 위원회 · 의원 : (인)

자치법규의 검토 및 입안을 의뢰하실 때는 관련 내용을 구체적으로 기술하여 주시고 관련 자료가 있으신 경우 첨부하여 주시기 바랍니다.

※ 출처 : 서울특별시의회 의회운영 안내

의뢰서를 보면 사전 점검사항으로 법률의 위임 없는 주민의 권리 제한 또는 의무 부과, 시장 · 교육감 권한 침해, 자치구 소관사무에 해당, 많은 예산 소요, 서울시에 유사 조례나 제도가 존재하는가를 체크하도록 되어 있습니다. 체크사항이 많을수록 조례안 성안에 제약이 많은 만큼 기초적인 사항은 반드시 확인하고 나서 의뢰하는 것이 바람직합니다.

의뢰를 받은 입법담당관은 위에서 언급한 사항 이외에도 조례입안의 기본원칙에 따라 조례안을 만들게 되는데, 이는 원칙을 위반하게 되면 상임위원회 심의과정에서 부결될 가능성이 높기 때문입니다. 일부 지방의회는 입법지원조직 외에도 변호사 및 입법전문가 등을 자문역으로 위촉하여 조례안을 만드는 과정에 의원들의 입법활동을 지원하고 있습니다.

상임위원회 전문인력도 도움이 됩니다

입법지원조직이 없는 기초의회의 경우 전문위원이 의원들의 입법을 지원하고 있는 것이 현실입니다. 광역의회의 경우에는 입법지원조직이외에 전문위원실에 근무하고 있는 입법조사관들의 도움을 받을 수도 있습니다. 조례안에 대한 검토보고서를 담당하고 있는 사람에게 조례안 만드는 것을 요청하는 것은 업무분장면에서 바람직하다고 할 수는 없지만, 위원회 소관 조례에 대해 가장 많이 알고 있다는 점에서 도움이 될 수 있습니다.

비용추계서 첨부는 필수!

지방자치단체의 장이 예산상 또는 기금상의 조치를 수반하는 의안을 발의할 경우에는 그 의안의 시행에 수반될 것으로 예상되는 비용에 대한 추계서와 이에 상응하는 재원조달방안에 관한 자료를 의안에 첨부하여야 합니다. 비용에 대한 추계 및 재원조달방안에 대한 자료의 작성 및 제출절차 등에 관하여 필요한 사항은 해당 지방자치단체의 조례로 정하도록 되어 있습니다(「지방자치법」 제78조).

광광역의회이의 경우 자치입법에 관한 조례나 비용추계에 관한 조례에서 지방의원이나 위원회가 발의하는 의안에 대해서도 비용추계서를 첨부하도록 하고 있습니다. 일부 기초의회의 경우에도 의회에서 발의하는 조례안에 대해 비용추계를 도입하고 있는 추세입니다.

서울특별시의회의 예를 들어 설명하겠습니다. 「서울특별시 의안의 비용 추계에 관한 조례」에 따르면 서울특별시의회 위원회, 시의원이 의안을 발의할 경우에도 비용추계서를 첨부하도록 되어 있으므로 예산을 수반하는 조례안에는 비용추계서가 반드시 첨부되어야 합니다. 다만, 예상되는 비용이 연평균 5억 원 미만이거나 한시적인 경비로서 총 10억 원 미만인 경우나, 의안의 내용이 선언적 · 권고적인 형식으로 규정되는 등 기술적으로 추계가 어려운 경우에는 비용추계서를 첨부하지 않아도 되지만, 미첨부 사유서를 첨부하여야 합니다. 지방의회 의원이나 위원회가 발의하거나 제안하는 안건에 대한 비용추계는 집행부의 관련부서가 지방의회 사무처의 관련부서가 담당하도록 하는 것이 일반적인데, 서울특별시의회의 경우 예산정책담당관에서 이를 담당하고 있습니다.

집행부서와 미리 협의해야 하나요?

조례안에 대한 심의는 지방의회의 고유권한이지만, 의회에서 의결된 조례에 대한 집행은 지방자치단체장이 합니다. 그러므로 조례안에 대해 사전에 관련부서와 교감을 가지는 것은 대단히 중요합니다. 집행부서와의 사전 교감 없이 조례안을 발의하게 될 경우, 집행부가 반대의사를 표명하게 되면 해당 상임위원회에서의 심의과정에서 좋은 영향을 줄 수 없기 때문에 사전에 집행부서 업무 담당자와의 면담 등 의견을 수렴하는 과정은 반드시 필요하다고 할 수 있습니다.

입법예고는 언제하나요?

지방의회는 심사대상인 조례안에 대하여 5일 이상의 기간을 정하여 그 취지, 주요 내용, 전문을 공보나 인터넷 홈페이지 등에 게재하는 방법으로 예고할 수 있는데, 조례안 예고의 방법, 절차, 그밖에 필요한 사항은 회의규칙으로 정하도록 되어 있습니다. 여기서 말하는 심사대상 조례안은 의원발의안을 말하는 것이며, 참고로 자치단체장이 제출한 조례안은 의회에 제출하기 전에 통상 20일 이상의 입법예고기간을 거치도록 되어 있습니다. 의원발의 조례안에 대한 입법예고는 상임위원회에 회부된 후에 이루어지기 때문에 조례안의 완결성이 떨어질 우려가 있다는 점에서 개선안을 마련할 필요가 있습니다. 입법예고는 조례안에 대하여 사전에 시민, 관련 이해당사자, 전문가들의 의견을 수렴하는 과정이라는 점에서 바람직하지만, 소관 상임위원회에 회부된 후 입법예고를 하는 것은 절차상 순서가 뒤바뀐 것이라는 의견도 있기 때문입니다.

지방의원 혼자 조례안 만들기 1

조례안을 만들 때 어려운 점 중의 하나가 입법 형식에 맞추어 만들어야 한다는 것입니다.

실제로 의안을 발의하고자 할 때는 그 안을 갖추어 의장에게 제출하여야 하는데 조례안의 경우를 살펴보면 안의 형식은 표지부, 본문부로 구분하여 다음과 같은 사항이 포함되어야 합니다.

① 표지부에는 의안의 제목, 발의 연월일, 발의자, 제안사유, 주요내용이 포함되어야 합니다. 조례안의 표지부 중 제안이유는 제정 및 개정 사유를 설명하는 것인데, 대략적인 사유를 간략하게 기술해야 합니다. 주요내용은 제정 및 개정하는 개별 조문에 대한 것으로 더욱 더 세밀하게 작성하여야 합니다. 참고사항은 관계법령, 예산조치, 관련부서와의 합의사항을 기술하는 것으로 상대적으로 단순하다고 할 수 있습니다.

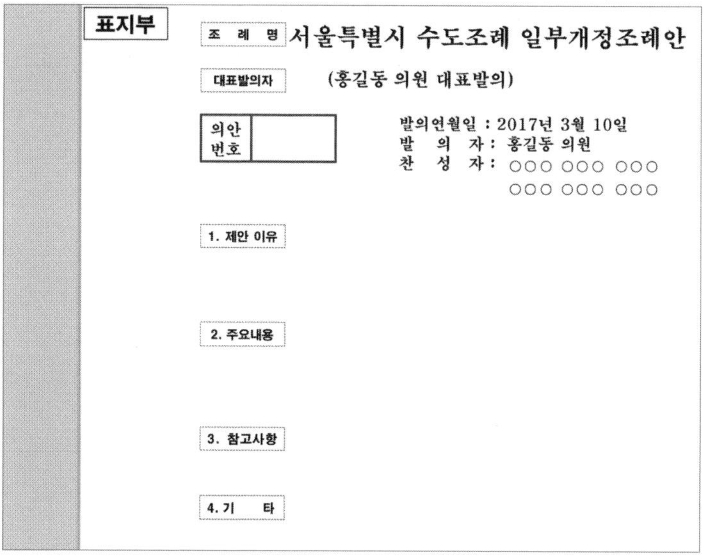
표지부

조 례 명 서울특별시 수도조례 일부개정조례안

대표발의자 (홍길동 의원 대표발의)

의안 번호

발의연월일 : 2017년 3월 10일
발 의 자 : 홍길동 의원
찬 성 자 : ○○○ ○○○ ○○○
○○○ ○○○ ○○○

1. 제안 이유

2. 주요내용

3. 참고사항

4. 기 타

② 본문부에는 조례안의 제목 및 본문을 기재하는데, 실제 조례안의 입안과정에서 가장 중요한 부분이라 할 수 있습니다. 입안과정에서 가장 어렵게 느껴지는 부문이 바로 개정 지시문을 작성하는 것입니다. 개정 지시문은 일종의 명령과 같은 것으로, 조례의 개정작업은 지시문에 따르도록 되어 있는 만큼 정확하게 작성해야 합니다. 본문의 마지막에는 부칙을 작성해야 합니다. 부칙에서는 가장 중요한 것이 시행일이라 할 수 있는데, 과거에는 부칙을 넣지 않고 조례안을 발의하는 경우도 있었지만, 이럴 경우에는 접수과정에서 반려될 수 있으므로 실수하지 않도록 해야 합니다.

③ 새롭게 조례안을 만드는 것이 아니라 일부 개정 조례안의 경우는 신 · 구조문대비표를 첨부하여야 하는데, 개정 전후의 조문을 비교하는 데 필요한 자료로, 개정 지시문의 내용을 그대로 따라서 작성해야 합니다. 신 · 구조문대비표는 단순한 참고사항에 불과하기 때문에 간과할 수 있지만, 작성법을 별도로 배워야 할 정도로 까다로운 작업에 해당합니다.

본문부

서울특별시조례 제 호

조례명

서울특별시 수도조례 일부개정조례안

개정지시문

서울특별시 수도조례 일부를 다음과 같이 개정한다.

제2조의 2와 제2조의 3을 다음과 같이 신설한다.

제2조의2(책무) ① 서울특별시장(이하 "시장"이라 한다)은 시민이 질 좋은 물을 공급받을 수 있도록 상수원 및 수도시설의 관리 등에 노력하여야 한다.
② 시장은 수돗물의 절약과 효율적인 이용을 위하여 시민들에게 절수설비 및 절수기기의 설치 촉진을 위하여 노력하여야 한다.

제2조의3(절수설비 및 절수기기의 설치장려) 시장은 수돗물의 절약과 효율적인 이용을 장려하기 위하여 예산의 범위내에서 인센티브를 제공할 수 있다.

제3조 중 "서울특별시장(이하 "시장"이라 한다)이"를 "시장이"로 한다.

부칙

부칙

이 조례는 공포한 날로부터 시행한다.

신 · 구조문 대비표

신구조문 대비표

현 행	개정안
〈신설〉	제2조의2(책무) ① 서울특별시장(이하 "시장"이라 한다)은 시민이 질 좋은 물을 공급받을 수 있도록 상수원 및 수도시설의 관리 등에 노력하여야 한다. ② 시장은 수돗물의 절약과 효율적인 이용을 위하여 시민들에게 절수설비 및 절수기기의 설치 촉진을 위하여 노력하여야 한다.
〈신설〉	제2조의3(절수설비 및 절수기기의 설치장려) 시장은 수돗물의 절약과 효율적인 이용을 장려하기 위하여 예산의 범위내에서 인센티브를 제공할 수 있다.
제(3조)급수구역) 급수구역은 서울특별시(이하 "시"라 한다)의 관할구역으로 한다. 다만, 서울특별시장(이하 "시장"이라 한다)이 공익상 필요하다고 인정하는 때에는 관할구역 이외의 구역에도 급수할 수 있다.	제(3조)급수구역) ----------- ---------------------- ----------. ---시장이 ---- ---------------------- ---------------------- ---------------------.

④ 조례 시행시 예산이 수반되는 경우 반드시 비용추계서를 첨부하여야 합니다. 과거에는 의원발의 조례안에 대해서는 비용추계서를 요구하지 않았지만, 조례안에 대한 책임성을 높인다는 측면에서 새롭게 도입되었습니다. 서울시의 경우는「서울특별시 의안의 비용추계에 관한 조례」에 따라 시장이 제출하는 조례안은 예산담당관에서, 의원발의 조례안은 시의회 예산정책담당관에서 각각 비용추계를 담당하고 있습니다.

비용추계서

(미첨부사유서)

서울특별시 수도조례 일부개정조례안 비용추계서 미첨부사유서

1. 비용발생요인

○ 서울특별시 수도조례 일부개정조례안 제2조의3(절수설비 및 절수기기 설치장려) "시장은 수돗물의 절약과 효율적인 이용을 장려하기 위해 절수설비 및 절수기기 설치 우수 자치구에 대하여 예산의 범위에서 인센티브를 제공할 수 있다는 조항"는 조항의 신설에 따라 비용발생

○ 안 제2조의2 사항은 단순 권고적인 사안이므로 비용추계가 어려울 뿐만 아니라 비용이 발생하지 않음

2. 미첨부 근거 규정

○「서울특별시 의안의 비용추계에 관한 조례」 제2조제2항

3. 미첨부 사유

가. 예상되는 비용이 연평균 5억원 미만인 경우(제3조제1항제1호)

나. 추계결과 = 225,000천원

계	2018년	2019년	2020년	2021년	2022년
225,000	45,000	45,000	45,000	45,000	45,000

○ 비용추계 전제

- 2018년부터 절수설비 및 절수기기 설치 우수자치구에 대한 인센티브사업실시
- 상수도사업본부에서 2017년 실시하고 있는 기관평가사업 중 단일사업 보상금 최대금액으로 계상
- 매년 인센티브 사업비 동결

지방의원 혼자 조례안 만들기 2

입법지원 조직이 있는 광역지방의회의 경우는 해당부서에 입법이나 비용추계까지도 의뢰할 수 있지만 기초지방의회의 경우 의원이 조

례안을 만들기가 매우 어렵습니다. 이럴 경우 법제처에서 만든 법령안 편집기 법안 3.1이 도움이 될 수 있습니다.

법제처에서 만든 법령안 편집기(법안 3.1)의 가장 큰 특징은 법률뿐만 아니라 자치법규의 제·개정 작업에도 활용할 수 있다는 점입니다.

이 프로그램은 일부 양식이 지방의회에서 사용하는 것과 다르다는 점에서는 조금 불편하지만 지방자치단체 공무원들이 사용하기에 아주 편리하게 만들어져 있습니다.

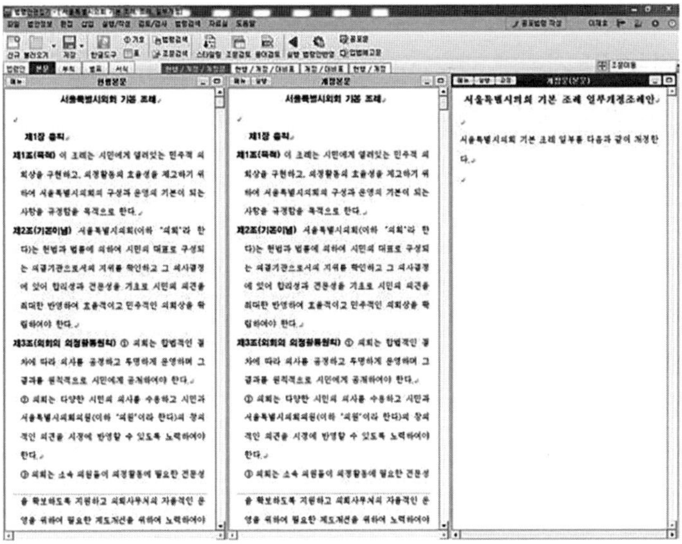

조례안 만들기 과정에서 가장 어렵다고 하는 개정 지시문과, 조문대비표를 자동으로 만들어 주기 때문에 지방의회에 근무하는 직원들

※ 출처 : http://www.lawmaking.go.kr/vrain

도 활용하는 사례가 많아지고 있습니다. 프로그램과 사용방법은 법제처 정부입법지원센터에서 받아 보실 수 있기 때문에 한번 도전해 보시기 바랍니다.

4

조례안 심사, 잘하고 싶어요 이재효 · 최현재

지방자치단체장이나 지방의원이 제출한 조례안에 대해 의장은 조례안 접수 사실을 본회의에 보고하고 소관 상임위원회에 회부하는데, 상임위원회가 설치되어 있지 않는 기초의회의 경우 본회의에 상정합니다. 위원회는 조례안을 심사할 뿐만 아니라 스스로 조례안을 제안할 수도 있으며 상임위원회를 통과한 조례안은 본회의에서 이의가 제기되는 경우가 거의 없이 대부분 가결됩니다. 따라서 의장이 본회의 의결에 앞서 그 의결의 판단자료로 삼기 위하여 발의 또는 제출된 의안을 소관위원회에 회부하는 것은 매우 중요한 것이라 할 수 있습니다.

다만 조례안에 대한 소관위원회 심사는 예비심사로서 회부된 안건을 심사하고, 그 결과를 본회의에 보고하여 본회의 의결의 판단자료를 제공하는 데 있으며 위원회에서 의결되었다고 해서 본회의에서 그

대로 의결하는 것은 아닙니다.

상임위원회에 조례안이 회부되면, 조례안 상정 → 제안설명 → 전문위원 검토보고 → 질의답변 → 축조심사 → 찬반토론 → 의결(표결)의 과정으로 심사가 진행됩니다. 심사를 마친 조례안에 대해서는 심사보고서를 작성하여 의장에게 제출하고, 본회의에서 의결되면 집행부로 보내 공포절차를 거쳐 시행됩니다. 그러면 조례안에 대한 심사를 잘하기 위한 방법은 무엇일까요?

원칙에 충실하기

조례안을 심사하기에 앞서 자치법규 입안의 기본원칙을 다시 한 번 확인할 필요가 있습니다.

첫 번째는 소관사무의 원칙입니다. 조례안의 내용이 지방자치단체의 고유사무, 개별법령에 의해 지방자치단체에 위임된 사무에 대해서만 조례를 만들 수 있습니다.

두 번째는 조례안이 법령을 위반하지 않아야 합니다.

세 번째는 법률유보의 원칙입니다. 주민의 권리제한 또는 의무부과 및 벌칙을 정하려는 내용인 경우 법령의 위임이 있어야 한다는 것입니다.

네 번째는 견제와 균형의 원칙입니다. 의원발의 조례안에서 나타날 수 있는 대표적인 사례라 할 수 있는데, 지방의회가 지방자치단체장의 고유권한인 인사권, 조직권, 예산편성권을 침해하는 경우 조례안으로서 성립하기 어렵습니다. 지방자치법은 지방의회와 지방자치단체장에게 독자적인 권한을 부여하고 상호 견제와 균형을 이루도록 하고 있으므로, 지방의회가 법률에 특별한 규정이 없는 한 견제의 범위를 넘어서 상대방의 고유권한을 침해하는 내용의 조례를 제정할 수 없습니다. 지방자치단체의 권한을 침해하는 내용이 포함되었을 경우 재의요구할 가능성이 높기 때문에 다시 한 번 신중한 검토가 요구됩니다.

다섯 번째, 조례안 내용의 유사성, 중복성 여부입니다. 조례안의 내용과 유사한 다른 조례나 조항이 있는가를 확인해야 합니다. 예를 들면「서울특별시 청소년 칭찬 조례안」의 경우 사회정의 구현에 모범이 된 청소년 및 올바른 사회 구성원으로 거듭난 청소년 등을 칭찬함으로써, 청소년의 자아회복을 통하여 꿈과 희망을 심어주는 데 이바지하고자 하는 것이었습니다.

그러나 중요한 내용이 시장으로 하여금 연간 20명 이내의 칭찬 청소년에게 표창이나 표창패를 시상할 수 있도록 하고 있는 바, 이 내용은「서울특별시시민상 운영조례」에서 이미 적용될 수 있다는 것을 이유로 상임위원회에서 부결처리되었습니다.

여섯 번째는, 조례안의 내용이 상위법령의 내용을 그대로 인용한 경우입니다. 법령에서 규정하고 있는 사항을 그대로 규정하는 것은 별다른 의미가 없는 중복규정으로서 입법체계나 입법경제적으로 불필요할 뿐만 아니라, 상위법령의 개정시에 그에 맞추어서 적시에 개정해 주지 않으면 상위법령과 맞지 않는 조례규정이 생겨 집행상 혼란을 일으킬 수 있기 때문에 이러한 방식의 규정은 바람직하지 않습니다. 입안과정에서 걸러지지 않았을지라도 심사과정에서 엄격한 적용이 필요할 것입니다.

사전설명 듣기

상임위원회 심사과정에서는 조례안에 대한 제안설명을 하는 절차가 있습니다. 지방자치단체장이 제출한 조례안의 경우는 지방자치단체장을 대리하여 관계 실 · 국장 등이 설명하고, 의원발의 안건인 경우는 발의한 의원이 설명하되, 발의자가 설명을 할 수 없는 사정이 있는 경우에는 찬성의원이 대리하여 설명할 수도 있습니다. 그러나 심도있는 심사를 위해서는 실무 공무원으로부터 사전에 자세한 설명을 받아 조례안에 대한 이해를 높일 필요가 있습니다.

검토보고서, 심사보고서 최대한 활용하기

조례안에 대해 상임위원회에서 근무하는 전문위원은 검토보고서를 작성하여 의원들에게 심사일 이전까지 보내도록 되어 있습니다.

검토보고서는 소속위원이 조례안을 용이하고 능률적으로 심사할 수 있도록 하기 위해 제안이유, 문제점, 이해득실, 기타 필요한 사항을 조사 · 분석하여 작성하는 것으로 특별한 사정이 없는 한 해당 의안의 상정일 이전*까지 소속위원에게 배부하고, 위원회 회의시 구두로 보고하고 있습니다.

상임위원회 심사단계에 앞서 전문위원의 검토보고서를 잘 숙지하는 것은 조례안 심사를 효율적으로 할 수 있는 가장 좋은 방법이라 할

* 서울특별시의회의 경우는 안건 상정 3일 전까지 위원들에게 송부하고, 인터넷 홈페이지에 게재하도록 되어 있습니다.

수 있습니다.

위원회는 회부된 안건의 심사를 마치게 되면, 심사경과, 결과 및 그밖에 필요한 사항을 서면으로 의장에게 보고하여야 합니다. 의원들은 자기가 소속된 위원회의 안건 이외에는 그 결과를 알 수 없기 때문에 조례안에 대한 심사보고서를 통해 조례안의 취지, 문제점, 이해득실 등을 상세히 알 수 있기 때문에 위원회가 제출한 심사보고서는 본회의 심의시 가장 중요한 역할을 하고 있습니다.

질의 답변

질의란 의제가 된 안건에 대하여 제안자나 관련 집행부서의 실국장 등에게 의문나는 사항을 물어보고 답변하도록 하는 것을 말하지만, 단순히 의문사항에 대해서만 묻는 것이 아니라 관련 정책사항, 민의 반영사항, 자료의 수집 등의 성격도 가지고 있습니다. 동료 의원들의 날카로운 질의와 집행부의 답변내용을 경청하는 것도 조례안 심사에 많은 도움을 줄 수 있습니다. 참고로 위원회에서는 회의의 원활한 진행을 위해 질의와 답변에는 일정시간* 이내로 제한하고 있습니다.

공청회 활용하기

조례안 심사에 있어서 전문적인 지식이 필요하거나 이해관계가

* 첫 번째 질의답변은 10분으로 하고, 다른 위원들의 질의답변이 끝난 후, 5분 추가질의하도록 하는 것이 일반적입니다.

대립되는 중요한 조례안을 심사하기 위하여 위원회는 공청회 · 청문회 · 연석회의 등을 개최할 수 있습니다.

공청회는 위원회가 중요한 안건이나 전문지식을 필요로 하는 안건을 심사하기 위해 이해관계자 또는 학식과 경험이 풍부한 사람으로부터 의견을 청취하기 위해 개최합니다.

청문회는 위원회가 중요한 안건의 심사에 필요한 경우 증인, 감정인, 참고인으로부터 증언 · 진술의 청취와 증거채택을 위해 개최하는 회의이고, 연석회의는 안건과 관련하여 다른 위원회의 의견을 들을 필요가 있는 경우 관련 위원회가 한자리에 모여 의견을 교환하는 회의입니다.

공청회 예시

공청회* 등의 개최시기에 대해서는 법령에 명확하게 규정되어 있지 않으나 조례안의 효율적인 심사를 위해서는 심사 이전에 이를 개최하는 것이 바람직하다 할 수 있습니다.

조례안 심사소위원회

위원회는 효율적인 조례안 심사를 위하여 필요한 경우 상임위원회 내에 소위원회를 구성하여 안건을 심사 · 보고하게 할 수 있으며, 조례안을 회부받은 소위원장은 심사경과와 결과를 해당 상임위원회에 보고하여야 합니다.

축조(逐條)심사

축조심사란 조례안을 한 조항씩 낭독하면서 심사하는 것을 말합니다. 실제로 하나하나의 조항을 낭독하는 것은 아니지만, 그만큼 꼼꼼하게 심사를 한다는 의미로 보면 되겠습니다.

---

* 서울특별시의회의 경우는 조례제정안, 전부개정조례안에 대해 공청회를 의무화하고 있으나, 위원회 의결과 해당의안의 대표발의 의원의 동의를 구하여 이를 생략할 수 있습니다.

5

재의요구, 어떻게 대응하나요? 이재효

지방자치단체장은 「지방자치법」 제32조, 제120조, 제121조, 제192조에 따라 지방의회 의결사항에 대하여 한 번 더 의논해 달라고 할 수 있습니다. 이것을 재의요구라고 하는데, 의결사항을 이송받은 날부터 20일 이내에 이유를 붙여 그 재의를 요구할 수 있습니다.

현행법에서 지방의회의 의결사항에 대한 재의요구 관련 내용은 다음과 같습니다.

조례안 재의요구(「지방자치법」 제32조)

조례안의 경우는 이유를 붙여 지방의회로 환부하고 재의를 요구할 수 있다고 규정하고 있습니다. 무슨 이유인지에 대해서는 열거하지 않고 있는데, 이때 지방자치단체장은 조례안의 일부에 대하여 또는 조례안을 수정하여 재의를 요구할 수는 없습니다.

예산 관련 재의요구(「지방자치법」 제121조)

지방자치단체의 장은 지방의회의 의결이 예산상 집행할 수 없는 경비를 포함하고 있거나, 법령에 따라 지방자치단체에서 의무적으로 부담하여야 할 경비, 비상재해로 인한 시설의 응급복구를 위하여 필요한 경비를 줄이는 의결을 한 때도 재의요구할 수 있습니다. 그렇다면 예산안 · 추가경정예산안의 일부에 대한 재의요구가 가능할까요? 결론은 가능합니다. 왜냐하면 예산안은 각 항목별로 독립된 성격을 가지고 있어 전체 예산안이 반드시 통일된 의결에 의해 규율될 필요가 없고, 법 제121조 제2항에서도 일정한 경비를 삭감한 의결을 한 때에 재의를 요구할 수 있도록 규정하고 있으므로, 삭감된 예산안 중 특정항목에 대해서만 재의를 요구할 수 있습니다(대법원 판례 2004. 5. 27 선고 2003추68).

지방의회 의결에 대한 재의요구(「지방자치법」 제120조, 제192조)

지방자치단체장이 지방의회 의결사항에 전반에 대한 재의요구와 제소를 할 수 있다는 조항에는 조례안이나 예산도 포함됩니다. 지방자치단체장이 지방의회의 의결이 월권이거나 법령에 위반되거나 공익을 현저히 해친다고 판단하면, 이유를 붙여 재의를 요구할 수 있다는 이야기입니다.

지방의회의 의결에 대해 재의를 요구하게 할 수 있는 사람이 또 있는데 중앙부처 주무부 장관은 시 · 도지사에게, 시 · 도지사는 기초자치단체장에게 재의를 요구하게 할 수 있고, 재의를 요구받은 시 · 도지사, 시장 · 군수 · 구청장은 해당 지방의회에 반드시 재의를 요구해야 합니다. 아래에는 지방의회의 조례안 의결에 대한 최근 5년 동안의 재의요구 현황을 나타낸 것으로, 의원발의 조례안에 대한 재의요구가 더 많은 것을 알 수 있습니다.

자치법규 재의요구 현황

연도별	발의		유형			사유		
	단체장	의원	자체	상급기관 지시		이의	법령 위반	공익 위반
				시 · 도 지사	장관			
계	12	92	86	9	13	16	71	21
2022	0	21	19	0	3	2	16	4
2021	3	30	26	1	5	2	22	8
2020	4	17	17	4	0	5	11	5
2019	2	27	23	1	5	6	19	4
2018	3	1	1	3	0	1	3	0

지방자치단체장이 재의요구한 사항에 대해 지방의회는 부득이한 사유가 없으면 재의요구서가 도착한 날부터 10일 이내에 재의에 부쳐야 합니다. 그리고 재의요구된 안건은 본회의에서 논의하도록 하고 있는데, 이는 대부분의 안건이 상임위원회의 심도깊은 심사를 거쳐서 의결되었다는 것을 전제로 하고 있기 때문입니다. 본회의에서 재적의원 과반수의 출석과 출석의원 3분의 2 이상의 찬성으로 전과 같은 의결을 하게 되면 그 의결사항은 확정됩니다.

Check Point

재의요구한 안건은 반드시 10일 내에 재의에 부쳐야 하나요?

법에 따르면 특별한 사유가 없는 한 10일 이내에 재의에 부치도록 되어 있습니다. 그러나, 재의요구안에 대해 의장이 의사일정에 올리지 않으면 의결을 할 수 없게 되어 본회의에 계류상태로 존재하다가 의원 임기 만료 후 자동으로 폐기되는 사례도 있습니다.

대법원 제소(「지방자치법」 제120조, 제192조)

지방자치단체의 장은 재의결된 사항이 법령에 위반된다고 판단하면 대법원에 소(訴)를 제기할 수 있습니다. 이 경우 필요하다고 판단되면 그 의결의 집행을 정지하게 하는 집행정지 결정을 신청할 수도 있습니다.

주무부 장관이나 시 · 도지사는 재의결된 사항이 법령에 위반된다고 판단됨에도 불구하고 해당 지방자치단체의 장이 소(訴)를 제기하지 않으면 제소(提訴)를 지시하거나, 직접 제소 및 집행정지결정을 신청할 수 있습니다.

지금까지 살펴본 것처럼 지방자치단체장의 재의요구에 대하여 지방의회에서 동일하게 의결하면 그대로 확정이 된다고 볼 수 있습니

지방의회 의원에 대하여 유급보좌인력을 두는 것은 지방의회 의원의 신분 지위 및 처우에 관한 현행 법령상의 제도에 중대한 변경을 초래하는 것으로서 국회의 법률로 규정할 입법사항이라는 이유로 무효판결을 받은 바 있습니다(대법원, 2016추5087, 2017.3.30).

다. 그리고 지방자치단체장의 재의요구 사유가 월권이거나 공익을 현저히 해친다고 주장한 경우에는 집행부에서 그 의결을 받아들일 수 있습니다. 그러나 법령 위반을 주장하는 경우는 지방자치단체장이 대법원에 소를 제기할 수 있는 만큼 법 위반의 소지가 있는 의안에 대해서는 상임위원회에서부터 보다 심도있는 논의가 이루어져야 할 것입니다.

자치법규 대법원 조례 제소 현황

연도별	제소자				제소결과				
	계	장관	시·도 지사	시·군 구청장	무효	유효	취하	각하	계류
계	16	1	12	3	4	4	1	–	7
2022	7	–	6	1	–	–	–	–	7
2021	6	1	5		4	2	–	–	–
2020	3	–	1	2	–	2	1	–	–
2019	–	–	–	–	–	–	–	–	–
2018	–	–	–	–	–	–	–	–	–

6

공유재산관리계획, 알면 알수록 중요합니다 김태한

공유재산관리계획안이 무엇인가요?

공유재산관리계획은 지방자치단체의 중요 재산의 취득과 처분에 대한 1회계연도의 예정준칙이라 할 수 있습니다. 여기서 공유재산은 지방자치단체의 재산을 말합니다. 공유재산의 통일적이고 효율적인 취득과 처분을 위하여 지방자치단체장은 공유재산관리계획을 수립하고 지방의회에서 예산을 의결하기 전에 의회 의결을 받도록 하고 있습니다. 공유재산관리계획은 반드시 의회 의결로 처리하도록 하고 있는데, 공유재산의 취득 · 처분에 관하여 주민의 대표기관인 지방의회의 의결을 사전에 받는 법령 사무(「지방자치법」 제47조 제1항 제6호)로 강행성과 구속력이 있습니다.

왜 공유재산관리계획안의 지방의회 의결이 중요한가요?

지방자치단체의 중요 재산의 취득과 처분에 있어 의회가 갖고 있는 의결권은 집행부를 효과적으로 통제할 수 있는 주요한 제도적 장치입니다. 지방의회의 의결권은 지방자치단체의 의사를 결정하기 위하여 의회에 부여되어 있는 권한입니다. 지방의회가 의결권을 행사함으로써 지방자치단체의 의사가 결정되고, 지방자치단체장이 이를 집행함으로써 대외적인 효력을 발생시킵니다. 지방의회의 의결을 얻지 않고 집행기관이 집행을 할 경우 중요한 법적 흠결이 발생하게 됩니다.*

「헌법」이나 「국유재산법」에서는 국유재산의 관리 · 처분에 관하여 국민의 대표기관인 국회의 관여를 배제하고 있는 데 반해 「지방자치법」과 「공유재산 및 물품관리법」에서는 대의기관인 지방의회의 직접적인 통제, 그것도 동의방식이 아닌 의결방식의 통제를 인정한 점에서 큰 특징이 있습니다.

특히, 공유재산관리계획의 의회 의결이 중요한 이유는 예산과 연계되어 있다는 점입니다. 공유재산관리계획안을 의결 받아야만, 예산을 의결할 수 있습니다. 예산은 정책을 회계로 표현한 것으로, 예산 편성의 사전이행절차를 지키지 못하게 되면 중요한 법적 흠결(하자

---

* (유권해석 사례) 지방의회 의결은 법률행위의 효력요건에 해당

예산을 수반하는 중요재산의 취득 등에 관한 사항에 대하여 집행부가 이에 관한 예산을 지방의회로부터 일부 또는 전부 승인 · 확정 받았다는 이유로 동 사항에 대하여 지방의회의 별도 의결을 받지 않는다면 지방의회의 의결권을 심각하게 훼손하는 것이며, 경우에 따라서는 필요적 의결 흠결로 무효인 행위가 될 수도 있음(행정자치부 선거의회과 2010.6.20).

있는 행정행위)이 발생되고 그 정당성을 의심받을 수 있게 됩니다. 따라서 지방자치단체장이 공유재산을 취득하거나 처분하기로 한 계획인 공유재산관리계획에 대한 의회의 예산 의결 전 사전 의결을 얻지 않는 이상 예산을 편성할 수 없다는 점에서 집행기관의 사업추진에 대한 강력한 견제권을 갖고 있다고 볼 수 있습니다.

(유권해석) 지방의회의 조건부 의결은 법률적 효과를 수반하는 것이 아닌 정치적 의사표시에 해당

– 지방의회가 지방자치단체의 재산관리 및 운영 등을 제한하는 조건을 달아 공유재산관리계획에 대하여 의결하는 것은 지방자치단체장의 집행권한에 속하는 사항에 대하여 사전에 적극적으로 관여하는 것으로 지방자치법령에 위반된다고 할 것임.

– 다만, 지방의회가 의안을 의결하면서 '부대조건' 또는 '부대결의'라 하여 별도의 결의를 할 수는 있다고 보아야 할 것이나, 이는 집행기관을 구속하는 법률적 효과를 수반하는 것이 아니라 '정치적인 의미만' 있다고 할 것임(행정자치부 선거의회과 2011.3.22).

지방의회의 조례입법권은 법령의 범위 안에서 행사될 수밖에 없다는 점에서 크게 위축될 수밖에 없고, 예산심의권도 열악한 지방재정 형편상 지방의회의 의사결정 폭이 좁으며 그밖에 지방의회가 관여할 영역이 제한되어 있다는 점을 감안하여 볼 때 공유재산관리계획안 의결은 지방자치단체장을 견제하는 지방의회의 지방의회의 중요한 통제제도일 것입니다.

또한 공유재산 관리를 위한 집행부의 인력 및 전문조직의 부족에 대해 지방의회가 보충적으로 검토할 필요성 때문에 의회 통제를 강화하였다고 볼 수 있습니다. 국유재산의 경우는 관리청과 총괄청에서 업무를 분장하고 국무회의 심의, 대통령 승인, 감사원의 감사 등 다양한 내부 통제장치가 마련되어 있으나, 공유재산에 대하여는 지방자치단체장을 대표로 하는 집행부내에서 위와 같은 복잡한 통제수단을 갖추고 있다고 보기 어렵습니다.

지방자치단체의 공공서비스는 인적 · 물적 자원의 효과적 활용을 통하여 이루어집니다. 물적 자원은 청사, 체육관, 공원, 도로, 교량 등 대부분의 지방자치단체가 소유하고 있는 공유재산과 물품이라 할 수 있을 것입니다.* 공유재산에 대해 재산관리가 지방자치단체의 권한 내지 책무로 헌법에 규정된 중요성을 인정하여 지방자치단체장 뿐만 아니라 지방의회의 공동 책임으로서 지방자치단체의 재산을 관리하도록 하였다고 볼 수 있습니다.

공유재산관리계획안의 법적 근거는 무엇인가요?

「헌법」 제117조 제1항은 "지방자치단체는 주민의 복리에 관한 사무를 처리하고 재산을 관리하며, 법령의 범위 안에서 자치에 관한 규정을

---

* 「지방자치법」 제159조 제1항에서는 "지방자치단체는 행정목적을 달성하기 위한 경우나 공익상 필요한 경우에는 재산(현금 외의 모든 재산적 가치가 있는 물건과 권리)을 보유"할 수 있도록 규정하고 있습니다.

제정할 수 있다"고 하여 '재산 관리'가 지방자치단체의 중요한 존재 이유임을 나타내고 있습니다. 또한 「지방자치법」 제47조 제1항 제6호에 "대통령령으로 정하는 중요 재산의 취득 · 처분"을 지방의회의 주요의결 사항으로 규정하고 있습니다. 공유재산을 지방자치단체장이 자의적으로 취득이나 처분하지 못하도록 의회에 권한을 부여한 것입니다.

문제는 어디까지를 중요재산의 범위로 볼 것인가에 대한 단체장과 지방의회 간 갈등이 존재할 수 있다는 것입니다. 「지방자치법 시행령」 제38조에 「지방자치법」 제39조 제1항 제6호에서 대통령령으로 정하는 중요 재산의 취득 · 처분이란 「공유재산 및 물품관리법 시행령」 제7조 제1항에 따른 중요 재산의 취득 · 처분을 말한다고 명시(같은 조 제3항의 각호에 해당하는 재산은 제외)하고 있습니다. 즉, 「지방자치법」에서는 대통령령이 정하는 중요재산만 의결을 받도록 하고, 그 범위를 「공유재산 및 물품관리법 시행령」 제7조에서 공유재산관리계획의 수립에 포함시킬 범위와 일치시켰습니다.

「공유재산 및 물품관리법」 제10조의 2에서 지방자치단체의 장으로 하여금 지방의회에서 예산을 의결하기 전에 매년 공유재산의 취득과 처분에 관한 계획(관리계획)을 수립하여 당해 지방의회의 의결을 얻도록 하고 있으며, 이를 통해 「지방자치법」 제47조 제1항 제6호의 의결을 받은 것으로 간주하도록 한 것입니다.

· **대한민국 헌법 제117조 제1항**

지방자치단체는 주민의 복리에 관한 사무를 처리하고 **재산을 관리하며**, 법령의 범위 안에서 자치에 관한 규정을 제정할 수 있다.

· **「지방자치법」 제47조 제1항 제6호 : 지방의회의 의결사항**

– 제1호 조례의 제정 · 개정 및 폐지

– 제2호 예산의 심의 · 확정

– 제3호 결산의 승인

……

– 제6호 대통령령으로 정하는 중요 재산의 취득 · 처분

– 제7호 대통령령으로 정하는 공공시설의 설치 · 처분

· **「공유재산 및 물품관리법」 제10조의2 제1항**

지방자치단체의 장은 **지방의회에서 예산을 의결하기 전에** 중기공유재산관리계획에 따라 매년 다음 회계 연도의 공유재산의 취득과 처분에 관한 계획(**공유재산관리계획)을 수립하여 그 지방의회의 의결을 받아 확정하여야 한다.**

이 경우 관리계획을 수립한 후 부득이한 사유로 그 내용이 취소되거나 일부를 변경할 때에도 또한 같다.

※「지방자치법」 제47조 제1항 제6호 의결을 받은 것으로 간주.

공유재산관리계획안은 언제 의결 받아야 하나요?

「공유재산 및 물품관리법」 제10조의2에서 지방자치단체의 장은 예산을 지방의회에서 의결하기 전에 매년 공유재산의 취득과 처분에 관한 계획(이하 '관리계획')을 세워 그 지방의회의 의결을 받도록 하고 있습니다(법 제10조의2 제1항). 공유재산관리계획의 내용을 취소하거나 변경할 때도 같습니다.

그런데 지방자치단체장은 언제 공유재산관리계획안을 제출할 것

인지에 대해 논란이 있을 수 있습니다. 지방자치단체의 장은 관리계획을 회계연도 50일 전까지, 기초자치단체장은 40일 전까지 지방의회에 제출하도록 규정(제10조의2 제2항)하고 있습니다. 예산안 제출 시기와 맞출 것 입니다만 예산 의결전 의결하도록 한입법취지에 비추어 볼 때 제출시기가 늦은 감이 있습니다. 지방의회에서 예산을 의결하기 전에 관리계획을 세워 지방의회의 의결을 받아야 하므로 지방의회에서 관리계획을 검토할 수 있는 기간을 고려하여 제출하는 것이 바람직할 것입니다.

행정안전부 유권해석에 따르면 "예산을 지방의회에서 의결하기 전"이란 공유재산 관리계획을 수립하여 예산을 의회에서 의결하기 전에 지방의회의 의결을 받으라는 의미로, 이는 동일 회기에서 관리계획을 수립하여 지방의회의 의결을 받은 이후에 예산에 대한 의회 의결을 받으면 된다고 합니다. 그리고 의결시점을 달리하는 경우에 공유재산관리계획안과 예산안을 동일 회기 내에 제출이 가능하다고 제시하고 있습니다. 즉, 사업 인 · 허가 시점 이후, 기본설계 · 실시설계 전, 사업 시행자 선정 이전 등 관련 법령, 그 사업의 추진여건 등을 고려하여 지방의회 의결 전에 지방의회의 의결을 얻으면 됩니다. 다만, 사업추진 의사결정을 위한 타당성 조사 및 기본계획수립 용역 등은 관리계획 수립 대상인 취득 · 처분에 해당하지 않으므로 관리계획과 별개로 예산편성을 할 수 있습니다.

지방자치단체의 장은 일정 기준에 따라 정기분과 수시분으로 구분하여 관리계획을 지방의회에 제출하여야 합니다. 정기분은 다음 연도 예산을 지방의회에서 의결하기 전에 공유재산의 취득 · 처분에 관한 계획을 세워 그 지방의회의 의결을 얻는 것으로, 당연히 매년 다음 연도 예산을 심의 · 의결하기 위하여 지방의회가 개회하는 시기 전에 제출하여야 할 것입니다.

수시분은 당해연도에 예산을 지방의회에서 의결하기 전에 공유재산의 취득 · 처분에 관한 계획을 세워 그 지방의회의 의결을 얻는 것으로, 정기분 수립 이후 당해연도에 새로운 사업계획 추진이나 천재 · 지변 등으로 공유재산을 취득 · 처분하는 경우나 국비, 시도 보조금, 기금 등 예산확보에 따른 사업추진 등을 위해 제출하게 됩니다.

따라서 예산안 심의 때 「공유재산 및 물품 관리법 시행령」 제7조 제1항에 따른 중요재산에 대해 관리계획 수립을 누락한 것은 없는지 확인하여야 합니다. 관리계획(변경)을 미수립한 경우에는 지방의회 의결을 얻지 않은 것으로 보고 예산안을 의결해 주면 안 됩니다. 물론 지방자치단체의 장은 관리계획이 수립(변경)된 사업에 대하여는 특별한 사정이 없는 한 당해연도 예산에 편성을 하여야 합니다. 다만, 기부채납이나 재산교환과 같이 예산 편성과 관계없는 관리계획의 수립의 경우도 있습니다만, 관리계획 수립 대상임에도 불구하고 예산안을 편성하여 제출할 경우에는 법적 흠결을 이유로 해당 예산을 의결해 주면 안 된다는 것을 명심하시기 바랍니다.

공유재산관리계획 수립 절차

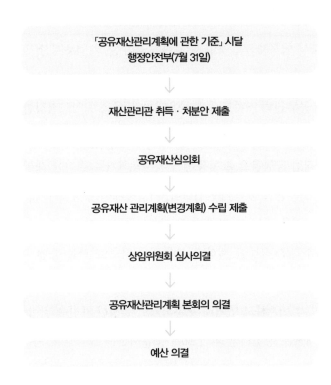

「공유재산관리계획에 관한 기준」 시달
행정안전부(7월 31일)

↓

재산관리관 취득 · 처분안 제출

↓

공유재산심의회

↓

공유재산 관리계획(변경계획) 수립 제출

↓

상임위원회 심사의결

↓

공유재산관리계획 본회의 의결

↓

예산 의결

공유재산의 종류

공유재산관리계획의 수립대상을 이해하기 위해서는 먼저 공유재산이 법적으로 무엇인지, 종류는 어떻게 되는지 알 필요가 있습니다. 공유재산은 지방자치단체의 부담이나 기부채납 또는 법령, 조례 등의 규정에 의하여 지방자치단체가 보유한 유 · 무형의 모든 재산을 말합니다. 흔히 대지나 건물 등 부동산만을 연상하기 쉽지만 법에서 공유재산은 선박, 항공기, 광업권, 저작권, 유가증권, 부동산신탁의 수익권까지도 해당합니다.*

공유재산은 그 용도에 따라 행정재산과 일반재산으로 구분합니다.** 다시 행정재산은 공용재산, 공공용재산, 기업용재산, 보존용재산으로 구분되는데, 공용재산은 지방자치단체가 직접 사무용 · 사업용 또는 공무원의 거주용으로 사용하거나 사용하기로 결정한 재산과 사용을 목적으로 건설 중인 재산을 말합니다. 공공용재산은 지방자치단체가 직접 공공용으로 사용하거나 사용하기로 결정한 재산과 사용을 목적으로 건설 중인 재산입니다. 기업용재산은 지방자치단체가 경영하는 기업용 또는 그 기업에 종사하는 직원의 거주용으로 사용하거나 사용하기로 결정한 재산과 사용을 목적으로 건설 중인 재산입니다. 보존용재산은 법령 · 조례 · 규칙에 따라 또는 필요에 의하여 지방자치단체가 보존하고 있거나 보존하기로 결정한 재산을 말합니다.

일반재산은 행정재산 외의 모든 공유재산을 말합니다. 공유재산관

---

* 공유재산의 범위 「공유재산 및 물품관리법」 제4조 제1항
1. 부동산과 그 종물(종물)
2. 선박, 부잔교(부잔교), 부선거(부선거) 및 항공기와 그 종물
3. 공영사업 또는 공영시설에 사용하는 중요한 기계와 기구
4. 지상권 · 지역권 · 광업권과 그밖에 이에 준하는 권리
5. 저작권 · 특허권 · 디자인권 · 상표권 · 실용신안권, 저작권, 품종보호권, 지식재산관
6. 주식, 출자로 인한 권리, 사채권 · 지방채증권 · 국채증권과 그밖에 이에 준하는 유가증권
7. 부동산신탁의 수익권
8. 제1호 및 제2호의 재산으로 건설 중인 재산
9. 「온실가스 배출권의 할당 및 거래에 관한 법률」 제2조제3호에 따른 배출권

** 기존에는 행정재산, 보존재산, 잡종재산으로 구분되어져 있었으나 2008년 12월 26일 법 개정을 통하여 행정재산과 일반재산으로 구분되었습니다. 공유재산 분류체계를 개선한 이유는 행정재산과 보존재산은 그 운영상 차이가 없음에도 불구하고, 잡종재산이라는 용어가 '쓸모없는 재산'이라는 부정적 이미지가 있어, 이의 해소와 공유재산 분류체계를 단순화함으로써 관리의 효율성을 증대시킬 것을 기대하고 있습니다(법 개정 이유 참고).

리계획안 의결시 행정재산과 일반재산을 구분하는 실익은 행정재산의 경우 매각 등의 처분을 할 수 없고, 해당 지방자치단체가 아닌 사람이 점유하는 경우 허가를 통한 사용료를 받는 반면, 일반재산의 경우는 매각을 할 수 있고 대부료를 받을 수 있다는 점입니다. 따라서 매각, 현물출자 등 처분의 경우 일반재산인지 여부를 잘 살펴보아야 합니다.

공유재산의 종류

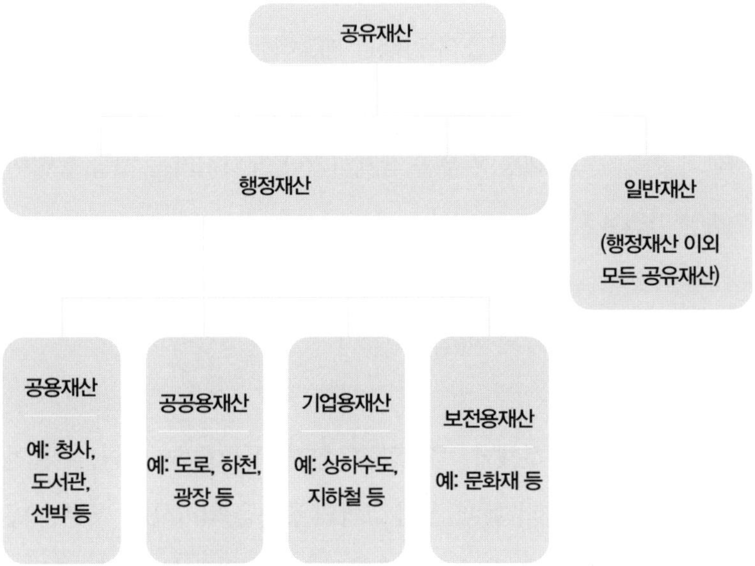

공유재산관리계획안은 수정안 가결이 가능한가요?

공유재산관리계획안은 의결안입니다. 지방의회의 권한행사방법에는 의결, 동의 내지 승인방식이 있는데 공유재산의 취득 · 처분에 관해서는 의결사항으로 하고 있습니다. 동의(同意)는 법상으로 승인과 같은 것으로, 법령에 직접 동의로 되어 수정이나 변경, 원안과 다른 대안결정을 할 수 없어 동의안으로 상정한 안건에 대해서는 가부만을 결정하는 데 비해 의결안으로 상정된 공유재산관리계획안은 취득처분 대상을 삭제할 수 있습니다. 이처럼 공유재산 관리계획은 반드시 안건을 구체적으로 심의하여 그 내용을 확정시키는 것으로서 내용의 수정이 허용된다는 점에서 '동의' 내지 '승인'과 명확히 구별됩니다.*

문제는 취득재산이나 처분재산의 위치, 예산, 규모 등도 수정할 수 있을 것인가의 문제가 생기는데, 이론적으로는 가능하다고 봅니다. 다만, 공유재산관리계획을 수립해서 제출하는 것은 지방자치단체의 장의 권한으로 규정하고 있다는 점에서 공유재산관리계획의 의결은 재산의 취득 · 처분대상 일부를 삭제하거나 제외시키는 것을 통하여 수정안 가결을 할 수 있습니다.

공유재산관리계획 대상과 범위

취득은 매입, 기부채납, 무상양수, 환지, 무상귀속, 교환, 건물의 신 · 증축 및 공작물의 설치, 출자 그밖의 취득을 의미하며, 처분은 매각, 양여, 교환, 무상귀속, 건물의 멸실, 출자 그밖의 처분을 말합니

* '의결'은 지방자치단체의 장이 주된 의결대상을 문서로 작성하여 의장에게 반드시 제출하고, 의장은 필요한 절차에 따라 안건을 공고하는 등 형식이나 절차를 따르도록 하고 있으며 '동의'와 다릅니다.

다. 사실상 지방자치단체에서 관리하는 공유재산관리대장상 자산의 증가와 감소를 모두 포함한다고 할 것입니다. 다만, 취득하거나 처분하려는 모든 재산에 대해 의회가 심사하여 의결하고자 할 경우 과도한 행정력 낭비와 함께 효율적 행정의 저해가 우려되기 때문에 「지방자치법」에서 중요재산을 의결하도록 하고, 2022년 이전에는 「공유재산 및 물품관리법시행령」 제7조에서 의결할 중요재산 범위를 정하고 있었으나, 법 개정을 통해 재산과 토지의 기준가격을 조례로 정하도록 하였습니다. 지역별 재산가격의 다양성 · 특수성을 고려하여 관리계획 수립 대상인 중요재산의 기준을 조례로 정할 수 있도록 한 것 같습니다. 다만 기준금액을 상향할 경우 공유재산관리계획 수립 대상에서 제외되는 사업들이 늘어날 것이고, 하향할 경우에는 의회 심의 대상이 확대되어 심도 있는 심의가 저해될 것입니다. 따라서 공유재산관리계획 수립 대상 기준가격의 적정수준에 대해 정책적 판단과 의회 의결을 통해 조례가 개정되어야 할 것입니다. 기준금액은 토지의 경우 「부동산 가격공시 및 감정평가에 관한 법률」의 개별공시지가로 하고, 건물과 그 밖의 재산은 「지방세법」상 시가표준액으로 하고 있습니다.

여기서 일단(一團)의 토지는 단독 필지 또는 서로 연접하여 하나의 용도로 이용될 수 있는 일련의 토지를 말하는 것입니다. 다만, 지방자치단체장 외의 자와 공동으로 소유한 공유지분 토지는 제외하고 있습니다.

※ 기준가격
- 토지의 경우 개별공시지가(공시지가가 없는 경우 표준지공시지가 산정액)
- 건물 그 밖의 재산의 경우 지방세법에 의한 시가표준액
- 건물의 신•증축 및 공작물 설치 : 토지 취득비를 제외한 건축비 및 시설비

※ 사업내용의 취소, 목적의 변경 또는 면적이나 기준가격이 30퍼센트 초과하여 증감된 토지 또는 시설물 → 변경계획 수립

또한 공유재산의 취득 · 처분에 대해 당초 관리계획을 지방의회의 의결을 얻은 후 취득 · 처분의 목적이나 용도가 변경되거나 사업을 취소하는 경우, 당초 지방의회의 의결을 받은 관리계획 중 위치가 변경된 경우(다만, 위치가 동일 사업구역 내에서 일부 지번이 인접 지번으로 변경된 경우에는 위치 변경으로 보지 않습니다), 기준금액 또는 면적이 종전 관리계획의 30퍼센트를 초과하여 증감한 경우에는 변경계획을 수립하여야 합니다. 건축비 및 시설비 등 사업비는 예산상 명확히 산출되어 30% 증감의 경우 변경계획안 제출이 누락될 가능성이 적으나, 사업목적이나 용도의 변경, 사업의 취소는 지속적으로 모니터링하지 않으면 알기 어려워 누락할 가능성이 많으므로 관리계획 의결 이후에도 사업에 대해 지속적으로 관심을 가져야 할 것입니다.

따라서 공유재산관리계획 수립 누락여부 판단을 위해서는 토지 매입이나 매각의 경우 해당 필지의 공시지가와 면적을 살펴보고, 건물 신축 등의 경우 예산서상의 시설비 비목을 살펴보는 것이 중요할 것입니다.

또한 1건의 의미를 잘 살펴보아야 합니다. 「공유재산 및 물품관리법 시행령」 제7조 제6항에서는 동일한 취득 · 처분방법으로 동시에 회계절차를 이행하는 경우, 매수 또는 매각 상대방이 동일인인 경우, 건물과 그 부지인 토지를 함께 취득 · 처분하는 경우 등 자세히 1건의

기준을 정하고 있습니다. 위치가 다르더라도 동일 사업예산으로 여러 건을 취득하는 경우에 각각의 건을 금액이 기준금액보다 낮다고 하여 누락하였다면 1건의 의미를 정확히 하여 공유재산관리계획을 수립하도록 해야 할 것입니다.

공유재산관리계획을 수립하지 않아도 되는 대상이 있나요?

위의 공유재산관리계획 수립대상에도 불구하고 「공유재산 및 물품관리법 시행령」 제7조 제3항에 따라 아래 체크 포인트의 사항들은 중요 재산의 취득 · 처분에 포함하지 않는다고 규정하고 있습니다. 즉, 공유재산관리계획 수립 및 의결대상에서 제외가 가능한 것입니다.

그런데 예외 사항들을 지나치게 포괄적으로 해석하는 경우 공유재산관리계획에서 누락되는 일이 있습니다. 실제 공유재산 총괄부서(예를 들면 자산관리과)의 공무원들을 제외하고는 공유재산 수립대상에 대해 명확히 이해하는 공무원이 많지 않고, 관련 법규를 숙지하지 못하여 의결대상을 누락시키는 경우가 발생하고 있습니다. 토지와 건물 신 · 증축에 대해서는 비교적 그 취득이나 처분가격에 의하여 판단하면 되지만 공작물 설치나 지적재산권 등 지방자치단체의 중요재산에 대해서는 이에 대한 관리계획을 종종 이해부족으로 누락시키는 경우가 많습니다.

공유재산관리계획 수립 대상이 아닌 경우에 대한 법령 내용을 보면 재산의 취득이나 처분이 의무화된 재산(무상귀속), 지방세법에 따른

Check Point

① 「공유재산 및 물품관리법」이 아닌 다른 법률에 따른 무상귀속
② 「도시개발법」등 다른 법률에 따른 환지
③ 법원의 판결에 따른 소유권 등의 취득 또는 상실
④ 「공익사업을 위한 토지 등의 취득 및 보상에 관한 법률」에 따른 취득(「국토의 계획 및 이용에 관한 법률」 제2조 제6호 가목 · 나목 또는 마목의 기반시설을 설치 · 정비 또는 개량하는 경우만 해당한다) · 처분
⑤ 「도시 및 주거환경정비법」 제101조에 따른 무상양여
⑥ 「기업활동 규제완화에 관한 특별조치법」 제14조에 따른 중소기업자에 대한 공장용지 매각
⑦ 지방의회의 의결 또는 동의를 받은 재산의 취득 · 처분
⑧ 「지방세법」**제117조**에 따른 물납
⑨ 다른 법률에 따라 공유재산관리계획의 적용이 배제된 재산의 취득 · 처분
⑩ 다른 법률에 따라 해당 지방자치단체의 취득 · 처분이 의무화된 재산의 취득 · 처분
⑪ 다른 법률에 따라 인가 · 허가 또는 사업승인시 조건에 의하여 주된 사업대상물에 딸린 공공시설의 취득
⑫ 공유재산을 종전과 동일한 목적과 규모로 대체하는 재산의 취득

물납, 법원 판결, 다른 법령상 관리계획 배제 명시사항, 공공시설에 대해 의견청취안으로 의결한 경우, 별도로 의회의 의결 또는 동의를 받아 시행하는 사업 등 관리계획의 의결이 굳이 필요 없는 경우에 한정하여 공유재산 관리계획 수립을 제외하고 있다는 것을 알 수 있습니다.

대법원 판례(2010. 9. 9. 선고 2010두11917 판결 참조)에서도 공유재산을

보호하고 그 취득 · 유지 · 보존 및 운용과 처분의 적정성을 위한 입법 취지와 공유재산의 취득 · 처분이 지방재정 및 주민의 삶에 큰 영향을 미치므로 주민의사를 대표하는 지방의회의 의결권은 최대한 존중되어야 한다고 강조하고 있습니다. 때문에「공유재산및물품관리법 시행령」제7조 제3항 각 호가 정하는 관리계획에 포함하지 않는 예외 사유는 되도록 엄격하게 해석하도록 하고 있습니다.

따라서 공유재산 관리계획에 대한 심사도 중요하지만 관리계획에서 재산의 취득과 처분이 누락되지 않도록 주의깊은 모니터링이 필요합니다. 모니터링시 관리계획을 수립하지 않는 명확한 근거를 확인해야 합니다.

심사 전 사업타당성을 분석해 볼 수 있는 유용한 자료가 있을까요?

관리계획안에는 사업목적 및 용도, 사업기간, 소요예산, 사업규모, 기준가격 명세, 계약방법을 명시하도록 하고 있습니다. 사업목적 및 용도가 적정한지, 사업기간과 소요예산이 적정한지, 사업규모와 방법이 적정한지를 따져 보아야 할 것입니다. 집행부가 제출하는 의결안과 사업설명서만으로는 관련 사업의 적정성과 타당성을 살펴보기가 어렵기 때문에 추가 자료를 요구하여 확인할 필요가 있습니다. 추가 자료로는 지방자치단체장의 방침서(계획 및 변경계획서), 투융자 심사 의뢰서 및 결과와 회의록 사본, 타당성 조사 용역보고서, 공유재산심의 의뢰서 및 결과와 회의록 사본, 중기공유재산관리계획, 관련 민원

서류등을 요구하여 살펴보면 관리계획안 심사시 유용할 것입니다.

방침서는 사업설명서에는 자세히 나와 있지 않은 세부 추진일정이나 사업 목적 등이 명시된 경우가 많으므로 사업기간의 적정성과 목적, 용도에 대해 명확히 살펴볼 수 있습니다.

투융자 심사는 지방예산의 계획적 · 효율적 운영과 각종 투자 사업에 대한 무분별한 중복투자 방지를 위하여 1992년에 도입된 제도로, 주요투자사업 및 행사성 사업은 예산편성 전에, 현물만 출자(투자)되는 사업은 사업시행 전에 그 사업의 필요성 및 사업계획의 타당성 등을 심사하도록 하고 있습니다. 건축 또는 조성사업 등 취득사항에 대해 예산편성 전 중앙 또는 자체 심사를 하도록 하고 있다는 점에서 공유재산관리계획 대상과 중첩되어 있을 뿐만 아니라 심사의뢰서에 담긴 정보가 많습니다.

의뢰서에는 사업개요(추진목적, 시행근거, 시행주체, 사업위치, 사업기간, 사업량, 총사업비, 사업추진절차 및 계획, 기대효과)와 사업비 산출내역, 세부사업추진계획, 사전 절차(중기지방재정계획, 관계기관(각 부처, 민간 등) 협의과정 및 내용, 타당성 조사, 사업의 필요성 및 시급성, 국가계획 및 경제 · 사회정책과의 부합성, 주민의 숙원도 및 수혜도, 사업의 파급효과, 경제적 수익성 및 타당성, 재원조달 가능여부 및 채무상환능력, 일자리 창출 효과, 사업추진 준비상황, 사업추진에 따른 문제점 및 대책, 공공시설 운영계획서(기구 및 조직, 사업수지 전망, 세부시설운영계획, 콘텐츠 확보 방안) 등이 포함되어 있습니다. 이를 바탕으로 투융자심사에서는 사업성격, 사전절차 이행 여부, 중장기 계획과의 연계성, 주민 수혜도 및 필요성, 사업의 시급성, 사업 타당성, 절차 및 정책적 고려사항 등을 평가하도록 하고 있으므로 이에 대한 평가와 결과를 통해 사업의 타당성, 필요성, 규모의 적정성 등을 판단하는 데 유용할 것입니다.

이밖에 타당성 조사 용역 보고서는 비용편익분석 및 입지조건에 대한 자세한 정보를 제공하고 있습니다. 공유재산심의회에서 관련 재산의 매각이나 교환, 취득재산의 적정성 등에 대해 판단을 하고 있어 관련 회의자료를 살펴보면 많은 정보를 얻을 수 있을 것입니다.

무엇보다도 투융자 심사나 공유재산심의회 절차는 예산 편성 전 반드시 거쳐야 하는 사전절차로, 관련 사전절차를 거친 후 공유재산 관리계획안을 제출하였는지 확인하여야 합니다. 투융자 심사는 「지방재정법」에 관련된 사전절차이고, 공유재산관리계획은 「공유재산 및 물품관리법」에 따른 사안으로 어느 것이 우선되어야 한다고 법에 명확히 있는 것은 아닙니다. 다만, 지방의회의 기능으로 지방자치단체의 의사결정 및 대표성을 고려해 볼 때 공유재산 관리계획 의결이 예산 의결 전 관련 절차의 마지막 단계가 되어야 할 것입니다. 공유재산 관리계획의 의결을 얻은 후 투융자 심사에서 부결될 경우, 의회의 의결권이 훼손될 수밖에 없기 때문입니다.

취득 건 심사 때 고려사항은 무엇입니까?

취득 건에 대해 심사 때에는 투융자 심사시 체크 리스트와 같이 ① 재산 취득 규모와 계획이 적정하고 합리적으로 수립되어 있는지, ② 불필요하고 시급하지 않은 재산 취득은 아닌지, ③ 투융자 심사, 중기 재정계획 반영 등 사전절차가 적정하게 이루어졌는지, ④ 재산의 취득시기는 적정한지, ⑤ 새로 취득하는 것보다 경제적인 방법은 없는지 ⑥ 예산을 줄이기 위한 적정한 재원 확보방안은 있는지, ⑦ 특정인에게 특혜를 주기 위한 재산 취득은 아닌지, ⑧ 감정기관의 감정가보다 고가로 취득할 우려는 없는지, ⑨ 필요없는 재산을 부수하여 매입할 여지는 없는지 ⑩ 소유권 분쟁이나 지상권이 설정되어 있는 재산으로 사용에 지장을 초래하고 있는 것은 없는지, ⑪ 민원의 대상이 될 소지는 없는지 등에 대해 주의깊게 살펴보아야 합니다.

무엇보다도 검증되지 못한 예산 편성은 해당 예산의 효율적 집행을 어렵게 하고, 지방자치단체의 재원 배분에 있어서 왜곡을 초래할 가능성이 높습니다. 한정된 자원 속에서 재산 취득에 따라 낭비되는 요소는 없는지, 이를 위해 사전절차는 적정하게 지켜졌는지 감독하는 역할이 의회의 주요한 기능임을 잊지 말아야 할 것입니다. 제반 절차들이 준수되고 의회 의결을 얻은 후 예산이 수립되는 것이 사업의 정당성을 확보하고 지속적인 사업 추진에도 도움을 줄 것입니다.

---

* 참고자료 : 행정안전부(2016), 지방재정투자사업 심사 및 타당성 조사 매뉴얼, p.26-27.

지방재정 투자사업 심사 체크 리스트*

평가지표
1. 사업성격
· 자치단체 사업인가? · 국가 또는 민간사무인 경우 재정부담 또는 지원근거가 있는가?(「지방재정법」 제17조 및 시행령 제32조)
2. 사전절차 이행 여부
· 중기지방재정계획 반영 여부 · 타당성 조사 시행(의무적 대상사업)
3. 중장기 계획과의 연계성
· 국가장기계획 경제 · 사회 정책과의 부합성 또는 정부 역점 시책사업과 연계성 · 개별 법률에 의한 지역단위 계획과의 관련성
4. 주민 수혜도 및 필요성
· 사업 편익이 전 주민에게 미치는 사업인가? · 기초생활수급권자 또는 노인 · 장애인 등 사회적 약자를 대상으로 하는 사업인가? · 지역경제에 미치는 영향이 큰 사업인가? · 일자리 창출을 위한 사업인가? · 지역 내 또는 인근 지역에 동일시설이 설치되어 있는가? · 시설용도 등이 기존시설(국가 · 지방 · 민간시설 등)과 중복되지 않는가? · 신축하는 공공시설을 인접한 자치단체도 공동으로 활용하는가?
5. 사업의 시급성
· 타 사업보다 시급히 추진해야 하는 사업인가? · 반드시 올해(내년)에 착수해야 하는 사업인가?
6. 사업 타당성
· 사업규모는 적정한 수준인가? · 총사업비 및 운영비용 산정이 적정한가? · 추계된 비용(연차별 재원부담액)이 자치단체 재정여건 범위 내 충당가능한 수준인지 여부 · 경제적 타당성(B/C)이 있는가? 또는 재무적 수익성이 있는가? 재무적 수익성이 있는 경우 민간자본 유치가능성 검토 · 기타 재원조달계획은 적정한가? · 기타시설 연계방안 및 프로그램 확충방안 등이 적정하게 마련되어 있는가?
7. 절차 및 정책적 고려사항
· 주민, 전문가 등 의견수렴을 거쳤는지 · 사업추진과정에서의 위험성(환경파괴, 주민반대 등) · 법적인 제약사항

재산교환 건 심사 때 고려사항은 무엇입니까?

재산교환은 행정 목적으로 사용하기 위하여 다른 단체나 타인의 재산을 취득하고, 해당 지방자치단체 재산을 국가나 다른 단체 등에게 처분하는 것을 동시에 하는 행위를 말합니다. 따라서 공유재산관리계획에서는 취득재산목록과 처분재산목록이 같이 수립되어야 합니다.

재산교환의 경우에는 여러 제약요건이 있는데, 다음의 사항들에 대해 주의깊게 살펴보아야 합니다. 첫째, 「공익사업을 위한 토지 등의 취득 및 보상에 관한 법률」에 의하여 취득이 가능한 재산은 교환으로 취득할 수 없습니다. 둘째, 국유재산 또는 다른 지방자치단체의 공유재산과 교환하는 경우를 제외하고는 토지와 토지, 건물과 건물의 어느 한쪽의 가격이 4분의 3미만인 때에는 교환을 추진하여서는 안 됩니다. 셋째, 교환으로 인한 차액을 제세공과금, 수수료 등으로 상계처리하는 것은 불가능합니다. 넷째, 토지와 토지 또는 건물과 건물 간의 교환 등과 같이 서로 그 재산의 종류가 같아야 합니다. 즉, 서로 용도가 유사한 재산이어야 합니다. 다섯째, 공유재산과 국유재산을 교환하는 경우에는 각 법령에 따라 가격산정을 하여 교환하여야 합니다. 즉, 공유재산은 공유재산 및 물품관리법, 국유재산은 국유재산법 적용을 받습니다. 여섯째, 교환하고자 하는 재산의 교환차액은 현금으로 정산하여야 합니다. 일곱째, 행정재산의 경우에는 원칙적으로 처분의 제한을 받고 있습니다. 다만, 국가 · 다른 지방자치단체 등 다른 법인 또는 개인 소유의 재산과 교환하는 재산을 행정재산 등으로 관리하는 경우 가능합니다. 여덟째, 제약조건과 함께 교환의 타당성, 특정인에게 이익을 주기 위한 교환은 아닌지에 대해 살펴보아야 합니다.

기부채납 건 심사 때 고려사항은 무엇입니까?

기부채납이란 사유재산을 기부의 방법으로 국가 또는 지방자치단체가 채납하는 행위로 「민법」 제554조의 규정에 의한 증여에 해당합니다. 기부채납 재산은 대부분 토지의 기부, 건물 신축이 대부분이고, 공유재산의 새로운 편입을 의미하므로 재산의 증가(취득)가 수반됩니다. 따라서 기준 금액 이상의 취득이라면 당연히 공유재산관리계획 의결을 받아야 합니다. 지방자치단체에서 기부의 방법으로 처분할 수 있는 법적 근거는 없으므로, 민간 개인이나 법인에게는 기부가 불가합니다.

기부채납 건에 대해서는 해당 재산이 국가 또는 지방자치단체가 관리하기 곤란하거나, 필요로 하지 않는지 살펴보아야 할 것입니다. 특히, 증여란 아무런 대가없이 당사자 일방이 무상으로 재산을 상대방에게 수여하는 의사를 표시하고 상대방이 이를 승낙함으로써 그 효력이 발생하는 것입니다. 때문에 기부채납에 있어 관리운영권 등 조건이 수반되어서는 안 됩니다. 지방자치단체가 공공사업을 위하여 민자유치 수단으로 기부채납을 받는 경우 기부재산을 평가하여 그 가액만큼 무상사용이 가능할 수는 있겠으나, 기부채납 조건으로 관리권이 주어질 수는 없다는 점을 명심하시기 바랍니다.

토지 매각 건 심사 때 고려사항은 무엇입니까?

토지 매각 건 심사는 지방자치단체의 장이 공유재산의 일반재산을 상대방에게 이전하고, 상대방은 이에 대한 매각대금을 지급할 것을 약정함으로써 그 효력이 발생하는 사법상 계약입니다. 장래에 활용가능한 재산을 세출재원으로 확보하기 위해 무리하게 처분하려는 것은 아닌지 살펴보아야 합니다. 또한 특정인에게 재산을 취득하게 하기 위해 재산을 처분하는 것은 아닌지, 재산을 처분한 후에 같은 종류의 재산을 다시 취득할 우려는 없는지 살펴보아야 합니다. 또한 재산의 매각방법(수의계약, 제한경쟁, 지명경쟁, 공개경쟁)의 선택은 적정한지, 기관 상호 간 또는 회계 간에 관리 전환하여 유용하게 사용할 수 있는 재산을 처분하는 것은 아닌지에 대해서도 주의가 요구됩니다. 재산의 매각가격 및 매각대금의 납부방법, 기간 등에 문제점은 없는지, 재산의 매각방법 및 절차 등과 관련하여 민원이 발생할 우려는 없는지 등에 대해서 살펴보아야 할 것입니다.

7

민간위탁, 의회 동의 반드시 필요합니다! 신정희

민간위탁은 무엇인가요?

민간위탁은 행정기관의 사무 중 일부를 법인 · 단체 등에 맡겨 그의 명의로 그의 책임 아래 행사하도록 하는 것입니다(「행정권한의 위임 및 위탁에 관한 규정」 제2조 제3호).

지방자치단체의 장은 조례나 규칙으로 정하는 바에 따라 그 권한에 속하는 사무 중 조사 · 검사 · 검정 · 관리업무 등 주민의 권리 · 의무와 직접 관련되지 않는 사무를 법인 · 단체 또는 그 기관이나 개인에게 위탁할 수 있습니다(「지방자치법」 제117조제3항).

이에 따라 각 지방자치단체마다 민간위탁과 관련된 조례 및 규칙이 제정되어 있으며, 민간위탁시 의회의 동의를 받도록 규정하고 있습니다(17개 시 · 도 중 전라남도 제외).

민간위탁이 왜 증가하고 있나요?

1980년대 신자유주의 패러다임은 행정서비스의 "정부만능적" 공급방식에서 "시장중심적" 공급방식으로 전환하는 계기가 되었습니다. 또한 우리나라에서는 1997년 외환위기 이후 정부의 독점적인 권한 행사에 따른 비효율성을 극복하고자 민간 부분을 통한 공공서비스 공급을 추진하고 있습니다.

민간위탁, 꼭 해야 합니까?

민간위탁을 꼭 해야 하는 것은 아닙니다. 민간위탁은 행정조직의 비대화를 억제하고 행정의 고비용 · 저효율을 개선하거나, 민간의 특수한 전문성을 활용함으로써 행정사무의 능률성을 제고하고, 비용을 절감하기 위한 목적과 필요성에 의해 판단되어야 할 것입니다. 특히 우리나라는 "행정권한 법정주의"를 취하고 있으므로 행정의 권한을 민간에 위탁하는 경우에는 반드시 타당한 사유와 근거가 있어야 합니다.

민간위탁은 법규에 근거가 있어야 합니다.

「지방자치법」에 따르면 지방자치단체의 장은 조례나 규칙으로 정하는 바에 따라 그 권한에 속하는 사무 중 일부를 법인 · 단체 또는 그 기관이나 개인에게 위탁할 수 있도록 규정하고 있습니다. 단, 조사 ·

검사 · 검정 · 관리업무 등 주민의 권리 · 의무와 직접 관련되지 않는 사무여야 합니다.

「지방자치법」

제117조(사무의 위임 등) ① 지방자치단체의 장은 조례나 규칙으로 정하는 바에 따라 그 권한에 속하는 사무의 일부를 보조기관, 소속 행정기관 또는 하부행정기관에 위임할 수 있다.
② 지방자치단체의 장은 조례나 규칙으로 정하는 바에 따라 그 권한에 속하는 사무의 일부를 관할 지방자치단체나 공공단체 또는 그 기관(사업소 · 출장소를 포함한다)에 위임하거나 위탁할 수 있다.
③ 지방자치단체의 장은 조례나 규칙으로 정하는 바에 따라 그 권한에 속하는 사무 중 조사 · 검사 · 검정 · 관리업무 등 주민의 권리 · 의무와 직접 관련되지 아니하는 사무를 법인 · 단체 또는 그 기관이나 개인에게 위탁할 수 있다.
④ 지방자치단체의 장이 위임받거나 위탁받은 사무의 일부를 제1항부터 제3항까지의 규정에 따라 다시 위임하거나 위탁하려면 미리 그 사무를 위임하거나 위탁한 기관의 장의 승인을 받아야 한다.

민간위탁 관련, 의회의 역할 정말 중요합니다.

지방의회는 지방자치단체(집행부)의 사무에 대해 견제 및 감시를 하는 기구입니다. 그러나 지방자치단체의 사무를 민간에 위탁할 경우 일차적인 관리 · 감독 책임은 지방자치단체(집행부)에게 있으며(「행정권한의 위임 및 위탁에 관한 규정」 제6조, 제8조) 지방의회는 민간 위탁 기관에 대해 직접적인 견제와 감시가 아닌 집행부를 통한 간접적인 통제만 가능하게 됩니다. 민간 위탁 기관은 집행부의 관리감독과 승인에 따라 사업계획도 보고하고 예산의 전용 및 변경사용도 보고하지만 지방의회에 직접적인 보고의무는 없습니다.

민간 위탁과 관련하여 의회의 역할은 민간위탁 전 사전 동의와 행정사무 감사권 · 조사권(「지방자치법」 제49조), 행정사무처리상황에 대한 출석 · 답변 요구권(같은 법 제51조), 증인채택(같은 법 제49조) 등의 간접적인 견제의 수단이 있습니다.

따라서 의회의 직접적인 견제 · 감시권이 제한된 민간위탁 사무의 증가는 의회 통제의 사각지대를 발생시킬 수 있습니다.

다음은 민간 위탁 동의안에 대한 검토시 살펴보아야 할 핵심 포인트와 민간 위탁 기관에 대한 행정사무 감사 · 조사 등에 대해서 살펴보겠습니다.

민간위탁 동의안 검토 흐름도

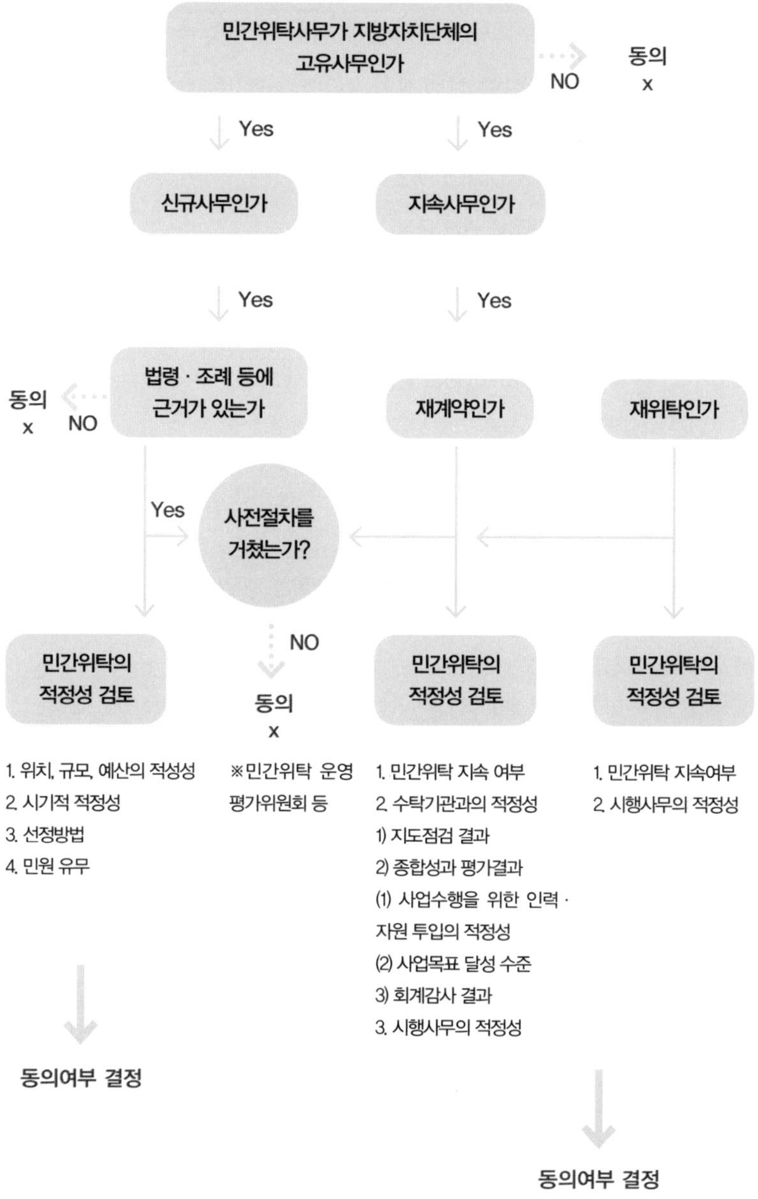

민간위탁사무가 지방자치단체의 고유사무인가
NO
동의 x
Yes
Yes
신규사무인가
지속사무인가
Yes
Yes
법령 · 조례 등에 근거가 있는가
동의 x
NO
재계약인가
재위탁인가
Yes
사전절차를 거쳤는가?
NO
동의 x
민간위탁의 적정성 검토
민간위탁의 적정성 검토
민간위탁의 적정성 검토
1. 위치, 규모, 예산의 적정성
2. 시기적 적정성
3. 선정방법
4. 민원 유무
※민간위탁 운영 평가위원회 등
1. 민간위탁 지속 여부
2. 수탁기관과의 적정성
1) 지도점검 결과
2) 종합성과 평가결과
(1) 사업수행을 위한 인력 · 자원 투입의 적정성
(2) 사업목표 달성 수준
3) 회계감사 결과
3. 시행사무의 적정성
1. 민간위탁 지속여부
2. 시행사무의 적정성
동의여부 결정
동의여부 결정

우선 민간위탁하려는 사무가 지방자치단체의 고유 사무인지부터 확인해야 합니다. 민간위탁하려는 사무는 반드시 지방자치단체의 고유 사무여야 합니다. 고유사무이면서 다음의 요건을 충족해야 합니다. 그렇지 않다면 의회의 합법적인 동의는 어렵습니다.

「행정권한의 위임 및 위탁에 관한 규정」

제11조(민간위탁의 기준) ① 행정기관은 법령으로 정하는 바에 따라 그 소관 사무 중 조사 · 검사 · 검정 · 관리 사무 등 국민의 권리 · 의무와 직접 관계되지 아니하는 다음 각 호의 사무를 민간위탁할 수 있다.

1. 단순 사실행위인 행정작용
2. 공익성보다 능률성이 현저히 요청되는 사무
3. 특수한 전문지식 및 기술이 필요한 사무
4. 그밖에 국민 생활과 직결된 단순 행정사무

② 행정기관은 제1항 각 호의 어느 하나에 해당하는 사무에 대하여 민간위탁의 필요성 및 타당성 등을 정기적 · 종합적으로 판단하여 필요할 때에는 민간위탁을 하여야 한다.

③ 행정기관이 제1항 각 호의 어느 하나에 해당하는 사무를 민간위탁하였을 때에는 필요한 사무처리지침을 통보하고, 그 처리에 필요한 적절한 조치를 하여야 한다. 〈개정 2016.3.22.〉

다음으로 민간위탁사무가 신규 사업인지, 지속 사업인지 여부입니다.

1) 신규사무

(1) 최초 위탁인 경우

최초 위탁인 경우에는 먼저 "법령과 조례에 근거가 마련되어 있는가"를 살펴보아야 합니다. 법령의 근거가 없다면 민간위탁동의안 검토는 더 이상 나아가지 못할 것입니다.

근거가 있다면, 민간위탁 사업의 적정성을 검토해야 합니다.

적정성 검토시에는 위치(시설형 위탁의 경우 지방자치단체 소유의 재산인지, 임차 재산인지 여부), 규모, 예산 적정성, 시기의 적정성, 선정방법, 민원 유무 등 모두 꼼꼼히 살펴보아야 합니다. 민간위탁을 하면서까지 사업이 필요한 것인지, 신규 사업 자체가 불필요한 것은 아닌지 따져보아야 합니다. 더불어 직영의 필요성은 없는지 살펴봅니다.

또한, 민간위탁금과 관련하여 예산안 의결시 사전 검토 진행여부(예산 반영 여부 및 전용 등을 해야 하는 것은 아닌지 등 확인 필요)와 예산안 검토시 제시되었던 문제의 해소 여부 등을 살펴보아야 합니다. 마지막으로 다른 지방자치단체 등 유사 운영사례가 있는지를 조사하여 민간위탁의 적정성 등을 비교해 볼 수 있습니다.

(2) 직영하던 사업을 위탁하려는 경우

직영의 장점과 위탁의 장점을 반드시 살펴보아야 합니다. 기존 집행예산과 향후 소요예산 및 원가비교 등 정교한 사업 비교가 필요합니다. 직영하던 사업을 위탁시 공무원의 반발 및 민원은 없는지, 주민에게 안정적이고 효율적인 행정서비스 공급이 가능한지 여부 등을 점검하여야 합니다.

Check Point

서울시의 경우 2017년도에 조례 개정을 통해 민간위탁 동의안 제출시 민간위탁 성과보고서를 비롯하여 민간위탁 추진근거 및 추진 필요성, 민간위탁운영평가위원회 심의결과 등을 포함하여 제출하도록 하여 민간위탁동의안을 충실하게 제출하도록 하였습니다. 풍부한 자료는 민간위탁 동의안의 적정성을 검토하는 토대가 됩니다.

「서울특별시 행정사무의 민간위탁에 관한 조례」
제4조의3(의회동의 및 보고) ① 시장은 제4조 각 호 사무에 대해 민간위탁을 하고자 하는 경우와 위탁사무의 중요내용에 변경이 있는 경우, 제2조제4호에 따른 재위탁을 하는 경우에는 서울특별시의회(이하 "의회"라 한다)의 동의를 받아야 한다. 〈개정 2021.3.25., 2021.12.30.〉
② 재계약시에는 소관 상임위원회에 보고하는 것으로 의회의 동의를 갈음한다. 다만, 해당사무를 연속하여 민간위탁하는 경우 의회의 동의를 받은 때로부터 6년이 경과한 후 최초로 도래하는 재위탁 또는 재계약시에 의회의 동의를 받아야 한다. 〈개정 2019. 3. 28., 2021.12.30.〉
③ 시장은 제1항 및 제2항에 따라 의회의 동의를 받고자 하는 때에는 위탁사무 및 운영 등에 대한 평가가 포함되어 있는 민간위탁 성과보고서를 함께 제출해야 한다. 〈개정 2019. 3. 28.〉
④ 시장은 제15조제6항 단서에 따라 수탁기관이 위탁받은 사무의 일부에 대해 다시 위탁하고자 하는 경우에는 사전에 의회에 보고하여야 한다.
⑤ 시장은 의회의 동의 후에 민간위탁 예산을 편성할 수 있다. 다만, 재계약 · 재위탁의 경우는 예외로 한다. 〈신설 2019. 3. 28.〉
제4조의4(민간위탁 동의안) ① 시장이 제4조의3에 따라 제출하는 민간위탁 동의안은 다음 각 호의 사항을 포함하여야 한다. 〈개정 2019. 12. 31.〉

1. 위탁사무명
2. 민간위탁 추진근거 및 추진 필요성
3. 위탁사무 내용
4. 위탁시설 개요(소재지, 규모, 지원시설, 위치도)
5. 민간위탁기간
6. 수탁자 선정방식
7. 소요예산 및 산출근거
8. 민간위탁운영평가위원회 심의결과
9. 그 밖에 민간위탁 심의에 필요한 사항

[본조신설 2017. 9. 21.]

2) 민간위탁 지속 사무

(1) 재계약인 경우

재계약이란 민간위탁하기로 결정된 사무에 대해 위탁기간 만료 후 기존 수탁 기관과 다시 계약하는 것을 의미합니다(「서울특별시 행정사무의 민간위탁에 관한 조례」 제2조 제5호). 재계약의 경우 먼저, 위탁사무의 사업종료 여부 등 민간위탁을 지속할 필요성이 있는지 살펴보아야 합니다. 다음은 수탁기관이 적정한지에 대한 검토가 필요합니다. 수탁기관의 적정성은 위탁한 기간 동안의 지도점검, 종합성과평가, 회계감사결과를 살펴보아야 합니다. 또한, 사업수행을 위한 인력, 예산 투입의 적정성 및 사업목표 달성수준 등을 검토하여 재계약 여부를 결정합니다. 마지막으로 수탁사무의 조정 필요성은 없는지 등에 대해서도 심의합니다.

(2) 재위탁인 경우

재위탁이란 민간위탁하기로 결정된 사무에 대해 기존 수탁기관과의 위탁기간 만료 또는 그밖의 사유로 새로운 수탁기관을 선정하여 위탁

Check Point

민간위탁 심사시 중요 자료

- 민간위탁운영평가위원회 심의자료 및 회의록, 민간위탁기관의 성과평가보고서, 회계감사자료, 지도 · 점검 자료는 민간위탁동의안 심사시 중요한 정보원이 됩니다.
- 현장 실사를 나가보면, 생생한 정보를 얻을 수 있습니다.
- 민간위탁사무와 민간위탁시설 입지 등 관련 민원은 없는지 반드시 살펴보세요.

하는 것을 말합니다(「서울특별시 행정사무의 민간위탁에 관한 조례」 제2조 제4호).

재위탁의 경우에는 위탁사무의 사업종료 여부 등 민간위탁의 지속 필요성에 대한 검토가 선행되어야 합니다. 다음으로는 최초 위탁 사업과 유사한 방식으로 민간위탁의 적정성을 검토합니다.

민간위탁 사업에 대한 행정사무감사 및 업무보고 때의 체크 포인트

앞서 살펴보았듯이 민간위탁사무에 대한 직접적인 관리감독권은 집행부에 있으므로 의회의 업무보고 및 행정사무감사시 의회가 동의한 대로 민간위탁사무가 충실하게 집행되는지 꼼꼼히 살펴보아야 합니다.

행정사무감사 및 업무보고시 확인할 사항들

첫째, 수탁기관 선정이 공정한 방식으로 적절한 수탁기관이 선정되었는지 여부를 확인합니다.

선정방식(수의, 공개모집)을 확인하고, 수탁기관의 책임능력과 공신력을 확인하여 부적격 업체*는 아닌지 살펴봅니다.

Check Point

적격자심의위원회 자료 및 응찰한 기관의 제안서 등을 참고합니다.

---

* 「지방자치단체를 당사자로 하는 계약에 관한 법률」 제31조에 따른 수탁기관의 최근 2년간 입찰 참가자격 제한(부정당업자 제재) 사실 등 확인.

둘째, 협약서를 확인합니다.

셋째, 집행부의 법령상 의무 준수여부를 확인합니다.

Check Point

- 사무처리지침을 통보(「행정권한의 위임 및 위탁에 관한 규정」(이하 "대령" 이라함) 제11조 제3항)하도록 하고 있으므로, 사무처리지침 통보여부를 확인합니다.
- 수탁기관은 사무편람을 작성하여 비치하여야 하며, 편람에 대한 위탁기관의 승인이 필요합니다(대령 제15조 제2항).
- 위탁기관의 장은 민간위탁사무의 처리 결과에 대하여 매년 1회 이상 감사를 하여야 합니다(대령 제16조 제1항).

넷째, 각 민간위탁 조례 및 협약서에 규정되어 있는 지방자치단체의 의무 이행 여부를 점검합니다.

다섯째, 민간위탁기관에서 민간위탁금 집행시 예산의 전용 및 변경사용 여부를 살펴봅니다. 또한 매년 예산의 불용액, 반납액을 확인하여 예산을 성실히 집행했는지 여부를 점검합니다.

Check Point

〈서울시의 경우〉

- 위탁기관(시)은 매년 1회 이상 지도 · 점검을 실시하여야 합니다(「서울특별시 행정사무의 민간위탁에 관한 조례」 제16조).
- 위탁기간 만료 90일 전까지 종합성과평가를 실시하도록 규정(동 조례 제18조)하고 있습니다.
- 수탁기관은 매 사업연도마다 사업별로 결산서를 작성하여 회계감사를 받아야 하며 시장에게 제출하여야 합니다.
- 협약서에는 사업계획서 제출 기한(예시: 전년도 12월 말), 연간 업무달성 및 추진실적 및 사업비 정산(예시: 사업연도 종료일로부터 30일 이내) 시기, 보조금 관리 시스템 사용여부, 정기재물조사 실시, 사무편람 등 비치의무, 종사자의 신분 변동 사항 보고 등의 의무가 명시되어 있으므로 준수여부를 확인합니다.

여섯째, "예산총계주의의 원칙"에 위반하여 자체 수입을 직접 목적사업에 사용하는 일이 없도록 수입사용 내역을 살펴봅니다.

일곱째, 수탁기관 대표 등 수탁기관 종사자의 공개경쟁 채용, 종사자의 재직기간, 보수 내역 등을 살펴보아 법규 준수여부와 책임감있는 업무 수행 여부를 검토합니다.

여덟째, 수탁기관에서 수탁사무에 대해 과도한 용역 발주 시행 여부와 제3자 재위탁* 여부에 대한 검토도 필요합니다.

민간위탁 종료시 마무리도 중요!

민간위탁이 종료되었거나 협약해지 되었을 경우 그 사유를 면밀히 살펴봅니다. 주민들에게 제공되는 행정서비스가 중단되지 않도록 하여야 하며, 귀책사유가 있을 경우 책임의 소재를 명확히 하여야 할 것입니다.

또한, 수탁기관의 귀책사유로 협약해지시 및 수탁기간 만료시에는 수탁재산 등의 원상회복 및 수탁재산이 합법적으로 인도되었는지 살펴야 합니다. 한편, 기존 수탁기관 종사자의 고용유지 및 승계 의무가 명시되어 있다면 다른 수탁기관 선정시 기존 종사자의 고용 상태 등을 확인합니다.

사무의 위탁을 종료하고 직영하는 경우도 있을 것입니다. 책임성 문제가 발생하지 않도록 사무의 명확한 인계와 더불어 행정서비스

---

* 원칙적으로 위탁받은 사무를 다른 법인 · 단체 또는 개인에게 다시 위탁(제3자 재위탁)할 수 없도록 규정하고 있습니다.

공급에 차질을 빚지 않도록 철저한 사전준비에 만전을 기하여야 합니다.

Check Point

시민의 소중한 세금! 낭비되는 일이 없도록 민간위탁사업에 대한 면밀한 검토와 관심이 필요해요.

- 신규사업을 민간위탁으로 추진하려는 경우에는 더욱 신중해야 합니다. 한 번 시작된 민간위탁 사업은 종료하기가 쉽지 않습니다. 한편, 행정권한을 민간에 위탁시 공공성, 객관성, 책임성, 합법성의 원칙을 저해하거나 위반해서는 안 될 것입니다.
- 「부정청탁 및 금품 등 수수의 금지에 관한 법률」 제11조*에 따르면 민간위탁기관의 종사자들은 공공서비스의 제공자로서 "공무수행사인"의 지위를 부여받아 같은 법에 따라 '부정청탁 금지, 금품수수 금지 및 외부강의 등의 사례금 수수 제한' 등의 규정을 적용받습니다.
- 민간위탁기관은 공공서비스의 제공자, 집행자로서 공무원의 역할을 수행하고 있어 대국민 봉사자로서 공무원들에게 요구되는 책임성이 민간위탁기관 종사자들에게도 요구된다고 할 수 있습니다.
- 행정사무의 효율적 운영과 전문성 향상을 위해 민간위탁이 점차 증가하고 있으나, 민간위탁기관의 무책임한 사무 수행 등은 오히려 예산절감이 아닌 예산의 비효율적 사용과 낭비로 이어져 오히려 효율성이 떨어질 수 있습니다.

---

* 제11조(공무수행사인의 공무 수행과 관련된 행위제한 등)

① 다음 각 호의 어느 하나에 해당하는 자(이하 '공무수행사인'이라 한다)의 공무 수행에 관하여는 제5조부터 제9조까지를 준용한다.

1. 「행정기관 소속 위원회의 설치 · 운영에 관한 법률」 또는 다른 법령에 따라 설치된 각종 위원회의 위원 중 공직자가 아닌 위원
2. 법령에 따라 공공기관의 권한을 위임 · 위탁받은 법인 · 단체 또는 그 기관이나 개인
3. 공무를 수행하기 위하여 민간부문에서 공공기관에 파견 나온 사람
4. 법령에 따라 공무상 심의 · 평가 등을 하는 개인 또는 법인 · 단체

② 제1항에 따라 공무수행사인에 대하여 제5조부터 제9조까지를 준용하는 경우 "공직자 등"은 "공무수행사인"으로 보고, "소속기관장"은 "다음 각 호의 구분에 따른 자"로 본다.

8

출연 · 출자동의, 이렇게 합니다 박태헌

Q : 이번 임시회 우리 상임위원회 의사일정을 받았습니다. 헌데 낯선 제목이 하나 있더군요. 안건 제목이 「서울특별시 기획재정 분야 출연 동의안」이라는데, 이게 뭔가요?

출자? 출연? 무슨 뜻인지부터 알아보겠습니다.

출자(出資)의 사전적 의미는 '어떤 일에 쓸 자금이나 자본을 내는 것'을 말합니다. 반면에 출연(出捐)은 '재물을 기부하여 돕는다'는 의미를 갖고 있습니다.

그러면 사전적인 의미 말고 법이나 행정적인 의미에서 두 단어의 의미는 어떤 차이가 있을까요? 출자(出資)는 어떤 사업을 위해 자금(화폐, 부동산 등)을 내는 행위나 그 자금 자체를 의미합니다. 대신에 그만큼 지분을 갖게 되는 거죠. 흔히 말하는 투자와 거의 같은 의미입니다. 일반적으로 조합이나 회사, 기타 법인의 사업에 필요한 자금을 내는 것이 여기에 해당됩니다. 반면에 출연(出捐)은 비영리재단법인에 재산을 무상으로 내는 기부행위를 말합니다. 결국은 '투자를 하는 거냐?', '기부를 하는 거냐?' 하는 차이가 존재하지만 두 경우 모두 어떤 형태로든 자금이나 자본을 내는 것이라는 뜻입니다.

그러면, 지방자치단체에서 이 두 단어는 어떻게 활용될까요?

공무원을 무한정으로 늘릴 수 없는 지방자치단체가 주민에게 필요한 모든 서비스를 제공할 수는 없습니다. 그래서 지방자치단체는 정부가 공기업을 만들어 운영하듯이 흔히 우리가 말하는 지방공기업이나 출자 · 출연기관을 만들어서 여러 가지 사업을 수행하도록 합니다. 이 과정에 우리가 알고 싶은 출자 · 출연이라는 용어가 등장합니다. 그렇습니다. 지방자치단체가 주민에게 필요한 여러 서비스를 제공하기 위해서 설립한 지방공기업이나 출자 · 출연기관에 형태와 상관없이 일정한 자금을 제공하는 행위를 출자 · 출연이라고 할 수 있습니다.

이밖에도 예외적인 상황이긴 하지만 최근에는 다양하고 특화된 행정수요에 적극적으로 대응하기 위해서 전통적인 방식과는 조금 다른 방식으로 출자나 출연행위가 이루어지기도 합니다. 우선, 흔히 제3섹터라고 말하는 민관공동출자사업이 있습니다. 사업의 성격은 공익성을 갖고 있지만 지방자치단체의 재정부담을 최소화하면서 각종 행정서비스를 공급하기 위해 도입되고 있는 것입니다. 예를 들어서 도로나 역사(驛舍)를 만들기 위해 지방자치단체와 민간기업이 공동으로 자본을 출자하고 경영하는 형태가 여기에 해당됩니다. 또, 대도시 주거복지향상이나 주거환경 개선을 위해 지방자치단체가 리츠사업을 시행하고 이를 위해 민간과 공동으로 출자하는 것과 같은 사례도 간혹 있습니다. 다만, 이 경우 지방자치단체가 회원으로 참여하는 법인의 성격은 반드시 공익법인이어야만 합니다. 또한, 각 지방자치단체가 특정한 사업을 위해 일정한 비율에 따라 공동으로 출연하는 경우도 존재합니다.

결국, 지방자치단체가 그 대상이 지방공기업이든 출자 · 출연기관이든 혹은 민간과 공동으로 설립한 공익법인이든 상관없이 자본(현물, 자금…)을 투입하는 경우에 이 행위가 투자인지 혹은 무상제공인지에 따라 출자 혹은 출연이라고 정의할 수 있을 것 같습니다.

지방자치단체가 출자 · 출연하려면 반드시 의회의 동의를 받아야 되는 건가요?

결론부터 말씀드리면 지방자치단체가 출자나 출연을 하는 경우 반드시 사전(事前)에 지방의회의 동의를 받아야 합니다. 아래에서 궁금해하는 사안에 대해서 차례로 답해 드리겠습니다.

출자 · 출연 동의는 왜 하는 걸까요?

지방자치단체가 예산을 사용하는 경우와 방식이 무척 다양한데 왜 출자 · 출연에 대해서만 지방의회의 동의를 받아야 하는 건지 물으신다면, 너무 당연하지만 「법」이 하도록 강제하니까 하는 겁니다.

조금 더 상세히 말씀드리자면, 지방자치단체의 재정에 관한 원칙을 정하고 있는 「지방재정법」에 출자 · 출연에 대한 규정을 두고 있습니다.

「지방재정법」

제18조(출자 또는 출연의 제한) ① 지방자치단체는 법령에 근거가 있는 경우에만 출자를 할 수 있다.

② 지방자치단체는 법령에 근거가 있는 경우와 제17조 제2항의 공공기관에 대하여 조례에 근거가 있는 경우에만 출연을 할 수 있다.

③ 지방자치단체가 출자 또는 출연을 하려면 미리 해당 지방의회의 의결을 얻어야 한다.

보시는 바와 같이 「지방재정법」은 지방자치단체가 출자 또는 출연하는 경우를 법령에 근거가 있거나, 조례에 근거가 있는 경우로 엄격하게 제한하고 있습니다. 지방자치단체로서는 다소간 자존심(?)이 상할 수도 있습니다만, 현재까지 우리 법령은 지방자치단체가 재정을 낭비할까봐 상당히 유의해서 지켜보고 있습니다. 결국, 법령이나 조례를 통해서 근거가 있는 경우에만 지방자치단체가 출자 혹은 출연을 할 수 있도록 했습니다. 하지만 법령이나 조례에 따라 출자 · 출연을 할 수 있는 경우라 하더라도 미리 지방의회의 의결을 받도록 의무화하고 있습니다. 여기서 말하는 의결이 바로 실무적으로는 '동의'라는 절차로 진행되는 것입니다.

다시 한 번, 요약해서 말씀드리자면 지방자치단체가 하는 출자 · 출연 행위는 일반적인 보조금과 달리 사후 정산 절차가 의무화되어 있지 않아서 출자 · 출연의 요건과 절차를 엄격히 정할 필요가 있습니다. 출자 · 출연을 위해서는 법령과 조례의 근거가 필요하며, 근거가 명확하더라도 사전에 지방의회의 동의를 받아야 하는 것입니다.

예산 심의할 때 삭감하면 되지, 동의 절차까지 이중으로 밟아야 되는 건가요?

합리적인 지적입니다. 지방의회는 법에 따라 주어진 예산심의권을 가지고 집행부가 편성한 근거 없는 불법적이고 부당한 사업의 예산을 삭감할 수 있습니다. 사실 이보다 더 강력한 견제수단이 없다고 봐도 무방합니다. 지방의회의 예산심의권에도 불구하고 「지방재정법」은 지방자치단체가 출자 · 출연하는 대상을 제한한 것은 물론이고, 지방의회의 사전 의결을 의무화하고 있습니다.

사실 2011년 이전까지 「지방재정법」은 지방자치단체가 공사 · 공단 등에 행하는 출자행위에 대해서만 지방의회 사전 의결 절차를 규정하고 있었습니다. 그런데 2011년 감사원이 '지방자치단체 장학재단 설립 · 운영실태' 감사결과 보고서를 통해서 66개 지방자치단체가 공공기관으로 볼 수 없는 장학재단에 1,697억 8,987만 원을 부당하게 출연한 사례를 발표하였습니다. 이 감사 이후 당시 행정안전부는 부라부랴 지방자치단체의 부당한 출연을 제어할 방법을 고민하게 되었으며, 2014년 5월 지방자치단체의 출연행위도 사전에 지방의회의 의결을 받도록 하는 「지방재정법」 개정이 이루어졌습니다.*

어떻게 보면 지나친 규제라고 할 수 있지만, 그때까지 별다른 비판 없이 관행적으로 있어왔던 지방자치단체의 부당한 자금 출연을 통제하기 위해 도입된 제도라고 이해해야 할 것 같습니다. 물론 향후 재정분권이 지금보다 강화되거나 지방의회의 집행부 통제가 보다 용이해진다면 이런 절차에도 변화가 있을 수 있다고 생각됩니다.

필요성은 알겠고, 그럼 도대체 언제 동의를 받아야 되는 건가요?

「지방재정법」 제18조 제3항은 출자 · 출연에 대한 지방의회의 의결 시기를 '미리'라고 정해두고 있습니다. 여기서 말하는 '미리'는 실제로 출자나 출연 행위를 행하기 이전에 지방의회의 의결을 받으라는 의미로 이해됩니다. 그런데, 지방자치단체가 출자나 출연을 하기 위해서는 예산이 마련되어 있어야 합니다. 그러니까 실무적으로는 다음 연도 예산안을 편성해 지방의회에 제출하는 시기보다는 앞서서 출자 · 출연에 대한 지방의회의 의결을 받아야 한다고 해석하는 것이 합리적으로 보입니다.

결국 다음 연도 예산안을 심의하기 위해 열리는 제2차 정례회(11월, 12월)에 앞서서 출자 · 출연에 대한 지방의회의 사전 의결을 받는 것이 법의 취지에 부합합니다. 결국 적어도 예산 심의를 하는 정례회보다 앞선 임시회에는 출자 · 출연 동의안이 제출되고 또 심사되어야 할 것입니다. 그런데, 이 제도 시행 초창기에 상당수의 지방자치단체가 예산안과 출자 · 출연 동의안을 함께 제출하기도 했습니다. 지방의회 사전 의결이라는 원칙에 어긋나 받아들일 수 없지만 불가피한 사정이 있는 경우에는 집행부와의 협의를 통해서 적어도 예산안 의결보다는 출자 · 출연에 대한 동의가 시간적으로 우선되어야 할 것입니다.

---

* 실제 적용은 2016회계연도부터 이루어지도록 부칙에 규정되었습니다.

출자 · 출연의 범위는 어디까지?

집행부가 출자 · 출연을 위해서 지방의회에 동의안을 제출하는 경우 지방의회는 동의 혹은 부동의 결정을 할 수 있을 것입니다. 다만, 이 과정에서 두 가지 논란이 있을 수 있습니다.

우선 지방의회 동의의 효력이 미치는 범위에 대한 문제입니다. 출자 · 출연에 대한 사전 동의는 지방의회가 지방자치단체가 시행하고자 하는 출자 · 출연 대상기관의 사업내용과 출자 · 출연 필요성 등을 종합적으로 고려해 사전에 승인하는 절차이기 때문에 출자나 출연 여부만을 결정하는 것이지 구체적인 출연 금액을 확정하는 것까지 포함하는 것이 아니라고 보아야 할 것입니다. 앞서 말씀드린 바와 같이 출자나 출연에 대한 동의 이후에도 지방의회가 갖고 있는 예산심사권한을 통해 출자나 출연금의 규모에 대해서는 확정하는 것이 옳다고 할 것입니다. 이와 관련해 혹 지방자치단체가 사전에 지방의회의 동의를 거치지 않은 출자나 출연 예산을 편성하는 것은 적절하지 않다고 판단할 것입니다.

다음으로 혼란이 있을 수 있는 문제는 출자 · 출연 동의안의 주요 내용을 수정하는 것이 가능한지에 대한 것입니다. 지방자치단체가 지방의회에 제출하는 출자 · 출연 동의안에는 대상기관과 관련법령, 주요 사업과 출자 · 출연의 필요성에 대한 내용이 모두 담겨 있습니다. 지방의회가 동의 여부를 결정함에 있어 출자 · 출연과 관련해 동의안에 담겨 있는 이런 주요 사항에 대해서 수정할 수 있느냐는 논의가 가능합니다. 결론적으로 말씀드리면 출자 · 출연에 대한 지방의회의 동

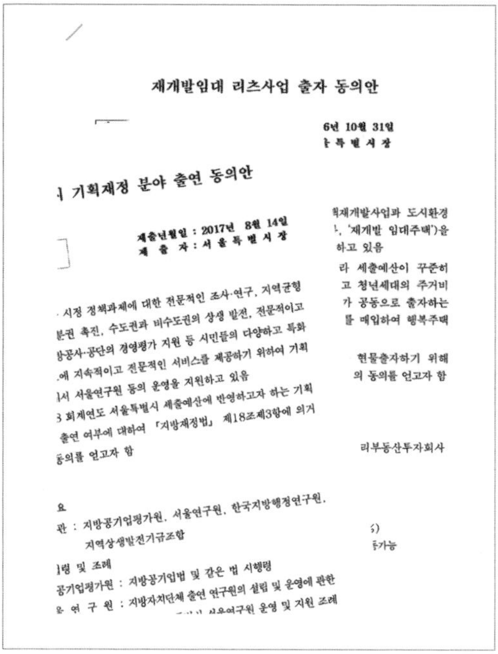

재개발임대 리츠사업 출자 동의안

6년 10월 31일
ᆫ특별시장

ㅣ 기획재정 분야 출연 동의안

제출년월일 : 2017년 8월 14일
제 출 자 : 서울특별시장

· 시정 정책과제에 대한 전문적인 조사·연구, 지역균형
분권 촉진, 수도권과 비수도권의 상생 발전, 전문적이고
방공사·공단의 경영평가 지원 등 시민들의 다양하고 특화
.에 지속적이고 전문적인 서비스를 제공하기 위하여 기획
ㅣ서 서울연구원 등의 운영을 지원하고 있음
3 회계연도 서울특별시 세출예산에 반영하고자 하는 기획
출연 여부에 대하여 「지방재정법」 제18조제3항에 의거
동의를 얻고자 함

요
관 : 지방공기업평가원, 서울연구원, 한국지방행정연구원,
지역상생발전기금조합
ㅣ령 및 조례
공기업평가원 : 지방공기업법 및 같은 법 시행령
울 연 구 원 : 지방자치단체 출연 연구원의 설립 및 운영에 관한

획재개발사업과 도시환경
ㅏ, '재개발 임대주택')을
하고 있음
라 세출예산이 꾸준히
고 청년세대의 주거비
가 공동으로 출자하는
를 매입하여 행복주택
현물출자하기 위해
의 동의를 얻고자 함
리부동산투자회사

의는 출자 · 출연 여부만을 사전에 승인하는 것으로 출자 · 출연에 대한 상세내용에 대한 수정은 원칙적으로 불가능하다고 보아야 할 것입니다. 다만 여기에도 예외적인 사항이 있을 수 있습니다. 일부 지방자치단체는 상임위원회 소관별로 출자 · 출연 동의안을 일괄해서 제출하는 경우가 있는데 이 경우 각각의 출자 · 출연 여부를 분리해 판단하고 특정한 사안의 경우 제외하는 형태로 동의안의 수정이 가능하다고 보아야 할 것입니다. 일부에서는 집행부가 동의하는 경우에 구체적인 출자 · 출연의 내용에 대한 수정도 가능하다고 보는 견해가 있습니다. 분명히 논의할 가치가 있지만, 실무적으로는 집행부의 동의가 수반된다는 점에서 크게 다툼이 생길 여지가 없어 보입니다.

Check Point

- 출자 · 출연 지방의회 의결 근거는 「지방재정법」 제18조
- 출자 · 출연 동의는 반드시 사전에!
- 동의의 효력은 동의 혹은 부동의 여부만
- 동의 했더라도 출자 · 출연금의 적정규모는 예산심사를 통해서 다시 한 번 검토

동의안 심사와 관련한 몇 가지 사항을 더 말씀 드리겠습니다.

첫째, 출자 · 출연 동의안 심사를 위해서는 각 출자 · 출연의 근거를 확인해야 합니다. 앞서 「지방재정법」을 통해서 보셨겠지만 지방자치단체의 출자나 출연은 법령에 근거가 있거나 적어도 조례에 근거가 있는 경우로 한정됩니다. 따라서, 지방자치단체가 제출한 출자 · 출연 동의안과 관련해 각각의 출자나 출연 대상기관이 법령이나 조례에 근거가 있는 단체인지를 우선적으로 확인해야 합니다.

둘째, 출자 · 출연의 필요성이나 적절성을 판단해야 합니다. 과거 감사원의 지방자치단체 장학재단에 대한 출연 감사결과에서 보듯이 지방자치단체의 출자 · 출연이 부적정한 기관에 별다른 비판 없이 행해지는 경우가 상당수 존재합니다.

특히 매년 관행적으로 출자 · 출연을 반복해 오면서 담당 공무원조차 출연의 근거나 적정성에 대한 판단 없이 타성에 젖어서 출자 · 출연을 반복하는 경우가 있습니다.

출자 · 출연에 대한 사전동의 절차가 처음으로 도입된 서울특별시의 2016회계연도 출자 · 출연 동의안 심사과정에서 출연금을 매년 납

부하고도 시정에 별다른 도움이 되지 않는 ○○○○진흥재단에 대한 출연에 대해 상임위원회가 부동의한 사례가 있습니다.

당시 상임위원회 회의록 일부입니다.

셋째, 출자 · 출연에 대한 동의 이후에도 예산안 심사과정에서 출자 · 출연금의 적정성에 대해서 다시 한 번 꼼꼼히 살피셔야 합니다. 법령에 그 근거가 있고, 출자나 출연이 필요한 경우라 하더라도 과거

▶ ○○○위원 : 출연동의안과 관련해서 지방재정법을 보면 제18조에 이런 규정이 있어요. 지방자치단체는 법령에 근거한 경우와 공공기관에 대하여 조례에 근거한 경우에만 출연할 수 있다, 이런 규정이 지방재정법 제18조에 분명히 명기하고 있습니다.
그런데 ○○○○진흥재단은 법령에 근거한 규정이 하나도 없고 행자부의 부령으로 운영기준을 만들어서 운영을 하고 있는 조직이에요. 그러니까 지방재정법이 요구하고 있는 법적근거가 없다는 것이지요. 그렇지 않나요?

▶ ○○○○실장 : 네.

▶ ○○○위원 : 법에 근거하지 않은 시행령과 부령을 가지고 지방자치의 자율적인 재정권이나 조직권이나 여러 가지 입법권을 제한하고 있는 상태에서 정확하게 법에 근거하지 않는 ○○○○진흥재단에 대한 출연은 이것은 불가한 것이다, 저는 이런 말씀을 드리고요.
검토보고서에도 나와 있지만 출연한 기관의 법적근거도 없지만 사업의 차별성이나 효과성이 검증이 안 된 부분이에요. 그리고 ○○○도 의회에서도 이것을 부결했다는 것 아닙니까? 그래서 저는 우리 서울시는 이것은 법적 근거도 없고 사업의 효과성도 검증 안 된 이러한 부령은 거부해야 된다, 의회가 동의해 줄 수 없다, 이런 의견을 드리겠습니다.

▶ ○○○○실장 : 위원님, 참 좋은 지적이십니다. 그러니까 지방재정법 상에서는 법령이나 조례로 해야 되는 것이고, 그런데 저희도 고민인데 당연히 법령이나

조례에 있어야 되는데 또 예산편성기준에 지원할 수 있다고 명시적으로 지금 현재 있고요. 그리고 저희도 이 부분에서 법령 조례 근거가 없기 때문에 행자부에 대해서도 어떻게 할 거냐고, 그러니까 행자부 의견도 곧 입법준비를 하고 있다라는 의견인데요. 2008년도부터 계속 해왔던 사안이고, 아까 말씀 드렸듯이 서울과 지방, 상생 그다음에 교류협력사업, 또 이게 서울이 지방에 지방이 서울에 의존하는 부분 그 부분에 기여하는, 그래서 사실은 예전에는 예산편성기준에 행자부에 딱 있으면 들어갔었거든요.

▶ ○○○ 위원 : 물론 엄밀하게 따지면 다르겠지만, 그래서 어쨌든 행자부에서 하려면 법을 개정해서 오든지 안 그러면 서울시에서 조례를 통해서 이 지원근거를 마련하든지 그 절차가 선행되어야 되고요. 선행되기 전이라도 사업의 타당성이나 차별성이 전혀 없기 때문에 이런 부분의 사업은 다시 재검토되어야 된다 이런 말씀을 드립니다.
더 근본적으로는 법에 근거하지 않은 시행령이나 부령을 가지고 지방자치의 재정을 좌지우지한다거나 조직을 좌지우지한다는 것은 더 이상 용납하면 안 됩니다. 이상입니다.

의 예산집행 내역과 다음 연도 사업계획을 잘 살피셔서 출자나 출연금의 적정 규모를 파악하시는 노력이 필요합니다.

많은 경우에 출자금이나 출연금 규모가 부풀려 산정될 가능성이 존재하고 또 매년 의무적으로 편성해 오던 규모에서 자연스럽게 결정되는 경우가 있습니다. 출자나 출연금 편성 근거를 항목별로 꼼꼼하게 따지는 노력과 함께 특히 출연금의 경우 사용하고 남은 경우라 하더라도 반납하거나 정산하는 의무가 없기 때문에 출연기관 등에서 자체기금으로 임의로 유보하는 경우가 있습니다. 특별한 용도 없이 수년간 유보해 둔 출연금 등이 존재하는 경우 이를 먼저 활용하도록 유도하는 것도 좋은 방법이 될 것입니다.

9

의견청취안, 꼼꼼히 들여다보기

조정래

지방의회 의견청취안

지방의회 의견청취는 단체장이 행정을 최종 결정함에 앞서 대의기관인 지방의회의 의견을 듣는 절차입니다. 단체장이 지방의회의 의견을 듣기 위해서는 의안의 형식을 갖추어 지방의회에 제출하게 됩니다. 지방의회는 제출된 의견청취안에 대하여 심의 절차를 거쳐 의견 표명을 의결한 후 단체장에게 송부하게 됩니다. 따라서 조례안, 예산안, 동의안, 승인안 등 여타의 의결안처럼 의견청취안도 지방의회가 의결하는 여러 의안 중 하나가 됩니다.

의견청취안의 종류 및 근거 법령

구분	종 류	근거 법령
의견청취안	· 그린벨트 관련 도시 · 군관리계획 입안	·「개발제한구역법」 제7조⑤ 및 시행령 제5조
	· 광역/기초건축기본계획 수립 · 변경	·「건축기본법」 제12조②
	· 경관계획 수립 · 변경	·「경관법」 제11조③
	· 공사중단건축물 정비계획 수립 · 변경	·「방치건축물정비법」 제6조②
	· 공유수면매립 기본계획 수립	·「공유수면법」 제22조④
	· 도시 · 군기본계획 수립 · 변경	·「국토계획법」 제21조①
	· 도시 · 군관리계획 입안	·「국토계획법」 제28조⑤
	· 성장관리방안의 수립 · 변경	·「국토계획법」 제58조⑤
	· 도시 · 군관리계획의 단계별 집행계획 수립	·「국토계획법 시행령」 제95조①
	· 도시·주거환경정비 기본계획 수립	·「도시정비법」 제6조②
	· 정비구역의 지정 신청	·「도시정비법」 제8조⑤
	· 정비계획 입안	·「도시정비법」 제15조②
	· 정비구역 등의 해제	·「도시정비법」 제20조④
	· 도시재생전략계획 수립 · 변경	·「도시재생법」 제15조①
	· 도시재생활성화계획 승인 신청	·「도시재생법」 제20조③
	· 도시재생선도지역 신청	·「도시재생법」 제33조②
	· 재정비촉진지구 지정 · 변경, 해제	·「도시재정비법」 제4조③, 제7조③
	· 재정비촉진계획 수립 · 변경	·「도시재정비법」 제9조③
	· 리모델링 기본계획의 수립 · 변경	·「주택법」 제72조①
	· 노선별 도시철도기본계획 수립	·「도시철도법」 제6조③
	· 역세권 개발구역 지정(요청)	·「역세권개발법」 제6조①
	· 군 공항의 이전건의서	·「군공항이전법 시행령」 제4조④3
	· 금융중심지 지정 개발계획안	·「금융중심지법 시행령」 제4조②
	· 지역 건축물 에너지 소비총량 설정	·「녹색건축물법」 제11조②
	· 공원녹지기본계획 수립 · 변경	·「공원녹지법」 제8조③
	· 풍수해저감종합계획 수립 · 변경	·「자연재해대책법 시행령」 제13조②
	· 상권활성화구역 지정 · 변경	·「전통시장법 시행규칙」 제7조③
	· 지자체 폐지, 설치, 분할, 통합 등	·「지방자치법」 제4조②
	· 국가정책에 관한 주민투표	·「주민투표법」 제8조②
	· 시 · 군 · 구의 통합권고안	·「지방분권특별법」 제24조⑤
	· 긴급재정관리단체 지정 · 해제	·「지방재정법」 제60조의3①②④
	· 지속가능 지방교통물류 발전계획 입안	·「지속가능교통법 시행령」 제8조1.
	· 지역특화발전특구계획안 수립	·「지역특구법」 제5조②

의견청취 대상은 개별 법률이나 대통령령에 규정되어 있습니다. 지방자치단체를 폐지하거나 설치하거나 나누거나 합칠 때 또는 그 명칭이나 구역의 변경, 군 공항의 이전 건의, 도시 · 군기본계획 수립 · 변경, 도시 · 군관리계획 입안, 경관계획 수립 · 변경, 도시 · 주거환경정비 기본계획 수립, 건축기본계획 수립 · 변경, 도시재생전략계획 수립 · 변경, 공원녹지기본계획 수립 · 변경 등 그 종류가 다양합니다. 법령에 규정되어 있지 않지만, 지방자치단체 조례에 의해서도 의견청취 절차를 규정하는 경우도 있습니다. 대표적으로 교통요금, 도시가스요금 등 서민물가에 미치는 영향이 큰 사업요금이나 수수료 · 사용료를 조정하기에 앞서 지방의회의 의견을 듣도록 하고 있습니다. 이처럼 개별 법령이나 자치법규에 의견청취 대상을 별도로 규율하고 있는데 법령에서 규정한 도시계획 행정이 다수입니다. 다만, 법정 계획 모두가 지방의회 의견청취 대상이 되는 것은 아닙니다. 이 장에서는 도시계획 행정에 대한 의견청취안 중심으로 논의해보겠습니다.

의견청취의 의미

도시계획은 도시의 관할 구역에 대하여 기본적인 공간구조와 장기발전방향을 제시하는 '도시기본계획'과 도시의 개발 · 정비 및 보전을 위하여 수립하는 토지 이용, 교통, 환경, 경관, 안전, 산업, 정보통신, 보건, 복지, 안보, 문화 등에 관한 '도시관리계획'을 포함합니다. 이러한 계획은 주민의 재산권 행사에 직 · 간접적으로 중요한 영향을 미치게 됩니다. 만약 단체장이 도시계획을 독립적, 독단적으로 결정할 경우 이를 주민이 온전히 받아들일 수 있는가 의문이 들 수밖에 없습니다. 따라서 주민대표기관이자 자치입법기관인 지방의회로 하여금 도시계획 수립 과정에 관여하게 함으로써 도시계획과 관련한 단체장의 권한 행사를 견제 · 감시하고, 그 결정 과정을 합리화하고 절차상으로도 타당하게 하는 것입니다. 대중요금 책정과 같이 최종 결정에 앞서 지방의회의 관여가 중요하다고 여겨지는 경우도 마찬가지입니다. 주민에게 의무를 부과하는 행정이라고 보기 때문입니다. 이런 측면에서 법령에 규율된 의견청취안은 결코 가볍게 여길 사안이 아닙니다.

의견청취 제안자와 심사 주체

의견청취 대상을 규정한 개별 법규에 따르면, 의견청취를 요청하는 자와 어느 지방의회에서 의견을 들을 것인지에 따라 의견청취의 대상과 내용이 달라집니다. 계획수립 과정에서 기초와 광역 지방자치단체장에게 부여된 권한이 각각 다를 수 있기 때문입니다. 이를 설명하기 위해 계획수립의 일반 절차에 대하여 먼저 설명 드리겠습니다.

행정법에서 다루는 계획은 대체로 먼저 계획안을 성안하는 과정입니다. 계획안을 마련한 단체장은 주민에게 열람 · 공람하거나 공청회 · 설명회 형식으로 이해관계자인 주민에게 설명하는 절차를 갖습니다. 이어서 지방의회의 의견을 듣습니다. 아울러 관계 행정기관과 협의하는 절차를 갖습니다. 이러한 절차가 이루어지면 비로소 계획안을 성립한 것으로 봅니다. 이를 한자어로는 입안(立案)이라고 합니다.

이렇게 계획의 입안 절차가 마무리되면 이어서 계획안을 결정하는 과정을 거치게 되는데 각종 위원회의 자문 심의 후 지방자치단체장이 고시 절차를 통해 결정 결과를 시민에게 알립니다. 재산권에 제한을 가하는 계획인 경우에는 지형도면에 작성해 고시함으로써 누구나 계획적 규제 사항을 토지이용도면으로 알 수 있게 해줍니다. 이러한 일련의 절차가 마쳐지면 비로소 계획안은 결정되었다고 할 수 있습니다.

계획 과정에서 주어지는 권한 문제와 관련하여 한 가지 첨언하고 싶은 점은 주민에게도 권한이 부여되어 있다는 것입니다. 일례로 도시계획 사업을 추진하는 주체가 민간인일 경우 계획을 제안할 수 있는 권한이 주어집니다. 이를 계획안의 제안권이라고 합니다. 즉, 주민이 제안한 계획을 입안권자가 입안 여부를 판단하여 후속 입안 절차를 갖는 형식입니다. 또 다른 주민의 권한으로는 공람된 계획안에 대하여 의견 제시권이 부여되어 있습니다. 보통 계획구역 안팎의 이해관계자라면 누구나 의견을 제시할 수 있습니다.

지방자치단체장이 계획을 입안하고 결정함에 있어 그 권한을 모두 갖는 경우도 있지만 계획의 종류에 따라서 기초자치단체와 광역자치단체의 장으로 하여금 각각 그 권한을 구분할 수도 있습니다. 즉, 계획을 입안하는 권한은 기초자치단체장에게, 계획을 결정하는 권한은 광역자치단체장에게 부여하는 형식입니다.

이제 계획안을 수립함에 있어 누가 어느 지방의회에서 의견을 청취할 것인가를 말씀드리겠습니다. 계획안을 입안하고 결정하는 권한을 같은 지방자치단체장이 모두 가지는 경우에는 해당 의회에서 의견을 듣는 것이 당연합니다. 하지만 계획안을 입안하는 권한과 결정하는 권한이 구분되는 경우에는 사정이 다릅니다. 계획안을 입안하는 권한을 가진 지방자치단체가 속하는 지방의회에서 의견을 청취하게 됩니다. 예컨대 재개발 재건축 정비사업을 위한 정비계획을 수립할 때 입안권자와 결정권자가 다릅니다. 이때에는 입안권자인 기초자치단체장이 속한 기초의회에서 의견청취 절차를 거치게 됩니다.

의견청취안 제출 시점

지방의회 의견청취안은 계획의 수립 단계 중 언제쯤 의회에 제출해야 하는지가 문제가 됩니다. 의견청취 대상을 규율한 법규 대부분은 지방의회의 의견을 들어야 한다고만 규정하고 있을 뿐 어느 절차에서 의회의 의견을 들어야 하는지 명백하지 않습니다. 앞서 계획안을 결정하는 경우 결정하기에 앞서 여러 절차가 있다고 말씀드렸습니다. 주민에게 공람하거나 설명회를 개최하는 경우, 주민 공청회를 개최하는 경우, 관계 행정기관과 협의를 하는 경우가 여기에 해당합니다. 지방의회 의견을 듣는 절차를 포함하여 이들 일련의 절차는 모두 계획안을 입안하는 과정 중 하나입니다. 따라서 위 절차 중 어느 절차를 먼저 하는가는 사실상 계획 수립 주체의 재량입니다. 다만, 주민의견 수렴 절차와 관계 행정기관과 협의 절차를 마친 후 지방의회의 의견을 듣는 것이 자치 입법기관인 지방의회에 대한 예의이자 주민에 대한 도리일 수 있습니다. 참고로 도시계획을 규정한 「국토의 계획 및 이용에 관한 법률」과 같이 각종 인 · 허가 절차를 규율한 법규에서는 위에서 열거한 절차를 법규의 조항 순서에 따라 별도로 규정하고 있습니다.

주요 도시관리계획 수립 · 결정 절차도

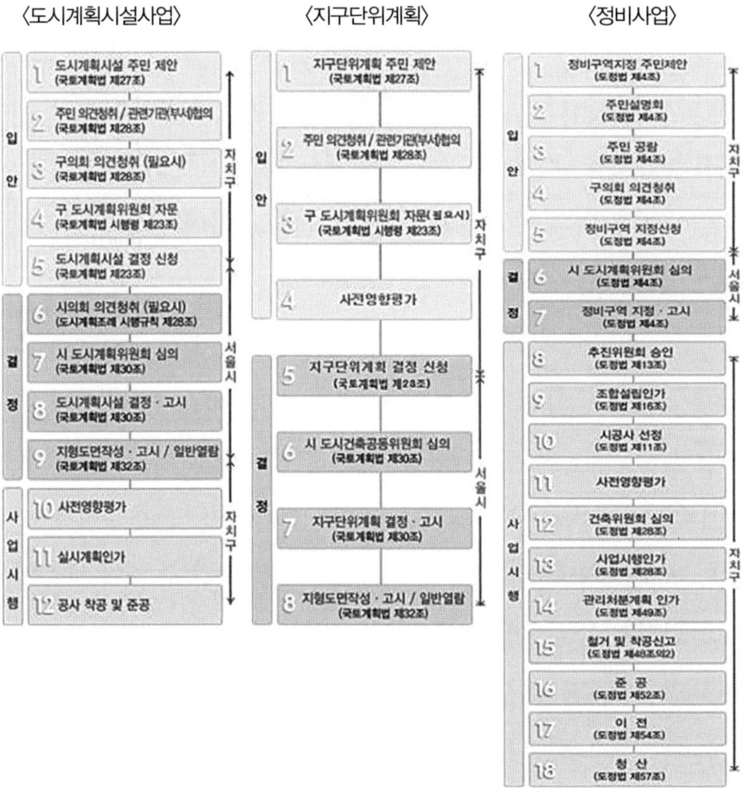

※출처 : 서울도시계획포털(urban.seoul.go.kr/4DUPIS/index.do)

의견청취 심사기간

지방의회 의견청취 절차를 규율한 법규 가운데 다수는 지방의회의 의견을 들어야 하는지 여부만 규율할 뿐 별도의 심사기간을 정하고 있지 않습니다. 다만 몇몇 입법례에서는 의견청취 심사기간을 강제하고 있습니다. 도시 · 군기본계획은 특별한 사유가 없으면 30일 이내에 단체장에게 의견을 제시하여야 하고, 도시 · 군관리계획은 계획을 입안하는 단체장이 의견 제시 기한을 밝혀 의회에 제출하면 지방의회는 명시된 기한까지 의견을 제시하도록 규정하고 있습니다. 재개발 · 재건축 정비사업을 위한 정비계획의 경우 입안권자인 단체장이 정비계획을 통지한 날부터 60일 이내에 제시하여야 하며, 의견제시 없이 60일이 지난 경우 이의가 없는 것으로 본다고 하여 심사기간을 제한하고 있습니다. 이처럼 심사기간을 제한하는 이유는 계획 행정이 이유 없이 지연되는 것을 방지하려는 취지로 보입니다. 그러나 지방의회가 연중 상시 회기가 운영되기 어려운 상태에서 의견청취안의 심사기간마저도 제한한다면 의견청취안에 대한 충분한 심의가 이뤄지기 어렵습니다. 따라서 법령으로 의견청취안의 심사기간을 과도하게 제한하는 것은 지방의회의 심의 · 의결권을 약화시킬 수 있어 재검토가 필요합니다. 서울시의회의 경우에는 집행부가 의회를 존중하고 의회가 의안을 충분히 심사하여 의견을 제시할 수 있도록 별도의 심사기간을 한정하지 않습니다. 다만, 서울시의회는 위원회 회의시 3회의기간 혹은 4회의기간 범위 안에서 의견청취안을 심사하고 있습니다.

의견청취안 심사결과와 한계

지방의회에서 제시하는 의견 표명은 단체장이 제출한 의견청취안에 대하여 찬성할 것인가 반대할 것인가 여부로 나뉩니다. 의견청취안에 대해 지방의회가 반대하는 경우는 반대 사유가 치유되기 어렵다고 판단하는 때입니다. 이 경우 반대 의견을 붙여 의결할 수 있습니다. 반면 최초로 제출된 원안에 대해서는 반대하지만 일부 수정 보완

할 경우 문제가 치유될 수 있다고 판단되는 경우에는 수정 의견을 붙여 처리하게 됩니다. 일반적으로 논란이 있는 의견청취안의 경우 본회의에 상정하기에 앞서 해당 상임위원회에서 여러 차례 회의를 반복하며 조정 방안을 찾게 됩니다.

의견청취안에 대하여 지방의회가 반대 의결한 경우, 집행기관은 당초 제출한 원안대로 처리하기는 매우 부담스럽습니다. 따라서 집행기관의 관계 공무원은 의회가 왜 반대하는지 그 이유에 대하여 면밀히 살펴보고 이에 대하여 충분히 설명하고 설득하는 과정이 필요합니다. 한편, 법률적으로는 지방의회가 제시한 조정(반대, 수정) 의견대로 집행기관의 행정 결정이 기속될 필요는 없습니다. 제시된 의견과 다르게 결정한다 하여 법적으로 문제되지는 않습니다. 다만, 집행기관은 지방의회가 충분히 논의한 결과임을 존중해 구체적인 조정 방안을 찾아 계획안에 반영하려는 노력을 기울여야 할 것입니다.

의견청취안 심사기법 및 활용

먼저 도시 · 군기본계획, 건축기본계획, 공원녹지기본계획, 도시 · 주거환경정비 기본계획, 도시재생전략계획과 같은 소위 지방자치단체 전체를 대상으로 하는 마스터플랜 계획입니다. 이들 계획은 주로 지역의 발전 전략을 '계획' 형식으로 표현하고 있습니다. 따라서 미래 여건 변화를 고려해 비전 제시가 바람직하고, 이를 실현하기 위한 실천 전략이 제대로 마련되어 있는가를 살펴봅니다. 다소 원론적이고 추상적으로 표현되는 경우가 있어 가볍게 넘길 수 있지만 이들 계획은 모두 해당 부문의 정책을 담고 있어 정책의 우선순위 문제를 살펴

중요한 정책이 누락되는 일이 없도록 살펴야 합니다. 특히 의원이 대표로 있는 지역에 미치는 영향을 꼼꼼히 살필 필요가 있습니다. 일례로 공간구조 계획에서 어느 지역이 중심지에 해당하는지 여부, 도시재생활성화 지역 선정 기준이 합리적인지 여부, 공원 녹지 조성을 위한 재원마련 계획이 타당한지 여부에 대하여 면밀히 검토해 봐야 합니다.

그 외에 기반시설 계획, 정비계획 등 다수의 개별 도시관리계획에 대해서는 관계 법규에 적합한지 여부와 함께, 주민의 공람 의견과 관계 부서의 협의 의견을 잘 살필 필요가 있습니다. 계획안에 대한 민원사항과 부서 간 의견 조율이 안 된 사안을 쉽게 확인할 수 있기 때문입니다. 이 때 주의해야 할 점은 주민의 권익 보호가 최우선이지만 주민 간 다툼이 있는 계획안에 대해서는 어느 한 쪽의 입장을 두둔하기보다는 합리적 조정 방안을 찾도록 권고하고 유도하는 접근이 중요합니다.

끝으로 지방의회 의견청취안은 지방의원의 의정활동에 필요한 많은 정보를 제공할 수 있습니다. 업무시설 개발시 도서관 등 문화시설을 함께 복합해 건축하는 계획안을 살필 경우 의원이 대표하는 지역에 꼭 필요한 시설이 있다면 이러한 시설을 도시계획사업 계획이 제출될 때 시설 여부를 검토할 것을 제안할 수도 있기 때문입니다. 그 외에도 계획 행정에서 사용되는 복잡한 용어와 의미를 의견청취안을 통해 충분히 학습하는 계기로도 활용할 수 있습니다. 이렇게 습득한 지식은 집행기관의 잘못된 계획 행정을 바로잡는가 하면, 집행기관으로 하여금 더 좋은 계획안을 마련하도록 독려할 수도 있습니다.

10

청원에 대한 궁금증 해소하기

김선희

청원 제출에 있어 의원소개는 필수인가요?

'청원'이란 기관에 대하여 불만이나 희망을 개진하고 시정을 요구하는 것으로, 「헌법」 제26조 제1항에 "모든 국민은 법률이 정하는 바에 의하여 국가기관에 문서로 청원할 권리를 가진다"라고 규정하고 있고, 제26조 제2항에는 "국가는 청원에 대하여 심사할 의무를 진다"라고 청원심사에 대한 국가의 의무를 규정함으로써 국민에게는 청원권, 국가에는 청원심사의 의무를 헌법으로 보장하고 있습니다.

지방의회에서 청원 외 진정서, 건의서, 탄원서, 호소문 등 지방의회 의원의 소개 없이 제출되는 일체의 민원은 '진정'으로 구분하고 있습니다. 청원이 진정과 다른 점은 의원소개를 필요로 한다는 것입니다. 「지방자치법」 제73조에서는 "지방의회에 청원을 하려는 자는 지방의회의원의 소개를 받아 청원서를 제출하여야 한다"고 규정하고 있습니다. 의원소개는 제출된 청원이 지방의회의 안건으로 심사의 대상이 되기 때문에 소개하는 의원이 그 내용을 파악하여 지방의회에서 정식으로 심사해볼 필요가 있는지 확인함으로써 지방의회의 정식안건으로 채택할 수 있는 객관적인 조건을 갖추기 위해 도입된 절차라 할 수 있습니다.

청원은 어떤 경우 제출할 수 있나요?

「청원법」 제4조에서는 구체적으로 다음 경우에 한하여 청원을 할 수 있다고 구체적으로 청원사항에 대해 명시하고 있습니다.

① 피해의 구제

② 공무원의 위법 · 부당한 행위에 대한 시정이나 징계의 요구

③ 법률 · 명령 · 조례 · 규칙 등의 제정 · 개정 또는 폐지

④ 공공의 제도 또는 시설의 운영

⑤ 그밖에 국가기관 등의 권한에 속하는 사항

지방의회는 필요한 사항을 의회 규칙으로 정할 수 있지만, 청원사항에 대해서는 별도 규정 없이 「청원법」 제4조를 따르는 것이 일반적입니다.

지방의회에 접수된 청원의 처리에 있어서 근거가 되는 것은 무엇인가요?

지방의회의 청원에 대한 근거는 「청원법」과 「지방자치법」에 두고 있습니다. 「청원법」이 일반법이라면 「지방자치법」의 청원에 대한 특

별 규정은 특별법으로서의 위상을 가집니다. 따라서 「지방자치법」에 명시된 청원 관련 규정은 특별법으로서 타법에 우선한다고 할 수 있습니다. 흔히 지방의회 청원을 「국회법」의 제9장 청원(제123조~제126조) 내용을 근거로 설명하는 경우가 있는데, 지방의회에 있어서는 「국회법」보다 「지방자치법」과 「청원법」이 우선적인 근거가 된다고 할 수 있습니다.

이 외 「지방자치법 시행령」 제60조의 "법 및 이 영에 규정된 것 외에 청원에 필요한 사항은 의회 규칙으로 정한다"는 규정에 의해 각 지방의회는 청원 운영규칙을 정하여 시행하고 있습니다.

청원과 관련하여 자주 나오는 질문

가. 법령에 위배되는 내용의 청원이 소관 위원회로 회부 되었을 때는?

지방의회별 청원 운영규칙의 청원 불수리 조항은 약간의 차이가 있지만, 대체로 다음의 「청원법」 제5조 청원의 불수리 범위 내에서 규정되어 있습니다.

① 감사 · 수사 · 재판 · 행정심판 · 조정 · 중재 등 다른 법령에 의한 조사 · 불복 또는 구제절차가 진행 중인 때

② 허위의 사실로 타인으로 하여금 형사처분 또는 징계처분을 받게 하거나 국가기관 등을 중상모략하는 사항인 때

③ 사인 간의 권리관계 또는 개인의 사생활에 관한 사항인 때

④ 청원인의 성명 · 주소 등이 불분명하거나 청원내용이 불명확한 때

「청원법」보다는 매우 간략하지만, 「지방자치법」 제74조에는 "재판에 간섭하거나 법령에 위배되는 내용의 청원은 수리하지 아니한다"라고 규정되어 있습니다. 그러나 실제로 청원을 수리하여 청원서를 접수하는 과정에서 해당 청원의 법령 위배 여부는 판단하기가 쉽지 않은 경우도 있습니다.

접수한 청원서를 소관 위원회에 회부한 단계에서 청원의 내용이 법령에 위배된다는 것을 알게 되었을 때는 해당 청원을 본회의에 부의하지 않도록 심사하는 것이 최선의 방법이라 할 수 있습니다. 그러나 이런 상황의 재발 방지를 위해서는 청원 담당자가 관련 법 뿐만 아니라 해당 지방의회 청원 운영규칙 등의 불수리 사항 등을 사전에 철저히 확인한 후 접수해야 할 것입니다.

나. 청원심사 기간은 정해져 있나요?

「청원법」 제9조에 의하면 청원심사는 특별한 사유가 없는 한 90일 이내에 그 처리결과를 청원인에게 통지하여야 합니다. 하지만 부득이한 사유로 이 기간 내에 청원을 처리하기가 곤란하다고 인정하는 경우, 60일의 범위 내에서 1회에 한하여 그 처리기간을 연장할 수 있습니다. 그러나 각 지방의회의 청원 운영규칙을 살펴보면 「청원법」과는 심사 · 처리 규정을 다소 다르게 규정하고 있음을 알 수 있습니다.

일례로 서울특별시의회의 「서울특별시의회 청원 운영규칙」 제6조에는 심사를 위해 소관 상임위원회에 회부된 청원은 특별한 사유가 없는 한 회부된 날로부터 60일 이내에 심사결과를 의장에게 보고하여야 하며, 이 기간 내에 심사를 마치지 못하였을 경우 의장에게 중간

보고를 하고 심사기간의 연장을 요구할 수 있다고 명시하고 있습니다. 하지만, 연장기간이나 횟수 등이 구체적으로 규정되어 있지 않기 때문에 사실상 채택이나 불채택 되지 않고, 장기간 미처리 상태로 계류되는 경우가 발생하게 됩니다.

최근 국회에서는 국회의원의 임기가 만료되어도 청원은 자동 폐기가 되지 않도록 하는 국회법 일부개정법률안이 발의되어 계류 중에 있습니다. 이에 따라 지방의회에도 지방의원 임기 만료에 따른 청원의 자동 폐기에 문제를 제기하는 사례가 나타나고 있습니다.

이는 「국회법」 제125조 제6항에서 90일 이내에 처리 못한 청원은 60일 범위 내에서 1회에 한하여 기간을 연장할 수 있지만, 장기간 심사를 요하는 청원으로서 기간 내 심사를 마치지 못하는 사유가 있을 경우에는 위원회의 의결로 심사기간의 추가연장을 요구할 수 있도록 되어 있기 때문에 발생된 문제라고 할 수 있습니다.

참고로 서울특별시의회 9대(2014. 7~2018. 4월 현재)의 청원처리 건수를 살펴보면 총 83건 중 채택 58건, 불채택 1건, 미처리 24건으로 29퍼센트의 청원이 미처리 상태로 계류되어 있습니다.

「청원법」에는 90일 이내에 처리 못한 청원은 60일 범위 내에서 1회에 한하여 기간을 연장할 수 있기 때문에 150일 이내 심사를 마치도록 되어 있고, 「지방자치법」에는 심사기간이나 결과 통보에 대한 별도의 규정이 없으므로 「청원법」을 근거로 지방의회의 청원 운영규칙을 정한다면 제출된 청원이 장기간 미처리 상태로 계류되는 문제는 어느 정도 해소할 수 있을 것입니다.

다. 청원심사결과를 통지하지 않은 것이 행정소송의 대상이 되나요?

「청원법」과 대부분의 지방의회 청원 운영규칙에는 청원심사결과를 청원인에게 통지하도록 규정하고 있습니다. 하지만, 이러한 통지의 의무를 이행하지 않은 것이 행정소송의 대상이 되는 행정처분인지에 대한 논란이 있었습니다.

이 문제에 대한 대법원의 판례(1990.5.25. 선고, 90누 1458)를 보면 "「헌법」 제26조 제1항의 규정에 의한 청원권은 국민이 국가기관에 대하여 어떤 사항에 관한 의견이나 희망을 진술할 권리로서 단순히 그 사항에 대한 국가기관의 선처를 촉구하는 데 불과한 것으로, 같은 조 제2항에 의하여 국가가 청원에 대하여 심사할 의무를 지고, 「청원법」 제9조 제4항에 의하여 주관 관서가 그 심사처리결과를 청원인에게 통지할 의무를 지고 있더라도 청원을 수리한 국가기관은 이를 성실, 공정, 신속히 심사 · 처리하여 그 결과를 청원인에게 통지하는 이상의 법률상 의무를 지는 것은 아니라고 할 것이고, 따라서 국가기관이 그 수리한 청원을 받아들여 구체적인 조치를 취할 것인지 여부는 국가기관의 자유재량에 속한다고 할 것일 뿐만 아니라 이로써 청원자의 권리의무, 그밖의 법률관계에는 하등의 영향을 미치는 것이 아니므로 청원에 대한 심사처리결과의 통지 유무는 행정소송의 대상이 되는 행정처분이라고 할 수 없다"라는 판결을 내리고 있어 청원심사결과의 통지유무는 행정소송의 대상이 되는 행정처분이 아니라고 할 수 있습니다.

Check Point

청원은 의안이 아니라는 것을 아시나요?

청원은 의안이 아닌 안건이기 때문에 접수된 청원에는 의안과는 별도의 번호가 부여됩니다. 청원은 왜 의안이 아닐까요? 의안은 일반적으로 수정이 가능해야 하고 심사에서 가결되었을 때는 시행되어야 합니다.

지방의회가 채택한 청원은 의견서를 첨부하여 지방자치단체장에게 이송하지만, 시행여부는 어디까지나 지방자치단체장의 자유재량에 속하므로 법적 구속력이 없습니다. 결국 수리되어 접수된 청원서는 수정이 불가능하며, 채택이 되더라도 시행여부는 지방자치단체장의 자유재량에 따른 사안이므로 의안이 아닌 안건으로 다루는 것입니다.

2장

지방의원이라면 꼭 알아야 할 예산 · 결산 심사

—한태식—

지방의회에서 하는 중요한 역할 중 하나가 바로 지방자치단체의 살림살이인 예산의 편성과 집행 즉, 지방자치단체가 편성한 예산안의 심사 및 의결(예산확정)과 그 집행결과인 결산에 대한 심사 및 의결(결산승인 및 예비비 지출승인)이라고 할 것입니다. 이러한 예산안의 심사와 결산심사에 있어서 꼭 알아야 할 사항들과 주요 맥은 어떠한 것들이 있는지 함께 살펴보겠습니다.

* 본 장은 《지방자치 가이드북》(생활정치연구소 편, 2010)의 3장 예산결산 가이드 편의 필자 글을 기반으로 다시 썼음을 밝힙니다.

1

예산은 어떻게 편성 · 집행하나요?

예산(Budget)은 지방자치단체의 1년간의 살림살이입니다.

1년 동안(회계연도)에 지방자치단체가 목표를 달성하는 데 필요한 돈(재원)을 어떻게 조달하고 집행할 것인지를 포함한 배분 등 의사결정과정을 금액으로 표시한 것을 말하며, 일반적으로 예산은 회계의 성질이나 성립시기 또는 예산의 성립 여부 등에 따라 나누고 있습니다.

일반회계는 무엇이고, 특별회계는 무엇인가요?

먼저, 지방자치단체가 수행하는 사업의 성질을 기준으로 일반회계와 특별회계로 구분(「지방자치법」 제126조, 「지방재정법」 제9조 제1항)을 하고 있는데요. 지방자치단체 예산 중에 '주민의 공공복지 증진'을 위하여 운영되는 회계를 일반회계라고 하고, 일반회계로 지원되는 사업은 대체로 성과에 대한 분석도 어려운 경우가 많고, 회계의 특성상 기업성보다 공공성이 더 강조된다고 보면 됩니다. 일반적으로 '예산'이라고 하면 일반회계를 말한다고 보면 되겠습니다.

그리고 특별회계라는 것은 특정한 목적을 달성하기 위해서 특정한 세입*을 재원으로 특정한 세출**에 충당하는 회계를 말하는데, 이러한 특별회계는 기업성을 중시하고 일반회계와 구분해서 별도의 회계로 설치 · 운영하고 있습니다. 이러한 지방자치단체의 특별회계 설치는 ▸공기업을 운영할 때, ▸기타 특정사업을 운영할 때, ▸특정 자금이나 특정세입 · 세출로 일반 세입 · 세출과 구분해서 경리(또는 회계처리) 할 필요가 있을 때에 한해서 법률이나 조례로 설치(「지방재정법」 제9조 제2항)하도록 되어 있습니다.

기타특별회계와 공기업특별회계

지방자치단체에서 설치 · 관리하는 특별회계는 그 성격에 따라 공기업특별회계와 기타특별회계로 구분합니다. 특별회계 중에서 주민의 공공복지 증진과 밀접한 성격을 가지고 있는 회계의 경우는 기타특별회계로 일반회계와 분리해서 경리하는 회계를 말합니다.

공기업특별회계라는 것은 해당 회계로 집행되는 공공 서비스를 제공 받는 경우 그 서비스에 대해서 수익자 부담의 원칙에 따라 원가 등

* 세입(歲入) : 세금이 들어오는 것을 말하는 것이 아니고, 1년 동안에 들어오는 수입을 말합니다.
** 세출(歲出) : 1년 동안 집행하는 지출을 말합니다.

을 계산하여 적정 사용료 등을 부과할 필요가 있을 때 수익비용 등 복식부기회계방식에 따라 운용하는 특별회계를 말합니다. 이 경우 공기업특별회계는 편성 · 집행 · 결산 등에 있어서 「지방공기업법」을 적용받게 됩니다. 한편, 이와는 별개로 지방자치단체가 직접 설치 경영하는 지방직영기업과 법인을 설립하여 경영하는 기업형식인 지방공사 등에 대한 회계가 있습니다.

일반적으로 예산이라고 하면 일반회계와 기타특별회계 그리고 공기업특별회계를 말하는 것이지만, 공기업특별회계와 비슷한 성격으로 지방자치단체의 장이 출자(전액 또는 일정 지분)해서 설립한 법인들의 경우는 투자기관, 공사, 공단 기타 출자법인 등이라고 하고, 「지방공기업법」을 적용받기는 하지만, 지방자치단체와는 별개의 법인으로 통상 예산에는 포함되지 않습니다.

기금

'기금'이라고 하는 것은 특별회계와 그 성격이 같다고 보면 됩니다. 그렇지만 이 역시 법령이나 조례에 근거를 가지고 설치해야 하고, 다만 일반회계나 특별회계와 다른 점은 일반회계나 특별회계의 경우는 의회에서 정해준(의결된) 예산의 범위 내에서만 집행을 해야 하지만, 기금은 당초 계획한 수입 및 지출 등의 집행에 있어 탄력성이 부여된 별도의 회계라고 생각하면 됩니다. '기금'은 예산편성 시점에 기금운용계획이라는 것을 의회에 제출해서 의결을 받아 확정하도록 하고 있고, 법령에서 정해준 기준(정책사업의 20퍼센트) 범위 내에서는 의회의 의결 없이 기금운용계획의 변경도 가능하며, 정책사업 금액이 변경되지 않는 범위 내에서는 세부 항목 간에 변경이 허용되고 있습니다.

예산과 기금의 비교

구분	일반회계	특별회계	기금
설치사유	· 자치단체의 일반적 재정활동	· 특정세입으로 특정 · 세출에 충당 · 특정사업 운영 · 특정자금 보유 운용	· 특정목적 및 시책 추진을 위해 특정 자금을 운용할 필요가 있는 경우
재원조달 및 운용형태	· 공권력에 의한 지방세 · 수입과 무상적 급부의 제공이 원칙	· 일반회계와 기금의 운용형태 혼재	· 출연금, 부담금 등 다양한 수입원으로 융자사업 등 수행
확정절차	· 사업부서 예산요구, 예산부서 예산안 편성, 지방의회 심의 · 의결	· 좌 동	· 기금운용부서 계획 수립, 예산부서 협의 · 조정, 지방의회 심의 · 의결
집행절차	· 집행과정에서도 합법성에 입각한 통제가 가해짐 – 예산의 목적외 사용 금지원칙	· 좌 동	· 집행과정에서는 합목 적성 차원에서 자율 성과 탄력성이 보장
수입과 지출의 연계	· 특정한 수입과 지출의 연계 배제	· 특정한 수입과 지출의 연계	· 좌 동
계획변경	· 추경예산 편성	· 좌 동	· 정책사업 지출금액의 20퍼센트 초과 변경시 지방의회 의결
결산	· 지방의회 심의 · 승인	· 좌 동	· 좌 동

세입세출외현금

일반회계와 기타특별회계, 공기업특별회계, 그리고 집행의 자율성이 부여된 특별회계 성격의 기금 외에 지방자치단체가 관리하고 있는 것으로 '세입세출외현금'이라는 것이 있습니다. 하지만 지방자치단체의 장이 일시적으로 보관 · 관리하고 있는 '세입세출외현금'의 경우는 예산이나 기금과는 달리 의회에 승인을 받거나 운용계획 같은 것을 제출하지 않습니다. 다만, 지방자치단체의 장이 관리하고 있기 때문에 재무보고서(복식부기에 의하여 보고하고 있는)에는 포함하여 보고하도록 하고 있습니다.

이러한 '세입세출외현금'으로는 공무원 등에게 지급되는 급여 등에 대한 세금을 자치단체의 장이 보관하고 있다가 다음 달에 납부하게 되는데, 이렇게 자치단체의 장이 일시적으로 보관하게 되는 '보관금' 외에 '보증금', '잡종금 등 기타'로 구분하여 관리하고 있습니다.

지방자치단체 재정 구조

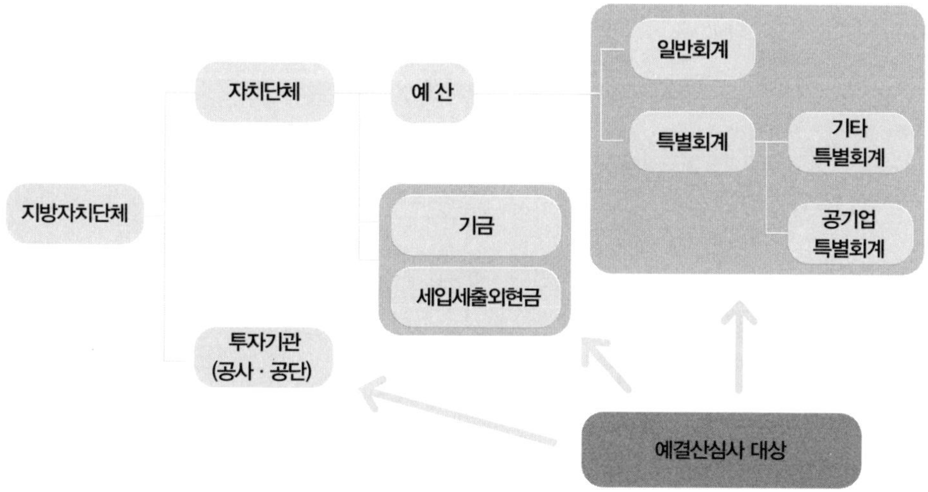

예산을 다르게 구분하는 방법이 있나요?

예산을 성립시기별로 나누게 되면, '본예산'과 '수정예산', '성립전 사용예산'과 '추가경정예산'으로 나누게 됩니다. 보통 말하는 예산이라고 하면 '본예산'을 이르는 경우가 대부분이고, 예산 편성 이후에 회계연도가 개시된 이후 세입이나 세출에 새로이 변동이 생겨 이미 성립된 예산내용을 추가하거나 변경할 필요가 있을 때 의회에 제출 · 승인을 받아 집행하는 것을 '추가경정예산'이라고 합니다.

'수정예산'이라고 하는 것은 예산이 제출된 이후에 의회에서 의결되기 전에 지방자치단체가 다시 수정하여 제출한 예산을 말하는 것이고, '성립전사용예산'이라고 하는 것은 사업용도가 지정되고 소요경비 전액이 교부된 경비(지방교부세, 국고보조금 등)와 재해구호 및 복구와 관련하여 교부된 경비에 대해서 의회의 예산승인 전에 자치단체의 장이 집행한 후 차기 추가경정예산에 계상하여 의회의 승인 절차를 거치는 것을 말합니다. 이는 서울특별시 등에서 의회의 차후 승인절차 없이 집행하고 있는 '간주처리예산제도'와는 다릅니다.

예산은 어떻게 편성하고 집행하나요?
– 예산의 원칙이 왜 필요한 걸까요?

이러한 예산을 어떻게 편성하고, 어떻게 집행해야 보다 예산의 낭비를 줄이고 효율적으로 집행할 수 있을까 하는 고민 끝에 나온 것이 바로 예산의 원칙이라고 보면 됩니다. 예산의 원칙이 중요시되는 이유는 지방자치단체의 예산이 적정한 절차에 의해서 편성되고 그 원칙들에 따라서 제대로 집행된다면, 예산이 효율적으로 운용될 수 있기 때문입니다. 따라서 지방자치단체의 예산심사나 결산심사할 때에 중요한 포인트가 되는 것이 바로 지방자치단체가 예산의 원칙들을 잘 지키고 있는지 확인하는 것입니다.

그러면, 예산의 원칙들에는 어떤 것들이 있을까요? 예산의 원칙에는 '회계연도 독립의 원칙', '건전재정 운영의 원칙', '예산의 목적 외 사용금지의 원칙', '예산총계주의의 원칙', '예산 사전절차 이행의 원칙', '공개의 원칙' 등이 있습니다.

예산의 원칙

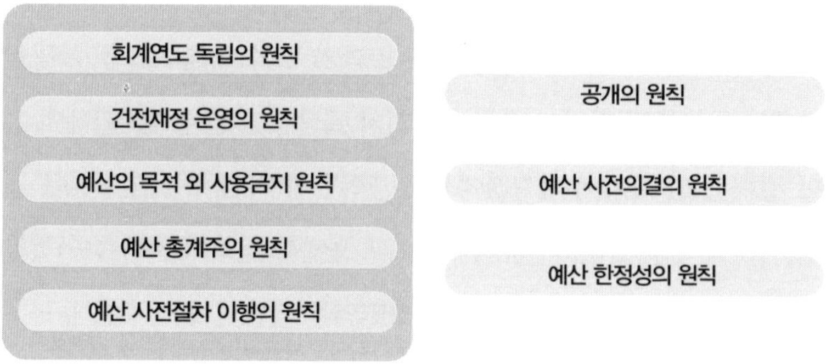

1) 회계연도 독립의 원칙

먼저 회계연도 독립의 원칙이라고 하는 것은 '각 회계연도의 경비는 당해연도의 세입으로 충당해야 하고, 매 회계연도의 세출예산은 다음 연도에 사용할 수 없다'는 원칙(「지방재정법」 제7조)을 말합니다.

회계연도 독립의 원칙이 없다고 한다면, 몇 년간의 세입예산과 세출예산을 계속 징수하고 지출하고 있는 상태에서 어떤 시점을 기준으로 주민에게 정보를 제공할 수 없게 되기 때문에 일정한 기간으로 구분해서 회계정보를 제공하게 되면 주민들이 각 구분된 회계기간별로 비교도 해볼 수 있고, 중간 중간에 그 결과에 대해서 평가도 할 수 있게 되기 때문에 일정한 기간별로 구분해서 회계처리한 내용을 보고하도록 한 것이라고 보면 됩니다. 즉, 예산을 회계연도 간에 명확하게 구분해서 각 예산에 대해서 정확하고 적정하게 통제 및 관리할 수 있도록 하기 위한 것입니다.

Check Point

※회계연도란 재정활동의 시간적 구분으로서 지방자치단체가 세입 · 세출의 상황을 명확히 하고 재정을 적절히 통제하기 위해 설정한 기간으로 1년(1월 1일~12월 31일)을 단위로 하고 있습니다(「지방자치법」 제125조). 참고로 대부분의 일반 기업의 경우도 1월 1일부터 12월 31일까지로 하는 경우가 많고, 특정기업이나 학교회계 등의 경우는 3월 1일부터 익년도 2월 말까지 1년을 회계기간으로 하기도 합니다. 어떤 경우는 회계기간을 6개월로 하거나 3개월로 할 수도 있다는 점을 기억하세요.

그런데, 예산을 이렇게 너무 경직되게 구분해서 운용하게 되면 예산의 집행에 있어서 필요한 재원의 적시 집행이 어려워지기 때문에 예산을 유연하게 운용하여 예산집행상 신축성을 유지하기 위해서 법에서는 회계연도 독립원칙에 대해서 예외적인 부분들을 인정해 주고 있습니다. 그러한 회계연도 독립의 원칙의 예외들에는 바로 '계속비', '예산의 이월', '세계잉여금의 세입이입', '과년도 수입', '과년도 지출' 등이 있습니다. 하지만, 이렇게 예외적인 경우에는 집행부가 자의적으로 예산을 집행하지 못하도록 반드시 지방의회의 사전 의결이나 승인을 얻도록 하고 있습니다.

회계연도 독립의 원칙

각 회계연도의 경비는 당해연도의 세입으로 충당
매 회계연도의 세출예산은 다음연도에 사용할 수 없다

※ 회계연도 : 1/1~12/31, 출납폐쇄 : 12/31
(종전 : 다음연도 2월말)

예외 : 계속비, 예산의 이월, 세계잉여금의 세입이입 등

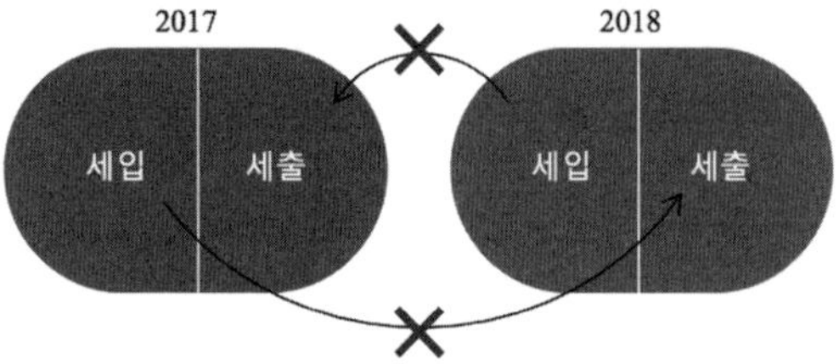

2) 건전재정 운영의 원칙

건전재정 운영의 원칙은 지방자치단체의 재정은 수지균형의 원칙에 따라 건전하게 운영하여야 한다는 것(「지방자치법」 제137조)으로, 회계연도 즉, 한 해 동안 수입과 지출이 균형을 이루도록 예산을 편성 및 집행하여 지방재정을 건전하게 운용하라는 취지입니다. 따라서 지방재정 운용에 있어서도 적자재정은 인정하지 않고 있지만, 이 역시 유연한 재정 운용을 위해서 예외적으로 특정 한도 내에서의 지방채 발행과 차입금(일시차입금) 등을 인정해 주고 있습니다. 이 부분 또한 예산의 원칙에 예외적으로 인정되는 부분이다 보니 지방채를 발행하거나 차입금을 운용할 때에는 사전에 지방의회의 의결을 얻도록 하고 있습니다.

3) 예산의 목적 외 사용금지 원칙

세 번째로 중요한 예산의 원칙 중 하나가 바로 '예산의 목적 외 사

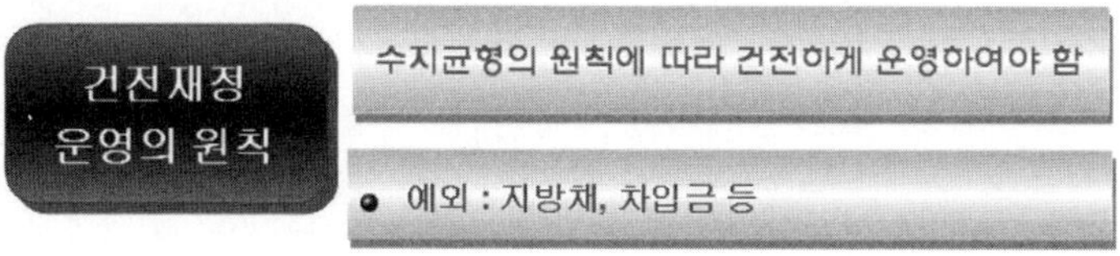

건전재정
운영의 원칙
수지균형의 원칙에 따라 건전하게 운영하여야 함
예외 : 지방채, 차입금 등

용금지 원칙'으로, 지방자치단체장은 세출예산에서 정한 목적 이외의 경비를 사용할 수 없고, 세출예산이 정한 각 기관 간이나 분야 · 부문 · 정책사업 간에 융통하여 사용할 수 없다는 것입니다. 이는 지방자치단체가 의회가 의결해 준 예산을 자의적으로 집행함으로써 방만하게 운용하는 것을 방지하기 위한 것입니다. 이 또한 경직된 예산 운용을 방지하기 위해서 이에 대한 예외로 예산의 이용 · 전용 · 이체 · 변경 사용 등을 인정해 주고 있습니다.

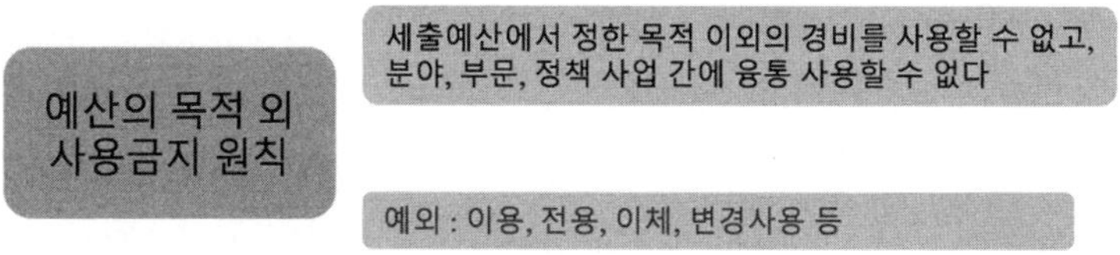

4) 예산총계주의 원칙

예산총계주의 원칙은 한 회계연도의 모든 수입은 세입으로 하고, 모든 지출은 세출로 하며, 세입과 세출은 모두 예산에 편입되어야 한다는(「지방재정법」 제34조) 것으로, 이에 대한 예외로는 앞에서 언급했던 '기금'과 '세입세출외현금'이 있습니다. 즉, 지방자치단체가 받는 모든 수입은 세입예산에, 모든 지출은 세출예산에 편성해야 하지만, 이에 대한 예외로 지방자치단체의 행정 목적 달성을 위해서 또는 공익상 필요에 의해서 재산을 보유하거나 특정한 자금의 운용을 위해서 기금을 운영하는 경우와, 기타 손실부담금, 계약보증금 등 사무 관리상 필요에 의해서 지방자치단체가 일시적으로 보관하는 경비(세입세출외현금)들의 경우는 예외적으로 예산에 편성하지 않고 집행할 수 있도록 하고 있습니다. 다만, 기금의 경우에는 운용하고 있는 기금의 목적대로 운용이 되고 있는지 여부를, 세입세출외현금의 경우에는 그 운용 내역을 점검해서 세입세출예산에 편성할 수 있는 사항인지 또는 편성하여야 하는 사항인지에 대한 점검이 필요합니다.

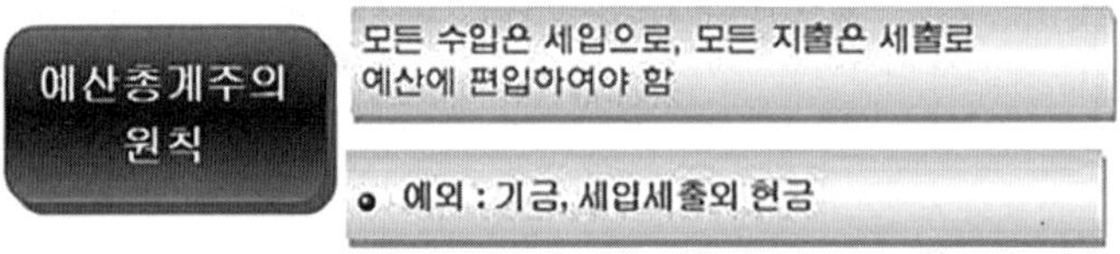

예산총계주의 원칙
모든 수입은 세입으로, 모든 지출은 세출로 예산에 편입하여야 함
예외 : 기금, 세입세출외 현금

5) 예산 사전절차 이행의 원칙

예산의 원칙들 중 최근 예산심사에서 가장 중요성이 강조되고 있는 "예산 사전절차 이행의 원칙"이 있습니다. 즉, 예산은 법령, 조례와 밀접한 관련을 가지고 있기 때문에 예산과 관련된 법령과 조례는 반드시 사전에 제정된 후에 예산을 의결해야 하고, 중앙부처 또는 상급자치단체의 승인을 받아야 하는 사항은 승인절차를 이행한 후에 예산을 편성하여 의회에 제출해야 하며, 각종 위원회나 관련 부서의 협의를 거쳐야 하는 사안 등에 대해서도 반드시 협의 등 사전절차들을 이행한 후에 예산을 편성해야 한다는 원칙입니다. 이러한 예산 사전절차 이행의 원칙이 지켜지지 않았을 경우에는 그 예산은 편성하였으나 집행하지 못하거나 예산을

예산 사전 절차이행의 원칙	예산은 반드시 **법령 및 조례의 제.개정**된 후에, 중앙부처 또는 **상급자치단체의 승인절차** 완료 후에, 각종 위원회나 **관련부서간의 협의**를 거치는 등 **사전절차를 이행한 후**에 **예산을 편성**하여야 함

사장시키는 결과가 초래되는 등 재원 배분의 왜곡을 초래할 수 있기 때문에 예산 심사나 결산 심사 등에 있어서 늘 각종 사전절차들이 제대로 지켜졌는지를 점검해야 합니다.

6) 공개의 원칙 외 기타

다음은 지역주민의 알권리 보호와 집행부의 독주 방지, 정보의 공

Check Point

※지방자치단체의 장은 결산의 경우도 지방의회의 승인을 얻어야 하며 그 내용을 고시하도록 함으로써 예산 · 결산을 공개하도록 규정(「지방자치법」 제149조, 제150조)하고 있습니다.

– 조례가 정하는 바에 의해서 예산 · 결산 내용을 매 회계연도마다 1회 이상 ①세입 · 세출예산의 운용상황 ②재무제표 ③채권관리 현황 ④기금운용 현황 ⑤공유재산의 증감 및 현재액 ⑥지역통합재정통계 ⑦지방공기업 및 지방자치단체 출자 · 출연기관의 경영정보 ⑧중기지방재정계획 ⑨성인지 예산서 및 성인지 결산서 ⑩예산편성기준별 운영 상황 ⑪주민참여예산제도의 운영현황 및 주민의견서 ⑫재정운용상황개요서 ⑬재정건전화계획 및 이행현황 ⑭재정건전성관리계획 및 이행현황 ⑮투자심사사업, 지방채 발행사업, 민간자본 유치사업, 보증채무사업의 현황 ⑯지방보조금 관련 현황 ⑰그 밖에 대통령령으로 정하는 재정 운용에 관한 중요 사항을 주민에게 공시(「지방재정법」 제60조)하여야 합니다.

급, 주민의 조세저항의 최소화와 지역주민의 지지확보를 목적으로 하는 '공개의 원칙'과, 예산은 예정적인 계획이기 때문에 회계연도가 개시되기 전에 지방의회의 의결을 거쳐야 한다는 '예산 사전의결의 원칙'(지방의회가 의결을 하기 전에는 예산이 확정된 것이 아님)이 있고, 지방의회의 의장은 예산안이 의결된 때에는 3일 이내에 이를 당해 지방자치단체의 장에게 이송하고, 지방자치단체의 장은 지체 없이 그 내용을 고시하도록(「지방자치법」 제149조) 하고 있습니다.

이외에도 예산은 연도 간, 분야 · 부문 · 정책사업 간에 각기 명백한 한계가 있어야 한다는 '예산 한정성의 원칙'으로 예산의 목적 외 사용금지, 분야 · 부문 · 정책사업 간의 상호융통 · 이용의 금지, 예산의 초과지출 및 예산 외 지출의 금지, 회계연도의 독립 등을 포함하고 있는데, 이러한 '예산 한정성의 원칙'이 보장되지 않는다면 예산의 실질적인 의미가 상실되고, 집행부의 재량권이 지나치게 확대되어 지방의회의 예산심의권이 침해받게 됩니다.

이상과 같은 여러 가지 예산의 원칙들이 예산편성과 집행 및 결산과정에 있어서 얼마나 잘 지켜졌느냐에 따라서 예산이 얼마나 효율적으로 사용되었는가를 가늠할 수 있는 잣대가 될 수 있는 것입니다. 이러한 예산의 원칙들 중에서도 가장 중요한 원칙 중 하나가 바로 '예산 사전절차의 원칙'이라고 할 수 있고, 이러한 예산의 사전절차들이 얼마나 잘 지켜졌느냐를 보기 위해서는 예산을 편성하기 위한 사전 절차들로는 어떤 것들이 있고, 그 각각의 절차들이 의미하는 바가 무엇인지를 이해하는 것이 중요합니다.

2

예산편성의 각종 사전절차에는 어떤 것들이 있나요?

예산 편성시 반드시 점검해야 하는 각종 사전절차들 중에는 중기지방재정계획이나 재정투융자심사제도, 공유재산관리계획의 의결 등과 같은 지방재정 관리제도가 있습니다. 즉, 지방자치단체가 재정을 건전하고 효율적으로 운영하도록 하기 위해서 예산편성이나 집행과정에서 이루어지는 「지방자치법」, 「지방재정법」 등 관계 법령에 규정된 각종 제도를 말합니다. 그리고 이러한 제도들은 예산편성과 관련된 사전적 관리제도와 예산편성 후 집행결과와 관련된 사후적 관리제도로 구분해 볼 수 있는데, 이와 같은 지방재정관리제도는 상호 보완적인 운영을 통해서 지방재정의 건전성과 효율성을 확보할 수 있습니다.

현재 운영 중인 재정관리제도

구분	재정관리제도	법적근거
예산편성과 관련한 제도	• 중기지방재정계획제도	「지방재정법」 제33조
	• 투 · 융자심사제도	「지방재정법」 제37조
	• 지방비부담 협의제도	「지방재정법」 제22조 · 제23조 · 제26조, 「지방재정법시행령」 제35조, 「보조금 관리에 관한 법률」 제7조
	• 지방채발행승인제도	「지방자치법」 제139조, 「지방재정법」 제11조
	• 사업예산제도	「지방재정법」 제5조
예산집행 및 결산과 관련한 제도	• 복식부기회계제도	「지방회계법」 제12조, 제13조
	• 지방재정분석 · 진단제도	「지방재정법」 제55조~제57조
	• 지방재정인센티브 및 교부세 감액제도	「지방교부세법」
	• 지방재정상황 주민공개	「지방재정법」 제60조
	• 예산편성의 주민참여 및 공개 확대	「지방재정법」 제39조

지방재정관리제도는 지방재정의 안정적 관리와 전체적인 투자효율의 극대화를 위한 단위 분야별 제도이기 때문에 제도 간의 시계열적 · 단계적 연계 운영방안을 「지방재정법」 제36조 등에서 제시하고 있고, 재정운영의 효율성 확보를 위해서는 제도의 유기적인 통합 운영이 필요합니다.

지방예산 운영 시스템

중기지방재정계획
(「지방재정법」 제33조)

- 예산편성 이전에 계획을 수립하여 당해년도 예산편성의 기본으로 활용

↓

재정투 · 융자심사
(「지방재정법」 제37조)
중기공유재산관리계획 의결
(「공유재산 및 물품관리법」 제10조)

- 중기지방재정계획에 반영된 사업을 대상으로 투 · 융자 심사를 거쳐 그 결과를 기초로 예산편성
- 공유재산관리(취득 · 처분 등)계획의 의결 결과를 기초로 예산 편성 및 집행

↓

예산편성운영기준 시달
(「지방재정법」 제38조)

- 지방예산편성운영기준 및 기금운영계획수립기준 제정
- 전년도 7월 31일까지 시달

↓ — 지방자치단체별 예산편성요구 방침설정

예 산 편 성
시 · 도 : 11.11일까지
시 · 군 · 구 : 11.21일까지
(「지방자치법」 제142조 제1항)

↔

지방교부세	– 내시(전년도 10월중)
국고보조금	– 내시(전년도 10.15일까지)
지방채발행승인	– 승인(전년도 10월말)

↓

예 산 의 결
시 · 도 : 12.16일까지
시 · 군 · 구 : 12.21일까지
(「지방자치법」 제142조 제2항)

↔ 행정안전부에 보고(시 · 도)

↓

결 산 승 인
결산서 작성 : 다음 연도 2–3월 중
(「지방자치법」 제150조)
의회제출 : 다음 연도 5.31일까지
(「지방회계법 시행령」 제10조)

↔

- 행정안전부에 보고(시 · 도)
- 지방재정분석 · 진단 활용

일반적인 사업진행절차

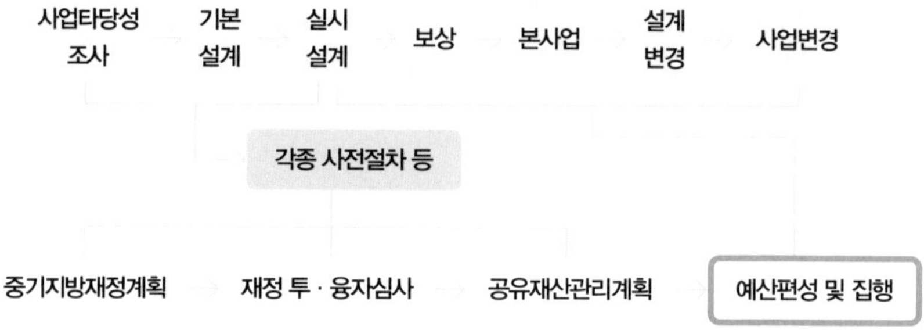

※ 정보화 타당성 심사(정보화사업), 기술심사(건설공사 등)

▶사업 타당성 조사→기본설계→실시설계→보상→본사업→설계변경→사업변경시행
└ 중기재정계획 등 각종 사전절차 ┘

※ 각종 사전절차 : 중기재정계획, 투 · 융자심사, 공유재산관리계획, 정보화 타당성 심사(정보화 사업), 기술심사(건설공사 등) 등

중기지방재정계획

예산이 1개 회계연도의 지방자치단체의 계획을 금액으로 표시한 것이라고 한다면, 중기지방재정계획은 지방자치단체의 발전계획과 수요를 중 · 장기적으로 전망해서 반영한 다년간의 예산으로, 효율적인 재원 배분을 통한 계획적인 지방재정 운용을 위해 수립하는 5년간의 연동화계획을 말합니다(「지방재정법」 제33조 및 같은 법 시행령 제38조의2).

※ 상반기 수립, 하반기 확정, 행정안전부 제출

• 재정목표 : 지역발전의 목표 · 전략 등과 관련한 중기재정운영의 기본방향 설정
• 재정전망 : 세입 · 세출추계 및 투자가용재원 판단
• 투자계획 : 분야별 투자사업계획, 사업별 연차 투자계획 등

※ 예산심의 중 당해연도의 예산에 변동이 생긴 경우 전체적인 사업 규모의 내용에 맞도록 중기지방재정계획도 수정(보완)되어야 할 것입니다.

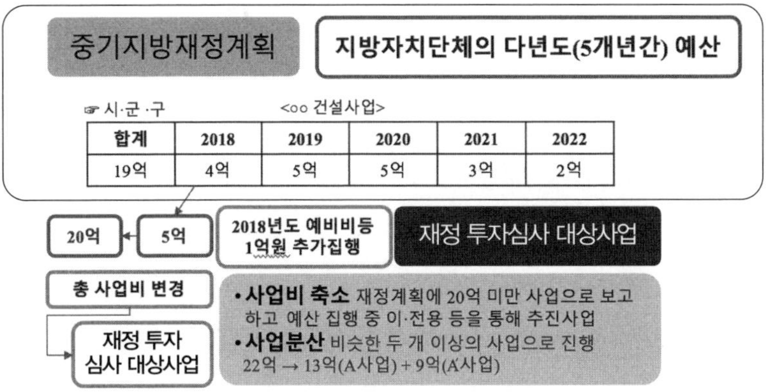

지방재정 투자심사

지방재정 투자심사는 지방자치단체예산의 계획적이고 효율적인 운영에 있어서 각종 투자사업에 대한 무분별한 중복투자 방지를 위해서 도입된 제도라고 보면 됩니다. 즉, 지방자치단체의 주요 투자사업이나 행사성 사업에 대해서 예산편성 전에 사업의 타당성 · 효율성 등을 심사하는 제도라고 할 수 있습니다.

그러면 이러한 투자심사의 결과들 중에서 유형별로 예산심사와 연계해서 검토할 사항들에는 어떤 것들이 있는지 살펴보겠습니다.

※지방자치단체의 장이 예산을 편성할 때에는 중기지방재정계획과 투 · 융자사업에 대한 심사결과를 기초로 하여야 합니다(「지방재정법」 제36조, 제37조 / 같은 법 시행령 제41조 / 「지방재정투자심사규칙사업심사규칙」(부령)).

재정 투자심사 | **투자사업의 중복투자방지를 위한 제도**

시·도

- **대상** 총 사업비 40억 원 이상(서울시 30억 원 이상) 사업
  (중앙투심 : 총 사업비 300억 원 이상, 국비지원사업,
  30억 원 이상 행사성 사업과 10억 이상 해외투자사업)
- **심사위원회 구성** 민간전문가 2/3 이상 (공무원 1/3미만)

시·군·구

- **대상** 총 사업비 20억 원 이상(5억 이상 10억 미만 행사성 사업)
  (시·도 심사 : 시비지원사업, 10억 이상 30억 미만 행사성 사업)
  (중앙 심사 : 국비지원사업, 30억 이상 행사성 사업)
- **심사위원회 구성** 민간전문가 1/2 이상 (공무원 1/2미만)

투자심사결과 유형(지방재정 투자사업 심사 규칙 제5조)

① 적정: 사업의 타당성이 인정되고 예산반영 등 재원조달대책이 수립되어 정상적으로 사업추진이 가능한 경우

② 조건부 추진: 사업의 타당성은 인정되나 선행절차 이행 및 재원조달 등 필요한 조건이 충족되어야만 사업 추진이 가능한 경우

③ 재검토: 사업의 규모, 시기, 재원조달대책 및 채무상환계획 등에 대한 종합적인 재검토가 필요한 경우

④ 부적정: 사업의 타당성 결여로 사업을 추진하여서는 안 되는 경우

※ 반려 : 사업추진시기 · 규모 및 재원조달계획 등에 있어 명백히 타당성을 결여한 사업

투심결과 유형 및 검토사항

투심결과 유형	적정	조건부추진	재검토	부적정
내용	사업추진 가능	선행절차 및 조건 충족 후 추진	종합적인 재검토 필요	추진불가
검토사항	내재적 조건부 회의록 검토	조건부 충족 후 사업추진여부	사업내용의 보정 후 재투자심사 여부	

- 먼저, 투자심사를 실시하지 않았거나 투자심사 결과 '재검토' 및 '부적정'으로 결정된 사업을 예산에 편성 · 집행하는 경우가 발생하지 않도록 해야 할 것입니다.
- 조건부 추진의 경우는 ⇒ 조건부의 내용이 충분히 달성된 후에 예산편성 및 집행하고 있는지 여부를 확인하도록 하고,
- 재검토, 부적정의 경우는 ⇒ 사업 내용의 조정 · 보완을 통해서 투자심사를 다시 거쳤는지 여부를 확인하고,
- 적정의 경우에도 ⇒ 내재적인 조건부 사항이 있는지 회의록의 검토를 통해 사업추진 가능 여부 등을 검토해서 예산을 반영해야 할지 여부와 연계해서 검토해야 할 것입니다.

투자심사 대상사업(지방재정 투자산업 심사 및 타당성조사 매뉴얼행정안전부 2017.12.)

자체심사의 심사대상 기준

심사주체	대상범위
시 · 군 · 자치구	• 전액 자체재원인사업(지방채 제외): 총사업비 20억 원 이상인 신규 투자사업 ※ 자체재원에 특별조정교부금 포함(이하 공동) – 2018년 1차 심사부터 적용하며 2013년 6월 이후 처음 투자심사 받은 사업으로서 재심사 대상여부 판단 시에도 적용 • 전액 자체재원이 아닌 사업: 총사업비 20억 원 이상 60억 원 미만인 신규 투자사업 ※ 단, 총사업비 중 시비가 40억 원 이상인 사업은 시 심사 의뢰(서울특별시) • 재원의 구성과 관계가 없는 사업 – 총사업비 5억 원 이상 10억 원 미만인 외국차관도입사업 또는 해외투자사업 – 총사업비 3억 원 이상 5억 원 미만인 신규 홍보관 사업 – 총사업비 1억 원 이상 3억 원 미만인 공연 · 축제 등 행사성 사업
광역 시 · 도 서울특별시	• 전액 자체재원인 사업(지방재 제외): 총사업비 40억 원 이상인 신규 투자사업 • 전액 자체재원이 아닌 사업: 총사업비 40억 원 이상 300억 원 미만인 신규 투자사업 • 재원의 구성과 관계가 없는 사업 – 총사업비 5억 원 이상 30억 원 미만인 신규 홍보관 사업 – 총사업비 3억 원 이상 30억 원 미만인 공연 · 축제 등 행사성 사업

의뢰심사(시 · 도 · 중앙)의 심사대상 기준

구분	대상범위
시 · 도심사	• 전액 자체재원이 아닌 사업: 총사업비 60억 원 이상 200억 원 미만인 신규 투자 사업 (2 이상의 시 · 군 · 구가 공동으로 추진하는 투자사업 포함) • 재원의 구성과 관계가 없는 사업 – 총사업비 20억 원 이상인 청사 및 문화 · 체육시설 신축사업 ※ 단, 이전재원이 포함된 총사업비 200억 원 이상인 신규 투자사업 – 총사업비 5억 원 이상 30억원 미만인 홍보관 사업 – 총사업비 3억 원 이상 30억 원 미만인 공연 · 축제 등 행사성 사업
중앙심사	• 전액 자체재원이 아닌 사업 – 시 · 도의 총사업비 300억 원 이상인 신규 투자사업(2 이상의 시 · 도가 공동으로 추진하는 투자사업 포함) – 시 · 군 · 구의 총사업비 200억 원 이상인 신규 투자사업 • 재원의 구성과 관계가 없는 사업 – 시 · 도의 총사업비 40억 원 이상인 청사 및 문화 · 체육시설 신축사업 – 시 · 도 또는 시 · 군 · 구의 총사업비 10억 원 이상 외국차관도입사업 또는 해외투자사업 – 시 · 도 또는 시 · 군 · 구의 총사업비 30억 원 이상인 공연 · 축제 등 행사성 사업과 홍보관 사업

또한 투융자 심사의 효과성 담보를 위해서 각 지자체 투융자 심사위원회 구성에 있어서 반드시 일정비율 이상의 민간전문가(외부위원)를 위촉하도록 하고 있는데, 광역자치단체 및 일반시는 3분의 2, 군이나 자치구는 2분의 1 이상 참여토록 해서 심사의 객관성 · 투명성이 확보될 수 있도록 하고 있습니다.

※사업타당성이 있더라도 가용재원의 범위 내로 사업투자 우선순위를 한정

공유재산관리계획의 지방의회 의결

예산 편성과 관련되는 또 하나의 제도 중 하나는 바로 공유재산관리계획이라는 제도가 있습니다. 우선 공유재산관리계획이라는 것은 1년간의 지방자치단체의 중요(일정기준 이상) 공유재산의 취득(매입, 기부채납, 교환 등)과 처분(매각, 무상양여, 교환 등)의 계획을 말하는데, 이러한 공유재산관리계획은 해당 관련 예산의 지방의회 의결 전에 지방의회의 의결을 얻도록 하고 있습니다.

즉, 공유재산 취득의 경우는 세출예산과 연계되고, 처분의 경우는 세입예산과 연계되기 때문에 공유재산관리계획 의결을 받은 대로 세입예산과 세출예산이 제대로 편성되고 집행되는가를 살펴보아야 할 것입니다.

지방채 발행 총액한도제 운영

지방자치단체는 지방채를 발행할 경우 재정규모, 누적채무규모, 채무상환일정 등을 고려한 총액한도 내에서 지방의회의 의결을 거쳐 발행해야 하고, 총액한도액을 초과하는 지방채, 외채, 자치단체 조합

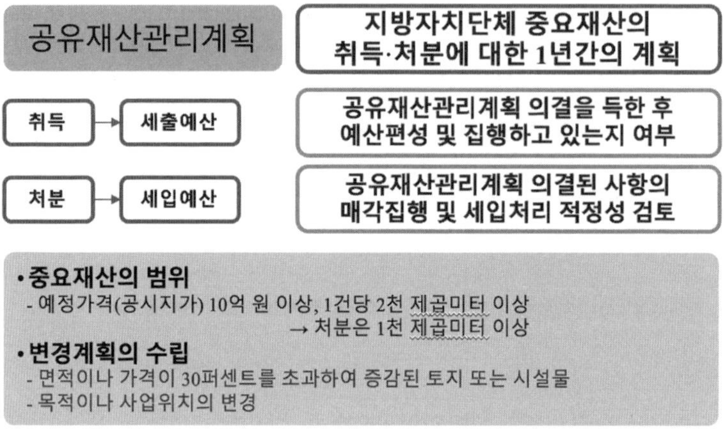
공유재산관리계획
지방자치단체 중요재산의 취득·처분에 대한 1년간의 계획
취득
세출예산
공유재산관리계획 의결을 득한 후 예산편성 및 집행하고 있는지 여부
처분
세입예산
공유재산관리계획 의결된 사항의 매각집행 및 세입처리 적정성 검토
•중요재산의 범위
- 예정가격(공시지가) 10억 원 이상, 1건당 2천 제곱미터 이상
→ 처분은 1천 제곱미터 이상
•변경계획의 수립
- 면적이나 가격이 30퍼센트를 초과하여 증감된 토지 또는 시설물
- 목적이나 사업위치의 변경

의 지방채 발행은 사업별로 승인을 얻어야 합니다(「지방재정법」 제11조, 제12조, 같은 법 시행령 제8조~제25조).

※ 총액한도는 자치단체의 재정규모, 채무상환 등을 고려하여 설정하되, 일반 재원의 일정비율(3~10퍼센트)로 설정, 매년 행정안전부 장관이 자치단체에 통보

지방채 발행 총액한도제 도입(2006년)으로 자치단체별로 자율권을 부여하였으며, 예산액의 100분의 10 범위 내에서 행정안전부 장관이 한도액을 정하고 한도액 범위 내에서 지방의회의 의결을 거쳐 지방채를 발행토록 하고 있습니다.

※ 금고 및 기타 금융기관으로부터의 일시차입한도 역시 의회의 의결을 거쳐야 합니다.

복식부기 회계제도

일반적으로 예산은 현금주의 및 단식부기 회계처리 방식에 의해 회계보고를 해왔습니다. 그러나 전체적인 재산규모의 파악이나 실질

적인 수입과 지출의 규모를 파악하는 데 유리한 회계보고 방식을 추가적으로 보고함으로써 지역주민들이 자치단체의 살림살이를 보다 더 쉽게 파악할 수 있도록 한 것이 바로 복식부기 회계방식에 의한 회계보고 제도를 도입하게 된 배경입니다.

즉, 지방재정의 운영성과(수익, 비용)와 재정상태(자산, 부채)의 변동내역을 일반회계원칙에 입각해서 기록 · 분류하고, 의회나 주민 등 이해관계자가 필요로 하는 재무 정보를 제공하는 제도로, 2007년 1월부터 전면시행하고 있으며, 기존의 예산회계를 대체하는 것이 아니라 현행 예산회계제도를 보완하여 통합재정정보를 제공(Dual System)하는 것입니다.

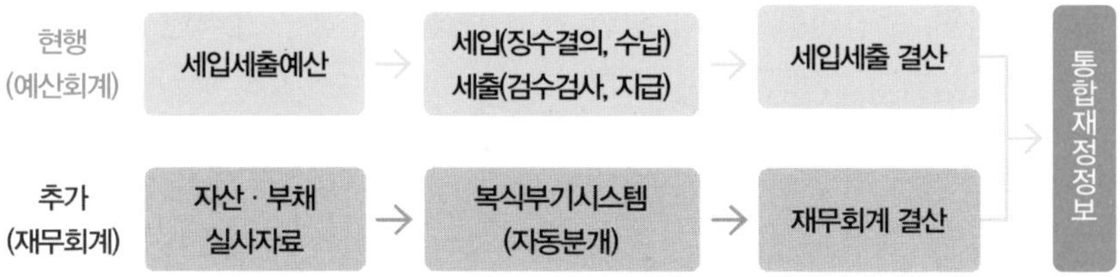

복식부기 회계제도 도입으로 기대되는 효과는 어떤 것들이 있을까요?

우선, 지방자치단체의 살림살이를 투명하고 알기 쉽게 공개함으로 인해 주민의 행정에 대한 신뢰와 참여를 기대할 수 있고, 주민에 의한 직접적 재정통제기능을 활성화하는 등 재정운영에 대한 주민참여 확대 · 외부통제 강화로 예산낭비를 방지하고, 민간 기업의 회계방식 적용으로 행정 서비스에 대한 원가산정과 성과평가도 가능한 측면이 있습니다. 또한 재정운영의 책임성이 대폭 향상, 재무보고서를 통해 지방자치단체의 살림살이가 종전보다 나아졌는지 여부와 지방자치단체 간의 "삶의 질" 수준의 비교 등이 가능해져서, 기간 및 단체 간 비교 등을 통해 결과중심적 예산운영으로 변화를 유도하고, 단체장과 공무원의 재정운영에 대한 성적표 역할을 하여 전문경영인의 자세로 행정 서비스를 제공하고자 하는 노력을 유인하는 효과가 있습니다.

예산편성의 주민참여 등

지방자치단체장은 조례가 정하는 바에 의해서 매 회계연도마다 재정운영에 관한 중요사항을 주민에게 공개하도록 하고 있고, 최근에는 주민참여형 예산제도 도입으로 지방자치단체의 조례에 주민참여예산의 범위, 주민의견 수렴에 관한 절차, 운영방법 등 구체적인 사항을 정한 주민참여제도가 시행되고 있습니다.

그 동안의 지방자치단체 예산에 대한 지역주민의 평가 또는 참여는 주로 편성된 예산이 집행된 후에 그 결과인 결산 단계에서 이루어졌다고 한다면, 주민참여예산제도의 시행에 따라 예산을 편성하는 시점인 사전적 참여로 확대되고 있다는 점에서 과거보다 폭넓은 주민참여가 이루어질 수 있습니다. 하지만, 주민참여예산 제도의 편향된 지역 이기주의적인 예산 편성이나 광역단위의 예산 기능의 축소 등의 측면에서 예산 효율성을 저해하는 측면에 대한 개선 필요성이 대두되고 있습니다.

3

지방자치단체의 예산편성절차

지방자치단체의 예산편성이라고 하는 것은 다음 회계연도에 지방자치단체가 추진하려는 시책이나 사업계획을 재정적인 용어와 금액으로 표시해서 세입 · 세출 예산안을 작성하는 것으로, 회계연도 개시 최소 6개월 전부터 각종 재정관리제도 등 사전절차를 이행하고, 예산요구, 조정, 예산안의 확정에 이르는 모든 과정을 포함하고 있으며, 그 편성과정은 '방침시달(예산) ⇒ 예산요구(사업부서) ⇒ 조정(예산) ⇒ 의회심의 ⇒ 확정'이라는 절차에 따라 진행되고, 예산편성방법은 '정책사업 – 단위사업 – 세부사업 – 편성목(통계목)'의 순으로 편성됩니다.

예산의 편성 권한은 지방자치단체의 장에게 있고, 이렇게 편성 및 제출된 예산안에 대한 심의 의결권은 지방의회에 있습니다. 즉, 지방자치단체의 장의 예산안 제출은 광역자치단체(특별광역시, 도)는 회계연도개시 50일 전(전년 11월 11일)까지, 기초자치단체(시 · 군 · 자치구)의 경우는 회계연도개시 40일 전(전년 11월 21일)까지 제출하고, 이 예산안에 대해서 시 · 도의회는 회계연도개시 15일 전(전년 12월 16일)까지, 시 · 군 · 구의회는 회계연도개시 10일 전(전년 12월 21일)까지 의결합니다.

심사절차는 먼저 지방자치단체의 장의 제안설명 후 상임위원회의 예비 심사를 거쳐 예산결산특별위원회의 2차심사 후 본회의에서 최종적인 심사 및 의결로 예산이 확정되게 됩니다. 이때 예산안에 대한 제안설명은 정례회(1차 정례회-결산심사, 2차 정례회-예산심사)의 본회의에서 자치단체장이 예산안에 대한 제안 설명을 하고, 의장은 본회의에서 제안설명을 들은 후 심사 기일을 정해서 각 소관 상임위원회에 회부합니다.

※시 · 군 · 구에 있어서는 상임위원회가 없으면 바로 예산결산특별위원회에 회부

예산심의시 지방의회는 「지방자치법」 제127조 제3항의 규정에 의하여 지방자치단체장이 제출한 예산안을 지방자치단체장의 동의 없이 지출예산 각 정책사업의 예산액을 증액하거나 새로운 비목을 추가할 수 없습니다. 다만, 삭감된 예산 전액을 예비비로 증액할 경우에는 지방자치단체장의 별도 동의가 불필요하고, 지방자치단체의 장은 예산안을 의회에 제출한 후 부득이한 사유로 그 내용의 일부를 수정할 필요가 있을 때에는 수정예산안을 작성해서 지방의회에 다시 제출할 수 있습니다.

예산안 심의의결 흐름도

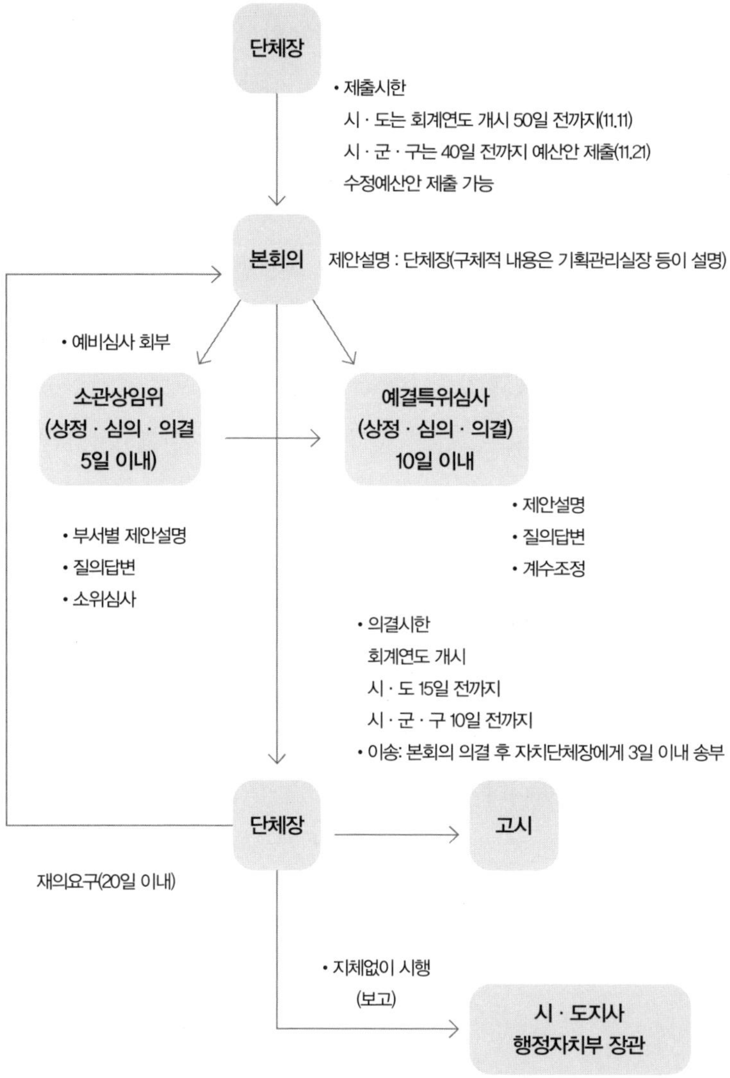
단체장
• 제출시한
시 · 도는 회계연도 개시 50일 전까지(11.11)
시 · 군 · 구는 40일 전까지 예산안 제출(11.21)
수정예산안 제출 가능
본회의
제안설명 : 단체장(구체적 내용은 기획관리실장 등이 설명)
• 예비심사 회부
소관상임위
(상정 · 심의 · 의결
5일 이내)
예결특위심사
(상정 · 심의 · 의결)
10일 이내
• 제안설명
• 질의답변
• 계수조정
• 부서별 제안설명
• 질의답변
• 소위심사
• 의결시한
회계연도 개시
시 · 도 15일 전까지
시 · 군 · 구 10일 전까지
• 이송: 본회의 의결 후 자치단체장에게 3일 이내 송부
단체장
고시
재의요구(20일 이내)
• 지체없이 시행
(보고)
시 · 도지사
행정자치부 장관

예산결산특별위원회의 심사보고가 있을 때에는 본회의에서 예산 총액에 대해서 의결하게 되며, 예산총액에 대하여 의결할 때에는 의결하기 전에 부분별로 부의 · 의결할 수 있고, 예산안 중 예산결산특별위원회에서 다시 심사할 필요가 있는 사항이 발견된 때에는 본회의의 의결을 거쳐 그 사항에 한하여 기간을 정하여 예결위에 재심을 요구할 수 있습니다.

본회의에서 예산안이 의결되면, 그 예산안은 다음 연도 예산으로서 확정되는데, 예산안이 의결된 때에는 3일 이내에 지방자치단체장에게 이송하도록 하고 있습니다.

예산불성립시의 예산 집행

그러면, 지방의회가 법정기간 내에 예산을 의결하지 않을 때에는 어떻게 해야 할까요?「지방자치법」제131조에는 "예산 불성립시 예산 집행"과 관련된 사항들을 규정하고 있습니다. 즉, 지방의회에서 예산이 의결될 때까지, 전년도 예산에 준하는(추경예산 포함) 수준으로 예산을 집행할 수 있습니다.

대상경비

① 법령이나 조례에 의하여 설치된 기관 또는 시설의 유지 · 운영경비

– 당해 지방자치단체가 법령이나 조례에 의하여 설치된 기관 또는 시설의 현상유지와 경상적 운영을 위한 경비

가. 인건비:기본급, 수당, 정액급식비, 교통보조비, 명절휴가비, 가계지원비, 기타직보수, 일용인부임 등 인건비

나. 일반운영비:사무관리비 내 일반수용비 · 운영수당 · 급량비 · 임차료, 공공운영비내 공공요금 및 제세 · 연료비 · 시설장비유지비, 차량 · 선박비

다. 여비 : 국내여비, 월액여비

라. 업무추진비:기관운영 · 정원가산 · 부서운영 업무추진비

마. 직무수행경비 : 직책급업무수행경비 · 직급보조비 · 특정업무수행활동비

바. 의회비:의정활동비, 월정수당, 국내여비, 의정운영공통 · 의회운영 업무추진비, 의장단 협의체 부담금, 의원국민연금부담금, 의원국민건강보험금 등

사. 기타 사무처리에 필요한 기본경비 및 기관·시설의 유지 운영에 소요되는 기본경비

② 법령 또는 조례상 지출의무의 이행을 위한 경비

– 당해 지방자치단체가 법령이나 조례의 규정에 따라 일정한 시기에 지출의 의무가 있는 경비

가. 일반보상금 : 사회보장적 수혜금, 장학금 및 학자금, 의용소방대 지원경비, 통 · 리 · 반장활동보상금, 입영장정지원비, 공익근무요원보상금

나. 이주 및 재해보상금 : 민간인이주보상금, 민간인재해보상금

다. 배상금 등 : 배상금 등

라. 연금부담금 등 : 연금부담금, 국민건강보험금, 의원상해부담금

마. 민간이전 : 의료 및 구료비, 보험금, 연금지급금

바. 기타 법령 또는 조례에 의거 지출의무가 있는 경비

③ 이미 예산으로 승인된 사업의 계속에 필요한 경비

–「지방재정법」 제42조의 규정에 의한 계속비 사업비

4

세입예산의 추계와 편성

지방자치단체의 세입이라는 건 무엇이고, 또 세입예산은 어떻게 편성하게 될까요?

지방자치단체가 지역주민에게 서비스를 제공하기 위해서는 재원들이 필요하게 되는데, 이 때 필요한 재원들을 충당하는 것이 바로 지방자치단체의 세입이라는 것이고, 이러한 세입은 지방자치단체의 주민에게 부과되는 세금과 국가 등으로부터 보조받는 보조금, 교부금, 일반적인 재원이 부족할 때 추가적으로 재원을 충당하는 지방채 등을 통해서 세입재원을 마련하게 됩니다.

지방세입예산의 종류 및 분류

- 종류 : ①지방세 ②세외수입 ③지방교부세 ④조정교부금 및 재정보전금
  ⑤보조금 ⑥지방채 및 예치금 회수
- 분류 : 자주재원과 의존재원, 일반재원과 특정재원, 경상적수입과 임시적수입 등

지방자치단체의 세입체계

① 지방세

- 지방세는 지방자치단체가 재정수요에 충당하기 위하여 관할 구역 내의 주민, 재산 또는 수익, 기타 특정행위에 대하여 아무런 대가없이 징수하는 재화
- 지방세는 보통세와 목적세로 구분,

– 보통세(당해 자치단체의 재정충족을 위한 세목)

: 취득세, 등록세, 면허세, 주민세, 재산세, 자동차세, 농업소득세, 도축세, 레저세, 담배소비세, 주행세

– 목적세(특정목적에 충당하기 위한 세목)

: 도시계획세, 공동시설세, 사업소세, 지역개발세, 지방교육세

–지난년도 수입(지방세 중 출납이 완결된 년도에 속하는 수입)

② 세외수입

- 세외수입은 일반적으로 지방재정수입 중 지방세 이외의 자체수입으로, 지방자치단체에서 지방경영합리화, 각종 공기업의 확대, 경영수입 개발 확충 등으로 지방재정상 자체수입의 중요한 위치를 차지

– 경상적세외수입: 재산임대수입, 사용료수입, 수수료수입, 사업수입, 징수교부금수입, 이자수입

– 임시적세외수입: 재산매각수입, 순세계잉여금, 이월금, 전입금, 융자금원금수입, 부담금, 잡수입, 지난년도 수입 등

③ 이전수입

- 국가로부터 지원되는 수입 : 지방교부세, 국고보조금, 균형발전 특별회계보조금, 기금
- 광역자치단체로부터 지원되는 수입 : 시 · 도비보조금, 조정교부금 및 재정보전금

④ 지방채

- 증서차입채(차입금): 지방자치단체가 정부, 공공기관 및 금융기관과 대차계약을 맺고 차입증서를 제출하는 기채로, 정부자금채, 공공자금채, 민간자금채 등이 있음
- 증권발행채(지방채증권): 일정한 인수선에 대하여 증권을 발하여 교부하는 기채로, 모집공채, 매출공채, 교부공채 등이 있음

세입예산의 추계와 필요성

지방자치단체가 세출예산을 편성해서 집행하려고 하는데, 당초 예상했던 세입이 확보가 되지 못한다고 하면, 세출예산을 집행할 수가 없게 되고 해당 자치단체 지역주민에 대해서 당초 계획했던 행정 서비스를 제공하지 못하게 되는 상황이 발생하게 됩니다. 그래서 당초에 계획했던 세출예산을 제대로 편성 · 집행하기 위해서는 과학적인 추계기법에 의해 세입예산을 정확하게 추계하는 것이 필수적인 요소라고 할 수 있습니다. 하지만 대부분의 지방자치단체의 경우는 향후 세제 변화 예측의 어려움, 제한적인 세원개발 여건, 쉽지 않은 세외수입 요율의 현실화나 수익자 부담금 적용, 그리고 국가 이전 재원 규모 예측의 어려움 등으로 정확하고 적정한 세입추계를 하지 못하는 경우가 많습니다. 이러한 상황에서 지방자치단체의 세입에 대한 추정의 정확성을 높이는 것은 계획적인 지방재정운영에 매우 중요한 요인이기 때문에 국가경제전망이나 경제운용 방향을 고려하고, 세입재원별로 포착 가능한 재원을 누락 없이 계상할 수 있도록 지방세 등 세입재원에 대한 과학적인 추계 모델을 개발해서 추계에 필요한 통계 시스템을 구축하는 등 각 지방자치단체들은 정확하고 적정한 세입 추계를 위한 다각도의 노력이 요구된다고 하겠습니다.

지방세 추계는 어떻게 해야 할까요?

그러면 세입을 추계하는 방법에는 어떤 것들이 있을까요?

지방자치단체의 수입에는 여러 가지가 있습니다만, 이 중 지방세의 경우는 매년 발생(경상적인 세입)하는 세입 재원으로, 과거 수년간의 세수증감상황(시계열)이나 개별 세목의 세입 여건 등을 감안하게 되면 미래의 세입 규모를 어느 정도 정확하게 예측할 수 있습니다. 즉, 이렇게 세입의 규모를 예측하는 것을 세입추계라고 하고, 이러한 세입추계기법에는 아래와 같은 다양한 방법이 동원됩니다.

지방세 추계 방식

〈단순추계방식〉

• 단순추계방식은 과세객체별로 단일의 세율구조(과세객체의 등가성)를 갖고 있는 경우, 과세객체의 수량(물건수) 증가에 따라 세수가 변동되는 세목을 추계하는 데 적합한 방법으로 증감된 수량에 기준적인 세율을 적용하여 세수를 나타내는 추계방식.

〈세수탄력성에 의한 추계방식〉

• 세수탄력성에 의한 추계방식은 과세객체별로 다양한 세수구조를 갖고 있어(과세객체의 비등가성) 지방세수입액이 과세물건수에 비례하여 산정되지 않고 과세표준액, 세율구조 등에 따라 탄력적으로 변화되는 것에 기초하여 세수를 추계하는 방식.

• 세수탄력성은 과세객체의 변화에 따른 예측세수변화율을 나타내는 지수로서 과세객체의 변화에 대한 과세표준액의 변화(과표탄력성)와 과세표준액의 변화에 대한 부과액의 변화(부과액탄력성)로 산정됨.

〈시계열에 의한 방식〉

• 시계열에 의한 추계방식은 과거연도의 지방세 결산자료를 근거로 미래의 세수를 예측하는 방식. 여기에는 선형모델에 의한 방식, 비선형모델에 의한 방식, 지수함수에 의한 방식, 이차함수에 의한 방식 등이 있음.

• 지방세 추계시 고려사항

• 세수에 영향을 줄 수 있는 최근의 경제상황 및 익년도 경제동향, 징수목표, 예년의 징수실적, 편성년도의 특징적 변동사항 등이 검토되어야 하는 시계열 분석이 필요하므로 진도비 및 시계열을 면밀히 분석하여 징수가능액을 충분히 계상

– 부동산거래, 자동차등록, 과표현실화 계획, 공시지가의 변동, 과세물건의 증감추이

–제도의 폐지 연도별 차등부과, 세율인상(하), 새로운 세목신설 등

※ 진도비 : 납기가 정해졌거나 시기별(계절적) 수요가 규칙적인 세목

시계열 : 경기전망, 소비형태, 정부정책 관련 세목

지방세 추계시 주요 검토사항(행정안전부 예시)

예산과목		검토(예시)사항
보통세	취득세	• 공시지가 상승률 • 주택가격 평균신장율 • 부동산경기(토지거래, 건축허가 등) 및 자동차 등록사항 등
	등록면허세	• 부동산거래신장률 • 세액신장률 • 각종 인 • 허가, 신고, 등록 등 추이분석
	재산세	• 개별공시지가(개별주택가격) 상승률
	자동차세	• 자동차등록대수 기준 • 국제유가변동, 국내경기 상황 • 주행세율 등락, 영업용 차량 증감비율 등
	레저세	• 마사회 등 업체의 예상매출액 증감률
	담배소비세	• 세액증가율 및 소비신장율 분석 • 흡연인구증감률
	주민세	• 주민등록세대수, 개인사업자수, 법인사업자수 • 재산분 사업소세의 최근 5년간 세입증감추이 분석
	지방소득세	• 국내총생산(GDP, GRDP), 경제성장률 • 종업원분 사업소세의 최근 5년간 세입증감추이 분석
	지방소비세	• 부가가치세 신장률 • 경제성장률
목적세	지역자원 시설세	• 개별공시지가(개별주택가격) 상승률 • 대규모 공동주택 사용승인, 주택 신 • 증축 • 대형상가 및 근린생활시설 등에 대한 신축 면적 등 적용
	지방교육세	• 해당세목(7개 세목) 세율 적용
	지난 연도 수입	• 당해연도 징수목표액(체납액 심층분석 필요)

세외수입의 추계는 어떻게 해야 정확하게 할 수 있을까요?

세외수입은 두 가지로 대별해 볼 수 있겠습니다. 매 회계년도마다 계속적이고 반복적으로 조달되는 예측 가능한 수입(경상적세외수입)과 일시적으로 발생하는 세입(임시적세외수입)이 있는데, 경상적세외수입의 경우는 매년 일정 규모의 세입이 발생하고, 공공부분 내부 또는 회계조작상의 수입으로 발생되는 등 해당 재원의 세입이 예측가능하게 발생되므로, 일정 시점(예: 전년도 6월 말 또는 전년도 결산) 기준으로 편성연도 징수액을 전망하여 세입예산을 편성하는 것이 보다 적정한 경우가 있겠습니다. 하지만 임시적세외수입의 경우와 같이 해당 세입의 발생이 불규칙적이고 일시적으로 발생하는 경우에는 해당 사안에 대한 개별적이고 특수한 사항(발생 요율, 요율 현실화 계획, 금리 전망 등)에 대한 여건의 파악 등을 통해 개별적인 추계방식에 의해 세입을 추계해야 정확하게 추계할 수 있습니다.

세외수입 추계시 주요 검토사항(행정안전부 예시)

세입과목		검토사항	비 고
경상적 세외수입	재산임대수입	• 유무상임대재산, 유휴재산 및 임대 가능 재산 검토	
	사용료,수수료, 사업수입	• 현실화계획 • 각종 징수조례 등 근거법령의 개 · 제정 사항 • 신규발생수입원 등	
	징수교부금수입	• 각종 부담금 등에 대한 법정요율 적용 • 추가징수분에 대한 정산분 등	
	이자수입	• 전체 세입규모 전망 • 공공채 금리 등 은행금리 전망	
	재산매각수입	• 당해연도 공유재산관리계획 파악 • 도시계획관련 법규 등 각 개별법에 의해 매각되는 재산 검토	
	지난년도 수입	• 체납액 심층 분석 필요	
	그 밖의 수입	• 수입내용과 성질을 면밀히 검토 정당한 세입항목 계상 필요	

지방교부세와 국고보조금

1) 지방교부세

지방교부세는 국세수입의 일부를 지방자치단체에 교부해 줌으로써 지역 간 세원편차와 재정불균형을 해소하고, 모든 지방자치단체가 일정한 행정수준을 확보할 수 있도록 해서 지방행정의 건전한 발전을 기하기 위한 제도라 할 수 있습니다. 이러한 지방교부세는 일반적인 재원 불균형 해소를 위한 보통교부세(96퍼센트)와 각종 재해, 공공복지 시설 복구 등 예측하지 못한 특별한 재정 수요 발생 시에 교부하는 특별교부세(4퍼센트), 그리고 국세인 종합부동산세액 전부를 지방자치단체에 교부하는 부동산교부세, 지방자치단체의 소방, 안전시설 확충 등을 위한 재원을 교부하는 소방안전교부세가 있습니다. 또한 특별광역시에서 기초자치구에 교부하는 교부금이 있습니다.

※ 종합부동산세 도입에 따른 부동산교부세는 별도로 운영

2) 국고보조금

국고보조금은 국가위임사무와 시책사업 등에 대한 사용범위를 정해서 그 경비의 전부 또는 일부를 보조하는 것과 재정상의 원조를 하기 위해서 교부하는 제도로써 국고위탁금(국가의 사무를 자치단체에 위임하였을 경우 그 경비의 부담), 국고부담금(지방자치단체가 행하는 사업 중 그 성질상 국가의 책임 정도에 따라 그 경비의 전부 또는 일부를 부담), 국고보조금(지방자치단체에 대해 특정사업의 실시를 권장하거나 지방자치단체의 재정을 지원) 등을 포괄해서 이야기하는데, 사업 종료 후 정산 및 반납이 필요 없는 교부세와는 그 성격이 다소 다릅니다.

5

의회에서 예산을 심사할 때는 어떤 것들을 검토해야 할까요?

예산을 의회에서 심사할 때는 어떠한 것들을 살펴 보아야 할까요?

예산을 잘 심사하려면, 우선 과거에 편성된 예산을 어떻게 잘 집행했는지를 분석할 줄 알아야 합니다. 과거의 예산 집행실적을 분석하지 못한다면, 다음 해 예산이 잘 편성되었는지 알 수 없습니다. 즉, 앞에서 언급한 각종 예산의 원칙들에 따라서 예산을 잘 편성했는가와 아울러 그러한 원칙들에 맞춰서 예산이 잘 집행되었는가를 살펴볼 수 있어야 합니다. 즉, 과거의 예산집행 실적으로부터 미래 예산의 잘잘못을 따져 나가야 할 것입니다. 그러면 그러한 검토방법을 사례별로 하나씩 살펴보겠습니다.

먼저, 매년 연례적으로 집행 잔액이 발생하는 사업을 같은 규모로 재차 예산을 편성한 경우를 보겠습니다.

최근 3개 연도의 예산집행현황을 파악 및 분석해서 예산집행실적이 부진한 사업의 경우는 과다하게 편성된 부분을 삭감조정해서 긴급하고 보다 중요한 사업의 예산으로 편성되도록 조정이 필요합니다.

예산의 원칙 중 하나가 '회계연도 독립의 원칙'입니다. 즉, 편성된 모든 사업예산은 해당 연도에 집행이 가능해야 합니다. 따라서 주요 개별사업의 연내 집행 가능성 여부를 살펴보아야 할 것입니다. 재원만 확보한 후에 이월(사고이월)을 전제로 예산 규모를 과다하게 계상했는지 여부를 따져 살펴야 합니다.

어떤 사업의 경우는 1년에 끝나지 않고 여러 해 동안 집행되는 예산도 있을 수 있습니다. 이 경우에 지난 연도에는 어느 정도가 집행되었고, 올해에는 얼마가 집행될 계획인지 또 내년 이후에는 얼마의 예산이 집행될지 등 전체적인 사업비 규모에 대한 파악이 필요합니다. 그리고 그 중에 해당 연도의 예산 사업비 규모가 적정하게 편성되었는지 여부를 보아야 할 것입니다. 일단 문턱에 '걸쳐놓기'식 예산에 대한 철저한 검증은 반드시 필요합니다.

어떤 사업 예산의 경우는 과거에 계속적으로 사고이월한 사업이 있는데 예산 편성 규모를 보니 과거 수준으로 예산을 재편성해서 제출된 경우가 있을 수 있습니다. 이러한 경우에는 역시 과거에 사고이월된 규모만큼 사고이월될 소지는 없는지 살펴보아야 합니다. 사고이월될 부분이 예측이 된다면 집행 가능한 규모만 예산에 편성하도록 해서 나머지 예산은 보다 긴급한 예산에 편성될 수 있도록 조정하는 것이 보다 더 지방자치단체의 재정 효율성을 높일 수 있기 때문입니다.

또한 어떤 경우에는 실현 불가능한 사업을 예산에 편성한 경우도 있는데 사업의 목적 및 추진 계획을 면밀히 살펴보아 집행 가능 여부를 판단해 보아야 합니다.

국고보조사업에 있어서는 지방비 부담비율(법정 분담률)에 맞게 편성했는지 여부와 그 타당성에 대해서 분석이 필요합니다.

기초자치단체의 경우는 광역자치단체에서 해당 보조사업을 법정 분담비율에 맞게 예산을 편성했는지 여부를, 광역자치단체에서는 연계되는 기초자치단체에서 해당 보조사업을 법정 분담비율에 맞게 보조사업 예산을 편성하였는지 여부를 파악해 본 후 편성된 예산에 한정해서 예산을 편성해야 합니다. 만일 우리 지방자치단체에서는 편성했지만 연계된 지방자치단체에서 해당 분담보조 예산을 편성하지 못했다고 한다면 우리 지방자치단체가 편성한 예산은 불용 처리될 것이 뻔하기 때문입니다.

또한 과거에 예산집행 결과 예산절감 성과가 있었다고 보고했던 사업의 경우, 그 예산절감 성과를 감안해서 적정 예산만을 편성했는지를 살펴보아야 합니다. 예산절감이라고 하는 것은 절감효과가 이후에 영속적으로 나타나는 경우에 진정한 예산절감이라고 할 것이기 때문에 과거 예산절감이라고 해서 성과급을 지급했음에도 불구하고 다음 연도에 과거와 같은 규모의 예산을 편성한다면 과거 예산절감 규모만큼은 재차 불용이 발생할 것이 예상됩니다. 따라서 과거 예산절감 효과에 준하는 규모만큼은 예산을 감액 조정해서 편성하는 것이 불필요한 예산 편성을 방지하는 예산편성 기법이라고 할 것입니다.

편성된 예산의 심사 기법 중 가장 기본적인 사항은 우선 소관부서의 예산 요구사항에 대한 정확한 파악과 요구이유 그리고 해당 예산의 필요성과 사업의 적정성, 법령상의 근거 등을 파악한 후에 해당 적정성을 따져서 예산을 심의해야 합니다.

매년 발생하는 공공요금이나 신규 계획에 의해 발생이 예상되는 공공요금 계상의 적정 여부에 대한 검토는 기본적인 요소입니다.

각종 여비나 재료비, 업무추진비, 특수활동비, 용역비 등 소모성 경비가 전년대비 어느 정도가 증액 또는 감액되었는지 여부와 그 증감사유에 대해서는 필수적으로 점검이 필요합니다.

소요 예산 규모가 파악되지 않았거나 법적 근거가 없음에도 불구하고, 추후 확정시에 집행하기 위해서 편성한 경비 등은 예산집행 가능성이 희박한 사업이므로 삭감 조정 대상 1순위 사업입니다.

인건비 편성시에는 각종 인건비의 기준단가나 정수의 예산편성기준 및 직제정원 등과 일치하는지 여부를 먼저 살펴보아야 합니다. 또한, 정 · 현원이 현저히 차이나는 경우나 중기인력수급계획상 과도한 변경이 예상되는 경우 등에 있어서의 현황 파악 및 분석이 제대로 되어 있는지, 그 분석에 따라 제대로 예산이 편성되었는지 확인은 필수적입니다.

주요 신규사업에 있어서 사업의 우선순위와 투자효과 및 사업 시행에 앞서 타당성 조사, 기본설계, 용지 보상 협의 등 필요한 사전절차를 이행했는지 여부와 지역 간 균형발전사항을 고려했는지 여부에 대해서도 검토가 필요합니다. 예산 심사를 할 때는 이외에도 검토해야 할 것이 많습니다. 다음 사항들은 꼭 검토해야 합니다.

예산 심사시 검토할 것들

- 장기계속사업에 있어서 당초계획이 변경된 점은 없는지 여부와 그 변경사유 그리고 당해연도 투자가 적정하게 이루어졌는지 여부에 대해 점검.
- 개인이나 민간단체 등에 대해서 지원한 보조, 융자, 출자, 출연 등의 타당성 여부.
- 시책 홍보비 성격의 예산이나 행사성 경비의 편성 사유나 규모 등이 적정한지 점검.
- 분담금(타 자치단체나 공동추진 사업의 경우 나누어 분담하는 경우), 부담금(타 자치단체 등이 추진한 사업에 우리 자치단체 등이 혜택을 입는 경우 해당 수혜 수준에 맞추어 부담하는 경우)의 계상근거와 그 규모의 적정성, 타당성 여부.
- 과거보다 증액 편성한 경우, 그 예산편성 증가요인에 내재되어 있는 삭감요인에 대해서도 검증 및 적출해 내서 예산의 낭비요인을 최소화해야 함.
- 추후 예비비 사용 또는 추가경정 예산 반영을 전제로 소요예산의 일부만 세출예산에 계상하거나 채무부담행위와 분할계상했는지 여부 그리고 그 사유에 대한 점검.
- 실국 또는 부서 간에 타 부서의 유사 사업과 중복성은 없는지 확인.

• 예산편성 기간의 지역경제상황과 연계지어 볼 때 예산의 규모와 중점 방향이 제대로 설정되어 있는지 점검.
• 주민부담의 추이와 구조를 검토하여, 주민부담 수준이 적정하고 경감시킬 여지는 없는지에 대해서도 검토를 거쳤는지 확인.
• 세입예산의 각 세목에 대한 추계가 적정했는지 여부에 대한 점검은 필수적. 특히 지난 연도 세입의 경우는 지난 연도 각 세목별 세입예산 편성 및 세입징수 현황에 대해서도 세밀하게 검증을 거친 후에 예산 편성 과소 또는 과다 여부에 대한 검토가 이루어져야 함.
• 관련 법령이나 제도의 변경으로 예산이 불필요한 사업에 예산을 편성하는 경우는 삭감 대상 1순위.
• 관련 법령의 미숙지로 인해 필요한 예산을 미편성하는 경우가 있는지 점검.
• 장기 계속사업(5년)의 경우, 매년 단년도 예산으로 편성하지 않고 계속비로 편성하여 관리되고 있는지에 대한 점검.
• 예비비 예산규모가 적정한지 점검.
• 중기지방재정계획과 연계해서 예산이 편성 · 심의 · 집행되고 있는지 확인.
• 지방채 발행의 목적 및 사용처와 규모의 적정성 여부에 대한 점검과 분석 필요.
• 투융자 심사시 보류 또는 조건부 동의로 통과되었던 사업이 해당 절차를 제대로 다시 거친 후에 예산에 편성되었는지 점검.

• 공유재산관리계획에 포함되어 있지 않은 예산편성(세입과 세출) 사항이 있는지 점검.

6

예산서에서 놓치면 안 되는 것들!

예산을 제대로 심사하려면, 우선 예산서를 잘 볼 줄 알아야 합니다. 즉, 예산서의 체계가 어떻게 되어 있고, 어떤 내용들이 어디에 표기되어 있는지를 잘 알아야 궁금한 부분을 찾아볼 수 있고, 예산이 제대로 편성되었는지를 알 수가 있습니다. 특히, 예산서의 내용 중에서 예산총칙이라는 건 또 무엇인지, 대체 왜 있는 것인지 알아야 예산심사에서 중요한 내용들을 놓치지 않을 수 있습니다.

지방자치단체의 재정여건

예산서의 주요 내용들 중에서 가장 중요한 것은 그 해의 예산을 편성하고자 하는 재정 여건과 편성 방향입니다. 지역주민들의 욕구는 어떻게 되고 또 그에 상응하는 예산이 편성되었는지를 살펴보아야 합니다. 즉, 예산편성의 기본적인 방향과 각 분야별 예산 편성규모, 그리고 자치단체의 전체 예산편성 가능 규모 등을 점검해 봐야 합니다.

예산총칙

예산서 제일 첫 부분에 나오는 것이 바로 예산 총칙입니다. 예산총칙에는 먼저, 각 회계별로 차입할 수 있는 한도액을 표시하여 제출합니다. 예산을 세입과 세출의 규모를 맞춰서 편성은 했지만 수입이 발생하지 않은 시점에서 세출 예산을 집행하려면 일시적으로 세출예산의 집행에 충당할 재원이 부족하게 되는데, 이럴 때 금융기관 등에서 부족한 자금을 충당하는 것을 '일시차입금'이라고 합니다. 이러한 일시차입금의 각 회계별 한도를 정해서 의회의 의결을 얻는 것입니다.

또한 회계별로 채무부담행위와 지방채(공채) 발행이나 차입할 차입금의 규모에 대해서 의회의 의결을 얻기 위해 예산서에 포함하여 제출하고 있습니다.

그렇다면 채무부담행위라는 것은 무엇일까요? 채무부담행위라고 하는 것은 통상적으로 세출예산이 수반되지 않고 지출해야 하는 경비가 그 연도 내에는 지출이 필요치 않고 다음 연도 이후에 그 이행의 책임이 부과되는 의무부담을 이야기합니다. 즉 올해 예산은 부족하지만 공사 계약 등을 함께 진행해야 할 때에 채무부담행위를 하게 되는데, 채무부담행위 첫해에는 편성된 예산과 함께 계약 등을 하게 되고, 예산에 편성된 세출예산만 지출하고 다음 연도 이후에는 그 잔여 계약지분에 대하여 채무부담행위상환이라는 예산과목으로 예산을 지출하게 되는 겁니다.

건전재정운영의 원칙에서 예외적인 사항으로 지방채나 차입금을 인정해 주고 있지만, 예외적인 사항이다 보니 의회에 사전 의결을 얻은 후에 발행하거나 차입을 하도록 하고 있습니다. 지방채(증권발행)는 증권을 발행해서 교부하고 기채를 하는 것을 말하는데 모집공채, 매출공채, 교부공채 등이 있고, 차입금(증서차입)은 지방자치단체가 정부나 공공기관 또는 금융기관과 대차계약을 체결하고 차입증서를 제출하는 기채의 형식으로 정부자금채, 공공자금채, 민간자금채 등이 있습니다.

다음은 명시이월과 계속비 사업에 대한 내용이 포함되는데, 예산의 원칙 중 하나인 '회계연도 독립의 원칙'에서 예외적으로 인정되는 제도로, 우선 명시이월은 당해연도 내에 지출을 끝내지 못할 것이 예상되는 경우 그 취지를 세입세출 예산에 명시하고, 사전에 의회의 승인을 얻어 다음 연도로 이월하여 사용하도록 하고 있고, 계속비 사업의 경우는 여러 해에 걸쳐서 시행되는 사업으로, 역시 회계연도 내에 지출을 완료하지 못하게 되면 다음 연도로 이월하여 집행하게 됩니다. 이러한 이월 예산을 계속비 이월이라고 하며, 예산서상에 미리 이러한 계속비 사업을 명기해 의회의 승인을 얻게 됩니다.

또한, 예산총칙에는 각 회계의 예비비 규모를 명기하여 의회의 의결을 얻고 있습니다. 예비비는 총 예산 규모를 감안하여 일반회계 예산총액의 100분의 1 범위 내에서 예비비를 편성하고 있으며, 재해 · 재난 관련 목적예비비는 별도의 예산을 계상할 수 있도록 하고 있습니다.

한편, 예산총칙에 포함된 내용 중 예산을 이용(정책사업 간에 예산을 서로 융통해서 사용)할 때에는 지방의회의 승인을 얻은 후 이용할 수 있도록 규정(「지방재정법」 제47조 제1항)하고 있어 관련된 예산들을 예산서에 명기해서 미리 의회의 승인을 얻으려는 사항들이 있습니다. 보통 이용하려는 항목들에는 '기준인건비에 포함된 경비', '지방채 상환(원리금 등)', '재해대책 및 복구비' 등이 포함되어 있습니다.

마지막으로 예산이 성립된 후에 회계연도 중에 교부되는 국고보조금이나 지방교부세 등의 경우에는 사용용도가 지정되어 있기 때문에 예산이 승인된 것으로 간주처리하여 집행하고 추후 의회에 보고하도록 하는 제도입니다만, 서울특별시나 교육청 등에서 극히 제한적으로 시행하고 있습니다.

7

지방자치단체의 결산

지방자치단체의 결산

지방자치단체의 결산은 예산 과정의 마지막 단계로, 지방자치단체가 편성 · 제출하고 지방의회가 의결해 준 한 회계연도의 세입, 세출 예산을 지방자치단체가 집행한 후 그 집행실적을 확정된 계수로 표시하는 행위라고 할 것입니다. 즉, 결산을 통해 집행 결과를 알 수 있기 때문에 매우 중요한 과정이라고 할 수 있습니다.

결산심사를 잘하려면 우선 예산의 편성과정에서부터 집행과정에 걸친 모든 과정에 대해서 이해를 하고 있어야 합니다. 그래야 제대로 결산을 심사할 수 있습니다.

정리하자면 예산의 편성, 의회의 심의 · 의결, 예산의 집행과 이에 따른 결산심사 및 승인, 그리고 그 결산 결과를 감안한 다음년도 예산 편성 등의 과정으로 이어지는 순환적 관계라고 보면 됩니다.

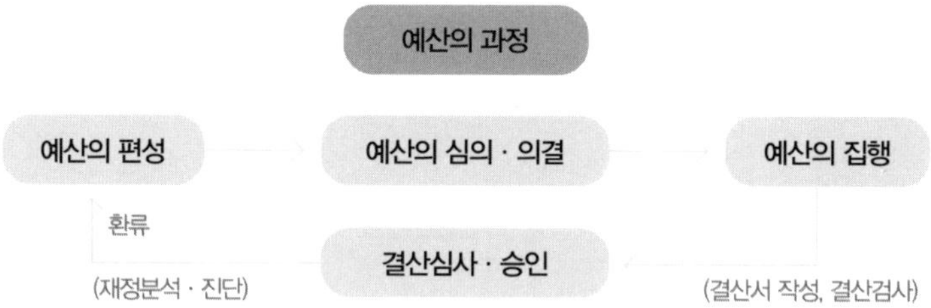

자, 결산의 기능에는 어떤 것들이 있을까요?

결산은 다음 연도 예산 편성과 심의할 때 각종 확인 자료나 참고 자료로 활용됩니다. 결산은 지방자치단체장의 행정적 · 재정적 사무 처리에 신중을 기하도록 하는 역할을 합니다. 그리고 결산은 예산집행 결과에 대한 책임성을 명확히 해주는 역할도 하게 됩니다. 또 결산은 지역주민에 대한 재정보고의 기능과 함께 지방의회의 재정통제 수단으로도 활용될 뿐만 아니라, 지방자치단체의 예산집행에 대한 책임을 해제시켜 주는 기능도 포함하고 있습니다.

결산의 기능

- 다음 연도 예산편성과 심의시 확인자료 활용
- 자치단체장의 행 · 재정적 사무처리에 신중
- 예산집행 결과에 대한 책임성 명확화
- 주민에 대한 재정보고 및 지방의회의 재정통제 수단
- 예산집행 책임 해제

이러한 지방자치단체의 결산 흐름을 상세하게 살펴보겠습니다.

12월 31일에 회계연도가 종료되면, 지방자치단체는 세입 · 세출의 출납을 폐쇄하고, 다음 연도 2월 10일까지 세입 · 세출 출납사무를 완결해야 합니다. 그 이후에 다음 연도 2월 말까지는 행정안전부가 각 시 · 도로 통보한 결산 작성기준을 토대로 결산서를 작성합니다. 이후 4월 30일까지 각 지방자치단체의 장에게 결산을 보고하고, 결산검사를 완료한 후에 지방의회로 결산서에 결산검사의견서를 첨부하여 결산 승인 요청(다음 연도 5월 31일까지)합니다. 그러면 의회는 제출된 결산서와 첨부된 결산검사의견서를 참고로 하여 결산심사 및 승인(제1차 정례회 기간 내)을 하는 단계로 진행됩니다.

지방자치단체 결산 흐름

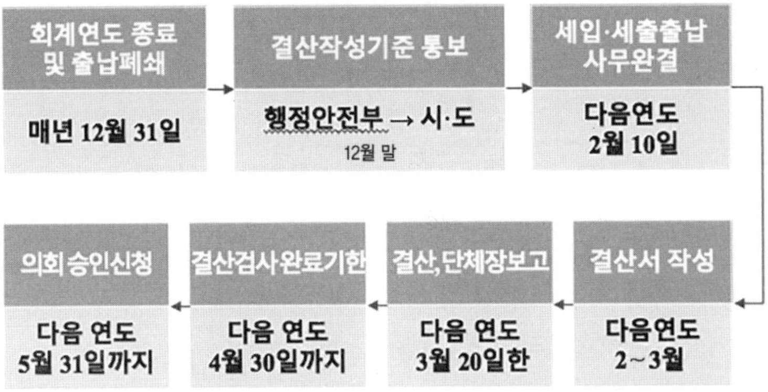

결산검사와 결산심사는 무엇이 다른 걸까요?

그렇다면 결산검사와 결산심사는 어떻게 다른 것일까요?

결산검사라는 것은 지방의회가 선임한 검사위원이 지방자치단체의 장이 작성한 결산의 내용을 검사하는 단계를 말하고, 결산심사라고 하는 것은 지방자치단체가 제출한 결산서를 지방의회가 심사하여 결산을 승인해 주기 위한 절차를 말하기 때문에 서로 다른 과정이라는 점을 알아야 합니다.

결산검사의 범위

① 계산의 과오여부
② 실제의 수지와 수지명령의 부합여부
③ 재무운영의 합당성, 예산집행의 효율성 등 심사
※ 주요시책의 성과 기타 예산집행실적 보고는 검사대상에서 제외되며, 자료 요구 청구는 자치단체의 장과 금고로 일원화하여 효율적인 결산검사 실시

이러한 결산검사의 주요 검사범위는 예산집행의 정리 등 재무적 운영상황의 적법성, 적정성 등, 주로 계산의 과오여부나 수지명령의 부합여부 등 예산집행의 적정성을 주로 심사하도록 하고 있으며, 결산검사 기간은 약 20일 간으로 하되, 결산검사 종료 후 10일 이내에 검사의견서를 해당 자치단체의 장에게 제출합니다. 결산검사위원의 수는 시 · 도는 5명 이상 10명 이하, 시 · 군 · 자치구의 경우는 3명 이상 5명 이하로 하되, 기타 자세한 사항은 각 자치단체의 조례로 정합니다. 그리고 공기업특별회계의 경우, 결산검사는 회계감사보고서로 갈음하도록 하고, 재무회계결산(재무보고서)에 대해서는 공인회계사의 검토의견서로 결산검사에 갈음하도록 하고 있습니다.

결산심사는 지방자치단체가 결산검사위원의 의견서를 첨부하여 제출한 결산서를 의결하기 위한 심의 검토 과정으로, 이 과정을 거쳐 지방의회가 의결을 하게 되면, 결산승인의 효과가 발생하게 됩니다. 이러한 결산승인은 세입 · 세출예산의 집행결과를 최종적으로 지방의회가 확인 및 검증과정을 통해서 재정의 효과와 행정효과가 어느 정도 달성되었는지를 객관적으로 평가하는 단계라고 할 수 있습니다. 또한 집행과정에서 나타난 개선사항들을 다음 연도 예산편성과정에 활용하는 데 그 목적이 있기도 합니다. 따라서 결산심사는 결산검사와 달리 대국적, 전체적인 측면에서의 심사 즉, 예산집행의 적법성, 능률성, 합리성, 행정효과의 달성 정도, 정책의 달성 여부 등에 주안점을 둡니다.

결산심사 내용

- 대국적 · 전체적 심사, 예산집행의 적법성, 공정성, 능률성, 합리성 검토
- 행정효과, 재원의 확보, 예산집행의 적정성, 세계현금의 운용, 세출예산의 운용사항 등 심사

※ 승인 효과 : 정치적 책임 해제에 불과함(회계적 법적 책임은 별개임)
– 불승인시에도 집행한 수지는 유효하나, 정치적 책임은 면할 수 없음

참고로 결산검사와 결산심사를 일반기업과 비교해 본다면, 결산검사는 일반기업의 회계감사와 같은 회계상 검증의 과정으로, 결산심사는 이사회의 결산승인과 같은 과정으로서의 의미를 갖는다고 볼 수 있습니다.

8

결산서에는 어떤 것들이 있고, 그 내용은 어떻게 되나요?

보통 결산심사에서 검토해야 하는 결산서는 어떤 것들이 있을까요?

먼저 가장 대표적인 결산서류로 각 지방자치단체의 1년간의 수입과 지출을 어떻게 했는지를 나타내 주는 예산회계결산 즉, 세입세출결산보고서가 있습니다.

이 보고서에는 해당 지방자치단체의 일반현황과 회계현황, 세입결산과 세출결산 그리고 이용 · 전용 · 이체 · 변경사용 내역, 예비비 지출, 계속비 집행, 다음 연도 이월사업비 현황과 채무부담행위 등의 내용을 포함하고 있습니다.

다음은 특별회계처럼 별도의 주머니로 운영되는 것으로, 예산집행의 탄력성을 부여한 기금결산 보고서가 있습니다. 이 보고서에는 설치 운영하는 기금의 설치근거 등을 포함한 총괄설명과 기금 조성 세부명세, 기금운용 명세, 기금별 수입지출 결산내용과 기금의 변경 내용에 대한 설명 등이 포함되어 있습니다.

다음은 지방자치단체의 결산내용을 발생주의 · 복식부기회계에 따라 작성한 재무제표 등을 포함한 재무결산 보고서가 있습니다. 이 보고서에는 재정상태표, 재정운영표, 현금흐름표, 순자산변동표, 주석 등의 재무제표와 부속명세서 등이 포함되어 있습니다. 그리고 재무제표 첨부서류에는 채권 현재액 보고서와 채무관리 보고서 등도 포함되어 있습니다.

채권 현재액 보고서에는 채권의 소관별 · 회계별 종류와 현재액을 사업별로 그 증감내역을 파악하여 보고하는 각종 채권의 현황 등이 담겨 있습니다.

채무관리 보고서는 해외채를 포함한 지방채증권, 차입금, 채무부담행위, 보증채무의 증감내역 등을 포함한 채무의 관리상황에 대해서 보고하는 결산서류입니다.

그리고 기타 결산서의 첨부서류에는 결산수지상황 총괄, 총수입 및 지출액 증명, 세입금의 결손처분 현황, 세입금의 다음 연도 이월액 현황, 세입금의 환급 현황, 세출예산의 집행 잔액 현황, 보조금 집행현황 및 반납명세서, 세입세출외현금 현재액, 지방채 발행 보고서, 보증채무현재액, 계속비 결산명세서 등 여러 사항들이 포함되어 있으며, 공유재산 및 현재액 보고서와 물품증감 및 현재액 총계산서, 지방세 지출보고서, 성인지 결산서 등을 함께 보고하고 있습니다.

이 중 공유재산증감 및 현재액 보고서에는 공유재산의 공용, 공공용, 기업용, 보존용, 일반재산 등 용도별, 종류별 현황 등을 포함하고 있고, 물품증감 및 현재액 총 계산서에는 물품 중 정수물품(각 지방자치단체의 인구, 공무원 수 등 여러 여건들을 감안하여 행정안전부 지침에 필요한 물품의 수량을 정해 놓은 물품 57개 품목)을 대상으로 취득, 처분, 수량 및 금액과 증감 사유별 내역 등을 보고하고 있습니다.

결산서의 종류	결산서별 주요 내용
세입 세출 결산보고서	세입결산, 세출결산, 이용 · 전용 · 이체사용, 계속비 집행, 예비비지출, 다음년도 이월사업비 현황, 채무부담행위
기금 결산보고서	설치 운영하는 기금의 총괄설명, 조성세부명세, 기금운용명세, 기금별 수입지출결산, 변경내용 설명
재무보고서	결산 총평, 재무제표(재정상태표, 재정운영표, 순자산변동표, 재무제표에 대한 주석, 필수보충정보, 부속명세서)
채권현재액보고서	회계별 총괄내역, 각 회계별(계, 이자, 원금) 채권 종류별 · 사업별 현황(보증금, 융자금, 미수금, 기타)
채무관리보고서	회계별 현황, 채무회계별 · 종류별 현황(지방채증권, 차입금, 채무부담행위, 보증채무 이행책임액, 보증채무부담행위), 상환재원별 현황, 당해년도 발생채무 세부내역
공유재산 증감 및 현재액 보고서	용도별 현황[행정재산(공공용, 공용, 기업용, 보존), 일반], 종류별(토지, 건물, 입목죽, 공작물, 기계기구, 선박, 항공기, 지적재산권, 유가증권, 용익물권, 회원권)
물품 증감 및 현재액 총 계산서	증감현황(취득, 처분, 수량, 금액), 증감사유별 내역(구매, 관리전환, 양여, 기타)

지방세 지출 보고서는 「지방세특례제한법」에 따라 지방세 감면 등 지방세 특례에 따른 재원 지원의 실적을 작성하여 보고하도록 하고 있습니다. 즉, 지방세를 비과세해 주거나 감면해 준 현황과 개요 및 내역에 대해서 분야별, 세목별, 항목별로 보고하는 내용이 포함되어 있습니다.

성인지 결산서의 경우는 성인지 결산 개요와 예산의 집행실적, 그리고 성 평등 효과분석 및 평가 관련 내용 등을 보고하고 있습니다. 즉, 지방자치단체의 예산편성 및 집행에 있어서 한쪽 성에 치우치지 않고 양성에 평등하게 집행되고 있는지에 대한 평가를 위한 결산자료입니다.

9

지방자치단체의 예산집행과 재정 전반에 대한 이해

세입예산의 집행과정

지방자치단체의 결산에 대해서 잘 알고 싶다면, 세입예산의 징수 절차 등에 대한 이해와 함께 세출예산의 집행 절차 등에 대해서 잘 이해하고 있어야 제대로 집행했는지를 점검할 수 있습니다.

먼저 예산에 대해서 잘 생각해 보면, 세입예산과 세출예산은 그 성격이 완전히 다릅니다. 즉, 세출예산이라고 하는 것은 어떠한 항목에 얼마를 쓰라는 한도를 정해준 것이기 때문에 의회에서 정해준 총 한도를 넘어서 집행할 수가 없게 됩니다. 세입예산은 1년 동안 들어올 수입의 금액이 얼마일지를 추정(예측)해서 정한 목표치이기 때문에 세입은 당초 추계한 예산액보다 수입이 적을 수도 있고, 예산액보다 수입이 더 클 수도 있습니다.

세입예산의 전체적인 흐름을 이해하려고 한다면 세입결산서를 이해할 수 있어야 합니다. 세입결산서를 보면, 제일 좌측에 나오는 것이 세입예산의 '예산과목'입니다. 세입예산은 세출예산과 달리 '장, 관, 항, 목' 등으로 과거와 같은 예산과목체계를 가지고 있습니다. '장, 관, 항'은 대분류, 중분류, 소분류와 같은 것이고, '목'은 '주민세'와 같은 세금명칭 등 세입예산의 실질적인 과목이라고 이해하면 됩니다.

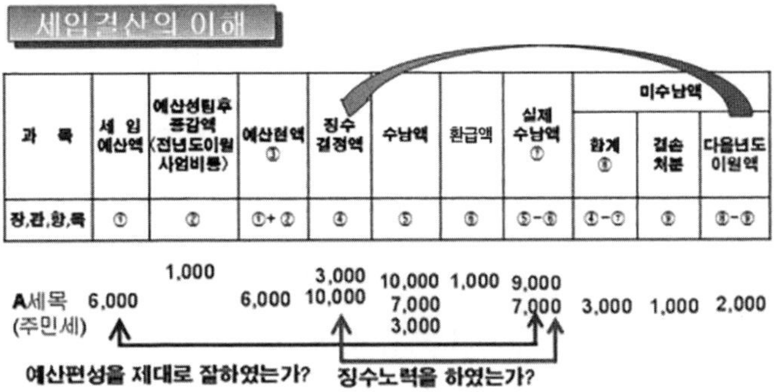

그 바로 옆에는 '세입예산액'이라고 있습니다. 세입예산액은 의회에서 의결해 준 세입 각 항목의 금액을 말합니다. 이렇게 결산서에 나와 있는 세입예산액은 최종예산액을 말하며, 당초 의회에서 의결해 준 '당초예산액'이 될 수도 있겠습니다만, 추가경정예산을 편성한 경우나 간주처리예산 항목이 있는 경우 등에는 결산서에 나와 있는 '세입예산액'인 최종예산액은 '당초예산액 + 추가경정예산 증감액 + 간주처리예산액'을 말한다고 보면 됩니다.

다음, 예산성립 후 증감액(전년도 이월사업비 등)은 과연 어떠한 항목일까요?

모든 예산은 세출예산이 소요될 상당 금액에 맞추어 세입예산도 편성하게 됩니다. 세출예산을 집행하다가 불가피하게 다음 연도로 이월(사고, 명시, 계속비)시켜 집행하는 경우에는 그 다음 연도에 그 이월된 예산을 집행할 재원이 예산에 편성되어 있지 않기 때문에, 전년도 세입 재원 중 세출예산의 이월액 상당액 만큼을 다음 연도로 같이 이월시켜 그 재원으로 이월된 세출예산의 집행에 충당하도록 하고 있으며, 바로 그 재원을 세입예산에 표기한 것입니다.

이렇게 최종예산액에 예산성립 후 증감액을 합하면, 그 예산액을 바로 세입예산의 '예산현액'이라고 하며, 이런 예산현액이 바로 각 회계별 또는 각 통계목별 세입목표치가 됩니다.

징수결정액이라는 것은 또 무엇일까요?

징수결정액은 당초 추계한 세입이 확정되었을 때, 즉 세금이 확정되었을 때 고지서를 발급하게 되는데, 이렇게 고지서를 발급하는 등 세입을 확정짓는 행위를 '징수결정'이라고 하고, 이렇게 징수결정한 금액을 '징수결정액'이라고 합니다. 여기서 징수결정액은 당초 의회에서 의결해 준 세입 추계치인 예산액보다 더 적은 금액이 징수결정될 수도 있고 더 큰 금액이 징수결정될 수도 있습니다.

'수납액'은 그야말로 수납한 금액, 즉, 고지서를 발급한 징수결정액 중 실질적으로 납세자가 납부를 한 금액을 말하는 것으로, 징수결정한 금액과 같은 금액이 수납되거나 적을 수도 있습니다.

'환급액(종전 과오납반환)'은 이렇게 수납한 수납액 중에서 이중으로 납부되거나 납부하지 않아야 할 것이 납부된 경우(소송에서 지방자치단체가 패소한 경우 포함) 다시 그 세금을 돌려주는 경우가 생기게 되며, 이런 경우 다시 되돌려 준 경우들을 '환급'이라고 하고, 수납액에서 환급액 부분을 제한 것이 실질적으로 세입이 발생한 규모인 '실제수납액'이 되는데, 이러한 실제수납액을 세입결산액이라고도 합니다.

이러한 환급액의 경우는 부속서류에 그 환급의 사유별 현황을 볼 수 있습니다. '행정기관착오', '납세자 권리구제', '납세자 착오', '차량미등기', '국세경정', '법령개정' 및 '기타'로 구분하여 보고하고 있습니다.

또한, 징수결정한 세입예산 중에서 실제수납한 금액을 제외하면 아직 받지 못한 세입금이 있는데 이러한 부분을 '미수납액'이라고 합니다. 이러한 미수납액 중에는 납세자가 사망한 경우 등 아예 세입금을 받지 못하게 되는 경우들이 있습니다. 이러한 부분들은 법령 등에 의해서 '결손처분'하게 되고, 그렇게 미수납액 중 결손처분한 부분을 제외한 것들은 부득이 다음회계연도에 계속적으로 징수 절차를 밟게 됩니다. 그래서 이러한 세입들을 '다음 연도 이월'이라고 하고, 다음 연도 세입결산서의 세입예산 중 '지난연도 수입'으로 결산 처리하게 됩니다.

이렇게 받지 못하게 되어 결손처분한 내용은 유형별로 결산서의 부속서류에서 결손처분 사유별 현황을 볼 수 있습니다. '배분금액부족', '체납처분 중지', '시효소멸', '행방불명', '무재산', '채무자회생법에 의한 면제', '국세결손', '평가액 부족' 및 '기타'로 구분하여 보고하고 있습니다. 또 미수납액 중 결손처분을 하고 다음 연도에 수납할 '다음 연도 이월액'의 경우도 부속서류에서 다음 연도 이월액의 이월 사유별 현황을 볼 수 있습니다. '무재산', '행방불명', '납세태만', '폐업 또는 부도', '채무자회생법에 의한 유예', '격리 또는 입원', '소송계류', '국외 이주', '자금압박' 및 '기타'로 구분하여 보고하고 있습니다.

세출예산의 집행과정

세출예산에 대한 결산은 어떠한 의미를 갖고 있고, 그 결과는 어떻게 되어 있을까요?

세입예산이 1년간 수입에 대한 추계에 의한 수입의 목표치라고 한다면, 세출예산은 1년간 지출 각 항목들의 지출한도를 정해 준다는 의미로 볼 수 있겠습니다. 그래서 과거 품목별 예산제도 하에서는 세출예산에 대해서 의회에서 정해준 범위 내에서 잘 사용했는지에 대해 점검이 이루어지곤 했습니다. 과거 품목별 예산제도하에서 사용되던 예산과목(장, 관, 항, 세항, 목, 세목 등)이 사업별 예산제도로 변경됨에 따라 예산과목의 체계 또한 '분야–부문, 정책사업–단위사업–세부사업, 통계목' 등으로 많이 변화했습니다.

현재 사업별로 분류하고 있는 세출예산의 체계는 지방자치단체의 전략이나 정책을 사업에 체계적으로 반영하기 위해서 분야 · 부문 그리고 정책사업 · 단위사업 · 세부사업의 체계로 계층을 이루도록 사업을 구조화하고 있습니다.

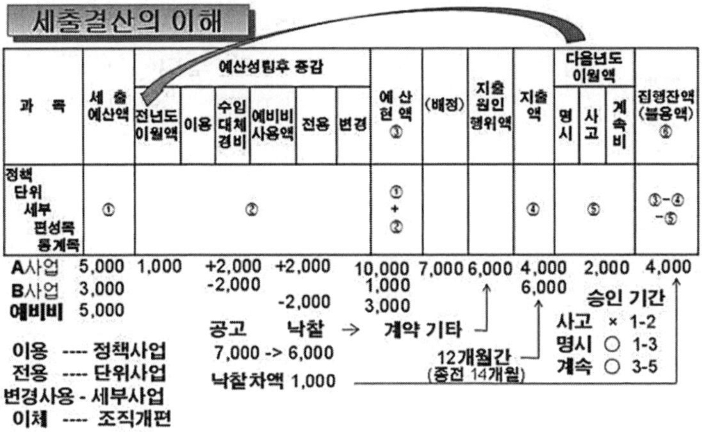
세출결산의 이해
과 목
세 출 예산액
예산성립후 증감
전년도 이월액
이용
수입 대체 경비
예비비 사용액
전용
변경
예 산 현 액 ③
(배정)
지출 원인 행위액
지출액
다음년도 이월액
명시
사고
계속비
집행잔액 (불용액) ⑤
정책
단위
세부
편성목
통계목
①
②
① + ②
④
⑤
③-④ -⑤
A사업 5,000 1,000 +2,000 +2,000 10,000 7,000 6,000 4,000 2,000 4,000
B사업 3,000 -2,000 1,000 6,000
예비비 5,000 -2,000 3,000
공고 낙찰 → 계약 기타
7,000 -> 6,000
낙찰차액 1,000
12개월간
(종전 14개월)
승인 기간
사고 × 1-2
명시 ○ 1-3
계속 ○ 3-5
이용 ---- 정책사업
전용 ---- 단위사업
변경사용 - 세부사업
이체 ---- 조직개편

'정책사업'은?

먼저, 조직별(실 · 국 · 본부 등)로 추진해야 할 임무에 맞추어 전략목표와 성과목표를 설정한 후에 이러한 목표들을 달성하기 위한 수단으로써 정책사업, 단위사업 및 세부사업을 설정하도록 하고 있는데, '정책사업'은 해당 조직의 성과목표를 고려해서 정책적으로 일관성을 가진 여러 개의 단위사업들을 포괄하고 있는 사업 묶음을 이야기합니다. 세출예산의 일차적 사업 단위 즉, 사업의 최상위의 편성 사업단위라고 보면 됩니다.

'단위사업'은?

이러한 정책사업을 세분한 여러 개의 실행 단위의 사업 묶음을 '단위사업'이라고 하며, 통상적으로 1개의 정책사업에는 4~5개의 단위사업으로 구성하는 경우가 많고, 10개의 단위사업이 넘지 않도록 하고 있습니다.

'세부사업'은?

사업의 체계 중에서 가장 하위의 사업으로, 단위사업을 수행하기 위한 여러 개의 실질적인 추진 사업을 '세부사업'이라고 하며, 통상 세출예산에서 사업이라고 하면 이 세부사업을 말하는 것입니다. 따라서 보통 실질적으로 심사의 대상이 되는 것은 세입예산의 경우는 '목', 세출예산의 경우는 '세부사업'이 그 대상이 된다고 이해하면 됩니다.

그리고 세출결산서의 내용 중 '세출예산액'은 세입예산액과 같이 최종예산액이라고 보면 됩니다. 역시 '건전재정운영의 원칙'에 따라 세입예산액과 같은 규모의 세출예산액을 편성하게 됩니다. 따라서 이러한 세출예산액은 회계별로 세입예산액과 총금액은 일치하도록 되어 있습니다. 즉, 세출예산액은 각 회계의 집행할 수 있는 총 규모가 정해져 있습니다.

이렇게 예산이 확정된 이후에 여러 예산의 변동사항들이 있게 되는데, 이러한 것들을 통틀어서 '예산성립 후 증감'사항을 표기하고 있습니다. 이 중 제일 첫 부분에 나오는 것이 바로 '전년도 이월액'이 되겠습니다. 이 전년도 이월액은 전년도에 사고이월, 명시이월, 계속비이월 등으로 이월시킨 사항들이 모두 각 사업별로 표기됩니다.

다음은 의회에서 의결해 준 예산집행에 있어서 특정 사업의 예산

부족이 예상되는 경우 다른 사업에의 집행 후 잔액이 발생할 것으로 예상되는 경우 변경할 수 있도록 "예산의 목적 외 금지원칙"에 예외적으로 인정해 주는 예산의 변동 사항들이 있습니다. 즉 예산의 이용 · 전용 · 이체 · 변경사용 등의 경우가 예외에 해당됩니다.

먼저 '이체'는 예산편성 당시에는 예측하지 못했으나 조직 · 직제 또는 정원 개편에 관한 법령 또는 조례의 제정이나 개정 · 폐지 등에 따라 관계 기관 사이에 직무 등이 변경되는 경우에 해당 예산을 변경하여 사용하는 경우를 말하며, 이러한 이체는 법령 등에 근거한 예산 변경사항으로 최종예산액에 포함하여 결산 내용을 작성하고 있습니다.

'이용'은 예산 총칙 부분에서 살펴본 바와 같이 의회에 사전에 의결을 얻어 인건비 등의 경비를 변경(정책사업 간에 상호 융통)하여 사용하는 경우를 말합니다.

그리고 '전용'은 특정 사업의 예산이 부족한 경우 집행잔액이 발생할 것으로 예상되는 사업의 예산을 변경(정책사업 내 단위사업 간 전용, 동일 단위사업 내 목 그룹 간 전용)해서 사용하는 것을 말합니다. 전용의 경우에는 전용 제한 목을 규정하여 의회가 의결해 준 예산 중 주요 예산에 대해서는 전용을 하지 못합니다. 즉, 전용 금지 항목 중 '인건비(기준인건비 범위 포함)', '시설비 및 부대비', '차입금원금상환', '차입금이자상환(차입금원금상환과 이자상환 상호간에는 전용 가능)', '예수금원리금상환' 등의 경우는 다른 편성목으로 전용할 수 없고, '업무추진비'의 경우는 다른 편성목에서 전용을 받을 수 없습니다.

'변경사용'은 전용과 같은 성격이나 전용과 달리 '동일 세부사업 간 또는 동일 세부사업 내 편성목(통계목 : 전용은 목 그룹 간 예산의 변경) 간 예산을 실 · 국장 책임하에 상호 융통하여 집행하는 것을 말합니다. 변경사용의 경우 재변경 사용 등은 불가하고, 전용제한 편성목은 변경사용이 제한되고 있습니다.

당초 예산 편성 당시에는 예측할 수 없었던 지출소요 경비가 발생했으나 전용이나 변경사용처럼 다른 사업의 집행 잔액을 예측할 수 없는 경우에 지방자치단체의 사업을 효율적으로 집행하기 위해서 예산운용에 탄력성을 부여한 제도가 바로 '예비비'라고 할 것입니다. 이러한 예비비의 경우도 전용 금지항목처럼 예비비로 지출하지 못하도록 하는 것들이 있습니다. 먼저 제도의 취지 등을 감안하여 볼 때 금지된다고 볼 수 있는 내재적 제약 사항들로는 (1) 연도 중의 계획이나 여건변동에 의한 대규모 투자지출의 보전, (2) 다음 연도로의 이월을 전제로 한 경비에 소요되는 것이나 이용 · 전용 등으로 재원의 소요를 우선적으로 충당할 수 있는 경우에는 예비비를 지출해서는 안 됩니다. 실정법상 제약 사항으로는 (1) 예산편성이나 지방의회의 심의 과정에서 삭감된 경비와 (2) 업무추진비 · 보조금 등이며, 긴급재해대책을 위한 보조금의 경우에는 예외로 집행이 가능합니다. 참고로 이러한 예비비의 경우는 '예비비' 예산과목에 편성된 금액을 감액하고 추가적인 예산집행이 필요한 사업명의 해당 예산과목 등을 증액하여 해당 사업비로 집행한다는 점을 이해해야 합니다.

세출예산에 있어서 '예산현액'이라고 하는 것은 해당 사업 예산을 집행할 수 있는 총 지출 한도라고 생각하면 됩니다. 즉, 예산현액은 당초 편성한 예산액에 추가경정예산액(증감), 간주처리예산(증감), 전년도 이월(사고이월, 명시이월, 계속비이월) 사업비(증), 이용(증감), 이체(증감), 전용(증감), 변경사용(증감), 예비비(증) 등을 감안해 실질적으로 예산집행이 가능한 금액을 말합니다. 들어올 수입을 예측한 세입예산현액과는 그 의미가 다릅니다.

이렇게 확정된 예산현액을 기준으로 예산을 집행하게 되며, 예산을 집행하는 단계에서는 총 예산액을 한 번에 집행하지 않기 때문에 예산 집행이 필요할 때, 그 때 그 때 사용할 수 있는 예산의 한도를 지정해 주게 되는데, 이렇게 예산부서에서 집행부서로 예산집행한도를 지정해 주고 통지해 주는 행위를 '예산의 배정'이라고 합니다.

예산을 배정 받은 사업부서는 해당 사업을 추진하게 되며, 이때 공고 등을 거쳐 계약 상대방이 정해지게 되면, 물품구매 또는 건설공사 등을 수행하기로 하고 그 대가에 상응하는 금액으로 계약을 체결하게 되고, 그 계약 등의 행위를 '지출원인행위'라고 합니다. 그리고 계약한 금액 등을 '지출원인행위액'이라고 합니다.

이렇게 지출원인행위, 즉 계약한 금액에 대해서 물품이 납품되거나 공사가 진척된 부분 만큼에 맞추어 그 대가를 지불하게 되는데, 그러한 대가의 지불을 지출(세출결산액, 세입에서는 실제수납액을 세입결산액)이라고 하고, 지출원인행위액 중 연도 내에 물품이 완전히 납품되지 못하거나 공사가 완료되지 못한 경우에는 해당 금액만큼은 대가를 지불하지 못하게 되며, 이렇게 당해연도 내에 지출하지 못하고 다음 연도에 납품이 완료되었을 때 지출하는 것을 세출예산의 이월(사고이월, 명시이월, 계속비 이월)이라고 합니다. 사고이월은 사전에 의회의 승인을 얻지 못했지만 부득이하게 다음 연도로 이월시켜 집행해야 하는 경우를 말하고, 명시이월이나 계속비 이월은 사전에 의회의 승인을 얻은 사업들을 이월시킨 경우를 말합니다. 사업기간으로도 해당 이월들을 구분해 볼 수 있습니다. 사고이월은 사업기간을 1년에서 2년, 명시이월은 한 번에 한해서 사고이월을 시켜 집행할 수 있기 때문에 보통 사업기간을 2년에서 3년으로 보고 있고, 계속비 이월은 보통 3년에서 5년의 사업기간을 거치게 됩니다.

이렇게 예산현액에서 지출원인행위를 하고 지출을 한 후에 다음 연도로 이월시킬 예산을 제외한 것을 예산의 집행잔액(불용액)이라고 합니다. 이렇게 예산 중 불용액에 해당하는 예산규모 만큼은 당초에 다른 필요한 예산으로 편성했더라면 보다 예산이 효율적으로 집행되었을 것이기 때문에 예산집행잔액에 대해서는 많은 비판을 받게 되는 것입니다.

순세계잉여금(純歲計剩餘金)

앞에서 세입예산과 세출예산의 전체적인 흐름에 대해서 살펴보았습니다. 지금부터는 순세계잉여금이라는 용어를 한 번 살펴보겠습니다. 우선 예산현액이 1,000억 원이었다고 할 때, 세입의 실제수납액(세입결산액)이 예산보다 더 들어와서 1,300억 원이었고, 세출예산의 지출액(세출결산액)이 800억 원이었을 때, 세입결산액에서 세출결산액을 차감한 잔액, 즉 1년간에 총 남은 자금을 세계잉여금이라고 합니다. 이러한 세계잉여금 중에서 다음 연도로 이월하여 집행할 사고이월, 명시이월, 계속비이월 상당액과 다음 연도에 반납해야 할 보조금을 집행하고 남은 부분에 대해서는 내년도에 자금을 사용해야 하기 때문에, 이 부분을 제외한 부분이 바로 순수하게 남은 세계잉여금이기 때문에 이 부분을 '순세계잉여금'이라고 하는 것입니다.

예산현액	1,000억 원
세입(결산)액 세출(결산)액	1,300억 원 -800억 원
세계잉여금	500억 원
이월사업비(사고, 명시 등) 보조금 사용 잔액	-200억 원 -100억 원
순세계잉여금	200억 원

→ 다음 연도 추가경정예산의 재원

이렇게 발생한 '순세계잉여금'은 회계연도 독립의 원칙에서 예외적으로 다음 연도로 사용할 수 있도록 인정해 준 사항으로, 보통 다음 연도 추가경정예산의 주된 재원(순세계잉여금으로 우선적으로 상환한 지방채 상환 등을 제외한 규모)이 되기도 합니다.

10

결산심사 때 꼭 검토해야 할 사항

세입결산에 대해서는 어떠한 것들을 살펴보아야 할까요?

세수입은 예정대로 확보되었는지를 살펴보고, 미수납액이 발생한 경우 왜 발생했으며, 예산상 수입액이 적정했는지에 대해서도 살펴보아야 할 것입니다. 세입예산은 세출예산과 같은 규모의 예산을 편성하기 때문에 해당 세입이 적게 들어 올 경우에는 세출예산을 집행하지 못할 수 있고, 이렇게 집행이 어려울 경우 행정 서비스 제공에 차질을 빚게 될 수 있습니다. 따라서 세입 부족에 상당하는 규모만큼에 대한 세출예산의 집행제한조치 등 비상조치가 이루어져야 할 경우가 생길 수 있기 때문에 세입이 적게 들어오는 것은 바람직하지 않다고 할 것입니다.

보조금 등의 경우는 당초 예정대로 들어왔는가, 감수(減收)가 있었다고 한다면 그 이유는 무엇인지에 대해서 점검이 필요합니다.

기채(채무를 일으키는 행위)는 예산에 계상했던 대로 차입이 되었는지, 차입이 되지 못하였다면 어떤 사정 때문에 차입을 일으키지 못했는지 점검해 보아야 합니다.

중요 재산이나 물건의 매각에 따른 매각수입이 예산대로 수입되었는지, 감수가 있었다고 한다면 그 이유는 무엇인지에 대해서도 검토가 필요합니다.

예산에 계상한 액수를 넘어선 수입 또는 예상하지 않았던 수입이 있었을 경우 그 원인이 무엇인지 점검하고 향후에도 반복적으로 그런 사안이 발생할 개연성은 없는지 점검해야 할 것입니다. 세입이 적게 들어온 경우도 문제가 되겠지만 세입이 초과해서 들어오거나 예상하지 않았던, 즉 예산에 편성하지 않았던 세입이 발생했다고 한다면, 세출예산 또한 이만큼 편성되어 있지 못하기 때문에 세입초과의 경우에도 세출예산 자체를 편성하지 못합니다. 따라서 세입 초과분만큼 예산을 집행할 수가 없기 때문에, 효율적인 재정운용을 위해 정확하고 적정한 세입예산 편성 노력이 요구됩니다.

세출결산에 대해서는 어떠한 부분들을 점검해 보아야 할까요?

사업예산 비목의 이 · 전용 · 변경 사용이 관련 법령의 절차 등에 어긋나게 이루어진 사항은 없었는지 특히, 예산의 이 · 전용 · 변경 사용이 '예산의 목적 외 사용금지원칙'의 예외로 인정되고 있는 사안인 만큼 무분별한 이 · 전용 · 변경 사용 등으로 예산을 방만하게 운용하는 사항이 없도록 점검이 필요하다고 하겠습니다. 즉, 예산에 편성되지 아니한 항목을 전용이나 변경 사용을 통해 추진한다든지, 예산이 부족하다고 하여 다른 항목에서 전용한 예산을 재차 다른 예산으로 전용하는 등의 사례나, 당해 사업의 집행잔액이 전용(증액)한 예산액보다 큰, 이른바 전용 자체가 불필요했던 전용 등의 경우는 의회가 심의 · 의결해 준 예산을 집행부에서 불필요하게 자의적으로 방만하게 집행하는 사례라고 할 수 있습니다.

특히 예비비의 경우는 지방자치단체가 예측할 수 없었던 불가피한 지출에 충당하기 위해서 집행하도록 인정해 주는 제도인 만큼, ▶예산의 효율적인 집행을 위해서 '예산의 사전절차이행의 원칙'에 부합되기 어려운 연도 중 계획에 의한 대규모 투자지출을 예비비로 사용하는 경우나, ▶다음 연도에 예산확보가 어려울 것으로 판단되는 경비 등을 다음 연도로 이월시킬 것을 전제로 예비비를 활용하는 경우, ▶예산편성과정에서 지방의회의 심의과정에서 삭감되었던 경비를 예비비로 지출하는 행위(법령에서 금지사항으로 규정)나, ▶긴급재해대책을 위한 보조금을 제외한 보조금과 업무추진비의 경우는 예비비로 집행을 하지 못하도록 규정하고 있다는 점에 착안하여 예비비의 지출사항을 점검해야 할 것입니다. 특히 예비비 지출의 경우는 세입세출결산 승인과는 별개로 예비비의 지출사항을 의회에서 심사하도록 한 것은 그만큼 지방자치단체가 예비비 집행에 있어 신중을 기하도록 하고 있다는 입법취지를 고려한 심사가 필요하다고 할 것입니다.

법령에 근거하지 않은 경비의 지출이나 법령에 위반한 지출사항이 있었는지에 대한 점검도 필요하다고 할 것입니다. 예를 들면 △△△위원회 관련 조례가 의결되기도 전에 해당 위원회의 수당, 보상금 기타 관련 경비를 예산에 편성 · 집행하는 사례 등의 경우가 그러합니다.

매년 일정 수준의 집행잔액(불용액)이 발생하는 사업의 경우는 그 사유가 무엇인지 점검이 필요하다고 할 것입니다. 특히 이러한 경비는 다음 연도 예산 편성시 집행잔액 비율 등을 감안한 예산 감액 조정 등의 후속 조치가 동반되어야 합니다.

일시차입금의 이자지급이 어느 정도 규모이고, 왜 차입하지 않으면 안 되었는지에 대한 점검과 함께 변제시기를 무작정 늦추어서 쓸데없는 이자가 지급되지는 않았는지도 함께 점검이 이루어져야 할 것입니다. 당초 예산편성시 예산총칙에 명기하여 의결받은 일시차입한도는 그야말로 한도일 뿐이지만 그 일시차입이 실제로 발생한 사례가 있는지, 또 일시차입 없이 예산을 효율적으로 집행할 수는 없었는지 등에 대한 검토도 필요하다고 할 것입니다.

특별회계 중 포괄경비(탄력조항)에 의한 지출이 있었을 경우 그 지출이 조례에 위반하고 있지는 않은지에 대한 점검과 아울러 포괄적 성격의 경비의 경우는 의회의 예산심의권을 무력화시키는 가장 대표적인 예산편성 사항이기 때문에 포괄예산의 경우는 세부 항목별로 예산을 편성하고 의회의 의결을 얻도록 해야 합니다.

행정효과의 확보 측면에서는 어떠한 것들을 살펴보아야 할까요?

편성한 예산과 관련한 행정집행이 예산에서 기대한 효과를 거두었는지에 대한 분석이 필요합니다.

편성한 시설비 관련 예산집행에 따라 공사가 계획대로 추진되고 있는지, 설계변경 사항이 있을 경우 그 이유가 무엇인지 그리고 당초

예산 편성 단계에서 그 설계변경사항을 예측할 수 있었던 사항은 아닌지 점검이 필요하다고 할 것입니다. 즉 당초 예산 편성시에는 대규모 예산의 편성이 어려울 것으로 판단하고 소액의 예산만을 편성 및 심의 · 의결 받은 후에 설계변경 등을 당연한 과정으로 거쳐 예산의 규모를 점차 확대해 나가는 사례 등은 보다 효율적인 예산 편성 및 집행을 위해서는 발생해서는 안 될 일입니다.

시설비 집행사항에 대해서 공공시설이나 관련시설 등이 얼마만큼 정비 또는 개선되었는지, 그리고 그 예산집행이나 정비 등에 의해서 주민생활의 편리성은 얼마나 향상되었는지에 대해서도 반드시 점검하고 넘어가야 할 항목들이라고 하겠습니다.

지역주민 즉, 지역 내의 인구 수의 증감사항에 따른 공무원 수의 증감 사항과 소요인력이 제대로 적재적소에 배치가 되어 있는지, 또한 일반재원에서 차지하는 급여성 경비(인건비)의 비율이 얼마나 변화가 되었는지에 대한 점검 등을 통해 인력운영의 효율성 등을 점검해 보아야 할 것입니다. 특히, 인력운영과 관련되는 민간위탁의 경우는 이러한 적정 인력운용을 잘한다고 보고하면서 민간위탁의 규모가 엄청난 수준으로 증가된다고 한다면 실질적인 인력운용에는 실패한 것으로 볼 수 있으므로, 인력운용과 민간위탁 예산의 증감 사항에 대한 부분은 함께 검토가 필요한 사항입니다.

지방자치단체의 재정구조의 변화에 대해서는 어떤 부분들을 살펴봐야 할까요?

지방채 관리와 관련해서는 관련 예산의 집행결과, 지방채의 현재액은 얼마나 변화되었는지, 또 향후 중장기적인 지방채 등의 관리 계획은 어떻게 되는지에 대한 점검도 있어야 합니다.

공유재산의 관리 측면에서도 행정재산, 일반재산(구 잡종재산)은 얼마나 증감되었으며, 또한 그것에 동반하는 관리의 증감사항은 어느 정도인지에 대해서도 점검이 필요할 것입니다. 과도한 재산 매각으로 인해 꼭 필요한 재산이 부족해질 소지는 없는지, 또는 지나친 재산의 취득으로 인해 불필요한 관리 비용이 발생할 우려는 없는지 등 관련 재산들의 사용목적이나 보유목적 등에 대한 점검과 관리 상황 등에 대해서도 검토가 필요합니다. 즉, 공용, 공공용의 적정 보유 여부, 일반재산의 방치 등에 따른 변상금 부과 등 관리부실 사례 등은 없는지 등에 대한 점검도 필수적입니다.

지방자치단체의 종합적인 재정력은 어떻게 변화되었는지에 대한 점검도 필요하다고 할 것입니다. 즉, 해당 지방자치단체를 잘 운용하고 있는지에 대한 종합적인 관점에서의 조망이 요구됩니다. 이 경우는 재무결산(재무제표) 중에서 총괄설명 부분에 있는 재무분석 부분의 각종 재무지표분석 자료를 참고해서 자치단체의 종합적인 재정능력의 점검 및 개선방안 모색을 위한 검토가 필요합니다.

각각의 결산분류별 중점 검토사항들은 어떠한 것들이 있을까요?

다음은 결산분류별로 해당 결산의 적정성 및 효율성 등을 검토하기 위한 사안들로, 관련 내용들에 대하여 하나씩 짚어 보면서 개선방안의 모색과 효율적인 집행 방안에 대한 검토가 필요합니다.

① **결산총괄**

- 세입 · 세출결산 보고서, 지방금고의 계산증명 및 결산 검사위원의 검사의견서 일치 여부
- 세입 · 세출결산보고서 및 예비비 사용명세서상의 예비비 각 과목별 집행내용의 일치 여부
- 전년도 결산 중 다음 연도 이월액과 당해연도 결산의 전년도 이월사업비의 일치 여부
- 국고보조금 집행현황의 보조금 사용잔액과 결산총괄의 보조금 사용잔액의 회계별 일치 여부
- 최근 5년 간의 결산검사 지적사항에 대한 이행 및 수용 여부(조치결과)
- 전년도 결산심의시 집행기관에 대한 시정요구 또는 촉구사항의 이행 여부와 그 내용

② **세입결산**

- 전년도 세출결산의 사고이월, 명시이월, 계속비 이월사업비의 합계액과 당해연도 세입결산의 "임시적세외수입-이월금" 중 "전년도 이월사업비"와의 일치 여부
- 전년도 결산 중 보조금사용잔액과 세입결산의 "임시적세외수입-이월금" 중 "국고 · 시도비보조금 사용잔액"과의 일치여부
- 국고 · 시도비보조금 집행현황의 국고 · 시도비 수령액과 세입결산의 국고 · 시도비보조금 세입결산액의 일치 여부
- 세목별 예산액 대비 징수결정액 증감사유와 그 타당성 여부

- 세목별 징수결정액 대비 수납액 증감사유와 그 타당성 여부
- 사유별 미수납액, 불납결손액 및 전년도 이전 미수납액 중 당해연도 수납액, 불납결손액 및 미수납액 등 검토
- 지방세 이의신청, 심판청구 및 행정소송제기 현황
- 세외수입 종별 예산액 대비 징수결정액, 수납액 증감사유
- 세외수입 종별 수납액, 불납결손액 사유
- 지방채 발행, 차입금 수입의 예산총칙상의 한도액 범위 내의 집행 여부
- 국고부담을 전제로 한 지방기채 등에 의한 재원의 조달 및 사업 시행 후 국고보전 재원세입 여부와 미보전시 그 사유 및 대책
- 교부금, 양여금, 보조금의 내시액과 교부액의 일치 여부 및 차액 발생시 그 사유
- 보조금 집행잔액의 반납 경우 그 사유와 금액의 적정 여부

③ 세출결산

- 전년도 결산의 사고이월, 명시이월 및 계속비 이월사업비와 당해연도결산의 전년도 이월사업비의 일치 여부
- 이 · 전용 · 이체조서, 예비비집행조서와 세출조서와의 일치 여부
- 예산성립의 일치여부(최초 예산편성분+추가경정예산+간주처리예산=결산상 최종 예산)
- 세출예산을 초과한 예산배정 여부(사업별 확인)
- 지출원인행위를 초과한 지출 여부
- 집행후 반납예산의 적정처리 여부

- 세출결산의 기능별, 성질별 예산액 대비 결산액 증감 사유
- 주요 계속사업의 집행실적 및 연도 중 계획, 예산의 변동상황과 그 사유
- 각종 보조사업의 집행실적과 지방비 부담실적
- 개인, 민간단체 등에 대한 보조금, 출자, 출연 등의 집행실적과 각 대상별 총 사업집행 및 자체재원 조달실적
- 결산상 잉여금에 의한 세입 · 세출의 처리현황
- 연례적인 이 · 전용의 사례와 그 사유
- 이용범위를 벗어난 사례와 그 사유
- 동일목적의 경비를 중복해서 이 · 전용한 사례와 그 사유
- 전용의 제한규정을 위반한 사례
- 당초 예산에 편성되지 않았거나 예산심의시 삭감되었던 예산의 사업전용을 통한 사업예산의 집행 여부
- 사고이월비의 원인행위액과 원인행위부상의 금액 일치 여부
- 전년도 이월사업비의 이 · 전용 여부
- 예비비 지출결정액의 이 · 전용 사례
- 추경편성 또는 예비비 지출의 이 · 전용에 따른 사업 미집행 사례와 그 타당성 여부
- 소관별, 월별 또는 분기별 이 · 전용 현황 및 연도 말, 즉 12월 중 이 · 전용한 경비내용과 그 사유
- 이월재원 확보 또는 특정부문의 사업을 추가, 신규 지원하기 위한 이 · 전용 여부 및 그 타당성 여부
- 명시 · 사고이월액의 규모 적정성

- 개별사업의 이월 요건 부합 여부 및 이월액 책정의 적정 여부
- 사고이월액의 재이월 여부
- 명시이월액의 재이월 여부와 명시이월액의 사고이월 여부 및 그 사유
- 경비 성질별, 사유별 불용액 현황
- 계획변경에 의한 주요사업의 불용액 발생 여부 및 그 사유
- 수입대체경비의 세입 내 세출 집행 여부
- 수입대체경비의 목적 외 집행 여부
- 수입대체경비 초과수입에 따른 초과지출한도액 및 초과지출의 타당성 여부

④ 계속비결산

- 종료사업
  - 사업별 · 비목별 · 연도별 결산액과 당해연도 세출결산상의 동일비목 결산과의 일치 여부
  - 종료연도 연부액의 사고이월 여부 및 그 타당성 여부
  - 계속비의 총사업비와 연부액을 이 · 전용에 의한 변경 여부 및 그 타당성 여부

- 진행사업
  - 연부액의 비목별 집행액과 세출결산상 동일비목 결산과의 일치 여부
  - 연부액 재차이월현황 및 그 타당성 여부
  - 연부액의 이 · 전용의 타당성 여부

⑤ **채권 · 채무**

- 채무부담한도액 범위 내의 채무부담 여부 및 채무부담액의 변동 사유와 그 금액
- 채무종류별 발생, 증감현황과 현재액 및 향후 이행대책
- 채권의 누락, 과소 또는 과다계상 여부 및 채권의 이행대책
- 세입금에 속하는 채권의 현재액과 세입결산상 미수납액과의 일치 여부

⑥ **금고**

- 회계별 수입 · 지출의 확인
- 세입부와 세출(지출)부의 기록 일치 여부 확인
- 현금과 유가증권의 실사
- 세입세출외현금의 종류와 관리운용 확인
- 지방자치단체장의 명의로 되어 있는 예금 중 장기간 방치되어 관리되지 않은 예금의 존재 여부
- 납부한 세입금의 약정기간 내 정확한 세입조치 여부(약정기간 이후에 입금 처리하는 사례)
- 지급명령된 세출예산의 지출시 채주가 불명확하여 별도로 관리하면서 장기간 조치하지 않은 자금의 존재 여부

⑦ **재산 · 물품**

- 소유재산의 구분 관리 : 관리대장과 재산의 실재성 확인
- 관리재산(국유 · 공유)의 관리상황 확인

- 대부재산과 세입을 연결하여 누락 여부 확인
- 물품관리대장과 증감 및 현재액 확인
- 공유재산 또는 물품의 구매에 소요된 예산의 집행부분을 공유재산 또는 물품현재액 보고서에 계상 여부
- 정수물품이 아닌 비정수물품의 지속적인 관리 여부
- 공유재산 또는 물품 등 어느 곳에도 법상 등재치 않은 자산의 관리 여부

⑧ 예비비

- 예비비 지출 결정
  - 사항별 예비비 지출사유 및 지출 결정금액의 타당성 여부
  - 비목별 지출결정액과 세출결산상의 비목별 예비비 사용액과의 일치 여부
  - 연례적, 반복적 경비의 예비비 지출결정 여부 및 그 타당성
  - 재원확보를 위한 이월을 전제로 한 연도말(12월 중) 예비비 지출결정 여부와 그 사유
  - 특정부분의 지원을 위한 예비비 지출결정 여부와 그 타당성
  - 예비비 추가소요지원을 위한 예비비 지출결정 여부와 그 타당성
  - 지출결정액의 미배정현황 및 그 사유
  - 동일목적의 경비에 대한 예비비 지출결정 후 집행과정에서의 감액 지출결정 사례와 그 타당성 여부
  - 특별회계에 대한 예비비 지출결정사례 및 그 타당성 여부

• 예비비 집행

– 지출결정액 중 이월액, 불용액 현황 및 세출결산상 동일비목의 이월액 및 불용액 초과 여부

– 지출결정액 집행과정에서의 사정변경으로 인한 미집행현황 및 그 사유

⑨ 기금의 경우 중점적으로 살펴보아야 할 부분들은 과연 무엇일까요?

기금의 경우에도 일반적으로 세입세출예산의 결산에 준하여 검토가 필요하다고 하겠습니다만, 기금은 법령 등에 규정되어 있는 특별한 기금 외에는 가능한 예산에 편입하여 집행하는 것이 보다 더 효율적인 경우가 많습니다. 그렇기 때문에 최근에는 무분별한 기금의 설치를 제한하기 위해서 자체 기금을 설치할 경우에는 그 존속기한(5년)의 설정을 의무화하는 기금일몰제를 도입하여 시행하고 있고, 민간전문가가 3분의 1이상이 참여하는 기금운용심의위원회의 설치도 의무화하고 있습니다.

따라서 기금의 존립근거가 되는 해당 조례의 목적에 맞게 기금이 운용되고 있는지에 대한 점검이 가장 중요한 부분이라고 하겠습니다. 즉, 기금의 세출예산 집행 사항 중에서 기금의 설치목적에 해당하는 고유목적사업의 집행비율이 적정한지 살펴볼 필요가 있습니다. 이 비율이 저조하다는 것은 당해 기금은 조례에 정한 기금의 목적에 맞게 활용되지 못하고 있기 때문에 해당 기금은 폐지하고 관련 세출예산의 집행에 있어서는 일반회계 또는 특별회계에 편성하여 집행하는 것이 보다 효율적인 재정운용입니다.

다음은 기금의 결산 관련 검토 사항입니다.

- 각 기금의 목적과 법적근거, 존치기한의 적정성
- 각 기금별 사업운용실적(기금의 설치목적 부합 여부) 및 재원조성현황과 그 타당성 여부
- 기금운용계획의 연도 중 수정 여부(정책사업 지출금액의 20퍼센트 초과 변경시 지방의회 의결 필요)와 그 사유
- 운용재원조달을 위한 채무발생 또는 차입실적과 상환실적
- 연도 중 자금부족을 보전하기 위한 일시차입금을 운용재원으로 사업수행 했는지 여부와 동 일시차입금을 장기차입금으로 상환한 사례와 그 사유

3장

지방의회의 감사 · 견제 활동 제대로 하기

우리나라와 같이 지방의회와 단체장에게 각각 독자적인 권한을 부여하고 상호 견제와 균형을 이루도록 유도하는 기관대립형 자치제도 아래서는 막강한 권한을 갖고 있는 단체장의 전횡과 일방적 독주를 견제, 감시하기 위해서라도 지방의회의 적극적인 권한 행사와 역할이 매우 중요합니다.

1

행정사무감사*, 잘하고 싶어요 강상원

행정사무감사 이해하기

대의제 민주주의 국가에서는 주민이 자신의 의사를 반영할 대표자를 선출하고, 그 대표자에게 정치 운영을 맡깁니다. 지방의회는 바로 주민이 스스로 선출한 지방의원으로 구성된 대표기관이며, 주민의 대의기구입니다. 따라서 관할 구역의 자치입법권을 행사함과 동시에 지방권력의 행정 행위에 대해 견제하고 감시하는 역할을 수행합니다.

우리나라는 지방자치단체를 구성하는 지방의회와 집행기관 간에 견제와 균형의 원리에 입각해 상호 협력하도록 하는 기관대립형 자치제도를 채택하고 있습니다. 국회가 「헌법」 제61조에 따라 국정운영 전반에 대한 광범위한 감사권을 갖는 것처럼, 「지방자치법」에서는 지방의회가 단체장과 집행기관의 전반적인 행정에 대해 감사할 수 있도록 행정사무감사 권한을 폭넓게 부여하고 있습니다.

행정사무감사(이하 "행감")는 지방의회가 해당 지방자치단체의 전반적인 행정에 대해 감사하는 활동입니다. 지방의회가 단체장에게 행사할 수 있는 가장 강력한 통제 수단 중 하나이며, 단체장의 일방적 독주와 전횡을 제어하는 데 매우 유용하게 작용합니다. 행정사무 전반에 대한 실태파악을 통해 사업의 합법성 · 합목적성 · 적합성 등을 점검하고 잘못된 부분은 시정을 요구할 수 있습니다. 또한 이 과정에서 예산 심의를 위한 예비지식과 조례 제 · 개정에 필요한 입법 정보를 얻기도 합니다. 행감은 각종 민원을 해결할 수 있는 장으로 활용되기도 합니다.

행감은 제1차 또는 제2차 정례회 회기 중에 실시합니다(광역 지방의회의 경우 14일, 기초 지방의회의 경우 9일 동안 실시). 지방의원은 행감을 준비하면서 필요한 서류제출, 단체장 · 관계 공무원과 관계인의 출석 · 증언, 참고인 의견진술을 요구할 수 있습니다. 단체장은 행감에서 시정 · 처리요구된 사항을 처리하고, 그 결과를 의회에 보고해야 합니다. 만약 증인이 위증할 경우에는 고발될 수 있으며, 서류제출를 받은 자가 기한 내에 성실히 이행하지 않는 경우 또는 증인이 정당한 사유 없이 불출석하거나 증언을 거부할 경우에는 500만 원 이하의 과태료가 부과됩니다. 그러나 처벌의 수준이 낮아 실효성이 떨어진다는 지적이 있어 왔습니다. 행감의 특징은 다음과 같이 정리할 수 있습니다.

---

* 《지방자치 가이드북》(생활정치연구소 편, 2010)의 2장 행정사무감사 가이드 편의 필자 글을 기반으로, 관련 법령 개정사항 들을 반영하여 새로 썼음을 밝힙니다.

행정사무감사의 특징

구분	내 용
포괄성	• 자치단체 고유사무, 국가위임사무(단체+기관) 등 사실상의 지방자치단체 모든 사무에 대해 감사 (국회와 시도의회가 직접 감사하기로 한 부분 제외)
정기성	• 조례의 규정에 따라 제1차 또는 제2차 정례회 회기 내에 실시 (시 · 도의회 14일, 시 · 군 · 자치구의회 9일 범위)
공개성	• 지방의회 모든 회의는 공개가 원칙(본회의 또는 감사위원회의 의결로 비공개 감사 가능)
강제성 (의무성)	• 지방자치단체의 장 및 관계공무원의 출석보고의 의무 • 현지 확인, 서류제출 요구, 단체장 · 공무원 · 관계인의 출석 · 증언 요구, 참고인의 의견진술 요구 • 시정 · 처리요구사항의 처리 의무 • 시정요구 · 처리결과의 보고 의무 • 위증인의 고발, 불성실 서류제출 또는 증인의 불출석 · 증언 거부 과태료(500만 원 이하)

피감사기관은 행감의 당연 대상이 되는 기관과 본회의의 의결을 거쳐야 하는 기관으로 구분할 수 있습니다. 전자는 ▶해당 지방자치단체, ▶지방자치단체의 소속 행정기관 및 하부 행정기관, ▶교육 · 과학 및 체육에 관한 기관, ▶지방 공기업이 속합니다. 본회의가 필요하다고 의결하는 후자의 경우는 ▶지방자치단체 사무의 일부를 위임하거나 위탁받은 지방자치단체, 공공단체 또는 그 기관 등, 지방자치단체가 4분의 1 이상 출자 · 출연한 법인 등입니다.

행정사무감사의 대상기관(지방자치법 시행령 제44조①)

구 분	대상기관	세부 기관
당연 대상	해당 지방자치단체	• 본청 실 · 국 · 본부(사업소 포함)
	소속 행정기관	• 직속기관 : 자치경찰(제주특별자치도), 소방기관, 교육훈련기관, 보건진료기관, 시험연구기관, 중소기업 지도기관 • 사업소, 출장소, 합의제 행정기관(감사위원회, 자치경찰위원회, 시민옴브즈만 등)
	하부 행정기관	• 자치구가 아닌 구 · 읍 · 면 · 동 및 그 행정기구
	교육 · 과학 · 체육기관	• 교육청 등
	지방공기업	• 지하철공사, 농수산식품공사, 도시공사, 시설공단 등 공사/공단
본회의 의결 대상기관	위임 · 위탁 단체 또는 기관	• 지자체 사무를 위임 · 위탁받아 처리하는 지자체, 공공단체 또는 그 기관(사업소, 출장소 포함), 법인 · 단체 또는 그 기관 등
	지방공기업 외 출자 · 출연법인	• 출자 · 출연법인 중 지방자치단체가 4분의 1 이상 출자 또는 출연하는 법인 ※ 출자 · 출연에 관련된 업무, 회계, 재산에 한함

한편, 행감은 지방의회가 무한대로 행사할 수 있는 권한이 아닙니다. 권력분립 원칙에 따른 한계를 가지고 있으며, 단체장을 직접 통제하거나 정치적으로 압박할 수 없고, 법원에 계류 중인 사안에 관해서 또는 현재 진행 중인 범죄 수사를 방해하거나 소추에 관여할 목적으로는 감사할 수 없습니다. 그리고 행감은 행정사무에 대한 감사이므로 개인의 사생활을 침해해서는 안 됩니다. 이와 관련해 지방의원은 국회의원과 달리 의회에서의 발언에 대한 면책특권을 갖지 않습니다. 따라서 정보를 공개하는 과정에서 개인의 사생활이 침해되면 관계법

에 의해 민 · 형사상 책임을 질 수 있습니다. 또한 국가이익과 관계된 부분에 대해 감사할 수 없고, 감사 과정에서 주민의 기본권이 침해되지 않도록 신중을 기해야 합니다.

행감은 준비단계와 실시단계, 감사 이후 처리 단계의 절차를 거쳐 진행됩니다. 다음에서는 이러한 형식적인 진행 절차보다는 의원의 입장에서 행감을 잘 치를 수 있는 노하우를 단계별로 나누어 설명하겠습니다.

행정사무감사 절차

준비 단계	실시 단계	처리 단계
• 감사시기 결정 • 감사계획서 작성 • 대상기관 승인 • 사무보조자 선임 • 보고 · 서류제출 등 감사계획서 송달	• 감사실시 : 감사선언, 인사 : 증인 선서 : 기관장 인사 : 보고 청취 : 질의, 답변 : 강평, 종료	• 보고서 제출 (상임위 → 의장) • 감사결과 이송 • 처리결과 보고 • 처리결과 통지 (의회 → 상임위)

행정사무감사 잘 하는 노하우

▶ 감사 준비단계

비판적 시각이 중요합니다.

감사원이나 행정기관의 감사와는 성격이 조금 다르지만, 행감도 엄연한 감사활동입니다. 그래서 비판적 시각을 갖춰야 합니다. 정책

수립에서부터 사업 종료와 환류단계에 이르기까지 모든 과정에 의구심을 갖고 접근해야 합니다. 이 사업을 왜 하지(why)?, 이 사업을 통해 얻고자 하는 것이 뭐지(so what)? 이 사업을 안 하거나 줄이면 어떤 문제가 생기지(if not doing)? 꼭 이 방법밖에 없어(how else)?라고 끊임없이 자문하기 바랍니다.

집행기관은 항상 사업의 긍정적인 측면만을 부각시키고, 순기능적인 면만을 강조합니다. 그러나 동전에도 양면이 있듯이, 이면에 존재하는 부정적인 측면을 들여다봐야 합니다. 화려한 미사어구나 현상에 현혹되지 말고, 사물의 본질을 꿰뚫어야 봐야 합니다. '왜 이럴까?' 라는 물음표를 항상 달고 살아야 합니다. 주민의 불평이나 애로사항은 물론, 평상시 의문이 드는 사항은 사소한 것이라도 일일이 메모하는 습관을 가져야 합니다. 현장에서 수집된 의문과 문제들은 행감에서 훌륭한 질의 사항이 될 수 있습니다.

또한 집행기관의 '관행'을 그대로 인정하지 않도록 주의해야 합니다. 대부분의 관행은 행정편의적 발상에서 발생했고 고착화됐습니다. 행정 서비스의 고객층인 주민의 시각에서 관행을 바라보면 반드시 그 안에 숨어 있는 함정을 발견할 수 있을 것입니다. 고 김광석의 노랫말처럼 "인정함이 많을수록 새로운 발견은 점점 멀어진다"는 사실을 명심해야 합니다.

최소 두 달 전부터 준비해야 합니다.

앞서 설명했듯이, 행감은 광역의회의 경우 14일, 기초의회의 경우 9일이란 짧은 기간 동안 실시합니다. 이 감사기간 동안 한 개 위원회가 살펴봐야 할 피감기관은 너무나 많습니다. 정부 감사도 예비조사에만 3개월 이상이 소요됩니다. 두 달은 자료 수집 · 분석 · 정리 등을 위한 최소 필요기간입니다.

감사는 공휴일을 제외하곤 거의 하루도 쉬지 않고 이어집니다. 피감기관이 많다보니, 하루에 여러 기관을 함께 감사하는 일도 다반사입니다. 사실상 집행기관의 일 년치 농사거리를 단 하루 만에 진단 · 점검하고 문제점을 밝혀야 합니다. 당일치기 조사로는 피감기관에 대한 심도 있고 철저한 감사가 절대로 이뤄지기 어렵습니다.

따라서 행감에 대한 사전 준비가 반드시 필요합니다. 평상시 관심분야나 민원이 자주 발생하는 분야에 대한 자료를 꾸준히 수집하고, 필요한 경우 시민사회단체, 전문가, 노조 등에 도움을 구하면 감사 준비를 효율적으로 할 수 있습니다. 시간 여유를 갖고 철저하게 감사 준비에 임하도록 합니다.

감사 목적과 방향을 정합니다.

지방의원이 보좌직원도 없는 상황에서 방대한 행정사무 전부를 감사하는 것은 물리적으로 불가능합니다. 현실적 한계를 인식하고 감사목표와 방향을 설정하고, 집중 공략할 감사기관과 업무를 전략적으로 선정합니다. 지방세 업무를 감사한다고 할 때, 모든 지방세 관련 서류를 검토할 수는 없습니다. 이때는 결손처분, 체납액 증가, 과오납금 미반환, 이의제기와 재부과, 행정심판과 소송, 지방세 징수대책 등 문제가 주로 발생하는 부분에 중점을 두고 감사하는 것이 효과적입니다.

행정업무에 관한 정보를 독점하고 있는 집행기관을 성공적으로 감사하려면, 의원 간에 감사 업무를 분담할 필요도 있습니다. A의원은 ㅁㅁ국의 △△과, B의원은 같은 국의 ○○과, C의원은 ××과를 담당하는 방식으로 감사에 '선택과 집중'을 합니다. 의원 간 감사 중복을 막고 담당 부서를 심도 있게 감사할 수 있는 장점을 발휘할 수 있습니다.

서류제출요구는 성공적인 감사의 기본입니다.

행감 대비 자료 요구는 감사의 성패를 가름하는 요인 중 하나입니다. 피상적인 자료 요구는 집행기관과 의원 모두에게 시간과 행정의 낭비를 초래할 뿐입니다. 더욱이 집행기관은 의원이 요구한 자료목록의 내용과 범위를 넘어서는 자료를 친절하게(?) 제공하지 않습니다. 2차, 3차에 걸쳐 같은 자료를 재요구하지 않도록 처음부터 세부적이고 구체적으로 자료를 요구해야 합니다.

그런데 집행기관이 과거에는 「정보공개법」상의 비공개대상 정보라는 이유를 들어 자료 제출을 거부하기도 했습니다. 그러나 지방의회의 서류제출요구는 일반 주민이 민간인의 신분에서 요구하는 정보공개 청구가 아닙니다. 의회와 단체 간 자료제출은 「정보공개법」이 아닌 「지방자치법」상의 서류제출요구 절차를 따라야 합니다.

최근에는 「개인정보보호법」을 이유로 자료제출을 거부하는 사례가 있습니다. 물론 개인의 사생활 침해 목적의 권한 행사는 불가능합니다. 다만, 주민등록번호나 성명 등 특정 개인을 식별할 수 있는 부분을 삭제하거나, 해당 자료를 열람하는 수준이라면 얼마든지 자료 제공이 가능하다는 점을 반드시 기억해 감사 준비에 지장이 없도록 해야 합니다.

이밖에 ▶공기업 영업비밀에 속한다, ▶사업이 진행 중이다, ▶자료 취합이 어렵다, ▶해당 자료나 회의록이 없다, ▶연구보고서가 완성되지 않았다 등과 같은 여러 이유를 들어 자료제출 요구를 거부하기도 합니다. 그런데 이러한 변명 아닌 변명 속에 집행기관이 자기함정에 빠지는 경우도 있습니다. 예를 들어 회의록이 없다면 관리상의 부실을 스스로 고백한 것입니다. 사업이나 연구가 진행 중이라면 지금까지의 진행상황이나 착수 · 중간보고서를 받아볼 수 있을 것입니다. 이 점을 유념해 자료를 받는 데 어려움이 없기 바랍니다.

폭넓게 정보를 수집합니다.

행감 지적사항은 지방의원의 평상시 의정활동 속에서 자연스럽게 수집됩니다. 지역행사에 참석해 지역의 고질적인 문제나 주민불편 사항을 접하기도 합니다. 업무보고, 조례안이나 예 · 결산 심사 때 보고 들은 정보들이 곧바로 감사의 바탕이 됩니다. 업무상 알게 된 공무원, 지인이나 전문가, 사회관계망 속 인물들이 중요한 정보원일 수 있습니다. 신문이나 전문잡지, 학술지, 인터넷 등에서도 놀랄 만한 행감 아이템을 찾아낼 수 있습니다.

평상시 의정활동을 하면서 의문이 들거나 직 · 간접적으로 전달받은 사항들은 항상 메모해 두는 습관을 들여야 합니다. 아무리 기억력이 좋아도 메모하지 않은 정보는 기억의 저편으로 사라지기 마련입니다. 수집한 정보와 자료들은 차곡차곡 정리해 행감 때 유효한 자료로서 활용될 수 있도록 합니다.

▶ **분석단계**

검증과 현장 확인은 기본입니다.

행감은 사업 진행상황에 대한 궁금한 점을 묻는 자리가 아닙니다. 행감에서의 모든 문제제기는 이미 수집된 자료의 분석을 통해 얻게 된 객관적인 사실관계에 근거해 이뤄져야 합니다. 주관적 판단이 아닌, 통계적인 수치와 같은 객관적인 입증 자료를 통해서 문제의 원인을 짚어야 명확한 답변을 들을 수 있습니다.

지방의원의 장점은 바로 현장중심의 생활정치인이라는 점입니다. 공무원도 모든 사업현장을 철저히 확인하지 못합니다. 현장에서 문제와 답을 찾기 바랍니다. 이 때 어떤 사항을 확인할 것인지 미리 정한 후 현장확인을 해야 효과를 거둘 수 있습니다. 직접 보고, 듣고, 분석한 정보만이 성공적인 행감을 가능하게 합니다.

성과감사로 전환해야 합니다.

우리는 간혹 숫자에 현혹되곤 합니다. 그런데 사업 예산을 100퍼센트 집행하면 과연 훌륭한 성과를 보인 사업이라고 평가할 수 있을까요? 집행률이 곧 사업성과를 의미하는 것은 아닙니다. 사업의 타당성, 효과성이 떨어져도 더 많은 예산을 쓰면 집행률은 쉽게 오를 수 있습니다. 당초 사업의 목표 달성을 측정하기 위해 지표로 삼았던 이용객 증가, 행정만족도 향상 등이 실제로 얼마나 달성됐는지 반드시 확인해봐야 합니다.

다시 말해 행감은 성과 중심의 감사이어야 합니다. '사업 목표를 향해 제대로 진행되고 있는가', '최소한의 비용으로 추진하고 있는가', '당초 목표로 한 성과를 달성했는가', '공공기관 외에 공공재와 공적 서비스를 제공하는 다른 효과적인 방법은 없는가' 등 사업의 결과와 성과에 중점을 두고 분석해야 합니다. 이를 위해선 성과지표를 구체적이고 실질적으로 설정해 이 사업이 시민의 삶의 질을 얼마나 향상시켰는지, 복리 증진에는 얼마나 기여했는지 확인할 수 있도록 해야 합니다. 성과감사는 사업 담당부서의 자율적이고 창조적인 운영과 집행을 보장하는 대신, 최종 서비스 결과물에 대한 3E—효과성(Effectiveness), 능률성(Efficiency), 경제성(Economy)을 높여 행정이 가지는 책임성을 높일 수 있습니다.

한편 지방의회의 행감은 감사원, 중앙부처, 집행기관에서 벌이는 '행정기관식' 감사와 차별성을 둬야 합니다. 이 기관들이 하는 감사는 주로 집행부가 시행한 사업의 위법·부당한 점을 지적하고 이를 시정하는 데 방점을 둡니다. 그러나 지방의회는 이들 기관처럼 과정과 투입 중심적인 감사를 하는 곳이 아닙니다. 위법·부당한 행정은 행정기관식 감사에 맡기고, 정책 방향과 대안을 제시하는 적극적이고 미래지향적인 행감으로 전환할 필요가 있습니다.

주변의 감사 참고자료를 잘 활용합니다.

감사원, 중앙정부, 지방자치단체 자체 감사 등 각종 유사한 기관들의 감사 결과가 좋은 참고서가 됩니다. 생활권이 인접하고 행정환경이 유사한 다른 지방의회의 행감 자료를 참조하는 것도 큰 도움이 됩니다. 유사한 행정 문제들이 데자뷰처럼 여러 지역에서 동시 발생할 가능성은 충분합니다.

제방공사나 도로공사, 하천공사 등과 관련한 문제들을 확인할 때, 같은 유형의 공사에 대한 다른 기관의 감사 결과를 벤치마킹해 분석하면 보다 쉽게 문제에 접근할 수 있습니다. 이 외에도 각종 타당성 · 평가보고서, 연구보고서, 학술문헌, 신문, 전문잡지 등 참고할 만한 자료는 무궁무진합니다.

예외사항이나 표본을 중점적으로 살펴봅니다.

행정업무 중에는 예외적으로 처리하는 사항(예, 지방세나 세외수입 감면 등)이 많습니다. 당연히 이와 관련해 문제가 많이 발생하겠죠. 따라서 행정 전반을 분석할 때는 이러한 예외적인 사항이 제대로 지켜지고 있는가에 초점을 두고 검토하는 것이 효과적입니다. 각종 부담금 부과 관련 업무를 감사할 경우, '부과'보다는 오히려 '감면' 부분을 살펴보면 숨어 있는 문제를 쉽게 발견할 수 있을 것입니다.

사업 진행이나 예산 집행을 전수조사하는 것이 문제를 파악하는데 도움이 되는 것은 분명합니다. 그러나 생각보다 많은 시간과 비용을 필요로 합니다. 이럴 때는 기간을 특정(1~3개월)해서 분석한다든지, 몇 개 부서를 정해 표본조사를 시도하는 것도 효과적인 방법이 될 수 있습니다. 민원처리의 부당성을 확인하고자 1년 동안 접수한 민원처리 결과를 검토하는 것보다는 특정 부서에서 3~6월 사이에 접수한 민원 중 반려된 사례를 분석해 민원 처리의 부당성을 추정해 보는 것입니다.

한편, 행정기관이 마땅히 해야 할 조치를 취하지 않는, 즉 부작위 행위로 시민 권익을 침해하는 사례도 있습니다. 2014년 4월 16일 발생한 세월호 참사 당시 해경의 소극적 구조와 정부의 뒤늦은 대처 등으로 인해 최악의 인재(人災)를 면치 못한 것은 행정기관의 부작위 행위로 인한 대표적인 피해 사례라고 할 수 있습니다.

숨은 흔적을 찾아내고 유사한 사업 간 비교 분석을 합니다.

범인이 범죄 현장에서 접촉한 사물에는 반드시 흔적을 남기듯 사업과 정책에도 마찬가지로 흔적이 남습니다. 그 흔적을 조심스럽게 추적하다 보면 문제점을 쉽게 발견할 수 있습니다. 가령 집행부가 사업계획을 수립했다면, 그 계획이 분기별로 어떻게 진행되고 있는지 검토하도록 합니다. 의회가 집행부로부터 업무보고를 받았다면, 매 회기마다 보고내용의 변화가 없는지, 그리고 목표로 한 추진실적을 달성하고 있는지 대조합니다. 중앙부처와 집행부가 주고받은 각종 공문들을 검토하면 외부에 숨기고 싶은 문제점 파악이 가능합니다.

집행부가 각종 사업을 추진할 때는 법령이나 지침(예, 표준시방서, 예산집행 기준), 상위계획 등을 따르게 됩니다. 따라서 이들 사업 근거기준과 실제 사업 내용을 비교하면 문제점을 찾을 수 있습니다. 하천 수해복구공사를 살펴보고자 한다면, 공사 기준이 되는 '수해복구사업지침', '하천정비기본계획', '교량건설표준시방서' 등과 비교하면 됩니다. 영업장 정화조에 대한 지도 · 감독을 제대로 했는지, 119 구급차량 운영 시 법령에서 정한 구급장비와 시설을 갖추었는지 등 관련 규정과 실상을 비교 분석해 행감에 임하도록 합니다.

사업 추진 때 준수해야 하는 기준이나 지침이 없는 경우가 간혹 있습니다. 이럴 때는 유사한 사업을 운영하고 있는 다른 지방자치단체와 비교하면 유익한 답을 얻기 쉬울 것입니다. 수돗물 생산 원가, 생활쓰레기 위탁 처리 비용, 지방세 체납비율, 여유예산 운용 때 발생하는 이자 금액, 인건비 비중과 인상률, 직급별 인원 수, 경영성과 등을 다른 지방자치단체의 경우와 비교함으로써 사업 추진의 현주소를 파악할 수 있도록 합니다.

행정사무감사 판단기준

지금까지 행감자료를 분석할 때 알아두면 좋은 몇 가지 팁(tip)을 설명했습니다. 마지막으로 행감에 임할 때 필요한 판단 기준별로 주의 깊게 살펴볼 사항에 대해 간략히 정리해 보겠습니다.

행정사무감사 판단기준별 착안 사항

판단기준	착안사항	판단기준	착안사항
합목적성/합리성	• 사업의 목적, 방향의 합리성 유무	우선순위	• 사업 간 시급성 반영 여부
능률성/효과성	• 최소의 비용으로 최대 효과 달성 여부 • 예산 낭비 여부 • 기대하는 목적 달성 여부	인과관계	• 목표–수단, 목표–예산과의 관계 유무 • 계획 · 보고, 추진실적과의 관계 유무
수단의 적절성	• 시기, 수단의 적절성 유무 • 상황 변화에 대한 대처 능력 유무	행정 대응성	• 민원 발생 여부 • 주민의 호응도 여부 • 각종 감사 시 지적 유무 • 집행 때 문제 발생 여부
계획성	• 무계획적인 행정 · 사업 여부 • 계획의 정확성 유무 • 재정–계획의 연계 유무	합법성/형평성	• 법규 준수 여부 • 전시행정 여부 • 지역, 주민 간 형평성 유무

출처 : 최민수(2005), 의정활동 손자병법, 서강출판사.

▶ 감사실시 단계

제한된 질의시간을 적절히 활용합니다.

행감은 회의 형식으로 진행되기 때문에 효율적인 감사를 위해 통상 위원별 질의시간은 본질의 10~15분, 보충질의 5분 정도로 제한됩니다. 이런 상황에서 감사장에서 개별 사업에 대한 일반 현황을 질문하게 되면, 사업 소개만 듣고 끝나는 사태가 벌어질 수 있습니다. 따라서 사업 현황과 문제점은 자료제출요구, 현장조사, 제보 등을 통해 미리 파악해야 하고(준비 · 분석단계), 구체적인 근거 자료를 확보해 감사장에 들어서야 합니다. 감사장에서는 피감사기관을 상대로 문제점을 심도 있게 따져 묻고 개선 방안을 제시하는 데 집중해야 합니다.

행감 질의를 할 때는 나름의 우선순위를 정해 질의합니다. 나머지는 서면으로 제출하게 하는 등 주어진 감사 시간을 압축해 활용하는 것도 요령입니다. 다만, 서면 제출 때는 회의석상에서 그 사실을 명확히 밝혀야만 회의록 부록에 서면질의 내용이 탑재되고 집행기관의 정상적인 답변도 얻을 수 있습니다.

확실한 답변을 이끌어내야 합니다.

감사장에서는 집행기관으로 하여금 해당 기관이 피감사 신분임을 명료하게 상기시키고 기선을 제압해야 합니다. 감사자료 제출이 지연되거나 자료제출이 불성실하거나 준비된 답변에 부족함을 느낄 때는 여지없이 엄중하게 질타하고 경고합니다.

형식적인 상황모면성 답변에는 적극적으로 대처합니다. '앞으로 노력하겠다', '검토하겠다'와 같은 피상적인 답변에는 구체적 시정 기한과 조치할 내용 등을 다시 따져 물어 확실한 답변을 얻어내야 합니다. 세부사업 단위별로 충분한 답을 얻을 때까지 담당 공무원을 집요하게 괴롭혀야 합니다. 물론 이러한 과정이 제대로 이뤄지기 위해서는 해당 문제점에 대한 철저한 사전 조사와 분석이 뒷받침돼야 할 것입니다.

답변은 피감기관의 장이 하지만, 사실에 대한 단순 확인 정도는 해당 업무의 실담당자를 통해 답변을 들을 수 있습니다. 기관장이 전 부서의 업무를 파악하기 어렵기 때문에 효율적인 행감 운영을 위해 때로는 과장(팀장)급 실무 공무원을 답변대로 세우는 융통성을 발휘합니다.

증인 등을 적극 활용합니다.

감사장에 문제 사업의 증인과 참고인, 감정인을 출석시켜 이들을 적극 활용하도록 합니다. 해당 사업의 이해관계자(사업주, 공사책임자, 민원인)를 증인과 참고인으로 채택해 공무원과 대질신문을 하는 것입니다. 또 공무원의 행정 행위에 대해 다른 판단을 하고 있는 감정인을 불러 집행부의 논리가 잘못된 것일 수 있음을 확인시킬 수도 있습니다.

Check Point

행정사무감사에 출석요구할 증인, 참고인, 감정인에 대한 개념을 혼동하지 않도록 합니다.

- 증인은 과거 자신이 경험한 사실을 진술해야 할 사람입니다.
- 참고인은 감사 중인 안건과 이해관계가 있거나 관련 학식 · 경험이 있는 사람입니다.
- 감정인은 특정 지식 · 경험을 기초로 법리나 사실 판단을 하는 사람입니다.

지방의회의 권위를 무시하면서 위증하거나 출석에 응하지 않은 증인에게는 「지방자치법」에 따라 반드시 고발하거나 500만 원 이하의 과태료를 부과함으로써 경종을 울리고 지방의회의 권능을 스스로 지켜야 합니다. 서울특별시의회는 2010년 행감 증인으로 출석하지 않은 이마트, 홈플러스, 롯데슈퍼, GS리테일 등 국내 4개 대형유통기업

2010년, 2012년 대형 유통기업 대표 증인 출석 사례

2010년 서울시의회 재정경제위원회는 경제진흥본부 행감을 대비해 국내 대형 유통기업의 대표들과 서울시 행정1부시장을 증인으로, 전국유통상인연합회 서울지부장을 참고인으로 각각 채택하고 출석을 요구했습니다. 기업형 슈퍼마켓(SSM) 출점 확대 배경과, 소상공인 보호를 위해 발의한 개정조례안에 대한 의견을 묻기 위해서입니다.
대형 유통 기업에 대한 재정경제위원회의 증인 출석 요구는 2년 후에도 이뤄졌습니다. 2012년 행감장에는 미국계 유통업체인 코스트코 코리아 대표가 증인으로 출석했습니다. 코스트코는 자치구 조례에 따라 의무휴업을 지켜야 했지만, 이를 무시한 채 영업을 강행해 서울시로부터 과태료를 부과 받았기 때문입니다. 증인으로 출석한 코스트코 코리아 대표는 이날 국내법을 준수하고, 의무휴업일을 지키겠다고 밝혔습니다.

대표들에게 500만 원의 과태료를 각각 부과해 징수한 사례가 있습니다.

보도자료는 꼭 배포해야 합니다.

행감에서 지적한 사항을 보도자료로 작성해 감사 전이나 감사 후 즉시 배포함으로써 의정활동을 적극 마케팅해야 합니다. 홍보하지 않은 의정활동은 '셀프 보람'으로 끝이 납니다. 시민이 알고 있으면 유익한 행감 내용 같은 경우, 보도자료 배포를 통해 널리 알려주는 것이 시민의 알권리 차원에서도 반드시 필요합니다.

보도자료를 작성할 때는 의원의 업적으로 치장해서는 안 되고, 기자 입장이 되어 사실 관계를 기반으로 멋지게 포장(?)하는 기술이 발휘돼야 합니다. 보도자료 배포는 해당 기관의 감사가 완료된 후 하루를 넘기지 않도록 합니다. 기사에서 타이밍은 생명입니다. 기한을 넘긴 기사는 아무리 훌륭한 내용이라도 가치가 없습니다. 타이밍을 놓쳤을 경우에는 차라리 기획 기사로 전환해 활용할 수 있어야 합니다.

▶ 후속단계

행감 조치사항을 반드시 확인합니다.

행감 기간이 끝났다고 해서 할 일을 다한 것은 아닙니다. 집행부는 행감 시정 · 조치사항에 대해 그 결과를 지방의회에 보고해야 합니다. 행감 때 지적하고 시정 · 조치를 요구했던 사항에 대해 후속 확인을 소홀히하는 것은 몇 개월을 고생해 준비한 행감을 소용없게 만드는 무책임한 행동입니다. 해당 문제가 100퍼센트 마무리될 때까지 긴장의 끈을 늦추지 말고 집요하게 점검, 또 점검해야 합니다.

같은 맥락에서, 연중 상시 감사 체계를 갖추도록 합니다. 집행기관 행정 전반에 대한 감시는 행감 기간에만 이뤄진다는 생각은 버려야 합니다. 매년 두 차례 이상의 정기적 업무보고와 이외에 상시적인 사업 추진 상황 모니터링을 통해, 집행기관으로 하여금 사업추진에 막중한 책임감을 갖도록 분위기를 형성하는 것이 중요합니다.

우리가 생각하는 것 이상으로, 집행기관 편의적으로 조치한 후 연례 답습적인 결과를 보고하는 사례가 많이 발생합니다. 따라서 집행부에서 제출하는 행감 결과보고서를 있는 그대로 신뢰하기 보다는, 객관적이고 비판적인 자세로 조치 결과의 진위를 반드시 확인하도록 합니다.

Check Point

행감에서 지방의원이 지적한 사항들은 결과보고서에 ▶시정요구, ▶처리요구, ▶건의사항으로 각각 구분합니다.

- 시정요구사항은 명백히 위법 · 부당하다고 판단되거나 관계자의 문책요구 등 시정 개선이 시급한 사항을 말하며, 구체적인 시정요구의 수준을 정해 집행기관이나 해당 기관에 이송해야 합니다.
- 처리요구사항은 시정요구 사항만큼의 수준은 아니지만 개선 · 보완 또는 시정할 필요성이 인정되는 사항으로 집행기관이나 해당 기관의 판단에 따라 처리하게 하려는 사항을 말합니다.
- 건의사항은 시정요구 사항과 처리요구 사항은 아니지만 개선 또는 연구 · 검토 촉구가 필요한 사항을 말합니다.

예산 심의 · 입법활동의 정보로 활용합니다.

행감을 치르면서 광범위하게 수집된 자료를 예산심의의 예비지식으로 활용할 수 있습니다. 행감 때 사업에 문제가 있다고 지적된 사항에 대해 다음 연도 예산심의 때 관련 예산을 삭감하는 등 패널티를 부여하는 것입니다. 사업을 추진해 보니 예산이 추가로 필요하다는 분석이 나온 경우에는 반대로 예산을 증액할 수도 있습니다.

수집된 자료는 이후 조례 제·개정에 필요한 입법정보로 활용되기도 합니다. 행감 활동과 자료를 토대로 현행 조례 시행 실태와 실효성·타당성을 점검하고, 이를 반영해 조례를 제·개정할 수 있는 것입니다.

또한 행감 중 제기된 민원에 대해 집행부가 제시한 각종 대안을 민원 해결방안으로 활용할 수 있습니다. 이때는 대안을 제시한 집행부가 실제로 성실히 이행하고 있는지 지속적으로 점검하는 것이 관건입니다.

행정사무감사 좋은 사례

이제부터는 실제 행감에서 지적됐던 좋은 사례들을 간단히 소개하겠습니다. 다양한 주제들을 학습하고, 폭 넓은 시각으로 문제에 접근할 수 있기 바랍니다.

• 초등학교 급식비 격차로 인한 학교 간 위화감 발생

서울 소재 초등학교 급식비가 학교별로 최대 3.64배 차이가 나 학교 간 위화감을 조성했다는 문제가 제기됐습니다. 특히 사립학교 급식비는 국·공립학교보다 월등히 비싼 것으로 나타났습니다. 의회는 급식비를 통해 나타난 빈부격차가 급식의 질 차이로 이어질 수 있음을 지적했습니다.

• 서울시티패스 플러스카드 활용도 미흡 문제에 대한 개선책 요구

서울 도심 4대문 안에서의 서울시티패스 카드 사용 실태조사 결과, 카드 판매처인 공항과 GS25편의점 25개 업소의 절반 이상이 카드를 취급하지 않거나 아예 카드의 존재 자체를 모르고 있어 이에 대한 개선책을 요구했습니다.

• 산 · 학 · 연 협력사업 기술이전료에 대한 수입 경비 처리 요구

산학연 협력사업의 성과로 발생한 기술이전료 수입 8억 9,200만 원을 세입으로 처리하지 않고 별도의 구좌로 보관하고 있었음이 드러났습니다. 의회는 이를 지적하고, 하루 빨리 잡수입으로 처리할 것을 요구했습니다.

• ○○○ 공사, 명예퇴직수당 13억 원 부당 지급 환수 요구

○○○ 공사는 20년 이상 근속한 직원만 명예퇴직시킬 수 있었지만, 20년 미만 근속한 직원도 명예퇴직할 수 있도록 예외 규정을 마련해 13억 원의 명예퇴직 수당을 부당하게 지급했습니다. 이에 대해 지적하고, 부당하게 지급된 13억 원을 환수할 것을 요구했습니다.

• 내부순환도로 방음벽 유명무실 문제 지적

소음 방지를 위해 30억 원을 들여 설치한 내부순환도로 방음벽 10곳 중 6곳이 당시 주간 소음도 기준치인 60dB을 초과하는 것으로 나타났습니다. 특히 야간에는 10곳 모두 기준치인 58dB를 넘어섰고, 설치 전과 후의 소음도 개선효과가 미미한 것으로 조사돼 이에 대해 지적했습니다.

• 외국인학교 학생 10명 중 1명이 내국인인 문제 지적

서울 소재 21개 외국인학교 5,570여 명의 학생 중 503명이 내국인인 것으로 밝혀졌습니다. 한 미국계 외국인학교의 경우 전교생 166명 중 내국인이

101명으로 50퍼센트를 넘어서는 모순적인 상황이 드러나기도 했습니다. 의회는 행감을 통해 국내 거주하는 외국인을 위한 학교가 내국인 부유층 자녀를 위한 학교로 전락했음을 지적했습니다.

• 폐수도관 방치로 인한 토양 · 지하수 오염 가능성 제기

수돗물 수질 개선을 위해 아연도강관, 주철관 등 기존의 수도관을 스테인리스관 등으로 교체하는 과정에서 교체 물량 중 67퍼센트인 2,535킬로미터의 폐수도관을 회수하지 않고 땅 속에 그대로 묻어둔 사실이 확인됐습니다. 의회는 폐수도관 방치로 인해 토양과 지하수가 오염될 가능성을 제기했습니다.

• 상하수도 감면 혜택제도의 실효성 문제 제기

관광객의 숙박료 부담을 덜어 관광경쟁력 강화를 도모하고자 관광호텔 상하수도 요금 감면 혜택 제도를 시행했지만, 업체들이 상하수도 요금 감면 혜택만 받고 숙박료는 인하하지 않은 사실이 밝혀졌습니다. 관광호텔 156곳 중 불과 19곳만 숙박료를 인하하고, 나머지 137곳은 숙박료를 그대로 받아왔던 것입니다. 의회는 정책의 실효성 문제를 제기했습니다.

• 시립병원 급식에 국내산 재료 사용 권고

시립병원의 급식 내역을 살펴본 결과, 야채류와 과일, 어류의 일부가 수입산이었습니다. 어린이 환자 중에서도 특히 복합중증장애아동의 경우 병원 급식에 보다 큰 주의를 기울여야 한다고 지적하고, 가급적 국내산 재료를 사용할 것을 권고했습니다.

• 위탁 운영 중인 시립병원 장례식장 판매물품의 폭리 문제 지적

시에서 위탁 운영 중인 한 병원의 장례식장 판매물품이 직영하고 있는 병원과 의료원에 비해 지나치게 비싼 것으로 조사됐습니다. 시립병원 장례식장은 주로 취약계층이 이용하고 있음에도 불구하고, 이와 상관없이 오히려

폭리를 취해 온 시립병원 장례식장 운영에 문제가 있음을 지적했습니다.

• 신용보증평가의 허술함을 지적

○○지역신용보증재단에서 8,500만 원을 보증 받은 한 업체가 보증 35일 만에 당좌부도를 낸 사건이 발생했습니다. 의회는 이러한 문제가 재단 보증 심사의 허술함 때문에 발생한 것이라고 지적하고 시정을 요구했습니다.

• 버스전용차로제 성과 분석, 확대 적용 제시

의회는 버스전용차로제 시행 성과를 확인하기 위해 정책 시행 전 · 후의 출 · 퇴근 시 평균 버스 속도 비교 자료를 제출하도록 요구했습니다. 이후 자료 분석을 통해 버스의 평균 속도가 정책 시행 전에 비해 2배 이상 향상됐다는 것을 확인한 의회는 버스전용차로제를 확대 적용할 수 있는 지역과 노선을 제시했습니다.

• 대형버스의 미흡한 매연저감장치 효과 지적

의회는 행감을 통해 매연가스를 감축시키고자 대형버스에 부착한 매연저감장치가 아무런 효과가 없다는 것을 밝혀냈습니다. 이후 집행부는 관련 연구용역비 예산을 스스로 삭감하고, 삭감된 예산을 다른 공해방지예산으로 계상하는 조치를 취했습니다.

• 간이 상수도 시설의 위생관리상태 시정 요구

간이 상수도 시설의 위생관리상태가 엉망인 사실이 밝혀졌습니다. 의회는 행감을 통해 이러한 사실을 확인하고, 예산 심의에서 해당 문제 해결을 위해 필요한 예산을 반영하는 등 제도적인 방안 마련에 적극적으로 나섰습니다.

• 불우이웃돕기 실적 부풀리기 사실 적발

의회는 연간 15억 원 상당으로 보고된 불우이웃돕기 모금액이 알고 보니

교회나 복지관 등의 모금액을 이중 기재해 부풀리기됐다는 사실을 적발했습니다.

• 사회단체보조금 예산 지원 관련 문제 지적

퇴직공무원의 친목 모임인 행정동우회에 매년 사회단체보조금으로 600여 만 원을 지급했으나, 이 단체의 실제 사업은 마을 청소와 친목체육활동(게이트볼)에 불과했고, 예산 중 식대로 400만 원을 지출한 사실이 드러났습니다. 의회는 사회단체보조금 예산 지급 대상 선정시 예산 사용의 목적을 꼼꼼히 따지지 않는 등 관련 사업 관리를 제대로 하지 않았다는 점을 지적했습니다.

• 무용지물된 대형폐기물 휴대폰 신고서비스 지적

1억 원의 예산으로 구축한 대형폐기물 휴대폰 신고서비스 시스템의 실제 이용률이 3퍼센트에 불과했습니다. 의회는 서비스를 직접 이용해 보는 방법을 통해, 시스템을 실행한 지 5분이 지나도록 신고 접수가 이뤄지지 않고 전화요금 또한 신고자가 부담해야 하는 등 여러 가지 문제가 있음을 밝혀냈습니다.

• 퇴직공무원을 선임연구원으로 초빙하는 등 연구원 부실 운영 지적

공직 선거 출마 등을 사유로 중간에 사직한 고위공무원을 지방자치단체 출연 연구원의 선임연구원으로 초빙한 후 매년 수천만 원의 급여를 지급해 왔습니다. 더욱이 이들의 연구과제물이 형식적으로 제출되고 있어 연구원을 부실하게 운영한 것에 대해 시정 요구를 했습니다.

• 단체 상해보험 적용 시 발생한 정규직과 비정규직 간 차별 지적

○○연구원이 2011년에 처음으로 단체보장보험에 가입하면서 서울시에 비해 보장 내용을 적게 책정하고, 원내 정규직원과 위촉직원 간 보장 내용에도 차이를 두고 가입한 사실이 드러났습니다. 의회는 이를 지적하고 시정을

요구했습니다.

• 빈번하게 발생하는 소액 수의계약 문제 지적

의회는 사업 부서에서 빈번하게 발생하는 소액 수의계약과 관련해 특정 업체와 반복적으로 수의계약하는 일이 발생하지 않도록 본청 계약업무 담당에서 총괄 관리 · 감독토록 요구했습니다. 또 여러 개의 중소 업체와 연간 단가 계약을 추진해 예산 절감하는 방법도 제시했습니다.

• 법규와 정관에 근거하지 않은 상임고문제 운영 지적

자치법규와 정관 등에 근거가 없는 상임고문제를 자체적으로 운영하면서 업무실적 없이 월 300만 원을 급여로 지급해 왔다는 사실이 밝혀졌습니다. 의회가 이에 대한 시정 요구를 한 결과 관련 규정이 정비됐습니다.

• 음주운전으로 인해 면허가 취소된 계약직 운전원의 계속 고용 문제 지적

2008년 ○○공기업 사장의 운전원이 음주운전으로 인해 면허가 취소됐음에도 불구하고, 다른 부서로 발령 후 계속 근무하도록 조치한 사건이 발생했습니다. 운전원의 면허 취소는 계약해지 사유에 해당되지만, 이 조치가 면허 정지로 감경될 것으로 예측하고 경징계 처분만 내렸던 것입니다. 의회는 이러한 부당 조치에 대해 지적하고 시정 요구를 했습니다.

2

행정사무조사의 장점을 충분히 활용하세요 강상원

행정사무조사가 무엇인가요?

앞 장에서 행정사무감사에 대한 개요와 함께 지방의원이 집행기관의 행정집행에 대한 견제 · 감시권을 어떻게 하면 효과적으로 행사할 수 있는지 그 노하우를 설명했습니다. 이 장에서는 행정사무조사를 다뤄보겠습니다.

그럼 행정사무조사란 무엇일까요? 행정사무조사는 지방자치단체의 행정사항 중 특정한 사안에 대해 사실과 원인을 조사 · 규명하고, 그 결과에 따라 책임을 묻고 시정을 요구하기 위한 지방의회의 행정통제 장치입니다. 앞 장의 행정사무감사와 함께 집행기관의 독주와 전횡을 견제 · 감시할 수 있는 지방의회가 보유한 가장 대표적이고 강력한 감시권한이라고 할 수 있습니다.

행정사무감사와 어떤 점에서 다른가요?

행정사무감사와 행정사무조사. 도대체 뭐가 다른지 모르겠다고 푸념하는 분들이 많습니다. 국어사전을 찾아보면, 감사(監査)는 "감독하고 검사함"을, 조사(調査)는 "사물의 내용을 명확히 알기 위하여 자세히 살펴보거나 찾아봄"을 뜻합니다. 둘 사이에 명확한 차이를 찾기 어려울 만도 합니다.

사실 행정사무감사와 행정사무조사는 모두 지방의회의 행정감시권에 포함된 고유의 권한입니다. 원래 그 의미와 기능은 같은 것입니다. 다만, 「지방자치법」에 따라 발동요건과 절차, 방법 등에 있어 몇 가지 차이만 있을 뿐입니다.

먼저 조사대상의 특정성에 있습니다. 행정사무조사는 지방자치단체의 사무 중에서 본회의가 의결한 특정한 사안에 대해서만 실시합니다. 행정사무 전반에 대해 실시하는 행정사무감사와는 그 출발점부터 다릅니다. 이 때 특정한 사안이란 구체적이고 한정적이어야 합니다. "단체장의 행정운영 무능력", "인사비리" 등과 같이 지나치게 포괄적이고 추상적인 사안은 안 됩니다.*

---

* 조사대상 사무를 특정해 행정사무조사를 발동한 사례는 다음과 같습니다.

▸서울특별시의회 "하나고등학교 특혜의혹 진상규명을 위한 행정사무조사"
▸부산광역시의회 "학교폭력 행정사무조사"
▸구리시의회 "구리월드디자인시티 조성사업 관련 행정사무조사"
▸오산시의회 "원동(구)엘지캐리어부지 물류창고 건축허가에 관한 행정사무조사"
▸창원시의회 "39사단 부대 이전 및 개발사업에 대한 행정사무조사"

행정사무조사는 재적의원 3분의 1 이상의 연서로 발의되고, 반드시 조사의 이유가 명시된 서면으로 해야 합니다. 조사 요구서가 본회의에서 의결될 때에 비로소 조사권이 발동하게 됩니다(「지방자치법」 제49조①②). 바로 이 점이 국회의 국정조사와 다른 점입니다. 즉, 국정조사는 재적의원 4분의 1 이상의 요구가 있는 때에는 본회의 의결절차 없이 특별위원회나 상임위원회가 바로 국정조사를 시행할 수 있습니다.

Check Point

행정사무조사 요구서(발의서)에는 근거 법률(규정), 조사발의의 이유와 목적, 조사할 사안의 범위, 조사를 시행할 위원회 등이 기재되어야 합니다.

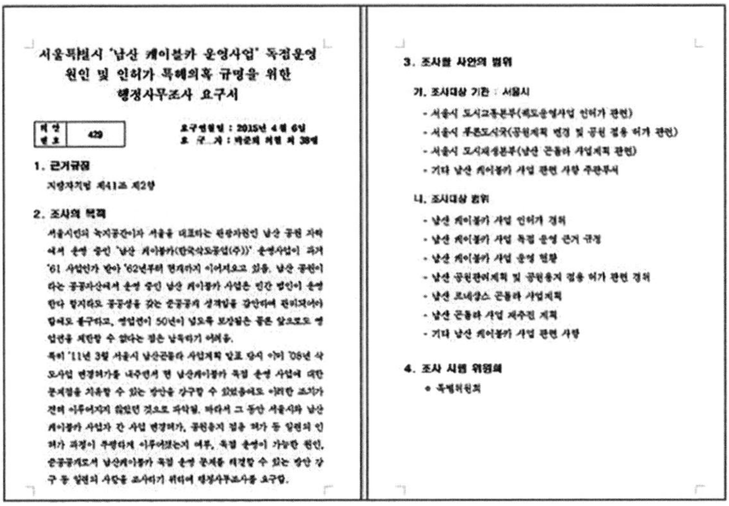

서울특별시 '남산 케이블카 운영사업' 독점운영 원인 및 인허가 특혜의혹 규명을 위한 행정사무조사 요구서

의안번호	429

요구연월일 : 2015년 4월 6일
요 구 자 : 박준희 의원 외 38명

1. 근거규정

지방자치법 제41조 제2항

2. 조사의 목적

서울시민의 녹지공간이자 서울을 대표하는 관광자원인 남산 공원 지역에서 운영 중인 '남산 케이블카(한국삭도공업(주))' 운영사업이 과거 '61 사업인가 받아 '62년부터 현재까지 이어져오고 있음. 남산 공원이라는 공공자산에서 운영 중인 남산 케이블카 사업은 민간 법인이 운영한다 할지라도 공공성을 갖는 준공공재 성격임을 감안하여 관리되어야 함에도 불구하고, 영업권이 50년이 넘도록 보장됨은 물론 앞으로도 영업권을 제한할 수 없다는 점은 납득하기 어려움.

특히 '11년 3월 서울시 남산곤돌라 사업계획 발표 당시 이미 '08년 삭도사업 변경허가를 내주면서 현 남산케이블카 독점 운영 사업에 대한 문제점을 해소할 수 있는 방안을 강구할 수 있었음에도 이러한 조치가 전혀 이루어지지 않았던 것으로 파악됨. 따라서 그 동안 서울시와 남산케이블카 사업자 간 사업 변경허가, 공원용지 점용 허가 등 일련의 인허가 과정이 투명하게 이루어졌는지 여부, 독점 운영이 가능한 원인, 준공공재로서 남산케이블카 독점 운영 문제를 해결할 수 있는 방안 강구 등 일련의 사안을 조사하기 위하여 행정사무조사를 요구함.

3. 조사할 사안의 범위

가. 조사대상 기관 : 서울시

- 서울시 도시교통본부(삭도운영사업 인허가 관련)
- 서울시 푸른도시국(공원계획 변경 및 공원 점용 허가 관련)
- 서울시 도시재생본부(남산 곤돌라 사업계획 관련)
- 기타 남산 케이블카 사업 관련 사항 주관부서

나. 조사대상 범위

- 남산 케이블카 사업 인허가 경위
- 남산 케이블카 사업 독점 운영 근거 규정
- 남산 케이블카 사업 운영 현황
- 남산 공원관리계획 및 공원용지 점용 허가 관련 경위
- 남산 르네상스 곤돌라 사업계획
- 남산 곤돌라 사업 재추진 계획
- 기타 남산 케이블카 사업 관련 사항

4. 조사 시행 위원회

- 특별위원회

한편, 행정사무조사는 비정기적 조사활동이라는 특징을 갖습니다. 즉, 지방자치단체의 행정사항 중 특정한 문제가 발생해 확인이나 규명이 필요하면 언제든지 조사를 실시할 수 있습니다. 이런 점에서 제1차나 제2차 정례회 중에 정기적으로 실시하는 행정사무감사와 차이가 있습니다.

지방의회의 상황에 따라 다르긴 하지만 행정사무조사를 시행하는 주최가 다릅니다. 행정사무조사는 본회의에서 하거나 소관 상임위원회별로 또는 특별위원회를 구성해 시행할 수 있습니다. 그러나 조사사안의 특수성 등을 감안해 특별위원회를 구성해 행정사무조사를 실시하는 것이 보통입니다. 이럴 경우 특별위원회 구성의 일반적인 방법에 따라 조사특별위원회를 구성합니다. 이에 비해 행정사무감사는 위원회 업무의 연속성과 전문성을 고려해 소관 상임위원회에서 실시하는 것이 통례입니다.

마지막으로 위원회에서 실시하는 조사의 성격입니다. 앞서 설명한 바와 같이 행정사무조사는 특별위원회를 구성해 운영하는 것이 일반적입니다. 따라서 특별위원회의 회의 형태로 진행합니다. 회의진행 시나리오를 보면 "제○○차 △△조사 특별위원회를 개의하겠습니다"고 위원장의 개의 선포 후 조사를 실시합니다. 반면 행정사무감사는 감사이지 회의가 아닙니다. 위원장은 "ㅁㅁ기관에 대한 행정사무감사를 실시할 것을 선언합니다"고 감사를 선언한 후 감사활동을 시작합니다.

행정사무감사와 행정사무조사 비교

구 분	행정사무감사	행정사무조사
범위	지방자치단체 행정사무 전반	지방자치단체 행정사무 중 특정 사안
시기	정기적(매년 정례회 중 1회)	부정기적(필요시 수시)
기간	광역의회 14일, 기초의회 9일	본회의 의결로 결정
발동요건	법정감사(자동 발동)	재적의원 3분의 1 이상 연서 → 본회의 의결
성격	회의가 아닌 감사활동	위원회 회의로 운영
시행주체	본회의, 소관 상임위원회, 특별위원회(주로 소관 상임위원회 실시)	본회의, 소관 상임위원회, 특별위원회(주로 특별위원회 실시)

행정사무조사는 어떻게 진행되나요?

행정사무조사는 사전 준비, 실시, 사후 조사결과처리 3단계로 나눠 진행됩니다. 준비단계에서는 조사요구서를 재적의원 3분의 1 이상의 연서를 받아 서면으로 발의하고, 본회의의 의결을 거쳐 정식으로 행정사무조사가 발동됩니다. 다음으로 조사를 시행할 주체를 결정해야 합니다. 본회의나 위원회가 조사를 실시할 수 있는데 조사요구서에 이를 명시하며 본회의에서 확정됩니다.

통상 조사특별위원회를 구성해 실시하는 경우가 많은데, 이 경우에는 일반 특별위원회 구성 절차와 같이 조사특별위원회 구성결의안을 발의해야 합니다. 이후 조사위원회는 행정사무조사계획서를 작성해 자체 의결을 거쳐 확정한 후 본회의의 승인을 거쳐 단체장에게 통보하게 됩니다. 조사계획서에는 조사의 목적, 조사할 사안의 범위, 조사방법, 조사기간, 소요경비 등 행정사무조사에 필요한 사항을 기재하는데 행정사무감사계획서와 내용과 형식이 유사합니다. 다음으로 조사를 위한 자료수집과 지원을 위해 사무보조자를 선임하는데, 통상 관련 위원회 전문위원과 직원들이 그 역할을 수행합니다. 그리고 조사에 필요한 보고와 서류제출 요구, 증인 · 참고인 등에 대한 출석 및 증언 · 의견진술 요구, 현지확인 통보 등을 할 수 있는데 늦어도 해당일의 3일 전까지 의장을 통하여 해야 하고, 요구 즉시 해당 기관이나 해당자에게 전달돼야 합니다.

행정사무조사는 회의 형태로 진행됩니다. 그러나 일반 안건을 다루는 위원회 회의와는 구별해 회의 차수와 회의록 작성 등을 달리해야 합니다. 조사활동의 장소에 특별한 제한은 없습니다. 위원회 회의장뿐만 아니라 조사위원회에서 정하는 바에 따라 조사 현장이나 피조사기관 건물 등 다른 장소에서도 할 수 있습니다. 조사는 일반적으로 위원장의 조사실시를 알리는 개회선포와 인사가 끝난 후 ▸피조사기관장과 증인의 선서, ▸피조사기관장의 인사 및 간부소개, ▸특정사안에 대한 보고, ▸질의 및 답변(또는 신문 및 증언), ▸조사결과 강평(위원장), ▸조사종료 선언(위원장) 등의 순서로 진행됩니다.

모든 조사가 마무리되면 조사위원회의 위원장은 지체없이 의장에게 결과보고서를 제출하고, 본회의에 보고해야 합니다.* 조사결과 보고서에는 감사결과보고서와 마찬가지로 ▸조사의 목적, ▸조사기간, ▸대상기관, ▸조사위원회의 구성, ▸실시경과, ▸주요 실시내용, ▸증인 등의 출석 · 보고 및 서류 등 제출 내용, ▶시정요구, 처리요구, 건의사항 등과 같은 조사결과와 처리의견을 기재하고 중요 근거서류를 첨부하게 됩니다. 조사결과보고서가 본회의에서 의결되면, 그 내용 중 집행기관이나 해당기관의 시정(관계자의 문책 포함)이 필요하거나 이들 기관에서 처리함이 타당하다고 인정되는 사항, 건의사항 등을 집행기관이나 해당기관에 이송합니다. 그러면 이송 받은 기관은 이들 조사 사항을 지체 없이 처리하고 그 결과를 의회에 보고해야 합니다. 이 때 의장은 본회의에 처리된 사실과 내용을 보고하고, 소관 상임위원회가 조사한 경우에는 이를 해당 위원회에 회부합니다. 만약 처리결과가 미흡하거나 처리내용이 불성실한 경우에는 해당 기관의 장을 출석시켜 해명하게 하거나, 다시 처리해 보고토록 할 수 있습니다.

* 조사계획서에 명시한 조사기간 내에 모든 조사를 마치지 못한 경우에는 본회의의 의결로 그 기간을 연장할 수 있습니다.

행정사무조사 절차도

조사요구
(재적의원 1/3이상)
• 본회의 의결
조사위원회결정
(본회의)
• 본회의, (상임 or 특별)위원회
조사계획서 작성 · 제출
(조사할 위원회)
조사계획서 승인
(본회의)
• 단체장에게 조사계획서 통보
사무보조자 선정 및 출장준비
준비단계
보고 · 서류제출, 증인 등 출석요구
(의장 경유 3일 전 도착)
행정사무조사 실시
조사결과보고서 작성 · 제출
(의장에게 제출)
1. 조사개회 선포
2. 위원장 인사 및 의사일정 상정
3. 기관장 및 증인 선서
4. 기관장 인사 및 간부소개
5. 보고 청취
6. 질의 · 답변(신문 · 증언)
7. 조사결과 강평
8 .조사종료 및 산회 선포
실시단계
조사결과 본회의 의결
시정 및 처리요구 · 건의사항 이송
• 의회→지방자치단체 · 해당기관
시정 및 처리결과 보고
• 지방자치단체 · 해당기관 →
의회보고
단체장의 처리결과 위원회에 회부
• 상임위원회가 조사한 경우
준비단계

– 이것만은 꼭!

행정사무조사는 지방자치단체장의 일방적 독주와 전횡을 감시하고 견제하고, 지방권력 간 균형을 유지하는 매우 효율적이고 강력한 통제 장치입니다.
매년 정례회라는 특정한 시기와 기한을 정해 실시하는 행정사무감사에 비해, 유연하고 탄력적으로 지역현안과 정책의 문제점을 따져 볼 수 있다는 점에서 행정사무조사의 유용성은 큽니다. 그러나 행정사무조사가 행정사무감사나 국회의 국정조사에 비해 그리 활발히 이뤄지지 않은 게 현실입니다.
지방의회가 행정사무조사의 장점을 살려 그 활용도를 최대한 높일 수 있도록 보다 많은 고민이 필요합니다.

3

공무원 출석요구, 해야 하나요? 박순종

공무원 출석요구가 무엇인가요?

지방의회는 본회의나 위원회의 의결로 시(도)정 전반 또는 시(도)정의 특정분야에 대해 질문을 하거나 안건의 심의 등을 위해 필요한 경우 시장(도지사)과 교육감을 비롯한 관계공무원의 출석을 요구할 수 있습니다. 출석요구를 받은 단체장과 관계공무원은 본회의나 위원회에 출석해 답변해야 합니다(「지방자치법」 제51조). 이 제도는 지방의회와 집행부 간의 원활한 협력관계를 구축해 정책의 결정이나 집행을 효과적으로 추진할 수 있도록 하는 한편, 집행부에 대한 지방의회의 견제와 감시 기능을 제대로 보장하려는 데 그 목적이 있습니다.

한편, 이처럼 일반적인 경우와 달리, 행정사무감사와 조사에 있어서는 단체장 또는 관계공무원이나 그 사무에 관계있는 사람을 출석하게 하여 증인으로서 선서한 후 증언하게 하거나 참고인으로서 의견

진술을 요구할 수 있도록 특별한 규정을 두고 있습니다(「지방자치법」 제49조).

단체장이 특별한 사유가 있는 경우 대리출석과 답변이 되나요?

지방의회로부터 출석요구를 받은 단체장이 특별한 사유가 있어 출석 · 답변이 어려운 경우 단체장은 관계공무원으로 하여금 대신 출석 · 답변하게 할 수 있습니다(「지방자치법」 제51조 제2항 단서). 이 경우 단체장은 그 이유를 밝힌 서면으로 본회의나 위원회의 회의 시작 전까지 의장이나 위원장에게 알려야 합니다(「지방자치법 시행령」 제54조). 그러나 아무런 이유가 없거나 지방의회에 사전 통보 없이 불출석하는 경우가 종종 발생하는데, 이러한 행위는 지방의회와 단체장 간의 갈등을 일으키는 하나의 원인이 되기도 합니다.

불출석에 따른 제재 수단이 있나요?

단체장 등 관계공무원이 정당한 또는 특별한 이유 없이 불출석한 경우에 이를 제재할 명시적인 법적 제재 수단은 존재하지 않습니다. 하지만 불출석에 따른 항의, 출석 촉구 등 정치적인 차원의 제재는 가능합니다.

다만, 행정사무감사와 조사에 있어서 출석요구를 받은 증인(지방자치단체의 장 또는 관계공무원이나 그 사무에 관계되는 사람)이 정당한 사유 없이 출석하지 않은 경우에는 500만 원 이하의 과태료를 부과할 수 있습니다(「지방자치법」 제49조 제5항).

공무원 출석요구의 절차와 방법 등을 알려주세요.

지방의회의 관계 공무원 출석요구가 언제, 어디서, 어떠한 절차에 따라 이뤄져야 하는지에 대해 「지방자치법」에 별도의 규정은 없습니다. 다만, 지방의회나 위원회에 출석하여 답변할 수 있는 관계공무원의 범위, 절차, 방법 등 세부적인 사항은 해당 지방자치단체의 조례나 회의규칙 등으로 정하고 있습니다.

대체적으로 일반 의안과 같이 「단체장 및 관계공무원 출석요구안」을 지방의원이 발의하고 본회의나 위원회의 의결로 출석요구를 합니다. 다만, 본회의와는 달리 위원회에서 각종 안건심사 등을 위한 관계공무원의 출석요구는 대부분이 자진출석의 형식을 취하고 있는 것이 보통입니다. 국회의 경우에도 마찬가지입니다. 하지만 각 지방자치단체의 조례나 회의규칙에서 본회의 또는 위원회의 의결을 거치도록 정하고 있다면 이를 준수하는 것이 타당할 것입니다. 즉, 각 회기별 첫 회의가 열리는 날 첫 번째 안건으로 관계공무원 출석요구안을 위원회에서 처리하는 것이 바람직합니다.

출석을 요구할 수 있는 관계공무원의 범위는 어떻게 되나요?

「지방자치법」과 「지방교육자치에 관한 법률」에 따라, 시장(도지사)과 교육감은 출석요구 대상에 당연히 포함됩니다. 하지만 이들을 제외한 관계공무원이 누구를 의미하는지에 대해서는 조례로 정하도록 「지방자치법」(제51조 제3항)에 규정되어 있습니다. 이에 따라 각 지방자치단체는 그 범위에 대해 조례로 정하고 있으므로 해당 의회의 조례를 참고하면 됩니다.

타 위원회 소관부서 관계공무원에 대한 출석요구도 가능한가요?

위원회 안건 심사와 관련해 다른 위원회 소관부서의 관계공무원의 의견청취가 필요하다고 인정하는 경우 해당 관계공무원의 출석을 요구할 수 있는지에 대해서는 검토가 필요합니다. 「지방자치법」이나 조례상 이에 대한 명확한 규정이 없고, 출석을 제한하고 있는 관련 법규가 없기 때문에 출석요구는 가능하다고 하겠으나, 다른 위원회 소관부서의 관계공무원에 대한 출석 요구는 가급적 제한하는 것이 타당합니다. 국회의 경우도 다른 위원회 소관부처의 국무위원 등에 대한 출석요구는 가급적 제한적으로 운영하고 있습니다.

Check Point

공무원의 출석요구 방법과 제재수단

단체장 등 관계공무원의 출석요구는 본회의 또는 위원회 의결로 이뤄지나, 본회의와는 달리 위원회의 안건심사 등을 위한 소관부서 관계공무원의 출석요구는 대부분 자진출석의 형식을 취하고 있습니다.
출석요구를 받은 단체장은 정당한 사유가 있는 경우 관계공무원으로 하여금 대신 출석 · 답변하게 할 수 있으나, 그 이유를 밝힌 서면으로 회의 시작 전까지 지방의회에 알려야 합니다. 그러나 아무런 이유가 없거나 사전 통보 없이 불출석하는 경우, 정치적 수단 이외 법적 제재 수단이 없고 지방의회와 단체장 간의 갈등을 일으키는 원인이 되기도 합니다.

4

본회의장 발언 잘하기

조정래

회의에서의 발언은 의원의 중요한 권한 중 하나입니다.

지방의회에서 하는 중요한 의사 결정은 회의를 거쳐 이루어집니다. 회의에 참여하는 의원은 발언을 통해 자신의 의사를 표현합니다. 발언은 구두로 의원의 의견을 진술하는 것으로, 회의체인 지방의회 활동의 핵심 요소이기도 합니다. 영상과 같은 다른 매체를 통해서도 의사표시를 할 수 있지만, 발언만큼 그 의사를 정확히 전달하는 수단도 없을 것입니다. 따라서 의원의 발언은 최대한 자유롭게 보장되고 존중되어야 합니다.

보통 지방의회에서 행해지는 회의는 '본회의'와 '위원회' 회의로 구분할 수 있습니다. 따라서 회의에 참여한 의원의 발언도 본회의에서 하는 발언과 위원회에서 하는 발언으로 나뉠 수 있습니다. 다만, 위원회 회의는 특별한 경우가 아니라면 본회의 회의 형식을 취하고 따르기 때문에 본회의에서의 발언에 대하여 우선 살펴보고 필요한 부문에 한해 위원회의 발언에 대해서도 함께 살펴보겠습니다.

회의에 참여하는 의원은 소신을 가지고 자유롭게 자신의 의사를 표시하고 발언할 수 있습니다. 이를 의원의 '발언자유의 원칙'이라고 합니다. 회의에서의 발언은 의원에게 주어진 중요한 권한 중 하나이기 때문입니다. 물론 회의를 효율적이고 질서 있게 진행함에 있어 발언 신청과 의장의 발언 허가 절차가 있고, 발언 종류와 성질에 따라 허용되는 발언시간, 발언회수의 제한도 있습니다만, 이렇다 하여 의원의 '발언자유의 원칙'을 부정하는 것은 아닙니다.

지방의회에서의 발언은 모두 기록되어 공개됩니다. 따라서 의원의 발언도 발언한 그대로 기록됩니다. 이는 발언에 있어 몇 가지 주의할 사항이 있다는 점을 내포합니다. 먼저 말에 있어 품위를 지키는 것이 중요합니다. 욕을 함으로써 듣는 이로 하여금 모욕감을 갖게 해서는 안 될 것입니다. 설령 회의에 참여한 당사자가 의원의 발언에 대하여 특별한 모욕감을 느끼지 못할 수 있습니다만 회의의 기록물을 보거나 영상물을 보는 시민의 입장에서는 의원의 발언 모습에 실망감을 느낄 수 있고, 이는 해당 의원에 대한 인식을 달리할 수 있어 각별한 주의가 필요합니다.

의원의 발언은 시민의 대표자로서 의원이 갖는 중요한 의정활동의 일환입니다. 따라서 시민 다수가 납득할 수 없는 행정을 집행기관이 펼칠 경우 얼마든지 질책성 발언을 할 수 있습니다. 하지만 잘못했다고 여겨지는 행정에 대하여 다그치는 발언을 함에 있어서도 최소한의 품위까지 벗어나도록 시민들이 용인한다고 볼 수는 없을 것입니다.

단체장 또한 주민이 선출한 선출직임을 배려할 수 있어야 합니다.

또한 의원의 발언은 마땅히 그 책임이 뒤따릅니다. 면책특권이 부여된 국회의원과 달리, 아무리 직무와 관련한 발언일지라도 사실과 명백히 다르거나 회의에 참석한 참고인이나 증인에 대하여 혹은 관계공무원에 대하여 당사자의 명예를 실추시킬 수 있는 발언을 했을 경우에는 이에 대한 도덕적 · 법률적 책임을 진다는 점을 유념해야 합니다.

한편, 회의에 방청하는 주민들이 다소 공감하기 어렵거나 낯부끄러워하는 상황이 있습니다. 회의에 참여하는 의원에게 발언 기회를 주거나 발언하는 의원이 다른 의원이나 의장을 지칭할 때 "존경하는 ㅇㅇㅇ의원님", "존경하는 ㅇㅇㅇ의장님"이라고 하는 대목입니다. 이는 의원이 주민의 대표자로 선출되었고, 선출된 대표자가 회의에 참여하고 있어 해당 의원을 지칭할 때는 선거구 전체 주민을 대하는 마음 자세를 가질 필요가 있다는 점에서 나오는 일종의 '상호예의'의 관행적 표현입니다. 마찬가지로 주민 대표자임을 마음에 담아 발언이나 의정활동에 유념할 것을 서로 환기하는 점도 있다고 보여집니다.

발언의 종류는 다양

발언의 종류는 매우 다양합니다. 먼저 회의 의제와 직접 관계되는 발언입니다. 여기에는 의안에 대한 제안설명, 심사결과의 보고, 질의와 답변, 토론이 대표적입니다. 이들 발언은 발언의 순서가 미리 정해지게 되고 순서에 따라 이루어져야 할 발언이라는 점이 특징입니다. 대집행부질문과 교섭단체 대표연설 또한 회의 의제로 삼아 미리 발언할 순서를 정한다는 점에서 맥을 같이 합니다. 반면 회의 의제와 무관한 발언으로는 구두동의 발언, 의사진행발언, 반론발언, 5분 자유발언, 신상발언이 있습니다. 이들 발언은 발언할 의원이 미리 발언 신청을 하고, 의장의 허가를 받아 허가된 순서에 따라 진행하게 됩니다.

먼저 발언의 종류별로 주요 내용을 말씀 드리겠습니다. 제안설명은 대표 발의한 의원이 의안을 제안한 이유나 취지를 간략하게 설명하는 사항입니다. 이어서 심사결과의 보고입니다. 본회의에 상정된 다수 의안은 이미 상임위원회에서 심사를 마친 상태입니다. 이에 상임위원회에서 심사한 결과를 보고하는 기회를 갖게 됩니다. 위원회를 대표하여 위원장이 보고하는 경우가 원칙이나, 위원장을 대리하여 상임위원회 소속 위원이 보고하는 경우도 많습니다.

다음으로 질의와 답변입니다. 질의는 상정된 의제에 대하여 발의자, 제출자 또는 심사보고한 의원에게 의문되는 사항을 물어 답변을 구하는 발언입니다. 본회의시에는 이미 심사된 사항을 의제로 삼는 경우가 많아 질의와 답변은 생략되는 경우가 많은 반면 위원회 회의 때는 질의와 답변이 활발하게 이루어집니다. 시장이 제출한 조례안, 예산안 등 의안을 다룰 때나, 시장을 대리해 출석한 실 · 본부 · 국장이 업무보고를 할 때 제안설명자이자 보고자인 실 · 본부 · 국장과 의원 간에 질의와 답변이 활발하게 이루어집니다.

반면 의원이 직접 발의한 조례안의 경우에는 발의한 의원에게 질의할 수 있고, 발의한 의원이 답변하는 게 원칙입니다. 그러나 현실에서는 발의의원에게 직접 묻기보다는 의안이 통과될 경우 집행 책임이 있는 실 · 본부 · 국장에게 묻고 답을 듣는 형태로 진행됩니다. 질의

답변 과정이 종료되면, 바로 토론 절차로 진행될 수 있습니다. 토론은 토론할 의원이 찬성 입장인지 반대 입장인지를 미리 밝혀 발언 기회를 가진 후 찬성이나 반대 입장을 표명하는 발언입니다. 시민이 볼 때 질의답변과 토론 간에 차이가 없다고 여길 수 있겠습니다만, 지방의회 회의에서는 이를 엄격히 구분하여 회의를 진행하고 있습니다. 의원이 토론 신청을 하는 경우 토론 신청자가 한 명이면 반대 입장을 취하는 경우입니다. 의제로 성립된 의안에 대한 제안설명은 곧 찬성 입장을 표명한 경우로 볼 때, 이에 대한 토론은 반대입장의 토론이기 때문입니다. 이어서 추가로 토론이 이어질 때에는 다시 찬성입장 토론, 그 다음에는 반대입장 토론 순으로 토론 기회가 주어지게 됩니다.

다음으로 의사진행발언, 5분 자유발언, 신상발언에 대하여 말씀드리겠습니다. 의사진행발언은 안건의 처리과정이나 회의진행과정 등 의사진행에 대한 이의를 제기하거나 의견을 개진하는 것입니다. 즉 회의진행 과정에서 절차상 문제가 있거나, 별도의 의결 절차를 선행할 필요가 있다고 보는 등 회의 운영을 정확하고 원만하게 하기 위해 행해지는 발언입니다.

의사진행발언은 이처럼 긴급을 요하는 경우가 많으므로 의장은 발언취지를 확인하고 즉시 발언을 허가할 수 있습니다. 발언을 신청한 의원 또한 의사진행발언이 의사 진행을 방해할 목적이 아닌 점을 분명히 알 수 있도록 발언 요지를 미리 의장에게 알려야 합니다. 하지만 실제 의회 회의 중 우발적으로 일어난 사태에 대하여 발언 기회를 놓치면 발언 목적을 달성할 수 없는 경우가 발생하여 의원의 발언 요지를 미리 통보받을 시간적 여유가 없을 수 있으므로 의장이 직접 발언

취지를 물어서 의사진행에 필요한 발언인가를 확인한 후 발언 허가 시점을 정하는 경우가 일반적이라 할 수 있습니다. 반론발언은 회의 진행과정에서 이미 다른 의원이 발언한 내용에 대해 해당 의원이 해명을 하거나 반론을 제기하기 위해 하는 발언을 말합니다. 이는 국회에서 그동안 의사진행발언이나 신상발언을 통해 반론을 제기하는 문제점을 해소하기 위해 2000년에 도입됐고, 지방의회에서는 아직 활성화되지 않고 있습니다.

이어서 지방의회에서 가장 활발하게 이뤄지는 건 5분 자유발언입니다. 이 발언은 의제가 된 의안과 청원, 기타 중요한 관심 사안에 대한 의견을 의원이 자유롭게 표명할 수 있도록 의장이 의원에게 5분 이내에서 허가하는 발언입니다. 이 경우 발언할 의원은 회의 시작 전 미리 발언 요지를 기재하여 의장에게 신청하여야 하며, 의장은 각 교섭단체 대표의원과 협의하여 발언자 수와 발언 순서를 정합니다.

신상발언은 의원의 일신상에 관한 문제가 생긴 경우에 본인이 해명하는 성격의 발언입니다. 일신상의 문제를 어디까지 볼 것이냐의 문제는 매우 어렵고 복잡합니다. 주로 다른 의원이 발언하는 과정에서 자신의 성명이 거론되거나 의원의 신상과 관련한 문제에 대해 설명하거나 해명, 변명할 필요가 있을 때 활용됩니다. 이런 발언은 다른 발언에 우선하여 허가할 성격의 발언입니다.

발언 절차와 제한

의원이 발언권을 행사하고 싶을 때 회의장 어디서나 하거나 원하는 의원 모두가 동시에 발언할 경우 회의는 정상적으로 진행될 수 없습니다. 따라서 발언의 허가 절차, 발언의 장소, 발언의 회수, 발언 시간을 지방의회 회의규칙으로 따로 정함으로써 원만하고 질서 있는 회의를 가능토록 하고 있습니다.

먼저 의원이 발언하기 위해서는 의장의 허가를 받아야 합니다. 다만 둘 이상의 의원이 동시에 발언을 신청한 경우에는 회의 의제와의 관련 정도, 처리의 긴급 유무에 따라 발언의 순서를 정할 수 있습니다. 발언의 장소에 대해서도 규정하는 게 일반적입니다. 원칙적으로 발언대에서 발언하되, 예외적으로 의석에서 발언하게 할 수 있습니다. 본회의에서는 발언대에서 발언하는 경우가 대다수인 반면, 위원회에서는 의석에서 발언하는 경우도 많습니다.

하나의 의제에 대하여 의원이 반복해서 발언할 경우 또는 발언 시간의 제한 없이 발언할 경우 회의가 정상적으로 진행될 수 없습니다. 이를 예방하기 위해 같은 의제에 대하여 발언할 회수를 제한하고, 발언의 종류에 따라 제각각 허용 시간을 정할 수 있습니다. 서울시의회의 경우 5분 자유발언과 시정질문을 제외하면, 원칙적으로 20분, 질의 · 보충발언과 의사진행발언, 신상발언은 10분 이내에서 발언하도록 정하고 있습니다. 그 외에도 의제와 무관한 발언에 대해서는 금지하는 게 일반적입니다. 의제와 다른 발언을 할 경우에는 회의가 길어져 생산적인 결론에 이를 수 없기 때문입니다. 발언의 성질에 따라서도 마찬가지입니다. 질의할 때 찬반 의사를 표명하거나 의사진행 발언 때 허가된 범위를 넘어서는 경우도 의제와 다른 발언으로 간주되기에 이 점은 유념해야 합니다.

무제한 토론

필리버스터는 의회에서 다수당이 수적 우세를 이용해 법안이나 정책을 통과시키는 상황을 막기 위해 소수당이 법률이 정한 범위에서 합법적으로 의사 진행을 방해하는 행위를 말합니다. 안건을 최종 의결하기 전에 소수의견을 개진할 기회를 충분히 부여해 다수당이 소수당과 협의하고 논의해 의사 결정이 이루어질 수 있도록 의사진행 방해를 합법적으로 용인하는 제도로 볼 수 있습니다. 필리버스터의 한 형태인 무제한 토론이 「국회법」에 규정된 이래 일부 지방의회도 이 제도를 도입하여 운영하고 있습니다.

무제한 토론은 특정 안건에 대하여 시간의 제한을 받지 않고 토론할 수 있는 제도이므로 앞에서 설명한 발언 제한 규정이 적용되지 않는 특별한 규정입니다. 따라서 무제한 토론의 신청 절차와 종결 절차 그리고 무제한 토론 종결 후 안건의 의결 절차를 별도로 규정하게 됩니다. 서울특별시의회의 경우 「국회법」 제106조의 2 규정을 준용해 유사하게 규정하고 있습니다. 무제한 토론을 실시하려면 재적의원 3분의 1 이상이 요구하여야 하고, 무제한 토론은 의원 1인당 1회에 한하여 발언할 수 있으며, 회기 중 본회의는 1일 1차 회의의 원칙도 예외적으로 배제하고 있습니다.

무제한 토론을 종결할 수 있는 경우는 재적의원 3분의 1 이상의 서명 동의가 있어 재적의원 5분의 3 이상의 찬성으로 의결된 경우이거나 더 이상 토론할 의원이 없는 경우, 무제한 토론 실시 중 회기가 종료된 경우입니다(국회법 해설 505–508쪽). 무제한 토론 종결 동의가 있어 표결이 필요한 경우에는 종결동의가 제출된 때부터 24시간이 경과한 후 무기명 투표로 진행하게 되는데, 이는 최소 24시간의 토론 시간을 보장하려는 취지입니다.

이럴 때 발언은 어떻게?

위원회에서 의결한 안건에 대하여 해당 위원이 본회의에서 반대토론을 하는 경우가 있습니다. 이는 위원회에서 한 의결을 본회의에서 번복하려는 경우라 할 수 있습니다. 혹은 반대 입장을 분명히 하여 기록에 남기려는 의지도 엿볼 수 있습니다. 위원회에서의 의결 결과와 반대의 결과를 본회의에서 이끌어낼 수는 있습니다. 다만, 위원회의 다수 입장을 부정하게 되므로 추후 의정활동시 위원회가 원만하게 운영되는 데 부정적 영향을 미칠 수 있습니다. 따라서 위원회에서 의안 심사시 소수의견 혹은 반대의견을 표명한 후 본회의에서 반대 토론에 임하는 자세가 필요하다고 봅니다. 위원회에서의 충분한 토론의 노력 없이 본회의에서 같은 위원회 의안에 대하여 입장을 달리하여 발언하는 것은 바람직해 보이지 않기 때문입니다.

지방 행정에 있어서 집행기관과 원활한 소통이 안 되거나 불합리한 행정에 대하여 긴급하게 바로잡을 필요가 있다고 생각하는 사안에 대해서는 대집행부 질문이나 5분 자유발언을 활용하면 효과적입니다. 특히 본회의장에서의 5분 자유발언은 단체장이 지켜보는 가운데 행정의 시정이나 보완, 지역민원 해결, 예산투입 등을 촉구하고 환기시킬 수 있다는 장점이 있습니다. 발언 기회는 다른 의원의 발언 기회도 함께 고려해야 하므로 발언의 긴급성 여부를 의원 스스로 판단해야 합니다. 발언에 대한 책임이 따르는 만큼 발언 이전에 관계 부서로부터 사실 관계를 명확히 확인하는 절차가 반드시 필요하다는 점을 강조하고 싶습니다.

이 점만은 유의해야!

의원이 발언을 하기 위해서는 우선 의장의 허가를 얻어야 함을 꼭 명심해야 합니다. 의장이 허가하지 않은 채 하는 발언은 개인적인 이야기를 하는 것과 같은 성격이기 때문입니다. 위원회 회의의 경우에도 위원이 발언하기 위해서는 꼭 위원장의 허가를 거쳐야 하는 점을 강조하고 싶습니다. 복장에 대해서도 각별히 신경 써야 합니다. 주민의 입장에서는 자신의 지역을 대변하는 의원이 정중하지 않은 옷차림으로 회의에 임하는 모습은 보기 흉할 수 있습니다. 특히 정보통신시스템 기반시설이 잘 갖춰져 있어 지방의회의 경우에도 인터넷으로 회의가 생방송되거나 영상회의록으로 남고 있다는 점에서, 기록되는 발언의 무게처럼 의원의 복장은 품위 있고 단정하게 갖춰야 합니다. 시민에 대한 예의로도 볼 수 있기 때문입니다.

5

특별위원회 활동을 하고 싶어요 박순종

특별위원회는 언제 설치할 수 있나요?

지방의회는 조례로 정하는 바에 따라 위원회를 둘 수 있으며, 위원회는 소관 의안과 청원 등을 심사 · 처리하는 상임위원회와 특정한 안건을 일시적으로 심사 · 처리하기 위한 특별위원회로 구분합니다(「지방자치법」 제64조). 특별위원회는 여러 개의 상임위원회 소관과 관련되거나 특별한 사안에 대한 조사 등이 필요한 경우 설치되는 한시적인 위원회를 말합니다.

여기서 '특정한 안건'이라 함은 여러 개의 상임위원회 소관과 겹치거나, 중요한 안건 또는 의회 내부의 의견이 대립되는 안건 등으로서 하나의 상임위원회에서 처리하기가 곤란해 특별위원회를 구성해 심사할 필요가 있다고 인정한 안건을 의미합니다. 또 '일시적'이라 함은 상설로 설치되는 상임위원회와는 달리 정해진 활동기간이 경과함으로써 소멸하거나 심사보고서를 제출한 안건이 본회의에서 의결될 때 소멸되는 것을 말합니다. 그래서 제도의 취지상 가급적 활동기간을 정해 한시적으로 운영하는 것이 바람직합니다.

특별위원회 구성과 위원 선임은 어떻게 하나요?

특별위원회는 일반 의안과 같이 조례로 정하는 수 이상의 연서로 특별위원회 구성결의안을 발의하거나 의회 운영위원회안으로 제안해 본회의 의결로 구성합니다. 구성결의안에는 대체로 명칭, 목적, 활동기간, 위원의 수, 구성방법 및 권한 등에 관한 사항이 포함됩니다. 구성결의안이 본회의에서 가결되고 나면 특별위원회 위원을 선임해야 합니다. 이때 위원의 선임은 각 의회마다 차이가 있으나, 교섭단체가 구성된 의회는 대체적으로 교섭단체 소속의원의 비율에 따라 대표의원이 협의해서 본회의에서 선임하게 됩니다. 또한 특별위원회의 설치 · 운영에 관해서는 특별한 제한규정이 없으므로 1명의 의원이 2개 이상의 특별위원회 위원이 될 수 있습니다.

특별위원회 위원장은 어떻게 선출하나요?

「지방자치법」은 특별위원회의 구성과 운영 등에 관한 세부사항은 해당 지방자치단체의 조례로 정하도록 규정하고 있습니다. 이에 따라 특별위원회의 위원장을 선임하는 방법도 의회마다 차이가 있을 수 있으므로 해당 의회의 조례를 참고하시면 됩니다. 서울특별시의회의 경우에는 「서울특별시의회 기본 조례」 제40조에 따라 특별위원회에서 호선하고 본회의에 보고하고 있습니다.

특별위원회 운영에 관한 업무지원은 어디서 하나요?

특별위원회의 효율적 운영을 위한 업무지원은 의회사무기구 내 전문위원실에서 합니다. 다만, 각 의회의 여건에 따라 해당 특별위원회와 가장 관련 있다고 판단되는 상임위원회 전문위원실에서 담당하거나, 일부 의회에서는 특별전문위원실을 별도로 두고 특별위원회의 각종 업무 처리 등을 지원하고 있습니다.

특별위원회 활동기간을 연장하고 싶어요.

특별위원회와 위원의 활동기간이 본회의 의결로 정해지는 만큼 그 활동기간을 연장하려는 경우에도 본회의 의결을 반드시 거쳐야 합니다. 일반적으로「특별위원회 활동기간 연장안」이라는 형식의 정식 의안으로 처리합니다. 여기에는 활동기간을 연장하는 이유를 구체적으로 명시해야 합니다.

지방자치법과 자치법규의 규정에 의해 직접 구성하는 특별위원회는 무엇이 있나요?

「지방자치법」 제49조에 따라 지방의회는 지방자치단체의 사무 중 특정 사안에 관하여 본회의 의결로 본회의나 위원회에서 행정사무조사를 실시할 수 있도록 규정하고 있습니다. 행정사무조사를 발의할 때에는 그 이유를 밝힌 서면으로 하여야 하며, 재적의원 3분의 1 이상의 연서가 있어야 합니다. 이 경우 지방의회는 '행정사무조사 특별위원회'를 구성해 조사를 실시하게 할 수 있습니다. 또「지방자치법」 제65조는 지방의원의 윤리심사 및 징계에 관한 사항을 심사하기 위하여 '윤리특별위원회'를 두고 윤리특위의 자문에 응하기 위한 기구로 윤리심사 자문위원회를 설치 · 운영토록 규정하고 있습니다. 각 지방의회에는 해당 지방자치단체의 조례로 예산안 · 결산 · 기금운영계획안 및 기금 결산을 심사하기 위해 '예산결산특별위원회'를 설치해 운영해 오고 있습니다.

특별위원회 활동과 관련해 특별히 유의할 사항이 있나요?

특별위원회는 소관 업무가 미리 정해져 있지 않고 구성 시점에 그 역할과 업무가 구체적으로 확정됩니다. 이로 인해 특별위원회에 회부 안건이나 논의사항의 일정부분은 상임위원회의 소관사항과 필연적으로 경합이 발생하게 됩니다. 그러므로 소관 상임위원회와의 기능이 중복되거나 업무영역을 침범하지 않도록 유념해야 하며, 상임위원회의 정상적인 운영을 방해하는 일이 없도록 충분한 배려도 필요합니다. 이와 관련해 서울특별시의회의 경우처럼 특별위원회 구성결의안에 대한 운영위원회의 심사 과정에서 관련 상임위원회와의 사전 협의 제도를 도입하는 것도 좋은 방법 중 하나입니다.

한편, 예산결산특별위원회 위원장을 제외한 여타의 특별위원회 위원장의 경우에는 별도의 업무추진비가 지급되지 않습니다. 다만 각 의회에 사정에 따라 다르긴 하나 일부 의회에서는 '의정운영공통경비'에서 특별위원회의 원활한 의정활동 지원을 위해 소정의 활동비를 지급하기도 합니다.

Check Point

특별위원회 구성과 운영

특별위원회는 본회의 의결로 구성되며, 그 활동기간의 연장도 마찬가지입니다. 특별위원회는 '특정한 안건'을 '일시적'으로 처리하기 위해 설치되는 것으로, 상임위원회와 기능이 중복되거나 업무영역을 침범하지 않도록 주의해야 합니다.

6

대집행부질문, 효과적으로 하는 법

조정래

국회의 대정부질문 제도와 마찬가지로 지방의회도 대집행부질문 제도가 운영되고 있습니다. 지방자치단체의 종류에 기초하여 그 명칭이 조례에 명시되어 있는데, 서울특별시의회의 경우 시정질문이라고 칭하고, 자치구의 경우에는 대구정질문 · 구정질문, 광역 자치도의 경우에는 도정질문으로 불립니다.

대집행부질문은 본회의에서 회기 중 기간을 정하여 지방행정 전반 또는 지방행정의 특정 분야를 대상으로 단체장 또는 관계공무원을 출석시켜 질문하는 것을 말합니다. 지방의회에서도 국회처럼 질문과 질의를 구분하여 사용하고 있습니다. 대집행부질문은 설명한 대로 지방행정 전반 또는 지방행정의 특정분야에 대하여 의원이 집행부에 대하여 설명을 요구하거나 소견을 묻는 발언이라면, 질의는 의제가 된 안건에 대하여 제안자 혹은 관계공무원에게 의문인 점을 묻는 것으로 다릅니다.*

대집행부질문은 의원의 중요한 권한이자 의정활동의 한 부분입니다. 자치법규인 조례 입법을 위한 조례안의 발의 준비만큼이나 대집행부질문 또한 준비할 사항이 많습니다. 단체장 등 회의에 출석한 관계공무원과 질문을 통해 주고 받은 발언 내용이 모두 기록에 남는 것은 물론, 집행기관 또한 의원의 대집행부질문에 대비하여 답변을 충실히 준비해야 할 의무가 있고, 정책의 타당성에 대해서도 효과적으로 대응해야 할 책임이 따르기 때문입니다. 의원의 의정활동을 접하다 보면 많은 의원이 본회의 의정활동에 있어서 세 가지 큰 활동 축으로 조례입법활동, 예산심사활동과 함께 대집행부질문 활동을 뽑고 있습니다.

대집행부질문이 왜 필요할까요?

대집행부질문 제도는 지방자치 발전에 크게 기여할 수 있습니다. 우선, 정책집행에 대한 감시와 통제를 통해 잘못되었거나 불편부당한 행정, 더 나아가서는 위법한 행정이 드러날 수 있습니다. 시민의 혈세가 잘못 집행된 경우도 대집행부질문에 의해 드러나는 경우가 많습니다. 또한, 집행기관이 정책 · 사업 등을 전개하다보면 드러내고 싶지 않은 일이 발생할 수 있고, 이러한 사안들이 단체장이나 부서의 장에

* 이 외에도 질문은 하나의 의사로서 그 자체가 독립된 의제로 성립되는 반면, 질의는 의제된 의안이 상정된 후 비로소 성립됩니다. 또한 질문은 질문요지서를 제출하여 집행기관에 미리 알리지만, 질의는 의안이 의제가 된 후에 행하게 되므로 미리 요지서를 제출할 이유가 없습니다.

게 충분히 보고되지 않아 이들이 충분히 인식하고 있지 못할 때가 있습니다. 이러한 사실이 본회의에서 대집행부질문을 통해 드러날 경우 본회의에 출석한 집행기관의 관계공무원은 매우 곤혹스러운 입장에 처하게 됩니다. 단체장이 실 · 국 · 본부장에게 다소 억지스럽거나 부당한 지시 사항이 있는 경우도 이를 따져 묻는 의원의 질문에 곤혹스러울 수 있음은 마찬가지입니다.

두 번째로 대집행부질문은 지방자치단체의 미래 발전에 필요한 정책 방향을 제시함으로써 정책 의제를 형성해 가는 데 기여할 수 있습니다. 지방행정에 있어서 최종 의사결정자인 단체장의 정책 인식이 중요함은 두말할 필요가 없습니다. 단체장이 중요한 정책 방향을 잡아가고, 실 · 국 · 본부장은 단체장이 제시한 정책 방향을 따르는 게 일반적이기 때문입니다. 그러나 단체장이 모든 정책부문에서 올바른 비전과 방향을 설정하고 추진한다고 볼 수는 없을 것입니다. 따라서 지방의원이 본회의 중 대집행부질문을 통해 주민의 의사를 반영한 새로운 정책 방향을 제시하거나 정책 대안을 제시할 경우, 그리고 이 제안이 합리적인 경우에는 단체장과 실 · 국 · 본부장이 수긍할 가능성이 높고, 이렇게 제안된 정책은 추후 조례입법이나 예산반영 등을 통해 구체적으로 실현될 수 있습니다.

마지막으로 대집행부질문은 집행기관이 행정을 펼치면서 검토했던 각종 지식정보와 자료를 함께 공유할 수 있어 의원의 자치입법이나 예 · 결산심사 등 다른 의정활동의 중요한 기반이 될 수 있습니다. 나아가 대집행부질문을 지켜보는 일반 시민 또한 새로운 행정 정보를 습득할 수 있는 유용한 기회가 될 수 있습니다.

대집행부질문은 어떻게 준비할까요?

대집행부질문을 준비함에 있어 의원은 대집행부질문이 갖는 앞의 세 기능을 충분히 담을 필요가 있습니다. 이를 위해서는 지방행정에 대한 깊은 고민이 필요하고, 주민들이 겪는 고충이나 지역 현안을 평소에 잘 보고 귀담아 들을 필요가 있습니다.

대집행부질문에 나서는 의원은 우선 질문할 주제를 설정합니다. 소속 상임위원회에서 소관하는 부서의 행정에 대하여 질문할 것인지 고민될 때가 있는데, 관계없이 질문할 수 있습니다. 다만, 상임위원회 회의시에 소관부서와는 질의하고 토론할 기회가 많고 답변하는 관계 공무원을 통해 의원이 묻고자 하는 사항을 집행기관에 전달할 기회가 있기 때문에, 이를 잘 활용할 경우에는 본회의에서 굳이 소관 부서의 행정을 질문 주제로 삼을 이유는 없습니다. 따라서 대집행부질문은 다른 상임위원회 소관부서 행정에 대해 질문주제를 잡는 경우가 더 많습니다. 이 경우 행정 용어가 생소할 수 있고, 정책의 수립 배경이나 지나온 경위를 충분히 알지 못하여 종합적인 인식이 부족할 수 있으므로, 면밀한 사전 검토와 준비 과정이 필요합니다.

한편, 소속 상임위원회 소관부서 행정일지라도 단체장의 입장을 명료히 확인하고자 할 경우에는 해당 사항을 질문 주제로 삼는 경우도 바람직합니다.

본회의에는 보통 단체장과 부단체장, 그리고 실 · 국 · 본부장이나 투자 · 출연기관의 장이 출석하게 됩니다. 따라서 의원이 본회의 중 대집행부질문을 할 때 답변자로 누구를 부를 것인가 하는 점이 고민일 수 있습니다. 단체장은 행정의 세부적인 사항까지 모두 잘 알 수는 없으므로, 보고받은 자료에 기초하여 답변에 임하는 경우가 많습니다. 따라서 세부적인 사항을 확인하거나 인식을 같이 할 필요가 있는 사항에 대해서는 실 · 국 · 본부장이나 출연 · 투자 기관장에게 묻는 것이 효과적입니다. 반면, 행정의 기본방향과 정책의 우선순위에 있어서 입장을 분명히 한다거나 의원의 주장을 받아들여 이후 행정을 분명히 약속할 필요가 있는 경우, 그리고, 재정투자 혹은 조례입법 추진 등을 다짐받을 필요가 있는 경우에는, 단체장이나 부단체장이 답변하게 하여 발언하는 의원은 물론 이를 지켜보는 주민에게까지 확실히 약속하게 하는 것이 좋습니다.

대집행부질문은 어떻게 진행되나요?

의원이 대집행부질문을 하기 위해서는 질문요지서를 미리 제출해야 합니다. 대집행부질문이 효과를 갖기 위해서는 집행기관의 충실한 답변이 전제되어야 하기 때문입니다. 질문요지서가 제출되지 않는다면 무슨 내용으로 질문하는지 알 수 없어 답변을 충실히 할 수 없을 것입니다. 따라서 보통은 의원이 제시한 질문요지서를 토대로 집행기관이 미리 답변 자료를 준비하게 되는데, 관계 법규의 검토는 물론, 그간 공문서의 전달 경위, 사건의 전말 등 핵심 사항을 요약하여 실 · 국 · 본부장은 부단체장과 단체장에게 미리 보고하게 됩니다. 아울러 답변 방향에 따라 입장이 달라지는 사안에 대해서는 단체장은 관계 실 · 국 · 본부장과 함께 숙의 과정을 거쳐 답변 방향과 답변할 정책 대안을 준비하게 됩니다. 이러한 일련의 과정은 지방행정에 있어서 매우 중요한 정보교환이자 정책 토론의 장으로 역할을 할 수 있습니다.

지방의회마다 조례나 회의규칙을 통해 대집행부질문 절차를 제도화하고 있습니다. 질문할 의원 수를 정하는 방법, 질문하는 방법과 질문시간, 질문요지서의 제출과 단체장에의 송부 시기 등에 관한 규정입니다. 보통 질문방법은 '일문일답 질문방식'과 '일괄질문 일괄답변 방식'이 있습니다. 일문일답 질문방식은 질문 주제에 대하여 답변할 공무원을 대상으로 질문할 시간 범위 내에서 묻고 답하는 방식입니다. 반대로 일괄질문 일괄답변 방식은 질문에 임하는 의원이 먼저 일괄하여 질문하고, 이어서 답변에 나서는 단체장 등 관계공무원이 해당 사항에 대하여 일괄하여 답변하는 방식입니다.

일괄질문 일괄답변 방식인 경우는 질문시간과 답변시간이 고루 배분되는 장점은 있으나, 연설형식의 질문과 답변으로 이어져 의원과 집행기관 간 각자의 주장만으로 마칠 가능성이 높고 생동감이 떨어지는 단점이 있습니다. 반면, 일문일답 질문방식은 의원이 발언대에서 질문하면 단체장 등이 답변대에서 답변하는 형식을 말합니다. 질문과 답변이 교차하는 토론 형식을 취함으로써 질문을 통해 얻고자 하는 결과를 효과적으로 이끌어낼 수 있습니다. 질문하는 의원과 답변하는 집행기관 관계공무원 모두 예상치 못한 질문과 답변이 이어질 수 있으므로 더 많은 자료 습득과 준비 과정이 필요합니다. 국회와 서울시의회의 경우 모두 일문일답 질문방식을 채택하고 있습니다.

일문일답 질문 중 단체장의 답변이 길어져 정작 의원의 질문시간이 줄어드는 문제가 있을 수 있습니다. 이를 방지하기 위해 답변시간은 제외하고 의원의 질문시간만을 측정하거나 아니면 답변을 포함한 일정 시간을 정하는 경우 중에서 의원이 선택하도록 할 수 있습니다.

대집행부질문에서 주의할 점은?

의원의 대집행부질문은 매우 뜻깊은 의정활동입니다. 답변을 준비하는 집행기관 또한 많은 시간과 노력이 들어갑니다. 대집행부질문은 단체장의 부당한 지시사항이나 관계공무원의 불편부당한 행정에 대해서는 일침을 가할 수 있어야 합니다. 또한, 미래 발전방향에 대한 고민 깊은 대안 제시도 필요합니다. 집행기관과 의회 간에 생산성 높은 토론을 통해 바람직한 정책 마련이 가능하고 이는 나아가 주민의 복리 증진과 삶의 질 향상에 기여할 수 있기 때문입니다. 이러한 대집행부질문 자료는 실시간 전달되는 영상 자료와 언론 보도자료를 통해 많은 주민이 함께 공유할 필요가 있습니다. 주민의 관심과 참여가 정책 생산성을 높일 수 있기 때문입니다.

질문에 임하는 의원은 집행기관으로 하여금 적정한 시간 범위에서 답변할 수 있도록 배려할 수 있어야 합니다. 의원이 대집행부질문 시간의 대부분을 질문하는 데 할애하고 단체장 혹은 관계공무원에게는 답변할 최소한의 시간도 주지 않는다면, 집행기관의 답변을 듣고자 하는 대집행부질문 취지는 무색해집니다. 또한 방청객이나 주민이 보기에 질문 의원이 자기주장만 반복하고 반론과 답변 듣는 것에는 옹색한 의원으로 비춰질 수 있게 됩니다.

7

지방의회 교섭단체, 꼭 필요할까요? 강상원

교섭단체가 무엇인가요?

우리는 살아가면서 상대방과 사소한 다툼이나 의견충돌이 발생하는 상황을 자주 겪곤 합니다. 특히 중요한 의사결정이나 합의를 앞두고는 자신들의 이익을 조금이라도 더 관철하기 위해 목소리를 높이는 장면을 흔히 봅니다.

그런데 조직 구성원 모두가 한자리에 모여 각자의 입장을 털어놓기 시작한다면 그 회의체는 어떻게 될까요? 아마도 소모적 주장만 난무하고 언쟁은 점점 위험수위까지 올라가 주먹질하기 일보직전까지 갈 가능성이 높습니다.

이 때 필요한 것이 '교섭'(negotiation 또는 bargaining) 이라는 행위입니다. '협상'을 뜻하기도 하는 교섭은 어떠한 사안이나 의사결정에 대해 견해를 좁혀가는 인간사이의 상호작용을 말합니다. 국제분쟁을 해결하기 위한 외교활동도 교섭이고, 노동조합과 고용주가 임금협상을 벌이는 것도 교섭입니다. 결국 어떤 일을 이루기 위하여 서로 의논하고 절충하는 행위 모두가 교섭이라 할 수 있습니다.

교섭단체는 상대방과 교섭하기 위해 모인 두 명 이상의 집합체를 말합니다. 정치적 의미에서의 교섭단체도 마찬가지입니다. 일정 수 이상의 의석을 가진 정당이나 이해관계가 같은 의원들이 국회나 지방의회의 활동을 효율적으로 수행하기 위해 구성하는 정치단체가 바로 교섭단체입니다.

교섭단체는 어떤 일을 하나요?

교섭단체는 국회와 지방의회의 의사결정 과정에서 매우 중요한 역할을 담당합니다. 일차적으로는 교섭단체를 중심으로 소속 의원들의 의사를 사전에 수렴 · 조정하고, 합치된 의견을 바탕으로 정당의 정책이나 행동을 일사분란하게 추진함으로써 정당의 구성 목적을 효율적으로 추진할 수 있습니다. 그리고 교섭단체 간에 사전 협의와 조정을 통해 의회 운영을 원만히 이끌어가도록 합니다.

교섭단체나 교섭단체의 대표의원이 국회 내에서 하는 역할은 다음의 표와 같습니다. 매우 다양하고 중요한 일들이 교섭단체를 통해 이뤄지고, 정당 간 교섭의 창구역할을 하고 있음을 알 수 있습니다. 반대로 해석하면 교섭단체를 구성하지 못하면 그만큼 국회 활동을 하는 데 많은 불이익을 받게 됩니다.

국회 교섭단체(대표의원)의 주요 역할

관련 법령	주요 역할
국회법	• 의석 배정(제3조) • 연간 국회운영기본일정 협의(제5조의2①) • 사무총장 임면 협의(제21조③) • 예산결산특별위원회 위원 선임(제45조②) • 상임 · 특별위원회 위원 선임 및 개선 요청(제48조① · ④) • 정보위원회 위원 추천(제48조③) • 위원회의 교섭단체별 할당 수 변경에 위원 개선(제48조⑤) • 상임위원회 위원 선임요청 금지(제48조⑦) • 본회의 중 위원회 개회 협의(제56조) • 인사청문특별위원회 설치 · 구성 협의(제65조의2③) • 본회의 개의시 변경 협의(제72조단서) • 의사정족수 미달시 충족 요청(제73조③) • 국가 안전보장을 위한 본회의 비공개 협의(제75조①) • 의사일정 변경 협의(제77조) • 신속처리 대상안건의 규정 미적용 합의(제85조의2⑧) • 예산안 부수법률안의 본회의 자동부의 적용예외 합의(제85조의3②) • 법사위 체계자구심사 지연 법률안의 본회의 부의 합의(제86조④) • 교섭단체 대표연설 실시, 추가 실시 합의(제104조②) • 5분자유발언 허가 협의 및 발언자수와 순서 협의(제105조①단서 · ③) • 비밀, 국가안전보장 등의 사유로 인한 회의록 불게재 협의(제118조①) • 국무총리 또는 국무위원의 대리출석 승인 협의(제121조③) • 대정부질문 질문의원수 협의 및 질문의원 · 순서 통지(제122조의2 ④ · ⑧) • 긴급 현안질문시간 연장 협의(제122조의3⑤) • 폐회 중 서류 등의 제출요구 협의(제128조③)
국정감사 및 조사에 관한 법률	• 국정조사요구서 제출시 조사위원회 구성 협의(제3조③) • 교섭단체별 조사특위 구성 및 간사 호선(제4조① · ②) • 국정감 · 조사의 사무보조자로 교섭단체 정책연구위원 위촉(제6조②)
인사청문회법	• 의원수 비율에 따른 인사청문특위 위원 선임 · 개선 요청(제3조③)

관련 법령	주요 역할
그밖의 법률	• 입법 및 정책개발비 지급기준 · 절차 등 협의(「국회의원 수당 등에 관한 법률」 제7조의2) • 정당보조금의 50퍼센트를 정당별로 교섭단체 구성 정당에 균등 분할(「정치자금법」 제27조①) • 시 · 도, 시 · 군 · 구, 읍 · 면 · 동 선거관리위원회 위원 추천(「선거관리위원회법」 제4조②~④) • 투표인 명부, 부재자신고인 명부사본 교부 신청(「국민투표법」 제21조①) • 방송통신위원회 위원의 추천 및 의장 몫 위원 추천시 협의(「방송통신위원회의 설치 및 운영에 관한 법률」 제5조②, 제18조③)

그런데 교섭단체 중심으로 국회가 운영되다 보니, 헌법기관인 개별 국회의원의 자유로운 의사를 교섭단체에서 지나치게 제어하고 자율적인 의정활동을 제약한다는 비판도 제기되고 있습니다.

교섭단체는 어떻게 구성하나요?

교섭단체의 구성기준은 국가마다 다르고, 의회마다 다릅니다. 국회의 경우는 20명 이상의 소속의원을 가진 정당을 하나의 교섭단체로 인정합니다. 정당 단위가 교섭단체 구성의 기본 요건인 것입니다. 그러나 정당 단위가 아니더라도 다른 교섭단체에 속하지 아니하는 20명 이상의 의원이 따로 교섭단체를 구성하는 경우도 인정하고 있습니다(「국회법」 제33조).

문득 호기심이 발동합니다. 20명 이상의 소속의원을 가진 정당이 계파정치로 이분삼열돼, 각각의 교섭단체를 따로 구성하고자 할 경우 가능할까요? 한마디로 불가능합니다. 20명 이상의 소속의원을 가진 정당의 경우에는 동일 정당의 소속의원으로만 하나의 교섭단체를 구성해야 합니다. 일정한 정당에 속하는 의원들의 의사를 사전에 종합 · 통일해 교섭의 창구역할을 하는 것이 국회 의사운영을 원활하게 할 수 있기 때문입니다(국회법 해설, 2021).

그럼, 또 다른 질문. 교섭단체에 소속된 의원이 소속 정당을 탈당하지 않은 채 교섭단체만 탈퇴하는 것은 어떨까요? 물론 안 됩니다. 앞에서 설명한 이유로 20명 이상의 정당에 소속된 의원은 교섭단체에 자동 가입됩니다. 임의로 탈퇴여부를 선택할 수 없습니다. 반대의 경우도 마찬가지입니다. 교섭단체는 유지한 채 정당만 탈당하는 것은 불가능합니다.

20명 미만의 소속 의원을 가진 정당 소속 의원이나 무소속 의원들은 교섭단체를 구성할 수 있나요? 물론 가능합니다. 「국회법」의 예외조항을 적용하면 됩니다. 소속 의원 20명 미만인 여러 정당을 묶어 하나의 교섭단체를 만드는 것이 그 방법입니다. 아니면 무소속 의원들과 함께 20명 이상의 교섭단체를 만들면 됩니다.

과거에도 교섭단체를 구성하지 못한 군소정당들이 서로 연합해 교섭단체를 만든 사례가 있습니다. 2008년에 자유선진당과 창조한국당이 서로 연합해 '선진과 창조의 모임'이라는 하나의 원내교섭단체를 구성한 적도 있고, 2018년 4월에는 민주평화당과 정의당이 '평화와 정의의 의원 모임'이라는 공동 교섭단체를 결성한 것이 대표적인 사례입니다

그렇다면 왜 덩치가 큰 메이저 정당들은 교섭단체의 진입장벽을 높게 유지하고, 군소 정당들은 계속해서 원내교섭단체를 구성하기 위한 노력을 기울이고 있을까요? 교섭단체를 구성한 정당에게만 부여

하는 여러 혜택들 때문입니다. 가장 크게는 정치자금의 배분에서 유리한 고지를 점하게 됩니다. 교섭단체를 구성한 정당에게 국고보조금의 50퍼센트를 균등하게 분할 지급하기 때문에 든든한 주머니를 확보하게 됩니다(「정치자금법」 제27조). 그리고 의회직의 인선이나 각종 국회운영의 협의권과 합의권, 추천권, 결정권 등을 보유하게 돼 교섭력이 한층 강화되는 측면이 있습니다.

국회와 지방의회 교섭단체 현황

〈국회〉

국회는 앞서 설명한 바와 같이 20명 이상의 소속의원을 가진 정당이 하나의 교섭단체를 구성합니다. 현재 20명 이상의 소속 의원을 가진 정당은 더불어민주당, 국민의힘 이며 이들이 각각 교섭단체를 구성해 정당 간 교섭창구역할을 하고 있습니다.

〈지방의회〉

2023년 「지방자치법」 개정으로 지방의회의 교섭단체가 법정화되기 이전부터 각 지방의회에서는 지역 여건에 따라 조례 및 회의규칙 등을 통해 이미 교섭단체를 자율적으로 운영하여 왔습니다. 주로 광역의회에서 최소 3명에서 최대 12명 이상의 소속 의원을 가진 정당을 중심으로 교섭단체를 구성하였습니다.

2018년 당시 기준으로 보면 수도권의 서울, 경기와 중부권의 충북, 충남, 대전, 세종은 더불어민주당과 자유한국당 소속의 2개 교섭단체가 있었습니다. 광주와 전남은 더불어민주당과 민주평화당 중심으로 교섭단체가 활동하고 있고, 부산, 강원, 전북, 경남은 1개 교섭단체로만 운영되었습니다. 대구, 인천, 울산, 경북 4개 광역의회는 교섭단체를 운영하고 있지 않았습니다.

제주특별자치도의회의 경우는 좀 특별했습니다. 정당 소속의 의원으로 구성된 교섭단체가 3개 운영되고 있는 것은 다른 지방의회와 같습니다. 다만 전국에서 유일하게 교육의원 제도가 유지되고 있어서 정당 가입이 불가능한 교육위원들로만 구성된 '미래제주'라는 교섭단체가 별도로 구성 · 운영되었습니다.

기초의회 단위에서는 수도권에 소재한 지방의회를 중심으로 교섭단체가 활성화되었습니다. 즉, 서울특별시 노원구의회와 용인 · 안양 · 안산 · 시흥 · 성남시의회, 그리고 광주광역시 남구의회에서 교섭단체를 구성해 운영하였습니다.

그러던 중 지방의회에서 정착 운영되고 있는 교섭단체 구성과 운영의 근거를 법으로 명확히 규정할 필요가 있다는 여론이 확산되면서 2022년 9월 「지방자치법」이 개정되었습니다. 지방의회의 교섭단체가 임의(자율)단체에서 법정단체로 격상되었고, 그 구성과 운영에 관한 사항은 조례로 정하게 됨으로써 독자성과 자율성을 갖게 됐습니다. 그 결과 일정한 정당에 속하는 의원들이 사전에 그 의사를 종합 · 통일하여 각 교섭단체간에 교섭의 창구 역할을 하게 되었고, 의회 의사운영을 원활하는데 많은 도움이 되고 있습니다.

그런데 특정한 정당 소속의 의원들이 다수 차지하고 있는 지방의회에서는 교섭단체를 구성하지 못하는 사례가 발생하면서 소수 정당의 의사 개진이 어려워질 가능성이 있다는 우려가 제기되기도 합니다. 또한 지방의회는 그 규모와 여건이 상이하다는 점에서 교섭단체

를 구성할 실익 및 교섭상대 없는 교섭단체가 구성될 가능성에 대한 검토가 함께 필요할 것으로 보입니다. *

17개 광역지방의회 교섭단체 구성 현황(2018년 3월 현재)

구분	착안사항	구성 현황
서울	10명 이상	2개 (더불어민주당 자유한국당)
부산	5명 이상	1개 (자유한국당)
광주	4명 이상	2개 (더불어민주당, 광주민주개혁연대)
대전	4명 이상	2개 (더불어민주당, 자유한국당)
세종	3명 이상	2개 (더불어민주당, 자유한국당)
경기	12명 이상	2개 (더불어민주당, 자유한국당)
강원	5명 이상	2개 자유한국당
충북	5명 이상	2개 (더불어민주당, 자유한국당)
충남	5명 이상	1개 (자유한국당, 더불어민주당)
전북	6명 이상	1개 (더불어민주당)
전남	6명 이상	2개 (더불어민주당, 민주평화당)
경남	의원정수의 10퍼센트 이상	1개 (자유한국당)
제주	4명 이상	4개 (더불어민주당, 자유한국당, 바른미래당, 미래제주)

– 대구, 인천, 울산, 경북은 교섭단체 미운영
– 광주민주개혁연대(민주평화당+무소속)
– 미래제주(교육의원 교섭단체)

지방의회에 교섭단체가 꼭 필요했나요?

생활정치 무대인 지방의회는 국회처럼 각 정당이 추구하는 정강정책의 극명한 차이에서 발생하는 분쟁과 갈등이 일어나기 쉽지 않습니다. 이러한 이유를 들어 지방의회에 무슨 교섭단체가 필요하냐고 반대논리를 펼치는 사람이 있었습니다.

그러나 풀뿌리 민주주의에 기초한 생활정치도 작지만 엄연한 정치의 영역입니다. 특히나 자치분권의 기조가 확산되면서 지방정부의 자율과 책임이 대폭 확대되고 있는 상황에서 지방정부를 견제 · 감시하는 대의기구인 지방의회의 운영과 관련한 일정과 안건에 대한 주요 정당 간 사전 협의와 조정이 매우 중요해졌습니다.

실제로 지방의회 교섭단체와 그 대표의원의 권한은 의회의 원구성 협의, 소속 의원의 의석 배정, 의장단과 상임위원장 등 직위에 관한 인선, 위원회 위원 선임과 개선의 요청과 협의, 의회 일정조정과 의사진행순서 협의, 대집행부 질문의원 수와 질문순서, 긴급 현안질문 관련 협의, 정례회 중 대표연설 등과 같이 막중합니다.

이러한 중요한 권한을 교섭단체가 수행하지 않는다면 어떠한 결과를 초래할까요? 아마도 개별 의원별로 교섭창구가 각각 마련될 것이고, 정당 소속 의원들의 의견수렴과 일치된 의사는 사라지고, 목소리가 크거나 선수가 높은 의원들 중심으로 의회가 사안별로 그때그때 달리 움직일 가능성이 높습니다.

---

* 외에국회 행정안전위원회(2021.2). 지방자치법 일부개정법률안(최춘식의원 대표발의) 검토보고서

정당이 아니라 교섭력을 갖춘 의원 중심으로 의회가 운영되기 때문에 안정적이고 효율적 의회운영은 어려워지고 소외된 의원들의 불만이 가중될 수 있습니다. 지방정부 차원에서는 당 · 정 간 정책협의가 어려워지고, 대의회 업무의 비효율성이 확대되고 원활한 행정운영에도 어려움을 겪게 됩니다.

따라서 정당이나 원내 단체에 속하는 의원들을 중심으로 정파간 교섭 창구역할을 할 수 있도록 가능하면 교섭단체를 구성 · 운영하는 것이 효율적인 의회운영과 정당정책의 추진에 유리하고, 원내 교섭력을 높일 수 있습니다.

지방의회 교섭단체에 공무원을 둘 수 있나요?

국회의원은 의정활동을 지원하기 위해 각 의원실마다 보좌관, 비서관, 비서 등의 별정직 공무원을 두고 있습니다. 마찬가지로 교섭단체의 역할이 증대되고 중요해짐에 따라 교섭단체 소속 의원들을 지원하기 위한 별도의 직원들이 필요하게 됐습니다. 그래서 국회 교섭단체에는 '정책연구위원'을 두어 소속 위원의 입법활동과 교섭단체 운영을 지원하고 있습니다(「국회법」 제34조).

별정직공무원(1급~4급) 신분인 정책연구위원은 해당 교섭단체 대표의원의 제청에 따라 의장이 임면(任免)합니다. 현재 모두 67명의 정수로 운영되고 있고, 이들의 배정은 교섭단체의 수에 따라 배분방법을 다르게 적용하고 있습니다(「교섭단체 정책연구위원 임용 등에 관한 규칙」).

지방의회는 국회와 사정이 다릅니다. 행정안전부는 교섭단체에 공무원을 두는 것을 불허하고 있습니다. 지방공무원에게 정당가입이나 정치

행위 등의 정치운동을 금지하고 있기 때문입니다. 정치적 중립의무는 국가공무원에게도 마찬가지로 적용됩니다. 그런데 「정당법」에서 국무위원, 선출직 국회의원이나 그 보좌진, 국회 교섭단체의 정책연구위원 등과 같은 공무원의 정당 활동을 예외적으로 허용하고 있습니다(법 제22조).

지방공무원의 경우는 지방의원과 지방자치단체장을 제외하고 그러한 예외조항이 없습니다. 교섭단체는 정당 중심으로 구성되고, 교섭단체에서 근무하는 공무원은 아무래도 정당의 업무를 보조하거나 지원하는 과정에서 정치적 활동에 관여할 개연성이 높다고 행정안전부는 판단하고 있습니다.

이러한 이유로 행정자치부(현 행정안전부)는 2016년 서울특별시의회 등의 교섭단체에 지방공무원을 두는 것은 공무원의 헌법상 정치적 중립의 의무 위반을 초래하며, 지방공무원의 정치적 행위 금지 규정에 위배된다는 이유를 들어 관련 조례의 개정을 요구한 바 있습니다. 경기도의회 교섭단체에 정책위원회를 신설하는 조례 개정에 대해서도 행정자치부 장관은 정책위원회가 특정 정당의 정책개발업무를 지원하게 된다는 이유를 들어 재의요구(2016.11.2.)를 지시했습니다.

공무원이면 누구나 「헌법」과 개별 법률에서 정한 정치적 중립의 의무를 준수해야 합니다. 국민에 대한 봉사자로서 특정 정당에 편향되지 않고 공평하게 봉사하도록 의무를 부여해야 엽관주의에 휘둘리지 않고 행정의 안전성과 전문성을 확보하기 때문입니다.

그런데 교섭단체가 정당 중심으로 운영된다고 해서, 교섭단체에 배치되어 근무하는 공무원까지 정당업무와 정치적 활동을 하게 된다고 주장하는 것은 논리의 비약입니다. 교섭단체 소속 직원이 문서 수

발이나 회의 준비, 연락 등과 단순 행정보조를 한다면, 그 직원을 정치적 중립의무를 위반한 범법자로 판단할 수 있을까요?

행정안전부의 주장대로라면, 정당 가입이 가능한 단체장의 비서실에 근무하는 별정직 비서들이 중앙당이나 특정한 정치단체 등과 일정을 조율하고 문서를 전달하는 행위도 정치적 중립의무를 위반한 것으로 판단해야 하는 모순에 빠지게 됩니다. 정무부시장의 대국회나 정당과의 소통과 협력 업무를 지원하는 부속실 직원들 또한 마찬가지일 것입니다.

정치개입의 개연성이 높다는 이유로 교섭단체에 직원을 두는 것조차 금지하는 것은 행정안전부의 지나친 과잉 반응입니다. 정당의 정책개발을 지원하는 것이 어떠한 의미에서 정치적 중립 의무를 직접적으로 위배하는 것인지도 불분명합니다. 지난 2010년 지방선거에서 무상급식 등 보편적 복지정책이 핫이슈로 등장한 적이 있었습니다. 당시 이 정책은 민주당과 민주노동당 후보들이 중심이 되어 제기했고, 반대 진영에서는 선별적 복지 정책을 주장했습니다.

행정안전부의 논리대로라면, 선별적이든 보편적이든 어느 한편에서 특정 정당의 이념을 대변하면서 무상복지정책 개발을 뒷받침했던 공무원들은 모두 정치적 중립을 위반한 셈이 됩니다.

교섭단체에 공무원을 두느냐 마느냐는 단순히 이분법적으로 해석할 일은 아닙니다. 교섭단체에 속한 공무원이 헌법과 공무원법, 복무규정 등에서 정하고 있는 정치적 중립의무를 지키고, 그 결과에 대한 책임을 진다면 교섭단체의 행정업무를 지원해도 문제될 것이 없습니다.

어느 정당 소속의 교섭단체에서 근무하든 정파적 특수이익에서 벗어나 불편부당성을 갖고 공평하고 성실하게 일한다면 정치적 중립 의무 여부는 불필요한 논쟁이 될 것입니다.

8

인사청문회, 해도 되나요? 박순종

인사청문회가 무엇인가요?

지방자치단체의 인사청문회는 지방의회가 지방정부 고위직 또는 산하기관장 등을 단체장이 임명하기 전에 후보자의 능력과 자질을 사전에 검증하기 위해 지방의회에 출석시키고 질의 · 답변과 진술 등의 형태로 이뤄지는 청문회라 정의할 수 있습니다.*

인사청문회가 필요한 이유는 무엇인가요?

지방의회가 실시하는 인사청문회의 의의와 필요성은 다음과 같습

* 박순종(2017), 지방자치단체 인사청문회 도입 및 운영 사례분석: 서울특별시를 중심으로, 중원대학교인문사회연구.

니다.* 첫째, 단체장과 지방의회 간의 견제와 균형이라는 목적을 달성하기 위한 제도적 보완 장치로, 단체장의 인사전횡으로 인한 문제를 사전에 억제하기 위한 수단입니다.

둘째, 지방정부의 고위직과 산하기관장 등에 대한 합리적 인사를 하게 함으로써 행정의 신뢰도를 향상시킬 수 있습니다. 특히 산하기관장에 대한 청문회는 후보자의 능력과 자질을 사전에 검증함으로써 지방공기업의 경영합리화는 물론 지방자치단체의 재정 건전성 강화에도 기여할 것으로 기대됩니다.

셋째, 인사청문회를 통해 후보자에 대한 임용의 정당성을 부여하는 계기가 됩니다. 즉, 주민의 대표기관인 지방의회가 후보자의 자질과 능력, 도덕성 등을 공개적으로 검증한 후 추인해 줌으로써 임명의 정당성을 확보하고 조직 내 리더십을 발휘하기에도 용이해질 것입니다.

넷째, 임용과정을 투명하게 공개하고 검증하는 과정에서 주민의 참여유도와 권리향상에도 기여할 수 있습니다.

인사청문회를 실시할 수 있는 법적 근거가 있나요?

국회의 경우 2000년 「국회법」 개정을 통해 인사청문회가 최초로 도입되었으며, 같은 해 6월 20일, 「인사청문회법」을 제정 · 시행함으로써 본격적으로 인사청문회가 실시되고 있습니다. 지방자치단체의

* 박순종(2015), 지방자치단체 인사청문회제도의 도입실태 분석, 한국지방자치학회보.

경우에는 1991년 지방자치 부활 이후 단체장의 인사권 남용을 견제하고, 후보자의 경영능력과 도덕성 등을 지방의회에서 검증하기 위해 인사청문회를 도입해야 한다는 주장들이 지속적으로 제기돼 왔습니다. 실제로 전북, 광주 등 일부 광역의회는 조례 제정을 통한 인사청문회 제도 도입을 추진해 왔으나, 대법원이 "「지방자치법」 등 관련 법령의 근거 없이 조례로 단체장의 임명권을 제한하는 것은 사전에 적극적으로 단체장의 인사권에 개입하여 그 권한을 침해하는 것"이라는 이유로 무효판결을 내림으로써 현실화되지 못하다가, 지방자치법 개정(2023. 3. 21)으로 인사청문회에 관한 법적 근거가 마련되었습니다. 이에 각 지방의회는 조례에 정하는 바에 따라 인사청문회를 실시할 수 있습니다.*

다만 지방자치단체 중 유일하게 제주특별자치도는 「제주특별자치도 설치 및 국제자유도시 조성을 위한 특별법」 제44조에 근거조항을 두고 지방자치법개정 이전부터 인사청문회를 운영하고 있습니다. 법에 규정된 사항을 제외한 일반적인 사항은 「인사청문회법」 을 준용하고, 인사청문특위 구성과 운영, 임용예정자에 대한 답변 및 의견청취 방식 등에 관한 사항은 조례로 정하도록 위임되어 있습니다. 이에 따라 2006년 「제주특별자치도의회 인사청문회 조례」 를 제정한 이후 인사청문회를 실시하고 있습니다.

---

* 대법원은 "단체장으로 하여금 지방자치단체가 설립한 지방공기업 등의 대표에 대한 임명권의 행사에 앞서 지방의회의 인사 청문을 거치도록 한 조례는 단체장의 임명권에 대한 견제나 제약에 해당하므로 법령에 위반된다"고 판시했습니다(대법원 2004.7.22., 선고 2003추44).

인사청문회 대상은 어떻게 되나요?

지방자치법 제47조의2 제1항에 따르면, 단체장은 다음 직위 중 조례로 정하는 직위의 후보자에 대하여 지방의회에 인사청문을 요청할 수 있습니다.

1. 「지방자치법」 제123조제2항에 따라 정무직 국가공무원으로 보하는 부시장 · 부지사
2. 「제주특별자치도 설치 및 국제자유도시 조성을 위한 특별법」 제11조에 따른 행정시장
3. 「지방공기업법」 제49조에 따른 지방공사의 사장과 같은 법 제76조에 따른 지방공단의 이사장
4. 「지방자치단체 출자 · 출연 기관의 운영에 관한 법률」 제2조제1항 전단에 따른 출자 · 출연 기관의 기관장

단체장의 인사청문 요청이 있는 경우 지방의회는 인사청문회를 실시하고, 그 경과를 단체장에게 송부해야 합니다. 그 밖에 인사청문회의 절차 및 운영 등에 필요한 사항은 조례로 정하도록 규정되어 있어 지방자치단체별 인사청문 대상자의 직위를 비롯해 인사청문회와 관련한 여러 절차와 운영 등에 관한 사항은 각 지방자치단체의 조례를 참고하시면 됩니다.

인사청문회 과정에서 지방의원이 유의해야 할 사항이 있나요?

국회의원은 「헌법」 제 45조에 따라 국회에서 행한 발언과 표결에 관하여 책임을 지지 않는 면책특권이 있으나, 지방의원은 그렇지 못합니다. 따라서 인사청문 대상 후보자의 사생활 침해 및 명예훼손 허위사실 유포 등의 발언에 대해서는 형사적 · 민사적 책임을 질 수 있

으므로 유의할 필요가 있습니다.

4장

아무도 쉽게 알려주지 않는 의정활동 노하우

여행할 때 '아는 만큼 보인다'라는 말이 흔히 이야기됩니다. 자료 요구에서도 마찬가지입니다. 아는 만큼, 보다 심도 있는 자료를 요구할 수 있고, 전혀 모르는 사안에 대해서는 무엇을 어디서부터 요구해야 할지 난감할 수 있기 때문입니다.

1

지방의원은 얼마나 받나요? 강상원

여러분이 지방의원이거나 의회사무기구에서 근무한다고 하면, 주변에서 제일 먼저 물어보는 것이 "의원들은 도대체 얼마나 받아?" 라는 질문일 것입니다. 연봉 개념으로 대략적인 금액을 말해주면, 적지 않은 의심의 눈으로 "그것밖에 안 돼? 그거 말고 더 받는 것 있지 않아?" 라고 반문합니다. 지금부터 많은 분들이 궁금해하는 지방의원의 급여체계와 액수에 대해 자세히 알아보겠습니다.

명예직에서 유급제로의 전환

먼저 최초 무보수 명예직 신분이었던 지방의원이 왜 급여를 받는 유급제 신분이 되었는지 그 연혁과 배경을 살펴볼 필요가 있습니다. 처음 우리나라가 지방자치제도를 도입한 것은 해방 직후인 1949년입니다. 그러나 1961년 군사정변은 중앙중심의 일원적인 행정체계를 구축한다는 명분을 들어 지방자치 기능을 정지시키고 지방의회를 해산했습니다. 이후 1987년 민주화운동을 계기로 풀뿌리 민주주의인 지방자치제도의 재도입 목소리가 높아졌고, 드디어 1991년 지방의회가 부활했습니다.

지방자치 도입 당시부터 한동안 지방의원의 신분은 명예직으로 운영됐습니다. 영국, 프랑스, 독일 등 서유럽 국가들의 지방의회 운용사례를 적용했기 때문입니다. 그러다 보니 의원들이 직무에 온전히 전념할 수 있는 여건이 되지 못했습니다. 특히나 재력이 없더라도 능력을 겸비한 젊은 인재의 충원이 어렵고, 의정활동의 전문성이 떨어지는 문제가 있었습니다.

이에 국회는 2003년 6월 「지방자치법」을 개정해 지방의회 의원을 무급명예직으로 하도록 한 규정을 삭제해 유급제의 발판을 마련했습니다. 그리고 의정 자료를 수집하고 연구하거나 이를 위한 보조활동에 사용되는 비용을 보전하기 위하여 매월 지급되는 의정활동비를 기초의원까지 지급하도록 했습니다.

2005년 6월에는 지방의원에게 회기에 따라 출석일수만큼 지급하던 '회기수당'을 폐지하고, 국회의원처럼 특정한 직무활동에 대해 매월 일정액을 지급하는 '월정수당'으로 전환하는 「지방자치법」을 개정했습니다. 이로 인해 2006년부터 지방의원들은 유급직으로 전환되어 '월정수당'을 받으며 활동하고 있습니다.

의원 수당체계 파헤치기

이제 본격적으로 지방의원들의 수당 체계를 알아보겠습니다. 지방의원에게 지급되는 수당은 ▶의정활동비 ▶여비 ▶월정수당으로 구성되어 있습니다. 이들 비용을 제외하고는 예산으로 어떠한 금전적 보상도 따로 받지 못합니다. 물론 강의, 강연, 기고 등과 같이 직무와 관련된 개인적 활동은 예외입니다. 그러나 이 역시도 「부정청탁 및 금품등 수수의 금지에 관한 법률」에 따라 서면 신고해야 하고, 법령에서 정한 금액을 넘는 사례금은 받지 못합니다.

현행 「지방자치법」에서는 대통령령으로 각각의 수당 등에 대한 지급기준을 정하고 있습니다. 이 범위에서 해당 지방자치단체의 의정비심의위원회에서 결정하는 금액 이내에서 조례로 정하도록 하고 있는데(「지방자치법」 제40조②), 대부분은 의정비심의위원회에서 결정한 최대 금액을 조례로 반영하고 있습니다.

지방의원 의정활동비 등 개념 및 지급기준

구분	내용	지급기준
의정활동비	의정 자료를 수집하고 연구하거나 이를 위한 보조 활동에 사용되는 비용을 보전하기 위하여 매월 지급하는 의정활동비	광역의원 : 2,000천원 이내 기초의원 : 1,500천원 이내
월정수당	지방의회의원의 직무활동에 대하여 지급하는 월정수당	지방선거 이후 의정비심의위원회에서 결정(주민수, 재정능력, 공무원 보수인상률, 의정활동 실적 등 고려)
여비	본회의 의결, 위원회 의결 또는 지방의회의 의장의 명에 따라 공무로 여행할 때 지급하는 여비	「공무원 여비 규정」 별표2 제1호 준용

* 「지방자치법」 제40조① 및 같은 법 시행령 제33조

일각에서는 의정비심의위원회를 수시로 열어 아무 때나 인상폭을 정하는 것은 아닌지 의심합니다. 그렇지 않습니다. 의정비심의위원회는 지방의원 임기가 끝나고 동시지방선거가 있는 해에 딱 한 번 열리고, 그 해 10월 말까지 지방의원 임기인 4년 동안의 의정활동비, 여비, 월정수당의 금액을 정합니다(「지방자치법 시행령」 제33조① · 제34조).

만약 의정비심의위원회가 지방공무원의 보수인상률 범위를 넘어서 월정수당을 인상하려면 공청회나 여론조사 등 주민의견을 수렴하는 절차를 거쳐야 하고, 그 결과를 반드시 반영해야 합니다(「지방자치법 시행령」 제35조⑥). 여기에 부담을 느낀 대부분의 지방의회는 지방공무원 보수인상률의 범위를 넘지 않게 월정수당을 조정하고 있습니다.

의정활동비

의정활동비는 지방의원이 의정자료를 수집하고 연구하거나, 이를 위한 보조 활동에 사용되는 비용을 보전하기 위한 것으로 매월 지급하고 있습니다. ▶의정자료수집 · 연구비와 ▶보조활동비로 구성되어 있고, 광역의원에게는 최대 200만 원 이내, 기초의원에게는 최대 150만 원 이내에서 지급 가능합니다. 이 역시도 2023년까지는 광역의원 150만 원, 기초의원 110만 원이었으나, 계속 동결되다 20년 만에 인상된 규모입니다.

지방의원 의정활동비 지급기준

구분	의정활동비 지급범위	
	의정자료 수집 · 연구비	보조활동비
시 · 도의회 의원	월 1,500,000원 이내	월 500,000원 이내
시 · 군 · 자치구의회 의원	월 1,200,000원 이내	월 300,000원 이내

※「지방자치법 시행령」 제33조①1.

한편, 서울특별시의회는 2015년 전국 최초로 의원이 형사사건으로 공소제기된 후 구금상태에 있어 의원직을 수행할 수 없는 경우에는 실비보전 성격의 의정활동비(월정수당 제외)와 여비를 지급하지 않도록 하고, 다만 무죄확정시에는 소급 지급하도록 의정활동비 관련 조례를 정비했습니다. 지방의원의 청렴성과 윤리의식 강화를 위한 적극적인 자정노력이었습니다.

이후 행정자치부에서는 2016년 9월 지방의원이 공소제기 후 구금상태에 있는 경우에는 의정활동비를 지급하지 말 것을 요청하는 공문을 모든 지방자치단체에 통보했습니다. 그리고 지방의회를 지속적으로 독려한 결과, 지금은 대부분의 지방의회에서 의원 구속시 의정활동비 지급 중지 조례를 제 · 개정해 시행하고 있습니다.*

그러나 아무리 사회정의와 청렴성 측면에서 타당한 이유라 할지라

* 행정안전부 조사에 따르면, 2017년 10월 말까지 의정활동비 지급제한 조례를 제 · 개정하지 않은 지방의회는 광역의회 1개 곳, 기초의회 56개 곳 등 모두 57개 곳입니다.

도 범죄사실에 대한 유죄판결 개연성이 높다는 이유로 구금상태인 지방의원에게 불이익한 처분을 내용으로 하는 조례를 제 · 개정하는 것은 '무죄추정 원칙'과 '과잉금지 원칙'에 어긋난다는 반론도 있습니다.

또한, 국회의원의 경우, 구속시 아무런 보수지급 제한이 없고, 구금되어 부단체장이 업무를 대행하고 있는 단체장과 형사사건으로 기소되어 직위해제된 일반 공무원의 경우에는 급여 등을 70퍼센트(3개월 경과 후 40퍼센트)로 제한할 뿐 급여 지급을 전면 중단하지 않고 있다는 점과 비교해 보면, 평등원칙에도 위반된다고 볼 수 있습니다.

여비

지방의원에게 지급되는 여비는 본회의 의결, 위원회의 의결 또는 의장의 명에 따라 공무로 여행할 때 지급하는 경비는 ▸국내여비와 ▸국외여비로 나뉘며, 「공무원 여비 규정」에 맞춰 지급합니다.

위 규정에 따라 지방의원에게 지급되는 국내여비는 실제 지출된 비용을 지급하는 ▸철도운임, ▸선박운임, ▸자동차운임, ▸숙박비와, 하루 총액으로 지급하는 ▸일비, ▸식비로 구성됩니다. 다만, 본회의나 위원회 회의에 당일 출 · 퇴근이 곤란한 원격지(육로 편도 60킬로미터 이상 지역)나 도서지역(수로 편도 30킬로미터 이상 지역)에 거주하는 의원이 회의에 출석하여 숙박하는 경우는 운임 · 숙박비 및 식비(기준 식비의 3분의 1)를 지급할 수 있습니다.

지방의원 여비 지급기준

구분	철도 운임	선박 운임	항공 운임	자동차 운임	일비 (1일당)	숙박비 (1박당)	식비 (1일당)
제1호 (지방의원)	실비 (특실)	실비 (1등급)	실비	실비	2만5천원	실비	2만5천원

※출처 : 「지방자치법 시행령」 제33조①2. [별표 5] 및 「공무원 여비 규정」[별표 2] 1.

국외 항공운임과 국외 여비는 의원의 신분에 따라 다르게 적용합니다. 항공운임의 경우 전체 광역의원과 기초의회 의장 · 부의장은 1등석 정액 요금을 적용하고, 그밖의 기초의원들은 2등석 정액을 적용합니다. 그런데 이는 지급 기준액이 그렇다는 말이고, 실제로는 지방의회의 국외여비 예산사정으로 인해 자매도시 초청방문 등의 경우를 제외하고는 대부분 2등석(이코노미) 항공운임을 이용합니다.

국외여비는 방문 도시의 등급에 따라 다릅니다. 생활물가가 비싼 도쿄, 뉴욕, 런던, LA 등 미국 주요도시, 모스크바, 파리, 홍콩, 제네바, 싱가포르 등(가 등급)은 다른 지역(나~라 등급)보다 더 많은 일비와 숙박비, 식비를 지급합니다. 광역의회 의장과 부의장은 차관이나 1급 공무원에 준해 여비를 받고, 그밖에 광역의원들과 기초의회의 의장 · 부의장은 2급 · 3급(국장급만 해당) 공무원과 같은 여비를 받습니다. 나머지 기초의원에게는 3급(과장급)~5급까지의 공무원에 해당하는 여비가 지급됩니다.

그런데 숙박비의 경우, 실비상한액을 전액 받을 경우에는 신용카드로 결제하고, 그 세부내용을 확인할 수 있는 증빙서류를 갖추어 숙박비 정산을 신청해야 하는 복잡한 과정이 있습니다(「공무원 여비 규정」 제8조의2① · ②). 따라서 상한액보다 낮은 금액, 이른바 할인정액(상한액의 85퍼센트)을 지급받고 정산을 생략하는 손쉬운 방법을 택하고 있습니다(같은 규정 [별표 4] 비고4.).

지방의원 국외여비 지급표

구분	등급	일비	숙박비	식비
3. 별표 1의 제1호다목에 해당하는 사람 (광역의회 의장 · 부의장)	가	40$	실비(상한액: 282$)	133$
	나		실비(상한액: 207$)	99$
	다		실비(상한액: 162$)	72$
	라		실비(상한액: 108$)	61$
4. 별표 1의 제1호라목에 해당하는 사람 (그밖의 광역의원 및 기초의회 의장 · 부의장)	가	35$	실비(상한액: 223$)	107$
	나		실비(상한액: 160$)	78$
	다		실비(상한액: 130$)	58$
	라		실비(상한액: 85$)	49$
5. 별표 1의 제2호가목에 해당하는 사람 (그밖의 기초의원)	가	30$	실비(상한액: 176$)	81$
	나		실비(상한액: 137$)	59$
	다		실비(상한액: 106$)	44$
	라		실비(상한액: 81$)	37$

※출처 : 「지방자치법 시행령」 제33조①2. [별표 5] 및 「공무원 여비 규정」[별표 3] · [별표 4]

월정수당

지방의원 유급제는 바로 지방의회의원의 직무활동에 대한 반대급부로 일정액의 월정수당을 지급하면서 시작됐습니다. 종전까지는 회의에 참석할 경우에만 일할 계산해서 수당(회의수당)을 지급해 왔기 때문에 완전한 의미의 유급제라 할 수 없었습니다.

2006년부터 시행된 유급제를 통해 지방의원의 의정활동 여건은 대폭 개선됐습니다. 의정활동에 전업할 수 있는 신진 정치인들이 대거 등장한 것입니다. 의회의 전문성과 정책역량은 놀랄 정도로 강화됐고, 의회의 입법활동은 활성화됐으며, 집행기관에 대한 견제 · 감시능력도 크게 확대되었습니다.

월정수당은 의정활동비나 여비와 달리 급여의 성격이 강합니다. 월정수당은 대통령령의 범위에서 해당 지방자치단체의 의정비심의위원회에서 결정하는 금액 이내로 하여 조례로 정한다고 이미 설명한 바 있습니다.

그럼 월정수당은 전국의 모든 지방의원에게 동일한 기준으로 동일한 금액이 지급될까요? 그렇지 않습니다. 지방자치단체마다 처한 여건이 다르기 때문에 동일한 기준을 적용하기는 어렵습니다. 예를 들어 지방자치단체의 재정력 수준은 천차만별입니다. 인구수도 다르고, 자치단체의 유형(광역/기초)도 제각각입니다.

이러한 이유로 정부는 월정수당 지급 기준액을 산정하는 방식을 고안해 2008년 10월 「지방자치법 시행령」에 명문화했습니다. 그런데 ▶최근 3년간 평균 재정력 지수 ▶지방의원 1명당 주민수 ▶지방자치단체 유형을 기초로 해서 로그값을 계산해야 하는 등 다소 복잡했습니다.

계산식이 이렇게 복잡하다 보니 주민입장에서는 이해하기 어렵고 지방의원의 직무활동에 대한 지역별 특수성을 반영하기 어렵게 됐습니다. 이에 행정안전부는 2019년부터 지방의원 월정수당 결정방식을 자율화하기에 이릅니다.

이렇게 계산된 월정수당 지급 기준액은 지방공무원 보수인상률에

종전 월정수당 지급 기준액의 산정방식

가. 계산식

- 지방의회 의원 1명당 월정수당의 자연로그 값 = 6.252 + 0.298 × (해당 지방자치단체 최근 3년 평균 재정력지수) + 0.122 × (해당 지방자치단체 지방의회 의원 1명당 주민 수의 자연로그 값) + 지방자치단체 유형별 변수(더미변수) 값
  - 재정력지수 : 당해 회계연도의 전년도의 지방교부세 및 당초예산 기준의 자치구재정조정교부금을 배분하기 위해 산정한 지수
  - 지방의회 의원 1명당 주민 수 : 전년도 12월 31일 현재 「주민등록법」에 따라 주민등록표에 등재된 자 중 거주자에 대한 주민등록인구통계를 기준으로 산정한 주민 수
  - 더미변수 값 : 특별시 · 광역시 · 도(0.249) / 50만 이상 시(0.092) / 50만 미만 시(0.031) / 도 · 농복합시(0.023) / 군(0) / 자치구(0.105)

나. 기준액(단위: 만 원/연액)

- 월정수당 자연로그 수치를 실제 값으로 환산한 금액 = EXP(월정수당 자연로그값). 다만, 환산된 월정수당 지급 기준액은 천 원 단위(소수점 첫째자리)에서 반올림한다.

맞춰 인상할 수 있습니다. 즉, 「지방자치법 시행령」 개정을 통해 월정수당 기준액 산식을 삭제하고 의정비심의위원회가 구성되는 해의 월정수당 금액을 기준으로 하되 월정수당 기준액 심의시 종합적으로 고려할 필요가 있는 최소항목을 제시했습니다. 최소항목에는 해당 지방자치단체의 주민 수, 재정능력, 지방공무원 보수인상률, 지방의회의 의정활동 실적 등이 포함됐습니다.

현행 의정비 결정방식은 종전의 의정비심의위원회의 심의, 의정비 심의과정에서의 주민 공청회 · 여론조사 실시 규정을 그대로 유지하고 있습니다. 이는 월정수당 자율화에 따른 과도한 월정수당 인상을 방지하기 위해서였습니다. 다만 지방공무원의 보수가 인상되는 해

의 인상률 범위에서 월정수당을 인상하려는 경우에는 공청회 개최나 의견 수렴을 생략할 수 있습니다. 이에 공무원 보수인상률보다 높게 월정수당을 편성할 경우 공정하고 객관적인 주민의견 수렴 과정(공청회 또는 여론조사)을 거쳐야 하는 부담을 갖게 된 지방의회에서는 공무원 보수인상율을 넘지 않는 적정한 수준에서 월정수당 인상율을 결정하고 있는 실정입니다.

2023년 현재 전국 지방의원들은 월정수당과 의정활동비를 합해 1명당 평균 4,555만원의 의정비를 받고 있는 것으로 조사됐습니다. 광역의원은 6,112만원으로 기초의원 4,195만원 보다 약 2천만원 정도 더 받습니다. 해당연도 정부가 발표한 4인 가구 기준 중위소득이 540만 964만원인 점을 고려하면 지방의원에게 지급되는 보수가 매우 열악한 수준임을 알 수 있습니다. 2024년부터 광역의회 의정활동비 지급 한도는 월 150만원에서 200만원으로, 기초의회는 월 110만원에서 150만원으로 올라 지방의원의 충실한 의정활동을 어느 정도 도울 수 있게 됐습니다.

2023년 지방의원 1명당 의정비 현황

(단위 : 만원, %)

구분	2022년도 결정액(조례)			2023년도 결정액(조례)			증가율	
	월정 수당	의정 활동비	합계	월정 수당	의정 활동비	합계	금액	인상률
총평균	3,088	1,354	4,442	3,201	1,354	4,555	113	2.5
광역의회	**4,218**	**1,800**	**6,018**	**4,312**	**1,800**	**6,112**	**94**	**1.6**
최고(경기)	4,927	1,800	6,659	4,927	1,800	6,727	68	1.0
최저(전남)	3,490	1,800	5,290	4,092	1,800	5,892	602	11.4
기초의회	**2,768**	**1,320**	**4,088**	**2,875**	**1,320**	**4,195**	**107**	**2.6**
최고(강남)	3,932	1,320	5,252	3,987	1,320	5,307	55	1.0
최저(울릉)	1,881	1,320	3,201	2,822	1,320	4,142	941	29.4
최저(울진)	1,890	1,320	3,210	1,916	1,320	3,236	26	0.8

※행정안전부. 2023년 지방의회의원 의정비 현황

2

의정운영공통경비, 그 실체가 궁금합니다 강상원

의정운영공통경비, 그게 뭔가요?

지방의원은 의정활동에 따른 '월정수당'을 급여 형태로 받습니다. 그리고 의정자료를 수집 · 연구하거나 보조활동에 필요한 비용을 '의정활동비'로 매월 지급받습니다. 그럼 의원 전체 체육대회나 송년회, 신년회, 위원회의 세미나 · 워크숍, 간담회와 같이 공적인 목적으로 이뤄지는 의회 활동에 대한 경비는 어떻게 편성할까요? 당연히 의원 개인별로 갹출해서 비용을 충당하지는 않을 겁니다. 이러한 목적에서 편성된 예산이 '의정운영공통경비'입니다.

행정안전부의 예산편성 기준을 보면, 의정운영공통경비의 성격을 명확히 규정하고 있습니다. 지방의회 또는 위원회 명의의 공적인 의정활동을 수행하는 데 필요한 공통적인 경비라는 것입니다. 예를 들면 공청회나 세미나, 각종 회의나 행사 등에 소요되는 경비를 말합니다. 주목할 점은 이 예산을 사용하려면 ▶활동 목적이 공적이어야 하고, ▶공통적으로 필요한 비용이어야 한다는 점입니다.

의정운영공통경비, 왜 잘 모를까요?

의정운영공통경비는 별도의 사업이 아닙니다. 의회사무기구의 예산서를 아무리 뒤져봐도 쉽게 찾을 수 없습니다. 의정활동수행비(의회비)의 여러 세부 예산과목 중 하나로 조심스럽게(?) 표기되어 있기 때문이죠. 게다가 의원 개인별 통장에 입금되지 않으니, 평의원들은 대부분 그 실체를 잘 모릅니다.

보통 매년 초에 그 해 집행될 '의정운영공통경비' 사용계획을 결정합니다. 주로 의장, 부의장, 운영위원장, 이른바 의회 빅3 수준에서 논의됩니다. 대체로 별다른 이견 없이 의회사무기구의 장(長)이 올린 전년도 수준의 안을 그대로 확정하고 있습니다.

그런데 일부 지방의회에서는 의정운영공통경비가 의원 관심의 사각지대에 놓인 점을 악용해 굳이 의정운영공통경비로 지출하지 않아도 될 항목까지도 포함해 지출하는 사례가 있습니다. 예를 들어 회의장에 비치하는 명패나 메모지함, 필기구 등이나 의원사무실에서 쓰는 복사용지, 프린터 토너, 찻잔 등을 의원이 사용하는 비품이라고 여겨 의정운영공통경비로 집행하는 경우가 있습니다. 이는 명백한 잘못입니다. 관서운영에 소요되는 소모성 물품이나 사무실 잡품비는 의회사무기구의 사무관리비로 집행해야 합니다. 의원사무실의 냉장고나 복사기, 컴퓨터 등은 정수책정 대상물품이므로 '자산 및 물품취득비'로 집행하면 됩니다.

의정운영공통경비, 어떻게 편성되나요?

행정안전부의 예산편성기준에 따라 2017년까지는 의원 1명당 광역의원 610만 원, 기초의원 480만 원을 기준으로 의원정수만큼 편성했습니다. 예 · 결산특별위원회 위원은 별도로 추가 계상(광역 200만 원, 기초 100만 원)이 가능했습니다. 예를 들어 △△광역의회의 의원 정수가 100명이고 이 중 20명의 의원이 예 · 결산특별위원이라면 의정운영공통경비는 6억 5,000만 원이었습니다. 여기에 최근 3년간 의정활동실적 증가율에 따라 최대 7퍼센트까지 증액이 가능해 최대 6억 9,550만 원까지 편성 가능했습니다.

※ 산출근거 : 6억 9,550만 원 =

{ [610만 원 × 100명(의원정수)] + [200만 원 × 20명(예결특위 위원 수)] }

× 1.07퍼센트

이처럼 종전까지는 행정안전부가 의회비 예산과목 하나하나에 세세한 편성기준을 제시했었습니다. 그런데 2018년부터 의회비 편성기준이 바뀌어 의회비 중 일부 통계목에 대한 예산 편성과 운영의 자율성을 부여했습니다. 즉 ▶의정운영공통경비, ▶의회운영업무추진비, ▶지방의원 국외여비 등 3개의 통계목을 통합해 총액한도를 산정하고, 그 범위에서 지방의회에서 자율적으로 통계목 간 금액을 조정해 예산을 집행할 수 있게 됐습니다.

<table>
<tr><th>2017년도 지방자치단체 예산편성
운영기준(p.75)</th><th>2018년도 지방자치단체 예산편성
운영기준(p.61)</th></tr>
<tr><td><u>1. 의정운영공통경비</u>
① 경비성격 : 지방의회 또는 위원회 명의의 공적인 의정활동을 수행하는데 필요한 공통적인 경비
– 공청회, 세미나, 각종 회의 및 행사, 위탁교육 등의 소요경비 예산편성</td><td>1. 의정운영공통경비
① (현행과 같음)
– 공청회, 세미나, 각종 회의 및 행사 등의 소요경비 예산편성
※위탁교육비는 신설되는 〈205–07 의원역량개발비〉 과목에 계상
② 의회관련 경비 총액한도 내에서 자율 편성</td></tr>
<tr><td>② 기준액
<table>
<tr><th>구분</th><th>편성기준(연간)</th></tr>
<tr><td>시 · 도</td><td>의원 1인당
610만 원
(예결특위 위원 1인당 200만 원 별도 계상 가능)</td></tr>
<tr><td>시 · 군 · 자치구</td><td>의원 1인당
480만 원
(예결특위 위원 1인당 100만 원 별도 계상 가능)</td></tr>
</table></td><td>〈표 삭 제〉</td></tr>
<tr><td>③ 증액편성 : 최근 3년간 의정활동실적 평균증가율* 7퍼센트 범위 내에서 증액편성
*최근 3년간 의정활동실적 평균증가율이란 예산(안)을 편성하는 해의 전년도, 전전년도, 전전전년도의 의정활동실적 증가율 평균
– 의정활동실적 : (회기일수*0.5)+(안건처리실적*0.5)</td><td>③ 〈삭 제〉</td></tr>
</table>

의회 관련 경비의 총액한도액을 산정할 때 적용되는 의정운영공통경비의 평균액 또한 이전보다 대폭 인상됐습니다. 최근 3년간 당초예산액의 평균액보다 29.7퍼센트를 증액해서 총액으로 편성할 수 있게 된 것입니다. 그리고 의회비에 '의회역량개발비' 예산과목(205-07)이 신설됐습니다. 이전에는 의원들이 국회의정연수원, 지방자치인재개발원(구 지방행정연수원) 등의 전문연수기관에 위탁교육을 갈 때는 '의정운영공통경비'에서 지출해 왔습니다. 이제는 '의회역량개발비' 예산으로 집행하게 됐습니다.

지방자치단체 예산편성 운영기준

(2017.7.31. 행정안전부 훈령 제2호)

[별표 1] 지방의회 관련 경비

- 지방의회 관련 경비 총액한도제 운영
- (대상) 의정운영공통경비, 의회운영업무추진비, 지방의원국외여비의 3개 통계목
- (총액한도 산정방법)
  {의정운영공통경비의 최근 3년간 당초예산액의 평균액 × (1 + 0.297) + (의회운영업무추진의 최근 3년간 당초예산액의 평균액 × (1+ 0.176) + (지방의원국외여비의 최근 3년간 당초예산액의 평균액 × (1+0.05)}
- 4년마다 물가상승률 등 감안 총액한도 조정 : 최초 2018-2021년 적용

지방의회 입장에서 보면, 2018년 예산편성 기준 변경으로 의정운영공통경비의 편성액이 늘어나고, 그 운용 폭도 자유로워지는 여러 반사이익을 얻었습니다. 그 결과 17개 시 · 도의회의 경우 2017년 56억 원 조금 넘던 의정운영공통경비가 2018년에는 70억 원에 달하는 규모로 증가했습니다. 울산, 강원, 광주는 2017년보다 30퍼센트

이상 증가 추이를 보였습니다.

2017-2018년 17개 광역 지방의회 의정운영공통경비 추이

(단위 : 천 원, %)

구분	2017년	2018년	증감율	구분	2017년	2018년	증감율
서울	760,344	963,920	26.8	강원	317,188	428,383	35.1
부산	312,700	356,589	14.0	충북	222,694	244,660	9.9
대구	211,765	272,474	28.7	충남	306,020	379,590	24.0
인천	239,500	301,532	25.9	전북	270,026	339,486	25.7
광주	154,794	203,779	31.6	전남	418,566	534,451	27.7
대전	152,200	157,404	3.4	경북	417,960	536,998	28.5
울산	152,200	209,500	37.6	경남	395,500	477,212	20.7
세종	105,500	125,176	18.7	제주	280,476	340,701	21.5
경기	887,456	1,127,055	27.0	합계	5,604,889	6,998,910	24.9

현재는 지방의회 관련 경비의 총액한도 범위에 포함되는 예산과목(통계목)에 의원역량개발비(민간위탁)이 포함되면서 4개로 운영하고 있습니다. 사용용도에 「지방자치법」 개정에 따라 법정단체로 위상이 격상된 교섭단체의 지원을 위해 전년도 의정운영공통경비 총액의 최대 10%를 추가 편성할 수 있게 됐습니다. 그런데 교섭단체 예산신설 편성 목적으로 의정운영공통경비를 증액하려면 반드시 조례에 교섭단체 지원근거를 직접 명시해야만 가능합니다.

의정운영공통경비, 맘대로 사용해도 되나요?

의원 선수가 제법 되는 광역의원들이 가끔 후배 의원들에게 이런 말을 나누는 얘기를 들은 적이 있을 겁니다. 물론 종전에 의원 1인당 편성기준액이 있었을 때 일입니다.

"우리 몫으로 매년 610만 원(기초는 480만 원)이 편성돼 있으니 알아서들 잘 챙겨."

이 말을 전해들은 후배 의원은 의회사무처 담당자에게 바로 전화를 걸어, "왜 이 돈을 입금하지 않냐"고 따지는 해프닝이 일어나기도 합니다. 어떤 의원은 일부는 공통경비로 쓰고 나머지는 의원들에게 매월 지급해 달라는 친절과 배려(?)를 베풀기도 합니다.

이 모든 일들은 의정운영공통경비가 어떻게 사용되는지 잘 몰라서 일어나는 일들입니다. '지방자치단체 예산편성 운영기준'에는 의정운영공통경비의 성격을 "지방의회 또는 위원회 명의의 공적인 의정활동을 수행하는 데 필요한 공통적인 경비"로 규정하고 있습니다.

이 기준을 그대로 적용하면 의정운영공통경비는 공적인 목적과 공통경비일 경우에만 집행할 수 있습니다. 의회나 위원회에서 주최하는 공청회, 세미나, 토론회, 또는 각종 의회 주관 행사, 회의, 전문분야별 연구활동, 위로 · 격려금 등에 소요되는 경비로만 지출이 가능하다고 볼 수 있습니다.

원칙적으로 의원 개인의 의정활동보고서 등의 홍보물을 제작하는 비용으로는 집행이 불가능합니다. 앞서 대화처럼 의원 개인별로 연간 한도를 정해 월정액으로 나눠 지급하는 것 역시 안 될 일입니다.

집행할 수 없는 경비

- 의원 개인 명의의 의정활동 홍보물 제작비 등은 집행할 수 없음
- 의원 개인별 월간 또는 연간 집행 상한액을 정하여 월정액으로 집행할 수 없음
- 지방의회와 관련된 경비는 지방자치법 제33조 및 관계조례로 정한 지방자치단체 예산편성기준 경비로 정하는 의정운영공통경비 범위 내에서 집행하여야 하므로 지방자치단체 예산편성기준경비에서 정하지 않는 의원연구활동비 등은 집행할 수 없음. 단, 지방의회의장이 인정하는 경우에는 의원연구활동비 등을 집행할 수 있음.

출처 : 지방자치단체 세출예산 집행기준(행정안전부 예규 제20호, 2018.1.1.), 54쪽

또한, 「지방자치단체 회계관리에 관한 훈령」에서는 의정운영공통경비를 업무추진비의 성격으로 보고(제121조), 지방의회와 상임위원회별로 사용자, 일시, 장소, 목적, 대상인원수, 금액, 결재방법 등의 집행내역을 홈페이지 등에 공개토록 함으로써 예산집행의 합목적성과 투명성을 강조하고 있습니다.

따라서 의정활동과 관련이 적은 시간이나 장소에서 개인적으로 사용하는 것을 불가능합니다. 현금지출 또한 원칙적으로 불가능합니다. 그러나 소속 직원이나 관계 기관, 사회복지시설 등에 위로금이나 격려금을 지급하는 경우에는 가능합니다.

이 경우에도 의정활동 수행에 필요한 경우에 한하며, 영수증, 수령증 등의 증빙서류를 첨부하고 지급목적과 대상, 금액 및 필요성 등이 포함된 지출품의서나 집행내역서를 꼭 작성해야 합니다. 의회 예산집행의 투명성을 높인다는 점에서도 필요하지만, 사후 내 · 외부 감사에 대비하는 측면도 있습니다. 민간이든 공기관이든 현금지출에 대해서

는 엄격한 잣대로 들여다보기 마련이고, 현금지출에 대한 책임이 반드시 뒤따르기 때문입니다.

의정운영공통경비는 포괄적으로 편성되고 의회 내에서 자유롭게 집행하고 있기 때문에 외부 감사기구나 시민사회단체에서 매우 엄격한 시각으로 감시하고 있습니다. 의정운영공통경비의 방만하고 부적절한 집행에 대한 언론보도가 심심찮게 보도되고 있고, 외부 단체로부터 정보공개청구의 빈번한 대상이 되기도 합니다. 따라서 의정운영공통경비의 집행에 있어 관련 규정과 제도를 철저히 준수해야 합니다.

의정운영공통경비, 어떻게 배분하나요?

의정운영공통경비는 행정안전부의 예산편성 기준에 맞춰 총액예산으로 편성되다 보니 총금액을 제외하고 구체적인 분배내역은 모르는 경우가 많습니다. 더욱이 평의원은 의정운영공통경비 배분을 위한 의사결정에 참여할 수도 없으니 모르는 게 당연합니다.

그런데 어느 지방의회를 살펴봐도 의정운영공통경비 간 금액의 차이는 다소 있을지언정 대체로 엇비슷한 항목에 배분되고 있습니다. 상임위원회, 특별위원회 활동, 의원 전체 행사나 활동, 각종 회의, 세미나 등에 주로 사용하고 있습니다.

△△의회의 최근 4년간 의정운영공통경비 배분 내역은 다음 페이지의 표와 같습니다. 특이한 점은 2024년 교섭단체가 법정화되기 이전부터 교섭단체에 대한 지원금을 별도로 편성하고 있고, 의원 본인의 역량개발과 전문성 향상을 위해 본인이 희망하는 경우 자유롭게 교육연수를 다녀오거나 전문가와의 간담회나 세미나 등을 개최할 수

있도록 '의원연구 및 정책개발비'를 편성하고 있다는 점입니다. 또한 의원이 분야별 관심 있는 연구단체를 구성하고자 하는 경우 이에 대한 예산을 별도로 지원하고 있습니다.

△△의회 의정운영공통경비 배분내역

(단위 : 천 원, %)

구분	계	위원회 운영	의정활동 지원	교섭단체 지원	의원연구 및 정책 개발비	연구단체 지원	그밖의 경비
2018년	963,920	511,540 (53.1%)	110,200 (11.4%)	127,200 (13.2%)	108,000 (11.2%)	35,000 (3.6%)	71,980 (7.5%)
2017년	760,344	404,612 (53.2%)	80,200 (10.5%)	100,700 (13.2%)	96,000 (12.6%)	31,413 (4.1%)	47,419 (6.2%)
2016년	753,931	409,612 (54.3%)	80,200 (10.6%)	100,700 (13.4%)	96,000 (12.7%)	20,000 (2.7%)	47,419 (6.3%)
2015년	740,427	398,136 (53.8%)	78,200 (10.6%)	96,460 (13.0%)	101,000 (13.6%)	20,000 (2.7%)	46,631 (6.3%)

의정운영공통경비, 집행은 신중히!

의정운영공통경비는 포괄적으로 편성되고 의회 내에서 자유롭게 집행하고 있기 때문에 외부 감사기구나 시민사회단체에서 매우 엄격한 기준으로 감시하고 있습니다. 의정운영공통경비의 방만하고 부적절한 집행에 대한 언론보도가 심심찮게 보도되고 있고, 외부 단체로부터 정보공개청구의 빈번한 대상이 되기도 합니다. 따라서 의정운영공통경비의 집행에 있어 관련 규정과 제도를 철저히 준수해야 합니다.

그럼 의정운영공통경비는 어떠한 기준과 방법으로 집행해야 될까요? '2018년 지방자치단체 예산편성 운영기준'과 '지방자치단체 세출예산 집행기준'(행정안전부 예규)에 자세히 규정되어 있습니다.

의정운영공통경비는 일종의 업무추진비 성격을 갖고 있습니다. 세출예산 집행기준을 보면, 다른 업무추진비와 유사하게 의정활동과 관련이 적은 시간이나 장소에서 개인적으로 사용하는 것을 금지하고 있습니다. 현금지출은 원칙적으로 불가능합니다. 그러나 소속 직원이나 관계 기관, 사회복지시설 등에 위로금이나 격려금을 지급하는 경우에는 가능합니다.

다만 의정활동 수행에 필요한 경우에 한하며, 영수증, 수령증 등의 증빙서류를 첨부하고 지급목적과 대상, 금액 및 필요성 등이 포함된 지출품의서나 집행내역서를 꼭 작성해야 합니다. 의회 예산집행의 투명성을 높인다는 점에서도 필요하지만, 사후 내 · 외부 감사에 대비하는 측면도 있습니다. 민간이든 공공기관이든 현금지출에 대해서는 엄격한 잣대로 들여다보기 마련이고, 현금지출에 대한 책임이 반드시 뒤따르기 때문입니다.

3

지방공기업, 공사, 공단, 출자기관, 출연기관, 왜 이렇게 복잡한가요?

박태헌

Q : 공사하고 공단은 어떻게 다른 건가요? 또 무슨 출연기관이라고 하는 건 도대체 무슨 차이가 있나요? 그리고 예산서에는 왜 이런 기관들 예산 내역은 없는 건가요?

A : 네, 조금 복잡하긴 한데 사실 실무적으로는 구분이 별로 어렵지 않습니다.

Q : 그래요? 너무 학술적인 구분 말고 알아듣기 쉽게 설명 좀 해주세요.

지방공기업, 출자기관, 출연기관은 무슨 차이가 있나요?

흔히들 지방공기업, 직영기업, 공사, 공단, 출자기관, 출연기관을 잘 구분해서 사용하지 않아서 더 혼란스러워 보입니다. 사실 이 단어들은 비슷해 보여도 조금씩이지만 분명한 차이가 존재합니다. 우선, 명확히 설명하기 참 곤란하지만 어쩔 수 없이 법에서 뭐라고 정의하고 있는지 살펴봐야 할 것 같습니다.

「지방공기업법」 제1조는 지방자치단체가 직접 설치 · 경영하거나,

법인을 설립하여 경영하는 기업을 지방공기업이라고 정의하고 있습니다. 우선 여기에서 지방공기업에 두 가지 유형이 있다는 것을 확인할 수 있습니다. 지방자치단체가 직접 설치 · 경영하는 기업(직영기업)과 법인을 설립해 경영하는 기업(지방공사, 지방공단)이 바로 그것입니다.

이번에는 「지방자치단체 출자 · 출연 기관의 운영에 관한 법률」을 살펴봐야 합니다. 이 법에 따르면 지방자치단체가 문화, 예술, 장학, 체육, 의료 등의 분야에서 주민의 복리 증진에 필요하거나 지역경제 발전이나 지역개발 활성화 촉진을 위해 인정되는 사업을 효율적으로 수행하기 위해 자본금 또는 재산의 전액을 출자 또는 출연하거나 공동으로 출자 · 출연해 설립한 「상법」상 주식회사나 「민법」이나 「공익법인의 설립 · 운영에 관한 법률」에 따라 설립한 재단법인을 출자 · 출연기관으로 정의합니다. 요약하면 지방자치단체가 특정 목적에 따라 자본금 등을 출자해서 설립한 주식회사를 출자기관, 자본금 등을 출연해서 설립한 재단법인을 출연기관이라고 합니다.

과거에는 출자 · 출연기관도 모두 지방공기업의 범주에 포함시켰었는데 2014년 「지방자치단체 출자 · 출연 기관의 운영에 관한 법률」을 별도로 제정한 이후에는 지방공기업과 출자 · 출연기관을 분명하게 구분하고 있습니다.

지방공기업은 출자 · 출연기관하고 많이 다른가요?

앞서 말씀 드린 것처럼 지방공기업, 출자기관, 출연기관을 모두 합해서 예전에는 그냥 지방공기업이라고 불렀습니다. 하지만 2014년 3월 「지방자치단체 출자 · 출연 기관의 운영에 관한 법률」이 제정된 이후부터는 지방공기업과 출자 · 출연기관을 구분하고 있습니다. 결국 2014년 3월 이전에는 「지방공기업법」에 함께 규정되어 있어서 그냥 지방공기업이라고 통칭해서 불리던 것이 관련법 제정 이후에 완전히 구분된 상태이기 때문에, 현재는 일반적으로 직영기업과 공사 · 공단을 의미하는 지방공기업과 출자 · 출연기관은 완전히 다른 의미로 쓰이고 있다는 것을 먼저 알아야 합니다.

	지방공기업(직영기업, 공사, 공단)	지방자치단체 출자 · 출연기관
근거	「지방공기업법」	「지방자치단체 출자 · 출연 기관의 운영에 관한 법률」
성격	기업성 + 공익성	공익성(출자기관은 일부 영리성 가짐)
자본 조달	출자	출자(출자기관) 및 출연(출연기관)
예시	서울교통공사, 서울시설공단, 부산관광공사, 울산도시공사 등	인천스마트시티(주), ㈜제주국제컨벤션센터, 대구의료원, 광주테크노파크 등

결국 지방공기업과 출자 · 출연기관은 근거법령부터 기업의 성격과 자본조달 방식까지 같은 점이 하나도 없습니다. 우선, 지방공기업은 수행하는 사무가 주민의 복리증진을 위한 공익사업이라는 측면에서 공공성을 갖고 있지만 사업수행과정에서 수익이 발생하기 때문에 일반적인 사기업과 같은 기업성도 동시에 갖고 있습니다. 상 · 하수도, 지하철, 주택사업 등 사업의 속성은 공공성이 강하지만 사업 과정에서 이용자로부터 일정한 비용을 받아 수익을 창출하는 기업이 지방공기업이라고 봐도 무방할 것 같습니다. 이런 지방공기업은 크게 직

영기업과 공사 · 공단으로 구분됩니다. 법은 지방자치단체가 직접 사업수행을 위해 공기업특별회계를 설치해 일반회계와 구분해서 운영하는 기업을 직영기업이라고 정의하고 있습니다. 일반적으로 상 · 하수도나 공영개발 사업을 담당하는 경우가 여기에 해당됩니다.

반면에 공사 · 공단은 지방자치단체가 50퍼센트 이상을 출자한 별도의 독립법인이라는 점에서 직영기업과 완전히 구분됩니다. 간단히 직영기업 소속직원은 공무원인 반면에 공사 · 공단 직원은 민간인 신분이라고 보면 구분이 가능합니다.

그럼 공사와 공단은 어떻게 다를까요? 지방공사는 우리가 흔히 보는 일반회사와 거의 유사하다고 보아도 무방합니다. 지방자치단체 단독으로 혹은 민간과의 합작을 통해 설립하지만 업무의 추진에 있어서 상당한 독립성과 융통성을 발휘할 수 있습니다. 또한 각종 서비스를 제공하고 받은 판매수입이 공사의 주요 수입원이 됩니다. 일반회사처럼 사채를 발행하는 것도 가능하고, 경영을 잘못하는 경우 적자가 발생해 외부 차입을 하기도 합니다. 현재 우리나라 각 지방자치단체가 설립해 운영하고 있는 지하철공사, 도시개발공사 등이 여기에 해당됩니다. 반면, 지방공단은 지방자치단체가 추진하는 각종 사무를 수탁받거나 대행하는 일종의 대행기관의 성격을 강하게 가집니다. 지방자치단체가 단독으로 설립하며 주된 수입원은 업무를 수탁하거나 대행하면서 받는 수탁금 또는 대행사업비가 주된 수입원입니다. 무엇보다 공단이 공사와 구분되는 가장 큰 특징은 사업이 종료된 경우 지방자치단체에 해당 사업비 정산과정을 거치기 때문에 자체 손익금 처리가 불가능하다는 점입니다. 시설관리공단이나 환경관리공단이 대표적인 사례에 해당됩니다.

이 분류를 복잡한 이야기를 제외하고 단순하게 그림으로 한 번 구분해 보겠습니다.

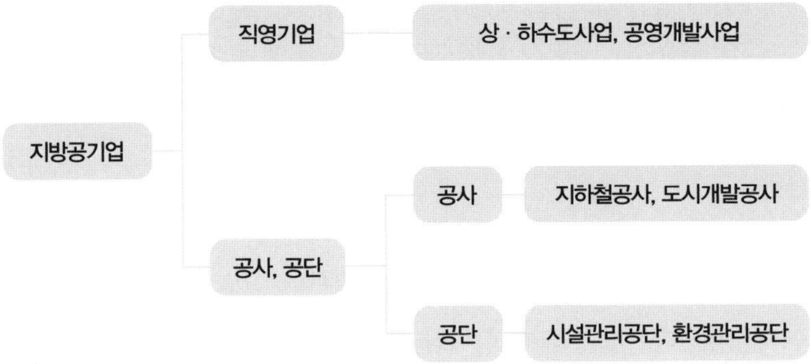

물론 출자지분이나 근거법령, 수행하는 사무의 종류에 따라 복잡한 설명이 가능하지만, 실무적으로 보자면 지방공기업을 직영기업과 공사 · 공단으로 구분하는 것은 실제 운영하는 주체의 신분이 공무원인지 아니면 공사 · 공단의 직원인지로 판단할 수 있고, 공사와 공단은 주로 수행하는 업무와 수입구조의 특성상 수익금과 손실금의 자체 처리가 가능한지를 기준으로 구분할 수 있습니다.

지난 2023년 12월 31일을 기준으로 전국에 지방공기업은 모두 412개가 존재합니다. 이 가운데 직영기업이 252개, 공사가 73개, 공단이 87개입니다.

지방공기업 현황(412개, 2023년 12월 31일 기준)

- 직영기업(252개) : 서울특별시상수도, 부산광역시하수도, 세종특별자치시공영개발, 경기판교테크노밸리조성사업 등
- 지방공사(73개) : 서울주택도시공사, 인천교통공사, 광주광역시관광공사, 경기평택항만공사, 장수한우지방공사, 강릉관광개발공사, 당진해양관광공사 등
- 지방공단(87개) : 종로구시설관리공단, 광주환경공단, 문경관광진흥공단, 창원레포츠파크 등

※ 자료 : 행정안전부(www.mois.go.kr)

반면에 출자 · 출연기관은 지방공기업과는 설립근거나 목적, 성격이 완전히 다르다고 봐야 합니다. 「지방자치단체 출자 · 출연 기관의 운영에 관한 법률」 제2조에 따르면 "이 법은 지방자치단체가 설립하고 행정안전부 장관이 지방자치단체의 장과 협의해서 지정 · 고시된 출자기관 또는 출연기관에 대해 적용한다"고 규정하고 있습니다. 다만, 지방공기업이나 기획재정부 장관이 지정한 공공기관, 민법상 사단법인은 제외하도록 하고 있고, 출자기관에 대한 지방자치단체의 출자 지분은 100분의 10이상이어야 하지만, 100분의 50을 넘을 경우 지방공기업에 포함되기 때문에 이 범위 내에서 출자 범위가 정해져야 할 것입니다. 그리고 출자 · 출연의 대상사업도 같은 법 제4조가 상세히 정하고 있습니다.

지방자치단체의 출자 · 출연 대상 사업

- 문화, 예술, 장학, 체육, 의료 등 분야에서 주민 복리 증진에 이바지할 수 있는 사업
- 지역주민의 소득을 증대시키고 지역경제를 발전시키며 지역개발을 활성화하고 촉진하는 데 이바지할 수 있다고 인정되는 사업

출자 · 출연기관은 매년 행정안전부 장관이 지정하고 고시하도록 하고 있으며, 설립목적과 주요사업, 출자와 출연의 근거와 기관 운영에 필수적인 사항은 각 지방자치단체의 조례로 정하도록 하고 있습니다.

설명을 하다 보니 또 복잡해졌습니다. 정확하지는 않지만 이해를 돕기 위해 한 마디로 출자 · 출연기관을 설명하자면 "지방자치단체가 주민의 복리증진과 지역경제 활성화를 위해서 「민법」이나 「상법」 등에 따라 설립한 기관 중에 영리를 목적으로 지방자치단체가 10퍼센트 이상 출자한 것은 출자기관, 목적은 같지만 공익성에 따라 비영리기관으로 지방자치단체가 출연하는 경우를 출연기관이라고 한다"고 구분할 수 있을 것 같습니다.

행정안전부(www.mois.go.kr) 자료에 의하면, 2023년 12월 31일을 기준으로 전국적으로 설립되어 운영 중인 출자 · 출연기관의 수는 모두 837개입니다. 이 가운데 출자기관은 94개, 출연기관은 743개입니다.

지방자치단체 출자 · 출연기관 현황(837개, 2023년 12월 31일 기준)

* 출자기관(94개) : ㈜벡스코, 스마트시티(주), ㈜김해테크노밸리, ㈜강원심층수, 완도전복(주) 등
* 출연기관(743개) : 서울의료원, 서초문화재단, 부산경제진흥원, 대구신용보증재단, 광주연구원, 대전고암미술문화재단, 한국도자재단, 부천만화영상진흥원, 용인시축구센터, 양평군 세미원, 강원도 한국기후변화연구원, 백제역사문화연구원, 진안홍삼연구소, 독도재단, 통영국제음악재단, 제주4 · 3평화재단 등

※ 자료 : 행정안전부(www.mois.go.kr)

지방공사 · 공단, 출자 · 출연기관은 누가 어떻게 설립하나요?

결론부터 말씀 드리면 지방공사와 공단, 출자 · 출연기관은 지방자치단체가 자율적으로 설립할 수 있습니다. 다만, 그 설립과정 곳곳에 행정안전부의 통제 과정이 숨어 있습니다.

먼저 지방공사와 공단의 설립은 원칙적으로 지방자치단체가 자율적으로 결정할 수 있고, 그 설립의 근거도 조례로 정하면 그만입니다. 하지만 여기에 반드시 필요한 절차가 있습니다. 우선 광역자치단체의 경우는 행정안전부 장관과, 기초자치단체의 경우는 광역자치단체의 장과 협의해야 한다는 규정이 있습니다. 그리고 관련 법령에 따라 행정안전부가 지정하는 전문기관이 설립을 위한 타당성 검토를 실시하도록 하고 있습니다.

출자 · 출연기관의 설립절차도 비슷합니다. 마찬가지로 타당성을 사전에 검토해야 되고, 행정안전부 혹은 광역지방자치단체와의 협의도 의무적으로 실시해야 합니다. 다만, 출자 · 출연기관의 설립은 공

사 · 공단보다는 약간 통제가 덜하다고 볼 수 있으며, 타당성 검토기관의 선정을 지방자치단체의 자율에 따라 시행할 수 있습니다. 대신에 출자 · 출연기관의 경우 심의위원회의 심의 · 의결과 설립 타당성 검토 결과 등에 대한 공개를 통해 시민에 의한 통제를 더욱 강화하고 있다고 보아야 할 것입니다. 이밖에도 출자 · 출연기관의 경우 전년도 보다 자본금을 5퍼센트 이상 추가 출자하거나, 출연금을 10퍼센트 이상 추가적으로 출연하는 경우에도 설립과 같은 심의와 공개 의무를 부여받고 있습니다.

이밖에도 지방공사와 공단, 출자 · 출연기관의 설립 과정에는 지방의회와 주민에 대한 여론수렴과정(공청회)과 조례 제정 이후 임원 공모와 임명, 설립 등기 등의 절차가 시간 순서에 따라서 진행되어야 완결됩니다.

여전히 아쉬운 것은 지방공사와 공단, 출자 · 출연기관의 설립 과정에 대한 행정안전부의 지나친 개입입니다. 표면적으로 행정안전부와의 협의 과정을 제외하고는 지방자치단체에 설립과 관련한 자율권이 충분히 부여되어 있다고 보여지지만 실제로는 그렇지 못합니다. 행정안전부와의 협의 외에도 현재 법령은 행정안전부가 타당성 검토기관을 지정하도록 하고 있으며, 지방공기업 설립의 세부절차와 검토기준, 출자 · 출연기관의 세부적인 검토기준도 행정안전부 장관이 정하도록 하고 있습니다.

「지방공기업법 시행령」 제47조 제1항

① 법 제49조제3항에 따른 타당성 검토에는 다음 각 호의 사항이 포함되어야 하며, 이에 따른 세부절차 및 검토기준은 행정안전부 장관이 정한다.

「지방자치단체 출자 · 출연기관 운영에 관한 법률 시행령」 제7조 제5항

⑤ 행정안전부장관은 타당성 검토를 위하여 필요한 경우에는 세부적인 검토 기준을 정하여 지방자치단체의 장에게 통보할 수 있다.

지방공기업과 출자 · 출연기관 남설 우려와 지방공기업 등의 부실에 따른 시민부담 가중에 대한 행정안전부의 염려를 고려하더라도 다소 지나친 간섭이라고 평가할 수 있는 부분이라고 여겨집니다.

지방공기업이나 출자 · 출연기관에 대해서는 의회가 어떻게 통제할 수 있습니까?

지방공기업이나 출자 · 출연기관은 앞서 설명드린 바와 같이 그 소속 직원이 공무원 신분이 아니고, 그 업무의 성격도 일반적인 공무원 조직이 행하는 것과 완전히 다릅니다. 그래서 이들 기관들에게는 기업경영에 대한 자율권과 유사한 수준의 자율권을 보장하고 있습니다. 정부의 정책에 따라 지방공기업이나 출자 · 출연기관 운영의 자율성에 조금씩의 변화가 있었지만 최근에는 예산의 편성과 집행, 결산, 일상적인 업무수행에 있어서 각 기관들의 자율성을 크게 보장하는 것이 주된 흐름입니다. 다만, 행정안전부와 지방자치단체는 기관 운영의 성과를 매년 평가해 기관장과 직원들의 성과급에 반영하는 형태로 사

후적인 통제 장치를 마련해 두고 있습니다.

그렇다고 이들 기관이 지방의회의 일상적인 통제 범위에서 벗어나 있는 것은 아닙니다. 지방의회는 원칙적으로 지방자치단체가 행하는 모든 사무에 대한 통제권을 행사할 수 있습니다. 예산심의 · 의결권, 행정사무조사 · 감사권, 결산승인권, 자료요구권 등을 포함해 지방의회가 집행부를 통제하는 대부분의 권한을 통해 지방공기업과 출자 · 출연기관을 동일하게 통제하고 감시할 수 있습니다. 관련 법령에 따라 임원추천위원회 구성에도 지방의회 추천권이 보장되고 있습니다. 또한, 아직 법적인 근거가 없는 상황이긴 하지만 서울시를 비롯한 일부 지방자치단체가 지방공사와 공단 사장에 대한 인사검증(인사청문회) 절차를 지방자치단체와의 합의에 따라 실시하는 경우도 있습니다.

다만, 예산과 결산과정에 대한 지방의회의 통제권에는 지방자치단체와는 조금 차이가 있습니다(직영기업은 지방자치단체의 일반적인 예산안과 결산안 심사절차와 동일하게 의회의 심의를 받아야 합니다). 매년 지방자치단체가 의회에 제출하는 예산안과 결산승인안에는 지방공사와 공단, 출자 · 출연기관의 예산서와 결산서가 포함되어 있지 않습니다. 이유는 간단합니다. 이들 각 기관은 형식상 주식회사 혹은 재단법인 등의 형태를 갖고 있기 때문에 예산안을 의결하고 결산안을 승인하는 최종 주체가 지방의회가 아닌 각 기관의 이사회이기 때문입니다. 또한 실무적으로는 각 지방자치단체의 예산이 지방의회에서 의결된 이후에야 각 기관에 대한 보조금이나 출자금, 출연금의 규모가 확정되기 때문에 사전에 지방의회의 예산심의를 받을 수 없습니다. 그래도 지방자치단체가 편성한 각 공사나 공단, 출자 · 출연기관에 대한 보조금 규모나 출자 · 출연금의 적정성을 판단하기 위해서는 이들 기관의 예산안을 확인하지 않을 수 없습니다. 대부분의 공사 · 공단과 출자 · 출연기관은 지방의회 예산 확정 이전에 다음 연도 예산을 대략적으로 편성해 두고 있습니다. 예산심사과정에 이들 기관에 대략적인 다음 연도 예산안을 제출하도록 요청하면 지방자치단체의 예산심사는 물론이고 각 기관에 대한 예산 편성의 적정성을 판단할 수 있습니다.

결산승인 문제도 거의 같습니다. 공사와 공단, 출자 · 출연기관의 결산승인 주체는 앞서 말씀 드린 바와 같이 각 기관의 이사회입니다. 「지방공기업법」은 공사와 공단이 결산을 완료한 후 결산서를 공인회계사의 회계감사 보고서와 함께 지방자치단체의 장에게 보고하여 승인을 받아야 한다고 규정하고 있고, 「지방자치단체 출자 · 출연 기관의 운영에 관한 법률」에 따라 출자 · 출연기관의 경우 매 회계연도 종료 3개월 이내에 지방자치단체의 장에게 결산서를 제출하도록 규정하고 있습니다. 두 경우 모두 지방의회에 대한 결산서 보고나 제출의무를 부여하고 있지 않아서 현재 법령에 따라 이를 강제하는 것은 곤란할 것으로 보입니다.

현행법상 공사나 공단, 출자기관과 출연기관에 대한 지방의회의 예산심사권이나 결산승인권이 규정되지 않은 상태라 이를 강제할 수 없습니다. 다만 이런 현실적인 상황에서도 일부 지방의회(서울, 인천)의 경우 지방자치단체와의 협의를 통해서 조례의 규정으로 예산서 및 결산서를 지방의회에 제출하도록 하는 경우가 있습니다. 다른 지방자치단체에서도 이와 같은 사례를 활용해 지방공기업과 출자 · 출연기관에 대한 예산과 결산에 대한 의회의 통제권을 강화하는 조치가 필요합니다.

서울특별시 출자 · 출연 기관의 운영에 관한 조례

제22조의2(예산 및 결산의 제출 등) ① 출자 · 출연기관은 예산이 성립되거나 변경된 후 15일이내에 시의회 소관 상임위원회 및 예산결산특별위원회에 예산서를 제출하여야 한다.

② 출자 · 출연기관은 매 회계연도가 끝난 후 2개월 이내에 결산을 완료하고 10일 이내에 결산서를 작성하여 시의회 소관 상임위원회 및 예산결산특별위원회에 제출하여야 한다.

③ 출자 · 출연기관은 예비비를 사용한 경우에는 분기별로 시의회 소관 상임위원회에 보고하여야 한다. 다만, 보고시기가 폐회 중일 때는 의장과 상임위원장에게 우선 보고한 후 다음 회기 회의에서 안건으로 상정하여 보고한다.

인천광역시 출자 · 출연 기관의 운영에 관한 조례

제14조(예산 · 결산서 및 관계 서류 제출 등의 협조) ① 시장은 법 제18조제2항에 따라 출자 · 출연 기관으로부터 보고받은 사업계획서 및 세입세출예산서를 시의회에 제출하여야 한다.

② 시장은 법 제19조에 따라 제출받은 출자 · 출연 기관의 결산서를 시 결산서와 함께 시의회에 제출하여야 한다.

③ 시장은 출자 · 출연 기관 경영의 투명성과 재무건전성 확보를 위하여 출자 · 출연 기관의 장에게 필요한 사항을 통보하거나 관계서류를 제출하게 할 수 있다. 이 경우 그 통보를 받거나 관계서류의 제출을 요청받은 출자 · 출연 기관의 장은 특별한 사유가 없으면 요청에 따라야 한다.출연 기관의 장에게 필요한 사항을 통보하거나 관계서류를 제출하게 할 수 있다. 이 경우 그 통보를 받거나 관계서류의 제출을 요청받은 출자 · 출연 기관의 장은 특별한 사유가 없으면 요청에 따라야 한다.

4

서류제출요구, 의정활동의 출발점

최정희

"알아야 일을 합니다"

시의회는 기본적으로 조례 입법 · 예결산안 승인 · 행정사무감사를 하며, 조례안 외에도 의견청취안 · 동의안 등 개별 법규에 규정되어 있는 의회 업무 및 청원을 안건 처리하고, 시민들의 대의기관으로서 각종 민원과 현안 등을 조사 · 검토 · 협의하게 됩니다.

이러한 의회의 다양한 업무들은 집행부 업무와 직결되는 사안들이 대부분이지만 의회는 집행기관이 아니므로, 현황자료 · 정책자료 등을 포함하여 집행과 관련한 거의 모든 자료들은 집행부에게 있습니다.

따라서 의회가 제대로 일을 하기 위해서는 집행부로부터 제대로 자료를 확보하는 것부터 시작됩니다. 자료의 확보는 공식적인 자료요구권 행사 외에도 통화 · 메일 등을 통해 일상적으로 이루어지며, 필요시에는 집행부로부터 대면보고를 받기도 합니다.

Check Point

- 자료요구 관련 법규 : 「지방자치법」 제40조, 「지방자치법 시행령」 제38조, 「서울특별시 행정사무감사 및 조사에 관한 조례」 제7조
- 자료를 확보하는 방법에는 자료요구권을 행사하는 자료요구와 통화 · 메일 등을 통해 일상적으로 수행되는 자료요청이 있습니다.
- 자료요청은 별도의 형식이 없으나, 자료요구는 기관(의회) 대 기관(집행부)으로 정해진 형식 및 절차를 거치게 됩니다(이 장에서는 자료요구와 자료요청을 구분하지 않고 자료요구로 기술합니다).
  - 자료요구: 의원 → (의회)소속위원회 → (의회)의사담당관 → (집행부)기획조정실 → (집행부)해당부서
  - 자료제출: (집행부)집행부서 → (의회)의원 및 소속위원회

자료를 요구할 때 가장 중점을 둬야 할 사항이 자료 확보의 효율성입니다. 효율성은 밀도있고 정확한 자료를 신속하게 확보함은 물론, 자료제출에 소요되는 행정력을 최소화하는 것입니다. 즉, '어떻게 하면 밀도있고 정확한 자료를 신속하게 확보하면서도 집행부의 자료제출 부담을 최소화할 것인가'가 자료요구의 고민지점이라고 할 수 있고, 자료의 밀도성과 정확성과 신속성과 균형성은 의회에서 얼마나 준비된 자료요구를 하느냐에 달려 있다고 해도 과언이 아닙니다.

Check Point

자료요구가 집행부의 행정력을 과도하게 소모시키는 것은 지양해야 합니다. 집행부의 행정 에너지를 소모시키는 것은 궁극적으로 행정 서비스의 양적 · 질적 저하로 이어지게 되기 때문입니다.

자료요구 및 자료제출 사례

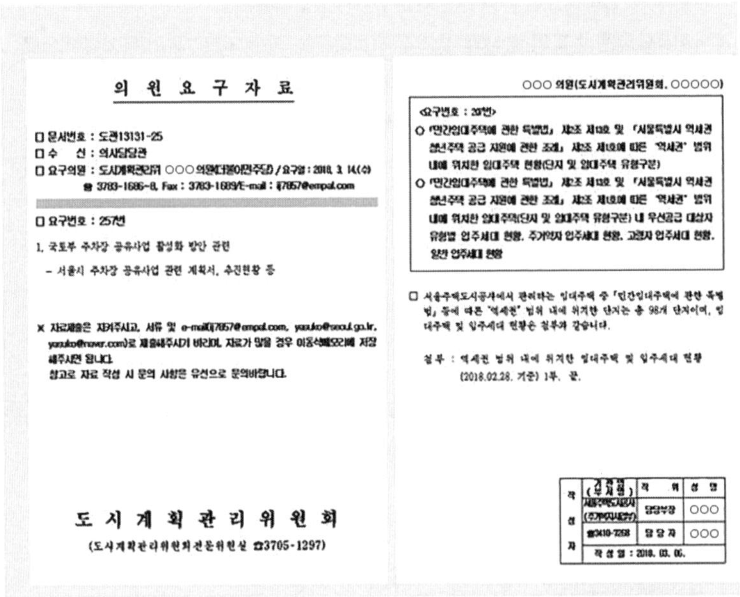

의 원 요 구 자 료

□ 문서번호 : 도관13131-25
□ 수 신 : 의사담당관
□ 요구의원 : 도시계획관리위 ○○○의원(더불어민주당) / 요구일 : 2018. 3. 14.(수)
☎ 3783-1686~8, Fax : 3783-1689/E-mail : ij7857@empal.com

□ 요구번호 : 257번

1. 국토부 주차장 공유사업 활성화 방안 관련
   - 서울시 주차장 공유사업 관련 계획서, 추진현황 등

※ 자료제출은 자제주시고, 서류 및 e-mail(ij7857@empal.com, yaouko@seoul.go.kr, yaouko@naver.com)로 제출해주시기 바랍니다. 자료가 많을 경우 이동식메모리에 저장해주시면 됩니다.
참고로 자료 작성 시 문의 사항은 유선으로 문의바랍니다.

도 시 계 획 관 리 위 원 회
(도시계획관리위원회전문위원실 ☎3705-1297)

○○○ 의원(도시계획관리위원회. ○○○○○)

<요구번호 : 20번>
○ 「민간임대주택에 관한 특별법」 제2조 제13호 및 「서울특별시 역세권 청년주택 공급 지원에 관한 조례」 제2조 제1호에 따른 '역세권' 범위 내에 위치한 임대주택 현황(단지 및 임대주택 유형구분)
○ 「민간임대주택에 관한 특별법」 제2조 제13호 및 「서울특별시 역세권 청년주택 공급 지원에 관한 조례」 제2조 제1호에 따른 '역세권' 범위 내에 위치한 임대주택(단지 및 임대주택 유형구분) 내 우선공급 대상자 유형별 입주세대 현황, 주거약자 입주세대 현황, 고령자 입주세대 현황, 일반 입주세대 현황

□ 서울주택도시공사에서 관리하는 임대주택 중 「민간임대주택에 관한 특별법」 등에 따른 '역세권' 범위 내에 위치한 단지는 총 98개 단지이며, 임대주택 및 입주세대 현황은 붙임과 같습니다.

붙임 : 역세권 범위 내에 위치한 임대주택 및 입주세대 현황 (2018.02.28. 기준) 1부. 끝.

작성자	기관명(부서명)	직위	성명
	서울주택도시공사(주거복지사업처)	담당부장	○○○
	☎3410-7258	담당자	○○○
	작성일 : 2018. 03. 06.		

"아는 만큼 받습니다"

여행할 때 '아는 만큼 보인다'라는 말이 흔히 이야기됩니다. 자료요구에서도 마찬가지입니다. 아는 만큼 보다 심도 있는 자료를 요구할 수 있고, 전혀 모르는 사안에 대해서는 무엇을 어디서부터 요구해야

할지 난감할 수 있기 때문입니다.

처음 접하는 사안에 대해서 자료를 요구할 때에는 한 번에 처리하려고 하기보다는 단계별 자료요구가 효과적일 수 있습니다. 대체로 사업 담당자는 사업관리카드 등 사업별 개요 · 경위 · 현안 등을 간략히 정리한 자료를 가지고 그때그때 업데이트하며 해당 사안을 관리하게 되는데, 처음에는 이러한 간략 설명자료를 요구하여 기본 이해를 한 후에, 이를 토대로 필요한 문의를 하거나 민원 · 현안 · 안건 등의 요지, 즉, 자료 수요에 초점을 맞추어 더 밀도 있는 자료를 요청하면 됩니다.

정비사업 관리카드 사례

00 0-0구역 자료

■ 위치도

■ 정비계획

위 치	양천구 0000 000-00 일대		
면 적	11,418.4㎡ (대지 7,413.6㎡, 정비기반시설 4,004.8㎡)		
용도지역	2종일반주거지역(12층 이하), 3종일반주거지역		
건폐율/용적률	50%이하 / 246%이하	최고높이/최고층수	72m / 24층이하(평균19층이하)

세대수	구 분	합계	분 양(㎡)				임 대(㎡)			
			소계	60미만	60-85 이하	85초과	소계	40미만	40-50 미만	50-60 이하
	세대수	190	157	72	85	-	33	-	23	10

■ 추진경위

- '05.09.28 : 추진위원회 승인
- '06.12.21 : 촉진계획결정 고시(의제)
- '09.03.12 : 촉진계획변경 고시
- '07.03.27 : 조합설립인가
- '09.03.20 : 사업시행인가 고시
- '11.07.07 : 촉진계획변경(경미한) 고시 (기준용적률 14% 향상)
- '14.04.01 : 시공사(㈜벽산건설) 파산선고
- '15.08.17 : 코디네이터 파견 (총괄코디 00000 000)
- '15.09. ~ 12. : 코디네이터 회의(4회)
- '17.09.02 : 시공사 선정 조합원 총회

■ 재정비촉진계획 변경안(2018.2.6.)

- 기 결정된 도로(기부채납) 폭을 8m -> 6m로 축소
- 기 결정된 녹도 일부를 구역에서 제외하고 나머지 녹도는 공원으로 변경
- 도로폭 축소 및 녹도 제외•변경에 따른 용적율 증가
- 용적율 상향에 따른 세대수 증가 및 건축배치계획 변경(탑상형 -> 판상형) 등

※ 임대주택 건립수 축소에 관한 사항은 협의된 내용 없음

자료를 요구할 때에는 해당 사안과 관련된 법규 규정 및 방침서, 보도자료 등을 함께 요구하는 것이 좋습니다. 규정 및 방침서를 통해 집행 근거를 명확히 확인할 수 있고, 보도자료를 통해 주요 이슈 · 경위 · 내용 등을 파악할 수 있기 때문입니다. 특히, 방침서는 집행근거는 물론 사안의 전후관계와 주요 이슈 · 내용을 비롯해 배경 · 취지 · 경위 등까지 전반적인 내용이 두루 정리된 자료이므로 사안을 이해하는 데 적극 활용할 만합니다.

Check Point

자료를 요구할 때에는 해당 사안과 관련된 법규 규정 및 방침서, 보도자료 등을 함께 요구하는 것이 좋습니다.

방침서 및 보도자료 사례

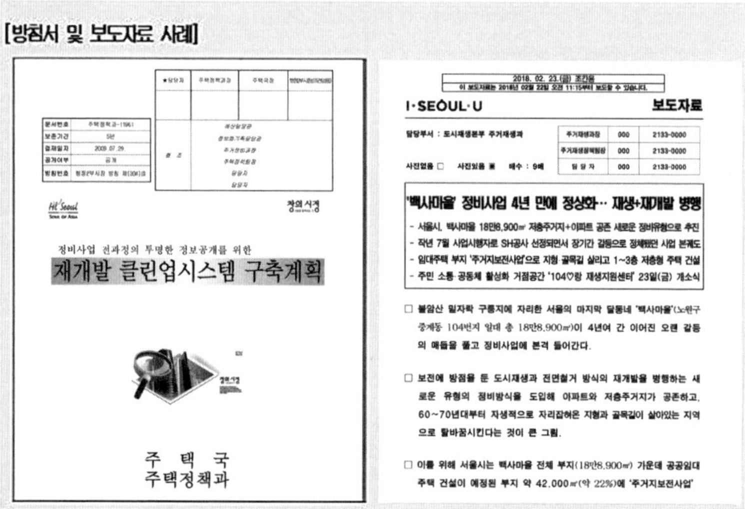

[방침서 및 보도자료 사례]

문서번호	주택정책과-11961
보존기간	5년
결재일자	2009.07.29.
공개여부	공개
방침번호	행정2부시장 방침 제(304)호

Hi Seoul

창의시정

정비사업 전과정의 투명한 정보공개를 위한

재개발 클린업시스템 구축계획

주 택 국

주택정책과

2018. 02. 23.(금) 조간용

이 보도자료는 2018년 02월 22일 오전 11:15부터 보도할 수 있습니다.

I·SEOUL·U

보도자료

담당부서 : 도시재생본부 주거재생과

사진없음 □ 사진있음 ■ 매수 : 9매

주거재생과장	000	2133-0000
주거재생활력팀장	000	2133-0000
담 당 자	000	2133-0000

'백사마을' 정비사업 4년 만에 정상화… 재생+재개발 병행

- 서울시, 백사마을 18만8,900㎡ 저층주거지+아파트 공존 새로운 정비유형으로 추진
- 작년 7월 사업시행자로 SH공사 선정되면서 장기간 갈등으로 정체됐던 사업 본궤도
- 임대주택 부지 '주거지보전사업'으로 지형·골목길 살리고 1~3층 저층형 주택 건설
- 주민 소통·공동체 활성화 거점공간 '104♡랑 재생지원센터' 23일(금) 개소식

□ 불암산 밑자락 구릉지에 자리한 서울의 마지막 달동네 '백사마을'(노원구 중계동 104번지 일대 총 18만8,900㎡)이 4년여 간 이어진 오랜 갈등의 매듭을 풀고 정비사업에 본격 들어간다.

□ 보전에 방점을 둔 도시재생과 전면철거 방식의 재개발을 병행하는 새로운 유형의 정비방식을 도입해 아파트와 저층주거지가 공존하고, 60~70년대부터 자생적으로 자리잡혀온 지형과 골목길이 살아있는 지역으로 탈바꿈시킨다는 것이 큰 그림.

□ 이를 위해 서울시는 백사마을 전체 부지(18만8,900㎡) 가운데 공공임대주택 건설이 예정된 부지 약 42,000㎡(약 22%)에 '주거지보전사업'

자료요구의 목적은 민원 · 현안 · 안건 등의 검토와 입안 · 입법 등의 의정활동에 활용하기 위해서입니다. 자료를 받아놓기만 하고 검토 · 활용하지 않는다면 자료요구 및 자료제출에 괜히 시간과 행정력만 소모하는 결과를 초래하므로, 자료요구의 목적을 명확히 하고 제출된 자료를 적극 활용하는 것이 바람직합니다.

확보된 자료는 시의성 높게 바로 활용될 수 있을 뿐더러, 향후에도 지속적이고 다각적으로 활용될 수 있습니다. 해당 자료들은 의회 차원 또는 전문위원실 · 실무자 차원에서 컴퓨터에 데이터 뱅크화하여 관련 사안 검토 및 문의 등에 축적된 자료들을 그때그때 요긴하게 활용할 수 있고, 관련하여 나중에 자료요구를 할 때에도 기존 자료를 토대로 업데이트 또는 추가 자료를 요청하는 것이 집행부의 부담도 낮추고 더 심도 있는 자료를 기대할 수 있습니다.

Check Point

기존 자료를 가지고 해당 사항을 파악한 후 자료요구를 하게 되면 요구 초점이 보다 명확해지고, 집행부에서도 이 사안을 의회가 잘 알고 있다고 생각하게 되므로 업무소통의 전문성이 서로 공유되어, 기본자료의 수준을 넘어 다각적인 정책 자료 및 쟁점 검토 등의 심도 있는 자료가 제출될 수 있습니다.

요구자료 전산 공유 사례

서울시의회의 경우, 자료요구로 제출된 집행부 자료들을 내부적으로 공유하는 사이트가 있어서, 자료요구 전에 유사 자료들을 검색하여 해당 사안의 사전 이해를 도울 수 있고 중복된 자료요구를 축소시킬 수 있습니다.
서울특별시의회 의정포털
의정정보
입법지원
분야별정보
의정정보
의원요구자료
의원요구자료

서울시의회의 경우, 위의 화면처럼 자료요구로 제출된 집행부 자료들을 내부적으로 공유하는 사이트가 있어서 자료요구 전에 유사 자료들을 검색하여 해당 사안의 사전 이해를 도울 수 있고, 중복된 자료요구를 축소시킬 수 있습니다.

"포맷을 잘 만드는 것이 자료 확보의 효율성을 극대화합니다"

단순한 사업개요부터 현황 · 경위 · 현안 자료, 행정사무조사 · 감사 자료 등 집행부에 요구하는 자료의 성격과 범위는 방대합니다. 따라서 사안의 성격에 따라 자료요구의 유형도 다양할 수밖에 없습니다. 대략적으로 자료를 요구함으로써 집행부 자료 제출의 유연성을 높이는 것이 필요할 때도 있고, 필요한 데이터 중심으로 포맷을 제공하여 자료확보 및 자료이해의 효율성을 높이는 것이 필요할 때도 있으며, 행정사무감사 또는 행정사무조사 등과 같이 특정 사안에 대하여 매우 세밀하게 자료요구를 해야 할 때도 있습니다.

이상 3가지 유형을 각각 A, B, C로 지칭하여 좀 더 살펴보면, A는 사안에 대해 처음 접할 때 등 기본적인 이해가 필요할 경우 적합하다고 하겠고, B는 현황표 · 비교표 등 아예 자료제출 포맷을 만들어 집행부에 자료를 요구함으로써 필요한 핵심 정보 · 자료를 확보하는 유형으로서, 자료의 양은 많지 않으나 꼭 필요한 자료를 정확하고 가독성있게 받을 수 있다는 측면에서 효율적이라고 할 수 있습니다. C는 사안의 인과관계나 권한의 남용 여부, 집행의 적법성 등 특정 사안에 대한 경위 · 현황 · 문제점 · 책임소재 등이 매우 정확히 조사되어야 할 때 자료요구 항목을 세분화하고 각각의 근거자료를 세세히 요구하는 유형이라고 하겠습니다.

자료요구 유형별 사례

A유형 사례와 B유형 사례는 안건(서울특별시 도시재정비 촉진을 위한 조례 일부 개정 조례안) 검토에 활용된 자료요구 사례입니다. 우선 A 유형으로 관련 안건에 대한 기본 이해를 한 후, B의 표를 요청하여 정제된 데이터를 확보하였습니다. C유형 사례는 행정사무조사(서울특별시의회 남산 케이블카 운영사업 독점운영 및 인 · 허가 특혜의혹 규명을 위한 행정사무조사)

에서 요구된 자료목록입니다.

A 유형 사례

- 재정비촉진사업 임대주택 건설비율 완화 관련 규정(법령, 조례 등)
- 자치구별 공공주택지구(재정비촉진지구/구역 표시) 및 임대주택 건립 현황

B 유형 사례

- 공공주택지구 지정 자치구 재정비촉진사업 임대주택 현황

자치구 (지구별)	구역명	추진단계	건립 세대수				비고
			합계	분양	임대	증가용적률에 따른 임대주택 (장기전세)	

C 유형 사례

2. 문서검증

가. 도시재생본부 제출자료
- ○ 2009년 곤돌라사업 예산편성현황
- ○ 곤돌라 사업계획서
- ○ 기본계획 수립 용역업체 및 과업내용서
- ○ 세부사업별 사업비 소요내역
- ○ 전문가 자문 시 참여전문가 및 세부내용
- ○ 공개토론회 결과

나. 푸른도시국 제출자료
- ○ 남산케이블카 인허가 및 사용료 현황
- ○ 국유림 사용허가 기간 갱신 신청서
- ○ 국유림 사용허가서 및 허가조건
- ○ 장애인편의시설 설치에 따른 국유림 대부 신청
- ○ 남산공원 순환로 차량통계 현황
- ○ 남산도시자연공원 도시관리계획 변경 추진계획
- ○ 남산도시자연공원 도시관리계획 결정(변경) 고시
- ○ 남산1근린공원 조성계획결정(최초) 고시(2009.02.05)
- ○ 남산1근린공원 조성계획결정(변경) 고시(2009.09.24)
- ○ 남산1근린공원 조성계획결정(변경) 고시(2010.02.11)
- ○ 남산1근린공원 조성계획결정(변경) 고시(2010.08.19)
- ○ 남산1근린공원 조성계획결정(변경) 고시(2011.12.29)
- ○ 남산1근린공원 조성계획결정(변경) 고시(2013.05.09)
- ○ 남산1근린공원 공원조성계획도 및 조서
- ○ 중구 회현동1가 산1-19번지 토지의 매입시점 이후 현황변경 사항

다. 도시교통본부 제출자료
- ○ 1962년도 허가배경 및 허가사항(개인, 법인)
- ○ 최근 10년간 한국삭도공업(주) 재무회계보고서
- ○ 최초 영위 당시부터 현재까지 안전사고 및 행정처분 내역
- ○ 한국삭도공업(주)의 기부, 기여내역
- ○ 최근 5년 수입·지출, 세금납부 및 직원현황
- ○ 1979년 업무이관 후 관련서류
- ○ 2008년 7월 사업허가 및 변경허가 서류
- ○ 사업변경허가 담당공무원 이력
- ○ 최초 영위 당시부터 현재까지 안전사고 및 행정처분 내역
- ○ 적용된 유사한 부산 및 대구케이블카 운영 사례조사(부산,대구)
- ○ [illegible]
- ○ 안전점검자료
- ○ 2008년도 허가서류 일체
- ○ 전국 케이블카 및 곤돌라 운영 현황
- ○ 1996년 대표자 변경신고 법조항
- ○ 전국 케이블카 및 곤돌라 계약현황
  - 계약방법(BTO) 등, 요금책정 방법, 대표자 및 등기이사
- ○ 한광수, 이기선 대표이사 등 임원 관련자료
- ○ 한국삭도공업(주) 사업자 등기부등본
- ○ 승차권 관리실태(발급, 판매 등) 관련자료
  - 한국삭도공업(주) 사업자 등기부등본
- ○ 대표이사 변경시 15일 이내 미신고 과태료 부과부서
- ○ 외국인의 사업자 변경등록 가능여부
  - 출입국관리법시행령 제10조 외국인의 체류자격
- ○ 궤도운송법시행령·시행규칙 전문
- ○ 한국삭도공업(주) 궤도운전 자격 및 채용기준
- ○ 임원 등 결격사유 여부 매년 관련부서 확인여부
- ○ 안전검사 수수료, 계약금 등 자료
  - [illegible]
- ○ 케이블카 및 곤돌라 설치현황 외국사례(아시아, 선진 5개국)
- ○ 하부승강장 토지매입 시기, 매입가격, 도시계획시설 변경자료
- ○ 한국삭도공업(주) 관리운영부서
- ○ 2004년 이전 손익계산서(재무제표)
- ○ 한국삭도공업(주) [illegible]
- ○ 한국삭도공업(주) 대표자 변경내역 및 사유
- ○ 한국삭도공업(주) 주요 주주현황 및 특수관계인 내역
- ○ 한국삭도공업(주) 매출내역(설립이후)
- ○ 한국삭도공업(주) 배당 상세내역
- ○ 한국삭도공업(주) 회계감사 보고서
- ○ 사업자 명의변경시 신고기간 및 근거법령
- ○ 과태료 부과처분에 따른 사업승인 취소요건 및 근거

참고로, B의 경우는 자료 목적에 초점을 두고 간략하되 정교한 자료를 확보하는 유형으로서, 포맷을 만들기 전에 간략한 기본 설명자료를 집행부에 요청하여 해당 사안에 대한 이해를 선행할 필요가 있습니다. 예·결산의 경우에는 예산안·사업별 설명서·증빙자료 등을 통해 기본 정보는 확보되는 만큼, 포맷을 제공하여 자료요구를 하는 것이 쟁점사항을 이해하기 쉽게 정리하면서 해당 자료를 집행부가 직접 입력하는 효과가 있기 때문에 데이터의 정확성과 데이터 작성의 효율성을 함께 제고할 수 있습니다.

결산 자료요구 사례

〈주택사업특별회계 관련 재정투융자기금 운용 현황〉

(단위: 백만 원)

도정	2011	2012	2013	2014	2015	2016	2017	2018	2019	2020
예탁금										
상환액										
예탁누계										
이자수입										

재축	2011	2012	2013	2014	2015	2016	2017	2018	2019	2020
예탁금										
상환액										
예탁누계										
이자수입										

〈주택사업특별회계 계정간 전출입〉

(단위: 백만 원)

구분		계	2013년	2014년	2015년	2016년	2017년
국민계정	전입						
	전출						
도정계정	전입						
	전출						
재축계정	전입						
	전출						

공간정보가 관련되어 있다면 자료요구시 위치도 · 현황도 등 관련 도면을 함께 요구하는 것이 바람직합니다. 실제 공간상에서 이해될 수 있기 때문에 사안에 대한 현장감 · 체감도가 높아지고, 시각적 규모 · 분포 등의 정보가 간과되었던 사항을 환기시켜 주거나 새로운 이슈를 포착 또는 기존 이슈를 보다 구체화 · 심화 · 변경시킬 수 있기 때문입니다.

제출된 요구자료(현황표 및 현황도면) 사례

00구역 공유지 현황

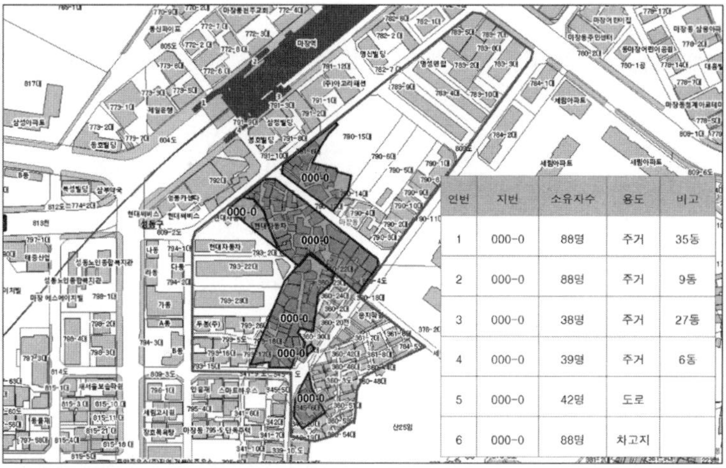

연번	지번	소유자수	용도	비고
1	000-0	88명	주거	35동
2	000-0	88명	주거	9동
3	000-0	38명	주거	27동
4	000-0	39명	주거	6동
5	000-0	42명	도로	
6	000-0	88명	차고지	

00 지구 정비구역 등 추진현황

구분	면적(㎡)	진행단계
추진구역		**8개 구역**
1구역	80,513.3	공사착공(2016.08)
2구역	25,194.0	준공인가(2017.11)
3구역	66,011.0	추진위승인(2004.09)
4구역	153,501.0	관리처분인가(2016.09)
5구역	89,879.4	공사착공(2017.02)
6구역	105,163.9	사업시행인가(2015.05)
7구역	87,151.7	관리처분인가(2016.09)
10구역	94,234.0	관리처분인가(2017.07)
해제구역		**5개 구역**
8구역	119,371.0	정비구역 해제 고시(2017.03)
9구역	85,878.0	정비구역 해제 고시(2017.03)
11구역	159,451.0	정비구역 해제 고시(2017.03)
12구역	48,514.0	정비구역 해제 고시(2014.11)
13구역	318,415.0	정비구역 해제 고시(2014.11)
해제추진		**2개 구역**
14구역	144,201.0	정비구역 해제 신청(2017.12)
15구역	189,450.0	의회상임위의견청취(2018.2.22)

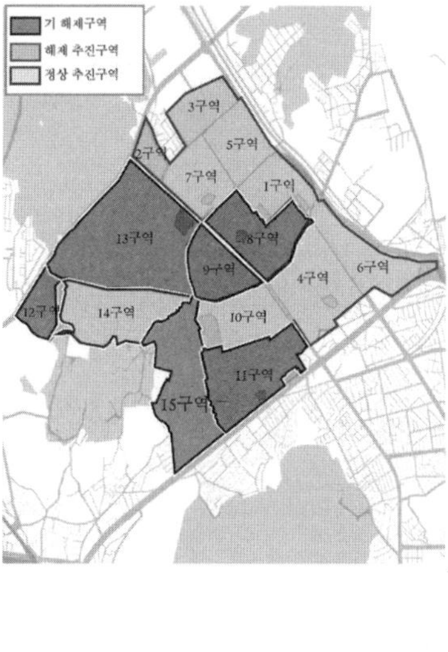

"공식 절차 또는 기록으로 자료의 정확성을 검증합니다"

공식 절차를 거치는 자료요구는 결재 라인을 거치면서 자료의 정확성이 높아지는 장점이 있는 반면, 자료 제출기한이 10일 내이기 때문에 긴급*이 아니면 통상 1주일이 지나야 요구자료를 받을 수 있습니다.

반면, 통화 · 대면 · 메일 · 메신저 등으로 자료를 요청하는 경우에는 복잡한 사안이 아니면 1~2일 내에 필요한 자료를 받을 수 있는 장점이 있으나, 공식 절차를 거치지 않기 때문에 자료의 정확성은 자료요구에 비해 낮아질 수 있습니다.

현황 자료는 객관적 사실 위주의 자료로서 자료 요구의 공식 절차 여부에 상관없이 그 정확성에 유의미한 차이가 있어 보이지는 않으나, 쟁점사항이나 집행부 입장 · 검토의견 등은 개인의 주관 · 재량이 반영될 수 있으므로 공식 절차 여부에 따라 그 내용에 다소 차이가 있을 수 있습니다. 예를 들면, 공식적인 자료 요구의 경우 담당자–팀장–과장–국장–본부장 등으로 결재라인을 거치면서 부서 차원에서 충분히 검토되고 여과된 자료가 제출되지만, 공식 절차를 거치지 않을 때는 담당자 또는 팀장 선에서 제출되므로 부서의 공식적 입장과 다르게 부서 구성원 일부의 의견이 자료로 제출될 수도 있습니다.

* 긴급 자료 요구의 경우, 일반적으로 3~4일 내로 자료 제출을 해야 하며, 자료 요구시 제출기한을 명시하기도 합니다.

또한, 구두 문의 · 답변은 사안에 대한 대략적인 사실 외에도 분위기나 동향 등도 부가적으로 파악할 수 있다는 장점은 있으나 정확성은 약할 수 있으므로, 구두로만 문의 · 답변이 이루어질 경우에는 차후라도 그 내용을 문서로 검증해 볼 필요가 있습니다.* 예를 들면, 법령 위임사항에 대한 조례 입법이 되지 않은 상황에 대하여 부작위 논란이 발생하였는데, 소관부서가 구두로 법률자문을 구한 결과는 '부작위가 아니다'라는 답변이었던 반면, 공문으로 문의한 결과는 '부작위다'라는 상반된 답변이었습니다.

이와 같이 문의 · 답변의 기록 여부에 따라 자료의 정확성 · 신뢰성이 달라질 수 있으므로, 가급적 자료는 송수신자와 일자 · 시간, 본문, 첨부파일 등의 기록이 남는 메일 · 메신저 등을 통해 확보하는 것이 바람직하고, 특히, 의회 의결을 요하는 안건의 경우 보다 정확하고 면밀한 검토가 필요한 만큼, 시간 관계상 우선 통화 · 메일 등으로 자료를 요청하고 확보한다 하더라도, 이후 공식적인 자료요구를 병행하여 자료의 정확성을 검증할 필요가 있습니다.

* 의회와 집행부 간이 아니라도, 의회 내에서도, 집행부 내에서도, 어느 조직에서나 기록되지 않는 구두 내용은 그 정확성이나 신뢰성이 높지 않을 수 있습니다.

자료요구권 관련 법규

지방자치법

제40조(서류제출요구) ① 본회의나 위원회는 그 의결로 안건의 심의와 직접 관련된 서류의 제출을 해당 지방자치단체의 장에게 요구할 수 있다.

④ 제1항에 따른 서류제출은 서면, 전자문서 또는 컴퓨터의 자기테이프 · 자기디스크, 그밖에 이와 유사한 매체에 기록된 상태나 전산망에 입력된 상태로 제출할 것을 요구할 수 있다.

지방자치법 시행령

제38조(서류제출 요구 방법 등) ① 법 제40조에 따른 서류제출 요구는 늦어도 그 서류 제출일 3일전까지 하여야 한다.

② 제1항의 요구를 받은 지방자치단체의 장은 법령이나 조례에서 특별히 규정한 경우 외에는 그에 따라야 한다.

서울특별시 행정사무감사 및 조사에 관한 조례

제7조(감사 · 조사기간 이외의 자료의 수집) ① 의원은 감사 · 조사기간 이외의 의정활동에 필요한 자료를 수집하고자 할 경우에는 의장의 허가를 얻어 사무처장에게 자료수집을 의뢰할 수 있다.

② 의원이 제1항에 따라 자료를 요구한 때에는 사무처장은 관련 기관으로부터 자료를 받아 의원에게 제출한다. 이 경우 관련 기관 총괄부서에서 일괄 수합하여 제출하여야 한다.

③ 사무처장은 제2항에 따라 자료수집이 필요한 경우에는 관련 부서

에 협조를 요구할 수 있으며, 이 경우 관련 부서에서는 성실히 응하여야 한다.

④ 제3항에 따라 요구된 자료는 접수한 날부터 10일 이내에 제출하여야 하며, 부득이한 경우는 그 사유를 사무처장에게 서면으로 통보하고, 통보한 날부터 10일을 경과할 수 없다.

⑤ 제4항에 따른 자료제출을 성실히 이행하지 않았을 경우에는 의회의 의결로 해당 공무원의 징계를 요청할 수 있다.

⑥ 제1항에 따른 서류제출은 서면, 전자문서 또는 컴퓨터의 자기테이프 · 자기디스크 그밖에 이와 유사한 매체에 기록된 상태나 의정활동지원시스템을 통해 제출할 것을 요구할 수 있다.

⑦ 제1항에 따라 자료를 요구할 경우에는 영 제38조에 따라야 하며 거부시에는 그 구체적 사유를 반드시 명시하여야 한다.

5

업무보고 잘 받는 법 신정희

업무보고란 무엇인가요?

「지방자치법」 제51조는 "지방자치단체의 장이나 관계 공무원은 지방의회나 그 위원회에 출석하여 행정사무의 처리상황을 보고하거나 의견을 진술하고 질문에 응답하도록" 규정하고 있습니다. 이에 따라 집행부는 의회의 회기 중에 행정사무의 처리 상황 및 법령과 조례에 따라 의회에 보고하도록 규정되어 있는 사항에 대해 의회에 보고합니다. 이러한 공식적인 보고를 "업무보고"라고 할 수 있습니다.

지방의회는 행정사무의 감사권 및 조사권을 가지고 있으며, 주민을 대표해서 집행부의 사무에 대해 견제와 감시 기능을 수행하고 있습니다. 이러한 기능을 지방의회가 원활하게 수행하기 위해 행정사무의 처리상황에 대해 수시로 보고 받을 수 있습니다.

「지방자치법」

51조(행정사무처리상황의 보고와 질문응답) ① 지방자치단체의 장이나 관계 공무원은 지방의회나 그 위원회에 출석하여 행정사무의 처리상황을 보고하거나 의견을 진술하고 질문에 응답할 수 있다.

② 지방자치단체의 장이나 관계 공무원은 지방의회나 그 위원회가 요구하면 출석 · 답변하여야 한다. 다만, 특별한 이유가 있으면 지방자치단체의 장은 관계 공무원에게 출석 · 답변하게 할 수 있다.

③ 제1항이나 제2항에 따라 지방의회나 그 위원회에 출석하여 답변할 수 있는 관계 공무원은 조례로 정한다.

업무 보고의 종류에는 어떤 게 있나요?

시기별로는 정기보고*, 수시보고 등이 있고, 방법별로는 서면보고, 대면보고, 현장시찰 보고 등으로 나눌 수 있습니다.

업무보고를 받을 때 중점적으로 체크해야 할 사항은 무엇인가요?

기본적으로 정기 업무보고를 기준으로 살펴보면, 연초 업무보고와 6월 정례회 업무보고, 12월 정례회 업무보고로 나누어 살펴볼 수 있습니다.

* 보통 회기때마다 보고를 받으며, 연초, 6월 정례회, 12월 정례회 등으로 구분할 수 있습니다. 다만, 법령과 조례에 분기별 내지는 반기별로 보고하도록 규정되어 있는 건도 있습니다.

1) 연초 업무보고

예산안 의결 이후 다음 연도 연초(보통 2월 임시회)에 집행부는 의회에 업무보고를 하게 됩니다. 연초 업무보고 때에는 지난연도 정례회 때 의결한 신규 사업 관련 계획과 행정사무감사에서 지적된 사무의 처리결과 반영 여부를 반드시 살펴보아야 합니다.

매년 반복적으로 업무를 보고하기 때문에 전년 동기의 업무보고와 '맞 비교'하는 것도 필요합니다. 실제 업무보고 사례를 살펴보면 동일한 사업은 매년 유사한 업무보고를 하게 되므로 전례답습적인 보고는 아닌지 여부와 전년 대비 추가된 사업 내용이 명확하게 반영되어 있는지를 확인해 봅니다. 예상 질의를 고민해 보면 체크 포인트의 예시와 같습니다.

2018년 2월 임시회 업무보고 자료

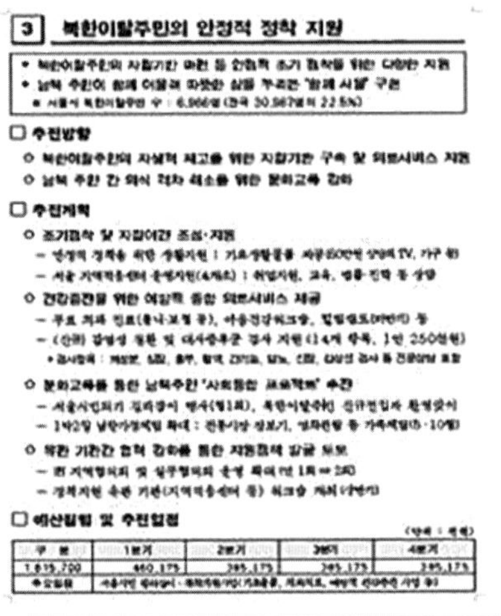

2017년 2월 임시회 업무보고 자료

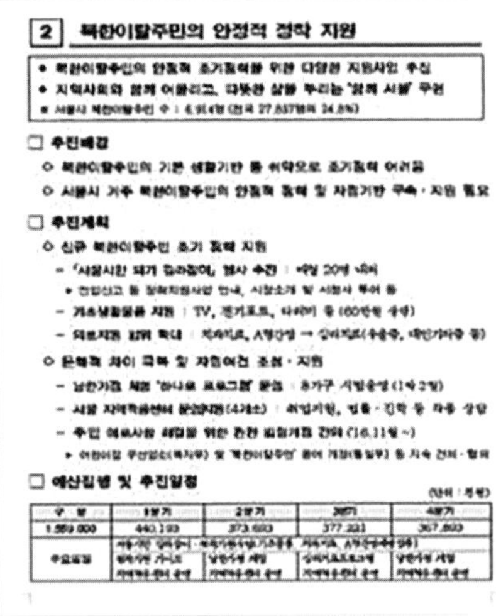

※ 2017년, 2018년 2월 서울시 행정국 주요업무보고(www.smc.seoul.kr)

✓ Check Point

업무보고 질의 예시

- 북한이탈주민 지원과 관련하여 전년도와 달라진 사업 내용은?
- 기초 생활물품을 지원한다고 하는데, 획일적으로 생활용품 패키지가 있는 것인지? 가구마다 필요한 물품을 선택할 수 있는 것인지?
- 북한이탈주민 용어 개정 관련 의견 수렴 등 사전 공론화 과정은 있었는가? 어린이집 우선 입소 관련 현재 어린이집 입소 현황은?

또한, 연초 업무보고에는 지난 연도 계획대비 "성과와 평가" 부분을 보고하도록 하여 스스로 업무에 대해 평가해 볼 수 있도록 하는 것이 필요합니다. 구체적으로 살펴보면 지난 연도 성과, 보완 필요사항, 향후 추진방향 등을 보고할 수 있도록 합니다.

2017년 행정안전부 주요업무계획

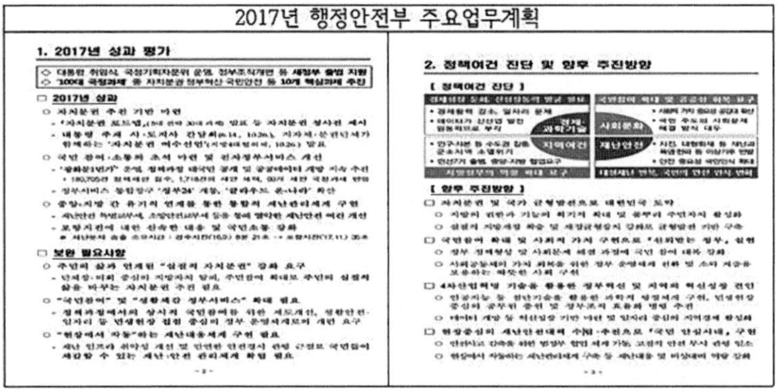
2017년 행정안전부 주요업무계획

1. 2017년 성과 평가

□ 2017년 성과

□ 보완 필요사항

2. 정책여건 진단 및 향후 추진방향

[정책여건 진단]

[향후 추진방향]

※ 2017년 행정안전부 주요업무계획(http://www.mois.go.kr)

2) 6월 정례회 업무보고

6월 정례회는 연초에 계획했던 사업의 중간 점검이 필요한 시기입니다. 한편 동 정례회는 결산을 마무리하는 시기이기도 합니다. 전년도 결산에 비추어 현재 사업의 진행상태를 점검해 보아야 합니다.

3) 12월 정례회 업무보고

12월은 당해연도 사업을 마무리하는 시기이므로, 동 정례회에서는 사업진행 상황을 점검하여 사업이 잘 마무리되고 있는지 여부를 살펴보아야 하며 다음 연도 예산안 심사시 반영합니다.

Check Point

업무보고는 지역 민원 해소 및 제도 개선 방안을 제시할 수 있는 좋은 타이밍!!

- 업무보고는 집행부가 소관 사무를 계획대로 집행하고 있는지를 파악할 수 있는 중요한 장치가 됩니다. 집행부의 사업 진행상황 등을 정확히 파악하면 의정활동에 필요한 자료 요구 및 행정 사무감사 및 조례안 · 예산안 심사시 유용합니다.
- 업무 보고를 받으면서 더 구체적인 보고가 필요한 사항에 대해서 추가자료 및 추후 신속한 대면 보고를 요청할 수도 있습니다.
- 업무보고는 공식적으로 지역 민원에 관한 질의 및 제도 개선 방안 제시 등을 할 수 있는 기회입니다.

~~회기 때마다 받는 업무 보고 놓치시면 안 돼요~~

효율적인 업무보고, 통일적인 "양식"이 필요해요!

집행부의 업무보고시 자율적인 보고 양식에 따라 보고하도록 하되, 필수적으로 반영되어야 하는 항목이 있습니다. 기본적으로 사업

개요, 추진목표, 추진계획, 추진계획 대비 추진일정, 예산집행계획(집행률 포함)을 보고하도록 합니다. 추가적으로 작성자와 전화번호를 명시하게 하면 담당자를 쉽게 알 수 있고, 책임감을 확보할 수 있으며, 추가적인 설명자료 요청시 유용합니다. 명확한 보고의 틀은 업무보고의 효율성을 높일 수 있습니다.

2018년 2월 서울시교육청 주요업무보고

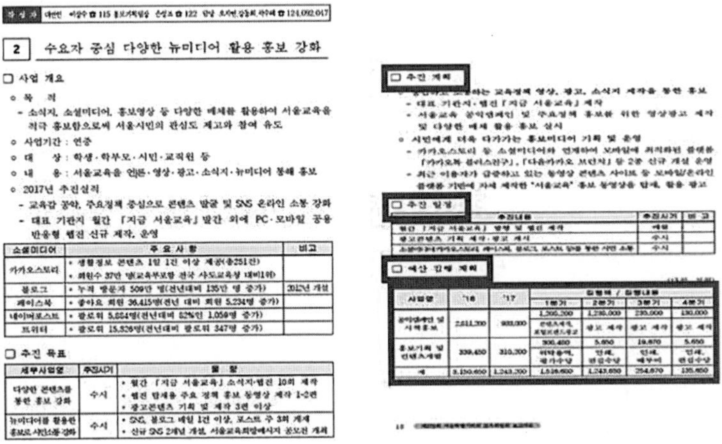

작 성 자 | 대변인 이상수 ☎ 115 홍보기획팀장 손성조 ☎ 122 담당 오지연,장동희,석우혜 ☎ 124,092,047

2 수요자 중심 다양한 뉴미디어 활용 홍보 강화

□ 사업 개요

○ 목 적

- 소식지, 소셜미디어, 홍보영상 등 다양한 매체를 활용하여 서울교육을 적극 홍보함으로써 서울시민의 관심도 제고와 참여 유도

○ 사업기간 : 연중

○ 대 상 : 학생·학부모·시민·교직원 등

○ 내 용 : 서울교육을 언론·영상·광고·소식지·뉴미디어 통해 홍보

○ 2017년 추진실적

- 교육감 공약, 주요정책 중심으로 콘텐츠 발굴 및 SNS 온라인 소통 강화

- 대표 기관지 월간 「지금 서울교육」 발간 외에 PC·모바일 공용 반응형 웹진 신규 제작, 운영

소셜미디어	주 요 사 항	비고
카카오스토리	• 생활정보 콘텐츠 1일 1건 이상 제공(총251건) • 회원수 37만 명(교육부포함 전국 시도교육청 대비1위)	
블로그	• 누적 방문자 509만 명(전년대비 135만 명 증가)	2012년 개설
페이스북	• 좋아요 회원 36,415명(전년 대비 회원 5,234명 증가)	
네이버포스트	• 팔로워 5,884명(전년대비 82%인 1,059명 증가)	
트위터	• 팔로워 15,526명(전년대비 팔로워 347명 증가)	

□ 추진 목표

세부사업명	추진시기	목 표
다양한 콘텐츠를 통한 홍보 강화	수시	• 월간 「지금 서울교육」 소식지·웹진 10회 제작 • 웹진 탑재용 주요 정책 홍보 동영상 제작 1-2편 • 광고콘텐츠 기획 및 제작 3편 이상
뉴미디어를 활용한 홍보로 시민소통 강화	수시	• SNS, 블로그 매일 1건 이상, 포스트 주 3회 게재 • 신규 SNS 2개넌 개설, 서울교육희망메시지 공모전 개최

□ 추진 계획

- 대표 기관지·웹진 「지금 서울교육」 제작

□ 추진 일정

추진내용	추진시기	비 고
월간 「지금 서울교육」 발행 및 웹진 제작	매월	
광고콘텐츠 기획 제작·광고 게시	수시	
[illegible]	수시	

□ 예산 집행 계획

사업명	'18	'17	집행액 / 집행내용			
			1분기	2분기	3분기	4분기
[illegible]	2,611,200	900,000	1,200,200	1,230,000	230,000	130,000
			[illegible]	광고 제작	광고 제작	광고 제작
홍보기획 및 콘텐츠개발	339,450	310,200	300,400	5,650	18,870	5,650
			[illegible]	[illegible]	[illegible]	[illegible]
계	3,150,650	1,243,200	1,510,600	1,243,650	254,870	135,650

※ 2018년 2월 서울시교육청 주요업무보고(www.smc.seoul.kr)

업무보고 잘 받는 비법은 무엇인가요?

1) 내용 측면 : 보고하고 싶은 것만 보고하고 있지는 않나요?

업무보고는 집행부 소관 사무 전반의 진행상황 등을 투명하게 보고하도록 해야 합니다. 일부만을 보고하고 감추거나, 사업성과만을 홍보하는 식의 업무보고는 지양되어야 합니다. 그러므로 업무보고에 빠진 부분은 없는지 잘 살펴보아야 합니다. 특히, 직접적으로 보고받기 어려운 민간위탁기관 사무에 대한 내실있는 보고가 필요합니다. 또한, 현재 이슈가 되고 있는 사업이나 민원이 발생하고 있는 사업에 대한 보고가 누락되지 않도록 점검합니다. 한편, 충실하지 않은 업무보고는 의회의 효율적인 활동을 저해하므로 엄중한 경고가 필요합니다.

2) 수단 및 형식 측면 : 이게 최선입니까?

사업 집행 수단, 집행 시기의 적정성을 살펴봅니다. 예산 집행 실적이 저조한 사업은 그 사유를 명확히 답변하도록 질의합니다. 또한, 미리 제시한 보고 양식에 맞게 보고하도록 하여 모든 사업을 투명하

Check Point

- 언론에서 주목하고 있거나 다수민원이 있는 현안이 포함되어 있는가?
- 투자 · 출자 · 출연기관, 민간위탁기관의 예산과 계획이 포함되어 있는가?

* 민간위탁기관의 변동, 구성원의 변동, 예산집행 현황 등도 집행부 사업과 같이 보고를 받아야 하며, 예산의 전용, 변경 사용 등 예산 관련 보고도 포함하도록 하여 견제와 감시의 사각지대가 발생하지 않도록 합니다.

- 사업 일정의 지연은 없는가?
- 의원발의 제 · 개정 조례의 사업 추진여부 및 실적을 보고하고 있는가?
- 행정사무감사, 자체감사 및 감사원 등 감사 지적사항의 개선방안을 포함하고 있는가?
- 직전 예산 · 결산심의시 지적사항에 대한 개선사항을 보고하고 있는가?
- 타 실 · 국에서 수행한 업무를 직접 수행하고 있는 업무로 보고하고 있지는 않는가?

게 살펴볼 수 있도록 합니다.

3) 피드백 측면 : 잊지 않고 있다!!

업무보고시 질의한 사항에 대해서는 추가적인 보고와 개선 방안을 보고하도록 해야 합니다. 질의시 집행부가 형식적인 답변이 아닌 구체적이고 명확한 답변을 하도록 유도하여야 하며 다음 보고 때 반드시 점검합니다.

Check Point

– 다음 보고시 보완 사항 및 개선 사항을 보고 하도록 했는가?

*형식적인 답변에 주의하세요~ 검토하겠다, 노력하겠다 (X) ⇒ 구체적인 기한, 조치할 내용 명확히 (o)

4) 보고의 시기 측면 : 법규상 보고 사항, 언제 보고받을 것인가?

법규에 보고하도록 규정되어 있는 의회 보고 사항은 시기도 중요합니다. 반기별 또는 분기별로 보고하도록 규정되어 있는 보고사항은 서울시의 경우 보고시기와 가장 가까운 회기에 보고하도록 명시(「서울특별시의회 기본 조례」 제55조의3)하고 있습니다. 보고시기에 대한 다툼이 없도록 조례에 명확히 규정하는 것도 필요합니다. 또한, 법령 또는 조례의 보고 사항이 누락되지 않도록 철저한 관리도 필요합니다.

「서울특별시의회 기본 조례」

제55조의2(예산안 및 예산 집행상황의 제출 등) ① 시장 및 교육감은 회계연도마다 예산안을 편성하여 회계연도 시작 60일 전까지 의회에 제출하여야 한다〈신설 2018.1.11.〉.

② 시장 및 교육감은 세입예산의 징수현황 및 사업별 세출예산의 집행상황을 반기별로 의회에 제출하여야 한다〈개정 2017.3.23., 2018.1.11.〉.

③ 시장 및 교육감은 예산 전용을 결정하였을 때에는 이를 분기별로 해당 상임위원회에 보고하여야 한다〈신설 2017.3.23., 2018.1.11.〉.

④ 시장 및 교육감은 직전 연도 5월부터 해당 연도 4월까지 공포된 조례의 시행에 따른 소요 비용에 대한 예산반영현황(예산안에 반영되지 않은 경우에는 향후 예산반영계획)을 작성하여 예산안(제1항에 따른 예산안을 말한다) 심의전까지 해당 상임위원회에 보고하여야 한다. 〈신설 2023.10.4.〉

제55조의3(조례상 보고 등) 시장 및 교육감은 법령 또는 조례에서 의회와 상임위원회에 보고하도록 한 사항에 대해 보고의 건으로 보고시기와 가장 가까운 회기에 보고하여야 한다. 다만, 보고시기가 폐회 중일 때는 의장과 상임위원장에게 우선 보고한 후 다음 회기 회의에서 안건으로 상정하여 보고한다.

업무보고 질의 때 참고하세요~

업무보고를 받을 때 직전 업무보고, 예산심사, 행정사무감사 때 지적한 사항이 충실히 이행되고 있는지에 대한 질의는 필수적이므로 반드시 점검해야 합니다.

한편, 업무보고 때 집행부의 주관적인 시각에만 의존하지 말고, 다양한 의견을 살펴보아야 합니다. 따라서 언론보도 및 민원 등을 살펴보는 것도 중요합니다. 집행부로 하여금 사업과 관련한 언론보도 현황도 함께 보고하도록 하는 것도 필요합니다. 이는 풍부한 질의를 위한 훌륭한 참고자료가 됩니다.

6

민원, 잘 처리하기 김정덕

"마음으로 듣고, 상대방이 원하는 답을 찾아줘라!"

Q : 요즘 머리가 아프고, 마음이 편하지 않습니다. 원래 의정활동 목적 중 하나는 주민들의 가려운 곳을 긁어주고 해결하는 것이긴 한데요, 민원인을 만나서 대화를 해보면, 해결도 쉽지 않은 것 같고, 상황을 피할 수도 없는 노릇이니 이럴 때 어떻게 해야 하나요? 민원해결에 좋은 아이디어 없습니까?

A : 의원님!! 의정활동에서 민원이 차지하는 부분은 어쩌면 법안 처리나 제도를 개선하는 것보다도 주민들에게는 피부로 와닿기 때문에 어떻게 응대하고, 대응하느냐에 따라서 의원님이 의정활동 평가가 달라진다고 생각합니다. 다음 사항들을 잘 체크해 보세요!!

의정활동에서 민원해결이 얼마나 중요한가요?

어떤 사람들은 시대가 바뀌서 주민 스스로 지역의 문제를 찾고, 해결해 가도록 도와주는 안내하는 것이 의원들의 역할이라고 말합니다. 큰 틀에서는 맞는 말입니다. 다만, 역할과 기준을 사안마다 달리해야 할 것입니다. 일반적으로 주민들은 조금 더 많은 정보와 적극적인 조력을 통해 지역문제와 개인문제를 해결을 원하는 소위 '민원해결'을 여전히 의정활동에 중요한 영역으로 바라보고 있으며, 법령과 제도를 개선할 수 있는 권리가 있고 일반인보다 정보 접근이 용이한 지방의원들에게 요구하는 기대가 크다고 할 것입니다.

주민이 요청하면 다 민원인가요?

민원의 사전적 의미는 "어떤 구체적인 일과 관련하여 주민 개개인이나 집단이 바라는 바" 또는 "국민이 정부나 시청, 구청 등의 행정기관에 어떤 행정 처리를 요구하는 일"로 정의되고 있습니다. 큰 틀에서는 주민이 개개인이나 집단이 특정한 사항에 대해서 각종 행정기관에 대해서 바라는 사항이 민원이라고 할 수 있습니다. 다만, 법에서는 민원을 모두 받아주지 않습니다.

민원을 규율하는 법은 무엇이고, 해당법에서는 어떤 경우를 민원으로 보나요?

민원을 규율하는 기본법은 「민원 처리에 관한 법률(이하 「민원법」)」입니다. 민원법에서는 "민원인이 행정기관에 대하여 처분 등 특정한 행위를 요구하는 것"으로 민원을 정의하고 있습니다(「민원법」 제2조). 다만, 의정활동을 하는 의원들의 경우에는 민원법에서 규정하는 사항 이외에도 폭넓게 민원의 범주에 포함된다고 할 것입니다.

※ 민원인 : 행정기관에 대하여 처분 등 특정한 행위를 요구하는 개인, 법인 또는 단체를 말합니다.

Check Point

이런 경우에는 민원인으로 보지 않습니다.

1. 행정기관 또는 공공단체가 행정기관에 특별한 행위를 요구하는 경우
2. 행정기관과 사법상의 계약관계에 있는 사람이 사법적 효과를 얻기 위하여 행정기관에 특정한 행위를 요구하는 경우
3. 성명, 주소 등이 분명하지 않은 사람이 행정기관에 특정한 행위를 요구하는 경우

관공서를 대상으로 한 모든 민원은 민원법을 적용받습니까?

그렇지 않습니다. 민원사무에 관하여 다른 법률에 특별한 규정이 있는 경우를 제외하고는 민원사무처리에 관한 법률(「민원법」)을 적용받습니다.

Check Point

민원법 적용 제외 대상

- 특허법 : 특허심판에 관한 사항
- 행정심판법 : 행정심판에 관한 사항
- 국세심판법 : 국세심판에 관한 사항
- 감사원법 : 감사원의 심사청구나 재심의 청구
- 환경분쟁조정법 : 환경분쟁의 알선 · 조정 등에 관한 사항
- 노동위원회법 : 노동관계에 있어서 판정 및 조정업무에 관한 사항
- 국가인권위원회법 : 국가인권위원회의 인권 침해나 차별 등에 대한 진정에 관한 사항
- 부패방지 및 국민권익위원회 설치와 운영에 관한 법률 : 국민권익위원회의 타기관 민원처리에 관한 조사심의 등

지방의회에서는 민원 관련 법령이나 제도가 없나요?

민원과 관련하여 민원법과 특별법으로 규율 받고, 지방의회마다 상위법령을 위반하지 않고, 벗어나지 않는 범위 내에서 규정 등을 가지고 있습니다.

서울특별시의회에서는 「민원 처리에 관한 규정을 제정」(1996.5.17)하여 현재까지 민원 처리 근거와 지침이 되고 있으며, 접수 및 관리, 불수리 사항, 처리, 통보 등 총 10개의 조문으로 구성되어 있습니다.

민원에도 종류가 있나요?

민원법에서는 민원의 종류를 일반민원과 고충민원으로 구분하고, 일반민원은 법정민원, 질의민원, 건의민원, 기타민원으로 구분합니다(민원법 제2조). 그러나 민원에는 각종 원인과 이유가 있듯이 민원법에서는 발생원인, 인원, 빈도, 사회적 파급효과 등에 따라 민원을 구분하기도 합니다.

용어		정의
일반민원	반복민원	동일한 사안에 대해서 한 민원인이 계속해서 민원을 제기하는 것
	빈발민원	한 가지 사안에 대해서 여러 사람이 계속해서 민원을 제기하는 것
	중복민원	한 가지 사안에 대해서 한 사람이 여러 기관에 민원을 제기하는 것
	복합민원	하나의 민원목적을 실현하기 위하여 관계 법령 등에 의하여 다수의 관계기관 또는 부서의 허가인가 · 승인 · 추천 · 협의 등을 거쳐 처리되는 민원
	소외민원	제도권에서 논의되지 못한 행정 사각지대의 민원, 사회적으로 쟁점화 되지 않은 민원
고충민원		「부패방지 및 국민권익위원회의 설치와 운영에 관한 법률」 제2조 제5호에 따른 고충민원

민원 처리 접수부터 그 절차는 어떻게 되나요?

민원은 사안마다 각기 다른 특성이 있기 때문에 이를 규격화 · 절차화하는 것이 필요합니다. 민원을 크게 4단계로 분류하는 것이 좋습니다.

– 첫 번째 단계는 민원접수 단계입니다.

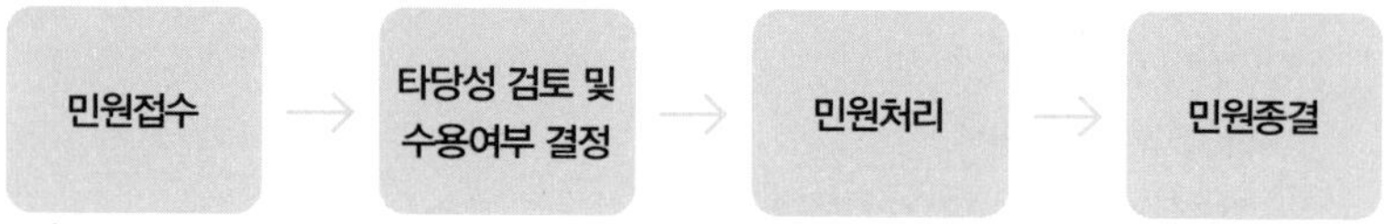

– 두 번째 단계는 타당성 검토 및 민원으로 수용할지 여부를 결정하는 것입니다. 이 단계에서는 제기된 민원의 수용여부에 대한 신속한 결정이 이루어져야 되며, 타당성 검토시 체크 포인트를 가지고 수용 여부를 빨리 판단해야 합니다.

Check Point

타당성 검토시 주요 검토사항

- 현장조사결과에 대한 면밀한 검토
- 관련법령, 기준 등 저촉여부 검토
- 합리적인 해결방안 검토

세 번째 단계는 민원 처리 단계입니다. 이 단계에서는 민원이 타당성이 있는 경우와 타당성이 없는 구분으로 분류하여 각 상황에 맞게 대응이 필요합니다.

Check Point

타당성 검토시 주요 검토사항

- 타당성이 있는 경우
  - 합리적인 대안 검토 제시
  - 관계 기관 및 민원인 협의를 통해 공정하고, 합리적인 방법으로 처리
  - 민원인 협의결과에 대한 철저한 시행 및 지속적인 사후 관리

- 타당성이 없는 경우
  - 합리적인 사유 제시
  - 지속적인 관리 및 재발방지대책 강구

각종 민원의 문서 관리는 어떻게 하나요?

의정활동을 하다보면 사소한 개인민원, 생활불편민원, 집단민원 등 그 유형도 종류도 다양합니다. 민원이 접수되고 해결되기 까지 일련의 과정이 다양하기 때문에 민원인과 관계 기관의 기본적인 인적사항 파악부터, 쟁점사항 등을 일목요연하게 서류화해서 정리해 놓는 것이 중요합니다.

집단민원 또는 고충민원은 어떻게 처리하나요?

「민원법」에서는 민원의 종류를 일반민원과 고충민원 두 가지로 구분을 합니다. 우리가 집단민원이라고 칭하는 것은 빈발민원이 정확한 표현이며, 고충민원은 민원사항 중 행정기관의 위법 · 부당하거나 소극적인 처분(사실행위 및 부작위를 포함한다) 및 불합리한 행정제도로 인하여 국민의 권리를 침해하거나 국민에게 불편 · 부담을 주는 사항에 관

민원 처리 문서

접수일 :　　　　　　　　　　　　종료일 :

1. 민원 건명 :

2. 민원 내용

1) 당사자

- 신청인 :
- 피신청인 :
- 이해관계인 :

2) 주요 민원 내용 요지

3. 주요 쟁점사항

4. 갈등분석

1) 당사자의 주장

2) 민원특성

5. 민원해결과정 및 수단

1) 갈등해결과정

2) 갈등해결수단

6. 결과

7. 기타

※ 참고자료(진정서, 탄원서, 진술서 등)

한 민원(「민원법」 제2조 3항)을 의미합니다.

빈발민원 및 고충민원의 경우 행정기관을 적극 활용하는 방법이 좋습니다. 예를 들면, 역주변 및 고속도로 주변 아파트 소음민원, 택지개발 등에 따른 도로민원, 통학로 어린이 교통안전민원 등의 경우에는 해당기관에 민원을 접수함과 동시에 국민권익위원회를 통해서 합리적이고, 신속한 민원 해결에 도움을 받을 수 있습니다.

Check Point

국민권익위원회에서 신속하게 고충민원해결하는 방법

- 국민권익위원회에서도 여러 유형의 민원이 접수되므로 우선순위를 정해서 민원을 처리합니다. 국민권익위원회의 경우 신청인 100인 이상의 고충(집단)민원을 우선적으로 조정 해결합니다. 따라서 신청인을 다수(100인 이상) 확보하는 것이 필요합니다.

※출처 : 국민권익위원회 홈페이지

민원인 대면시 꼭 알아야 하는 사항

1. 민원은 경청하는 것에서부터 시작한다.

민원인이 정치인을 찾는 이유는 지푸라기라도 잡는 심정으로 찾는 것입니다. 민원인들은 이미 개인별로 민원 해결을 위해서 백방으로 노력했을 것입니다. 따라서 민원인의 민원사항을 마음으로 경청해 주는 것이 필요합니다.

2. 가능하면 현장에서 답을 찾아라!

민원인의 말이나 서류와 현장이 다를 수 있습니다. 민원인은 본인의 입장에서 의견이나 서류 등을 작성할 수 있으므로 민원해결을 위해서는 객관적인 시각과 자세가 필요합니다. 따라서, 가능한 한 현장을 가보는 것이 좋습니다.

3. 담당공무원 및 관계자를 배석시켜라!

민원을 접수하고, 관계공무원이나 관계자를 배석시키면, 시간을 절

고충민원 해결사례

2015년 10월 이전 민원사례 보기 >

전체	행정문화교육민원	국방보훈민원
재정세무민원	복지노동민원	산업농림환경민원
도시수자원민원	교통도로민원	

[전체 434개]

번호	제 목	담당부서
424	임대주택 계속거주 요청(20180312, 의견표명)	주택건축민원과
423	임대주택 계속거주 요청(20180305,의견표명)	주택건축민원과
422	임대주택 승자권 승계 허용 요구(20180305,의견표명)	주택건축민원과
421	공상 인정 요구(20180226)	경찰민원과
420	교통신호기 설치 요구(20180212)	경찰민원과
419	공상 인정 요구(20180212)	경찰민원과
418	교통안전 관련 권고의 실효성 확보 및 이행력 제고(20180212)	경찰민원과
417	경찰의 수사기간 미 준수 이의(20180212)	경찰민원과
416	건축물대장 소유권지분 정정 요구(20180212, 의견표명)	주택건축민원과
415	초등학교 통학로 안전대책 요구(20180205)	경찰민원과

약하고, 관계자로 하여금 현황을 파악하기 편하고, 민원인으로 하여금 안정감과 민원해결을 위해 노력하고 있다는 인상을 줄 수 있습니다.

4. '인사청탁' 민원은 정보제공부터 시작해라!

인사청탁은 민원 중에서 가장 곤란하고, 어려운 민원 중 하나입니다. 그렇다고 해서 인사민원을 피할 수는 없습니다. 인사문제에 직접 혹은 간접적으로 개입하는 것은 법적인 위험성이 내재되어 있습니다. 따라서 인사민원의 경우에는 공개된 일반정보와 절차를 민원인에게 빨리 제공하는 것이 핵심입니다.

5. '개인재산권' 민원은 '공감'과 '피해 최소화'가 답이다.

민원 사항 중 개인의 재산권 문제 등은 곤란한 민원 중 하나입니다. 개인재산권의 다툼으로 인한 민원에 개입하는 것은 향후 법적인 문제가 발생할 소지 등이 있으므로, 공식적인 법률 대리인을 소개하거나 피해를 최소화할 수 있는 방안만 안내하는 것이 차선책일 것입니다.

6. '민원의 날'을 만들어라!

민원은 의정활동에서 법과 제도를 개선하는 것 만큼이나 중요한 비중을 차지합니다. 때로는 민원해결 과정에 따라서 선거 때 직접적인 당락을 좌우할 수 있으므로, 한달에 하루 혹은 이틀 정도 민원의 날을 만들어서 민원을 관리하면 법안을 만드는 것보다 더 큰 효과가 있을 수 있습니다. 또한, 민원은 음지에서 양지로 이끌어내는 청렴성과 성실한 이미지도 덤으로 얻을 수 있습니다.

7. 간단한 정보 민원이나 절차민원 처리

정보 안내 및 서류 발급 등 비교적 단순한 민원은 110 정부민원 안내 콜센터나 120 다산센터(서울시) 등과 같이 활용하면 도움이 됩니다.

7

욕먹고, 비난받는 공무국외여행은 이제 그만!

김선희

지방의원의 공무국외여행이 욕먹고, 비난 받는 이유

지방의원의 공무국외여행은 그간 지역주민, 국민, 언론 등에서 곱지 않은 시선으로 '예산낭비'라는 지적을 받아왔습니다. 공무국외여행이 비난을 받아 온 이유를 들면 크게 두 가지로 구분됩니다. 첫째, 적절하지 않은 시기에 외국을 나간 경우, 둘째, 의정활동(공무)과는 무관한 곳을 외유하며 예산을 낭비한 경우입니다.

적절하지 않은 시기라 함은 재해, 재난 등이 발생하여 많은 사람들이 어려움을 겪고 있을 때, 공무국외여행의 결과를 임기 내 의정활동에 활용할 수 없는 임기 말 등이 대표적입니다. 외유성에 대한 것은 몇 년간의 언론보도 내용으로 분석해 보면, 일정한 목표와 계획 없이 개인 여행을 하면서 세금을 사용했다는 것이 가장 많은 지적사항이었습니다. 이 외에도 의원의 매너 없는 행동은 국민의 공분을 사기도 했습니다.

지방의회 공무국외여행 무엇이 문제인가요?

지방의회는 지역마다 사정이 달라 현안도 매우 다양합니다. 또한 지방 사무를 중심으로 의정활동을 하므로 해당 지방자치단체와 관련된 내용을 중심으로 해외사례를 살펴보는 것은 물론 자치단체의 규모나 지정학적 위치 등도 계획을 세울 당시에 고려야 되어야 합니다. 그러나 실제로는 참고가 될 만한 사례 중심으로 공무국외여행을 계획하는 경우보다는 의원들이 선호하는 국가를 여행지로 선택한 다음 공무국외여행의 목표를 끼워 맞추다 보니 외유에 대한 논란이 끊이지 않습니다.

그나마 국제교류업무를 담당하는 부서를 둔 광역의회의 경우는 이와 같이 방문지를 먼저 선택하더라도 해당 상임위원회, 혹은 특별위원회 등의 의정활동 범위와 특성에 맞게 계획을 세우고, 방문기관을 섭외하는 것이 가능하겠지만, 이런 부서를 별도로 두기 어려운 기초의회의 경우는 현실적으로 여행사에 의존하여 공무국외여행을 진행할 수밖에 없습니다. 여행사를 통한 기관 섭외는 비용도 많이 들뿐더러 기관방문 일정을 잡더라도 방문목적을 달성하기에는 한계가 있습니다.

목적에 맞는 공무국외여행은 의지의 문제

공무국외여행을 위해 지방의회 의원은 공무국외여행규정에 따라 공무국외여행 심사를 받아야 합니다. 공무국외여행 규정이 지방의회마다 조금씩 차이가 있기는 하지만, 대부분의 지방의회 공무국외여행 규정은 외국의 중앙정부나 지방자치단체 또는 지방의회의 공식행사에 초대된 경우, 3개국 이상의 중앙정부 또는 지방자치단체가 개최하는 국제회의에 참가하는 경우, 자매결연체결 및 교류행사와 관련하여 출장하는 경우 심사를 하지 않을 수 있다는 단서조항을 가지고 있습니다.

결국 규정에 의해 설치된 심사위원회는 주로 상임 · 특별위원회의 공무국외여행을 심사를 하게 됩니다. 대부분의 심사위원회는 운영위원장이 심사위원장이 되며, 의장이 추천한 소속 의원, 관내 소재 대학교수, 시민사회단체 등의 대표 · 임원 등으로 구성됩니다.

목적에 맞는 그리고 주민(국민)이 공감할 수 있는 공무국외여행을 할 의지가 있다면 심사위원회를 구성할 때 공무국외여행 계획서를 제대로 심사할 위원을 위촉하여 심사를 받는다면 그렇게 욕먹고 비난받는 일은 분명 없을 것입니다. 지금까지 여론에 뭇매를 맞았던 이유 중의 하나는 심사위원회를 구성할 때 냉정하고 합리적인 심사를 할 사람보다는 의회의 속성을 잘 이해하고 의원과 친분이 있는 인사를 심사위원으로 위촉하여 공무국외여행의 목적이나 계획보다는 의회가 원하는 대로 심사를 해준 사례가 적지 않았기 때문입니다.

최근 이러한 편의주의, 안면지향주의를 깨고 매우 모범적인 공무국외여행을 다녀와서 주목을 받은 의회가 있어 소개를 하고자 합니다. 인천시의회에서는 시민들에게 비난받고 외면당하는 공무국외여행은 지양되어야 한다는 논의 속에서 심사위원회 구성시 의회를 감시 · 견제해 온 시민단체의 임원 2명을 심사위원으로 위촉하였습니다. 이들 시민단체 출신 심사위원은 공무국외여행 후 결과보고회를 제안하였고, 당시 민간위원 4명, 의원출신 위원 3명으로 구성된 심사위원회는 공무국외여행 후 결과보고회 개최를 전제로 공무국외여행을 허가하였습니다.

2017년 8월 공무국외여행을 다녀온 4개의 상임위가 결과보고를 하였습니다. 언론보도에 따르면 이전의 공무국외여행과는 매우 달랐으며, 유용한 제도와 우수사례들이 이 결과보고회에서 소개되었다고 전하고 있습니다.

이에 대해 공무국외여행을 심사하였던 심사위원장은 "이번 공무국외여행 결과보고회는 예산이 투입된 의원 해외연수의 내용적인 충실성과 지방의회의 의정활동에의 기여도에 대해 논란이 분분한 시점에서 인천시의회가 지방의회로서는 처음으로 진지하게 해외연수에서 거둔 성과들을 향후 시정발전에 활용할 수 있는 방안에 대해 의원 공무국외여행 허가를 담당하는 공무국외여행 심사위원회에서 발표하고 질의 · 응답시간을 가졌다는 점에서 의의가 있다"면서 "앞으로도 공무국외여행 심사가 형식적인 심사가 아닌, 실질적으로 인천시 의원의 의정활동에 기여할 수 있도록 시의회가 앞장서 노력하겠다"고 밝혔습니다.

이 사례를 통하여 알 수 있는 것은 지방의회의 노력과 의지가 있다면 얼마든지 시민 · 주민들에게 호응을 얻을 수 있는 공무국외여행을 할 수 있다는 것입니다.

품은 팔면 팔수록 많은 것을 얻을 수 있습니다!

앞서 기술한 부분이 지방의회 의원에게 비중을 둔 것이었다면 이번에는 의원을 지원하는 의회 직원을 위한 이야기입니다. 규모가 작은 기초의회일수록 의회에서 근무하는 인력도 많지 않아 이를 담당하는 전담부서도 없을 뿐더러 많은 직원들이 의원의 공무국외여행 준비에 매달릴 수 없는 것이 현실입니다.

최근 지방의회 공무국외여행을 겨냥하여 몇 개의 민간단체가 전문맞춤여행프로그램을 상품으로 내놓고 상담 · 판매도 하고 있지만, 이들 상품은 전문적이고 맞춤 프로그램을 제공한다는 이유로 공무원 여비규정에 의해 산정된 금액으로는 가기 어려울 만큼 고액이라 지방의회에서 이런 전문프로그램에 의한 공무국외여행을 추진하는 것은 어려울 것입니다.

하지만 대한민국의 모든 지방자치단체들은 공무국외여행과 관련한 정보가 공개되어 있습니다. 전국적으로는 연간 매우 많은 사람들이 공무로 국외여행을 하고 있기에 이들이 제출한 공무국외여행 출장보고서는 여행계획을 세우는 데 매우 유용합니다. 아마 많은 분들은 이미 지방자치단체에서 공개하고 있는 출장보고서를 적절히 잘 활용하고 있을 것입니다.

이렇게 정보가 공유되다 보니 런던 시청(영국), 프라이부르크 시청(독일), 싱가포르 도시개발청(Urban Redevelopment Authority) 등은 많은 지방자치단체에서 방문을 했고, 지금은 방문일정을 쉽게 잡을 수 없는 곳이 되었습니다. 물론 이곳들은 세계 각국에서 벤치마킹을 하는 곳이라 방문요청에 대응하는 것 자체가 일이 되어 버렸기 때문에 공식방문이 어려워졌습니다. 이렇게 방문이 어려운 곳은 유료 가이드 프로그램이 있거나, 방문 목적과 관련된 서적이 출판되어 있는지 우선 확인이 필요합니다. 공식 기관방문이나 시설의 시찰은 대부분 별도의 비용이 들지 않았지만, 최근 국제적으로 소문이 난 우수제도나 시설 등의 시찰은 유료 가이드투어가 생겨나는 추세이므로 공무국외여행의 목적 달성을 위해서는 이러한 유료 프로그램을 적절히 이용하는 것도 좋을 것입니다.

또 하나, 공산주의 국가에서 체재 전환을 한 국가는 특히 기관방문 루트를 찾기가 어렵습니다. 그럴 경우는 해당지역에 나가 있는 한국 대사관에 문의하여 방문목적을 설명하고 방문일정에 도움을 구하는 것도 방법입니다.

또 다른 방법으로는 지방자치단체의 출연 연구기관인 서울연구원, 경기연구원, 인천연구원 등의 연구는 현재 우리 사회의 정책 트렌드를 반영하고 있기 때문에 연구보고서 및 간행물 등을 살펴보면 지방의회의 현안 및 유용한 사례 등을 찾을 수 있을 것입니다. 여기서 얻은 정보를 바탕으로 국외여행 계획을 수립한다면 충실함을 배가시킬 수 있습니다.

숨기면 숨길수록 의혹은 커지고, 매의 눈으로 보고 싶어지는 법

지방의회의 공무해외여행에 있어서는 대부분 일정 공개를 꺼려 합니다. 일정 공개를 꺼리는 이유에 대해 많은 사람들은 외유성 관광 일정이 포함되어 있기 때문일 것이라는 선입견을 가지고 있습니다.

서울특별시의회의 경우, 자매도시방문을 갈 때 사전에 보도자료를 통해 여행의 취지와 일정 등을 상세히 공개하고 있습니다. 상임위원회 공무국외여행의 경우도 사전에 보도자료를 내고 갈 것을 권유하고 있습니다.

사전에 보도자료를 내는 것이 정착되면 확실히 출장 목적을 고려한 일정을 짤 수밖에 없습니다. 출장 목적을 달성한 후 여유시간을 이용하여 관광지를 돌아보는 것까지 언론과 국민들이 문제를 삼지는 않을 것입니다. 지금까지 지방의원의 공무국외여행을 바라보는 시각이 부정적이고, 비판적이었던 것은 세금으로 개인여행을 하듯이 공무국외여행을 다녀왔다는 점 때문입니다.

이 부분에 대한 오해를 풀기 위해서는 적극적이고 합리적으로 여행계획을 세우고, 공정하게 심사받으며, 투명하게 일정을 공개한다면 언론도 국민도 지금처럼 부정적인 태도를 보이지는 않을 것입니다.

Check Point

해외에서 현지인들에게 눈총 받는 일, 이젠 그만!

해외 한 유명 호텔체인에서 매너 없는 투숙객의 행태를 조목조목 공개하며 매너를 지켜 달라는 당부를 한 기사를 읽은 적이 있습니다. 티포트에 빨래를 삶은 사례, 라면을 티포트에 넣어 끓인 사례는 매우 충격적이었지만, "우리나라 사람들 이야기는 아니겠지" 하고 넘기는 순간 값비싼 카페트에 묻은 김치 국물에 대한 이야기가 나왔습니다.

지방의회의 공무국외여행에 있어서도 팩소주, 컵라면, 김치 등은 상비약과 함께 일반적인 준비물인 것 같습니다. 공무로 해외에 나온 지방의회 의원을 안내한 경험이 많은 가이드들은 현지 고급 레스토랑에서도 김치를 찾고, 한국에서 공수한 김치를 버젓이 펼쳐놓는 과도한 '김치사랑'에 대해 이구동성으로 이제는 달라져야 한다고 이야기를 합니다.

그 나라의 문화를 이해하고, 그 나라의 관습을 존중하는 태도로 해외여행 매너를 주민대표 기관인 지방의회가 선도해 가는 것은 어떨까요?

8

재산등록, 소홀히 하면 큰코다쳐요! 강상원

지방의원도 재산등록 해야 합니다*

공직자나 공직후보자의 재산은 「공직자윤리법」에서 정하는 절차와 방법에 따라 등록하고 공개해야 합니다. 혹시 있을지 모르는 부정한 재산의 증식을 사전에 방지하고, 재산형성의 투명성을 확보함으로써 공직자가 국민에 대한 봉사자로서 마땅히 가져야 할 공직자 윤리를 확립하기 위해서입니다.

지방의원 역시 재산등록 대상자입니다. 지방의원은 선거로 선출됐

* 공직자 재산등록에 관한 내용은 「공직자윤리법」 및 같은 법 시행령, 인사혁신처의 「2018 정기 재산변동신고 안내서(재산등록의무자용)」 등 재산등록안내 자료, 인사혁신처 홈페이지(www.mpm.go.kr) 중 공무원 인사제도(윤리제도) 등을 참조해 작성했습니다.

기 때문에 특수경력직공무원에 해당하는 정무직공무원입니다. 지방자치단체장, 지방의원 등 지방자치단체의 정무직공무원은 「공직자윤리법」상 재산등록 의무자입니다.

본인의 재산만 등록하면 될까요? 그렇지 않습니다. 본인과 배우자(사실혼 관계 포함)를 포함해 직계 존 · 비속이 보유한 부동산과 재산 모두를 등록해야 합니다. 다만, 혼인한 직계비속 여성(딸, 손녀)이나 외가(외증조부모, 외조부모, 외손자녀 및 외증손자녀)의 재산은 제외합니다.

재산은 어디까지 등록하나요?

당연히 본인과 배우자, 직계 존 · 비속이 보유한 모든 재산(부동산과 동산)이 해당됩니다. 다른 사람 명의로 보유하고 있더라도 사실상 본인이 소유하고 있는 재산이라면 등록대상이 됩니다. 비영리법인에 출연한 재산이나 외국에 보유하고 있는 재산도 포함됩니다. 다만, 공직자 본인의 부양을 받지 않는 직계 존 · 비속의 재산은 고지거부*를 할 수 있습니다.

그럼 어떤 재산을 등록할까요? 등록할 재산은 다음과 같습니다.

▶부동산에 관한 소유권 · 지상권 및 전세권

* 고지거부는 등록의무자의 부양을 받지 아니하는 직계존비속이 공직자윤리위원회의 허가를 받아 자기 재산의 고지를 거부하고 재산등록을 하지 않을 수 있는 제도입니다.

▸광업권 · 어업권, 그밖에 부동산에 관한 규정이 준용되는 권리

▸소유자별 합계액 1천만 원 이상의 현금(수표 포함), 예금, 주식 · 증권, 채권, 채무

▸소유자별 합계액 500만 원 이상의 금 · 백금(관련 제품 포함)

▸품목당 500만 원 이상의 보석류, 골동품 · 예술품, 회원권

▸소유자별 연간 1천만 원 이상의 소득이 있는 지식재산권

▸자동차 · 건설기계 · 선박 및 항공기

▸합명회사 · 합자회사 및 유한회사의 출자지분

▸주식매수선택권

이들 개별 재산에 대한 가액을 산정해 등록해야 합니다. 토지나 주택, 상가 · 빌딩 · 오피스텔 등의 부동산은 개별공시지가(없을 경우 공시지가)나 실거래가격으로 산정하고, 현금 · 예금 · 채권 · 채무는 해당 금액, 국 · 공채 · 회사채 등 유가증권은 액면가, 주식은 재산등록 기준일의 최종거래가격(비상장주식은 액면가나 거래량 가중 평균가), 합명회사 등의 출자지분은 출자가액, 회원권은 취득가액(골프회원권은 기준시가 또는 실거래가격), 주식매수선택권은 현재시가, 그밖에 재산은 실거래가격(시장가격)이나 전문가 등의 평가액을 등록하면 됩니다.

재산별 등록방법과 구체적인 가액 산정방법 등은 인사혁신처(재산심사과)나 등록기관에서 배부하는 재산신고 안내서나 '공직윤리종합정보시스템'(www.peti.go.kr)에서 관련 자료를 참고하시면 됩니다.

재산등록은 언제 어디다 합니까?

재산등록은 최초등록신고, 정기변동신고, 수시변동신고로 구분됩니다. 지방의원으로 당선돼 7월 1일부터 임기가 개시된 초선의원의 경우는 2개월째 되는 달의 말일까지, 즉 8월 말까지 최초 재산신고를 합니다. 정기변동신고는 1~2월 중 전년도 말 기준의 재산변동 내역을 신고합니다. 재선의원의 경우는 이미 정기변동신고를 했기 때문에 새로운 의회 임기가 시작해도 재산등록을 할 필요가 없습니다. 의원이 사직하게 되어 등록의무가 면제되면 그 날로부터 2개월째 되는 달의 말일까지 변동신고를 해야 합니다.

재산등록은 지방의원이 소속된 해당 지방의회에 하게 됩니다. 과거에는 종이문서나 별도의 저장장치로 작성해 제출했으나, 지금은 행정전자서명인증서나 공인인증서(금융기관 발급)로 '공직윤리종합정보시스템'에 접속해 간편하게 신고서를 작성 · 제출하고 있습니다.

예전에는 재산등록 의무자가 개별 금융기관이나 공공기관을 방문해 자신의 재산정보를 일일이 확인해야 하는 불편함이 있었습니다. 그러나 지금은 금융거래정보와 부동산정보 제공에 대해 동의하면, 금융기관과 공공기관에서 알아서 관련 자료를 공직자윤리위원회에 제출합니다. 재산등록의무자는 '공직윤리종합정보시스템'에서 일괄 대조해 이상유무만 확인하여 신고하면 됩니다.

재산신고서 작성방법

– 메뉴에서 [재산신고] → [신고서 작성] 또는 버튼을 클릭합니다.
이후 본인정보 입력, 친족정보 입력, 총괄표 작성, 변동요약서(정기변동 신고에 만), 공개목록작성, 신고서제출 등의 순으로 작성하면 됩니다.

재산등록의 공개 및 심사

이렇게 등록한 재산은 등록(신고)기간이 끝난 후 1개월 이내에 공보를 통해 모든 주민에게 공개됩니다. 지방의원의 재산등록과 그 변동사항은 해당 지방자치단체의 공보를 통해 쉽게 확인할 수 있습니다.

공직자윤리위원회는 재산공개 후 3개월 이내에 ▸등록된 재산의 거짓 기재나 잘못 기재한 내역 등 재산 성실 등록 여부와 ▸재산취득 경위, 소득원 등 재산형성 과정에 대해 심사를 완료합니다. 광역의회의원은 정부 공직자윤리위원회에서, 기초의회의원은 시 · 도의 공직자윤리위원회에서 심사합니다. 심사 절차는 다음과 같습니다.

재산등록 심사 업무처리 절차

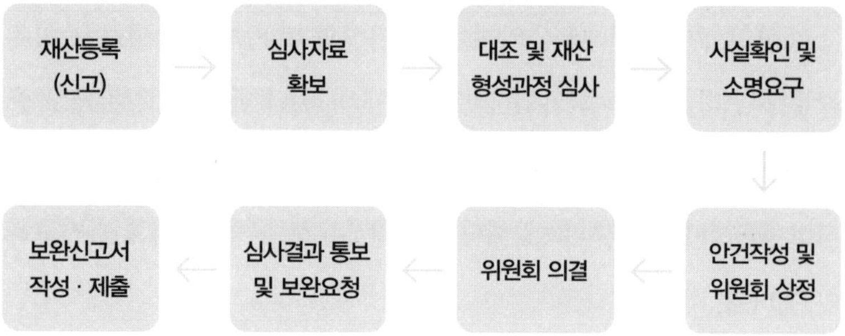

지방의원 등 등록의무자는 등록대상재산과 그 가액, 취득일자, 취득경위, 소득원 등을 재산등록 서류에 거짓으로 기재해서는 안 되고, 공직자윤리위원회 등의 등록사항에 대한 심사에 성실하게 응해야 합니다.

공직자윤리위원회의 심사결과, 등록재산의 일부를 과실로 빠트리거나 가액 합산 등을 잘못 기재하는 등 단순 실수가 발견되면 보완명령을 내립니다. 그러나 등록대상 재산을 거짓으로 기재하거나 중대한 과실로 빠트리거나 잘못 기재한 경우에는 ▸경고 ▸과태료 부과 ▸일간신문 광고란을 통한 허위등록사실의 공표 ▸해임 또는 징계의결을 받습니다. 또 다른 법령 위반이나 부정한 방법으로 재산상 이득을 취한 경우에는 관계기관에 위반사항 통보, 법무부장관에 조사 의뢰 등의 조치를 취합니다.

재산등록의 실수 사례

재산신고서 작성 때 유의해야 할 사항과 반복해서 발생하고 있는 잘못 신고한 사례는 다음과 같습니다. 본인이나 배우자, 친족재산 신고가 누락되거나 본인 또는 비서실 직원의 실수로 재산등록을 잘못했다고 해명해도 감경사유에 해당하지 않으므로 이 점 유의해서 신고해야 합니다.

본인, 배우자와 친족 재산의 누락

- 부모나 배우자와 관계가 좋지 않아 재산상태를 정확하게 신고하지 못하는 경우
- 부모와 떨어져 살고 있거나 재산내역을 캐묻기 어려운 경우
- 배우자와 각각 재산을 따로 관리하고 있어 내역을 확인하기 어려운 경우
- 독립생활을 영위하고 있는 성인인 자녀의 재산내역을 파악하기 어려운 경우
- 자식이 재산내역이 없어 등록대상이 아닌 것으로 잘못 아는 경우
- 고지거부 허가기간(3년)이 지났음에도 재신청하지 않고 누락 신고한 경우
- 본인 명의의 종중재산, 동창회비(친목회비 등) 예금계좌 등을 누락 신고하는 경우
- 배우자가 상속받은 사실이나 지인에게 돈을 빌려준 사실을 모르는 경우

재산신고 방법 미숙

- 실제 재산이 변동되었음에도 이전 신고와 동일하게 "변동없음"으로 신고한 경우
- 정보제공 동의서를 제출하면 자동으로 신고되는 것으로 아는 경우
- 정보제공 동의자에게 제공되는 금융기관 회신자료 활용 미숙으로 재산을 누락 또는 과다 신고하는 경우
- 재산등록방법이나 재산등록시스템을 제대로 숙지하지 못하거나 입력을 잘못한 경우
- 등록기준일과 작성 시점을 착각해 착오(실수)로 잘못 신고하는 경우
- 채무, 소액 예금은 신고대상 재산이 아닌 것으로 잘못 아는 경우
  * 소유자별 1천만 원 미만인 경우에만 신고의무가 없음(계좌별 1천만 원 미만이 아님)
- 건물은 소유권만 신고하는 것으로 잘못 아는 경우(임대채무, 전세권, 분양권 포함함)
- 아파트 분양이나 매입과정에서 발생한 채무를 신고하지 않은 경우
- 미신고대상인 순수보장성 보험(자동차보험, 화재보험 등)으로 오인해 누락하는 경우
- 급여에서 자동이체되는 예금(각종 공제회 등) 및 마이너스 통장(채무)을 누락하는 경우
- 부부 공동명의의 지분을 각각 해당 지분만큼 신고하지 않고 일괄 신고하는 경우
- 기존 재산의 증감이 있거나 재산변동 폭이 큰 경우 그 사유를 기재하지 않는 경우

– 여기서 잠깐!

고의나 과실로 인해 일부 재산을 누락하거나 과다 신고할 경우, 과태료 부과나 징계의결 요청 등의 처분을 받을 수 있다는 점은 앞서 설명했습니다. 그래서 정확히 신고하는 것이 필요한데 실수로 잘못 신고하는 경우가 빈번히 발생하고 있습니다. 단순 실수였다고 아무리 항변해도 감경을 받지 못하고 경고나 시정조치 과태료 부과 일간신문 광고란에 허위등록사실 공표 해임이나 징계의결 요청 등의 불상사가 발생할 수 있으니 이 점 유념해서 성실하고도 정확하게 신고해야 합니다.

주식백지신탁 제도란?

주식백지신탁은 고위공직자가 직무관련 주식을 보유한 경우에 공무수행과정에서 발생할 수 있는 공·사적 이해 충돌 가능성을 사전에 방지함으로써 직무수행의 공정성과 중립성을 확보하고자 2005년 신설된 제도입니다.

지방의원 등 재산공개 대상자는 본인이나 이해관계자(배우자, 본인의 직계존비속) 모두가 보유한 주식 총 가액이 3천만원을 넘는 경우에는 원칙적으로 해당 주식을 매각하거나 백지신탁계약을 체결해야 합니다. 다만 인사혁신처에 설치된 '주식백지신탁심사위원회'에 보유 주식의 직무관련성 심사를 청구해 직무관련성이 없다는 결정을 받으면 매각이나 백지신탁을 할 필요는 없습니다.

주식의 매각이나 백지신탁을 하거나, 직무관련성 심사를 청구하려면 신고기준일*로부터 1개월 이내에 해야 합니다. 만약 이 기간 내에 주식백지신탁 제도 의무를 이행하지 않거나 직무회피를 하지 않은 경우에는 「공직자윤리법」에 따른 제재를 받습니다. 특히 정당한 이유 없이 보유 주식을 매각하거나 백지신탁을 하지 않을 경우에는 1년 이하의 징역 또는 1천만 원 이하의 벌금에 처할 수 있으니 각별한 주의가 필요합니다.

---

* 신고기준일은 ▸공개대상자 등이 된 날 ▸3천만 원을 초과한 날(기존 주식 상승 포함) ▸변동사항 신고 유예사유가 소멸된 날 ▸직무관련성이 있는 것으로 '주식백지신탁심사위원회'의 심사결과가 통지된 날 ▸백지신탁계약 체결 후 상속 증여 사유로 주식을 새로 취득한 날 ▸공개대상자 등의 직무(상임위원회, 보직 등)가 변경된 날 등입니다.

주식백지신탁 운영 절차

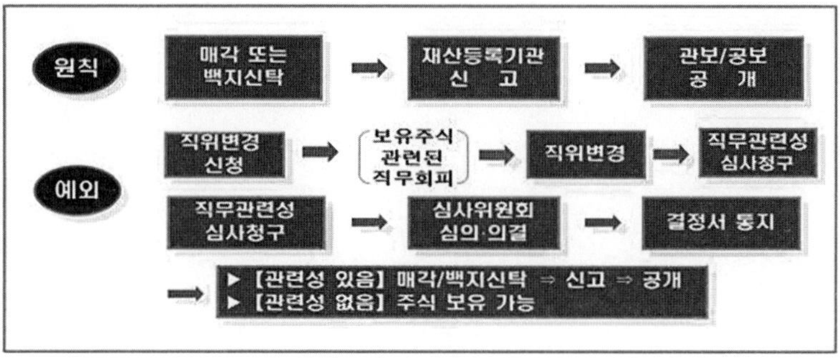
원칙
매각 또는 백지신탁
재산등록기관 신 고
관보/공보 공 개
예외
직위변경 신청
보유주식 관련된 직무회피
직위변경
직무관련성 심사청구
직무관련성 심사청구
심사위원회 심의·의결
결정서 통지
▶ [관련성 있음] 매각/백지신탁 ⇒ 신고 ⇒ 공개
▶ [관련성 없음] 주식 보유 가능

9

출판기념회, 잘 활용하기 강상원

출판기념회 알아보기

출판기념회는 사전적 의미로 저작물이 처음 출판되었을 때에 이를 축하하기 위해 베푸는 모임을 말합니다. 즉, 저자와 지인이 모여 집필의 고뇌와 출간의 기쁨을 함께 하는 의미 있는 행사가 출판기념회입니다.

그런데 이 출판기념회는 동시지방선거를 개최하는 해를 앞두고 전년 말부터 서서히 열리기 시작하더니 해를 넘겨 3월 초순쯤 절정을 이룹니다. 「공직선거법」상 선거일 90일 전(3월 15일)부터는 출판기념회를 열 수 없기 때문에 출마 예정자들의 막차 탑승이 줄지어 이어진 것입니다.

그럼, 왜 이렇게 선거철을 앞두고 출마 예정자들의 출판기념회가 봇물을 이루는 것일까요? 두말할 것도 없이 출마예정자 입장에서 보면 출판기념회가 자신들에게 여러모로 매력 있고 많은 도움이 되기 때문일 것입니다.

먼저, 출판기념회는 저자 자신의 얼굴을 알릴 수 있는 절호의 기회가 됩니다. 정치 신인에게는 출판기념회야말로 자신의 인지도를 높이고 정책(공약)을 홍보할 수 있는 유용한 도구입니다. 기성 정치인에겐 출판기념회에 모인 지지자들의 세를 규합해 과시함으로써 다른 후보자들과의 기 싸움에서 우위를 점하려는 의도도 있습니다.

> 이들이 출판기념회를 경쟁적으로 여는 이유는 인지도를 높이기 위함이다. 책 내용 대부분이 개인사와 정책 비전 등으로 구성돼 있어서 책 소개가 곧 선거공약설명회가 되는 셈이다. 출판기념회를 통해 동료 정치인, 지지자를 모아 세를 과시하는 효과를 노린다(전북일보. 2018.3.12.).

현실적인 이유로는 2022년 11월 헌법재판소가 지방의원에 대해서만 개인후원회를 구성할 수 없도록 금지한 「정치자금법」제6조제2호가 불합리한 차별로서 평등권을 침해하여 위헌이라고 판단(2022. 11. 24. 2019헌마528등)*하기 전까지 정치자금을 모으는 우회적 방법으로 '출판기념회'를 활용할 수 있었기 때문입니다.

책 판매 수익금으로 선거자금, 이른바 '실탄(?)'을 두둑하게 챙길 수 있게 되는데, 어느 지방의원의 얘기를 들어보면, 책을 내고 출판기념회를 여는데 2천만 원 가량 필요하고, 비용 대부분은 출판기념회를 통해 해결할 수 있고 여유의 '가욋돈'도 마련할 수 있다고 합니다.

개인 후원금은 정치자금법에 의해 통제받지만 출판기념회 수입 내역은 공개할 필요가 없고 책값 명목의 축하금품은 기부 행위에 해당하지 않는 점 또한 출판기념회의 매력으로 꼽힌다. 이런 이유로 출판기념회는 선거자금을 모으고 세를 과시하는 일석 삼조의 효과가 있다(남도일보, 2018.3.12.).

그런데, 출판기념회가 선거 밑천을 마련하는 음성적인 정치자금 모금창구로 변질됐다는 비판이 적지 않습니다. 현직 지방의원이나 출마 예정자에게 눈도장을 찍어야 하거나 '보험(?)'을 들어야 하는 공직자나 기업인들로서는 출판기념회 초대장이 '현금 납부 고지서'나 다름없습니다. 강 건너 불구경하듯 외면하기도 힘들고, 달랑 한 권 값만 내기도 눈치가 보이기 때문입니다.

* 【결정요지】
가. 지방의회의원은 주민의 대표자이자 지방의회의 구성원으로서 주민들의 다양한 의사와 이해관계를 통합하여 지방자치단체의 의사를 형성하는 역할을 하므로, 지방의회의원의 전문성을 확보하고 원활한 의정활동을 지원하기 위해서는 지방의회의원들에게도 후원회를 허용하여 정치자금을 합법적으로 확보할 수 있는 방안을 마련해 줄 필요가 있다. 정치자금법은 후원회의 투명한 운영을 위한 상세한 규정을 두고 있어 지방의회의원의 염결성을 확보할 수 있고, 국회의원과 소요되는 정치자금의 차이도 후원 한도를 제한하는 등의 방법으로 규제할 수 있으므로, 후원회 지정 자체를 금지하는 것은 오히려 지방의회의원의 정치자금 모금을 음성화시킬 우려가 있다. 현재 지방의회의원에게 지급되는 의정활동비 등은 의정활동에 전념하기에 충분하지 않고, 지방의회는 유능한 신인정치인의 유입 통로가 되므로, 지방의회의원에게 후원회를 지정할 수 없도록 하는 것은 경제력을 갖추지 못한 사람의 정치입문을 저해할 수도 있다. 따라서 심판대상조항이 국회의원과 달리 지방의회의원을 후원회지정권자에서 제외하고 있는 것은 불합리한 차별로서 청구인들의 평등권을 침해한다.
나. 심판대상조항에 대하여 단순위헌결정을 하여 그 효력을 상실시키게 되면 국회의원 역시 후원회를 지정할 수 있는 근거규정이 사라지게 되므로, 심판대상조항에 대하여 단순위헌결정을 선고하는 대신 헌법불합치결정을 선고한다. 입법자는 2024. 5. 31.까지 개선입법을 하여야 하고, 이 조항은 입법자의 개선입법이 이루어질 때까지 계속 적용을 명한다.

언론에 보도된 것만 추려봤는데요. 두 달이 채 안 되는 동안 무려 90개 가까이 됐습니다. 특히 3월 들어서는 55개가 확인됐습니다. 하루 평균 4개꼴입니다. 토요일에는 10개 넘게 몰렸습니다. 마치 무슨 결혼식 같습니다(MBC뉴스, 2018.3.13. "선거자금 모으기? 출판기념회의 속사정).

서울시의회에 따르면, 서울시의원이 지난해 11월부터 이달말 14일까지 개최한 출판기념회는 모두 31번이다. (중략) 이 중 20건이 2, 3월에 몰리면서 '불편한 초대'를 받은 이들은 적지않은 부담을 안게 됐다. 서울시 한 간부 공무원은 "12월부터 3월까지 100만 원 가까운 책값을 지출했다"며 "각종 경조사에 출판기념회까지 겹치면서 비용부담이 컸다"고 말했다(내일신문, 2018.3.16.).

이처럼 출판기념회를 둘러싼 폐해가 선거 때마다 제기되자 2014년 정치권에서는 출판기념회 폐지가 본격 거론됐습니다. 출판기념회가 책 낸 것을 기념하는 자리라기보다는 음성적으로 정치자금을 모으는 창구로 변질됐다는 비판과 함께 실제로 국회의원 출판기념회를 통한 '입법로비'가 사실로 드러나기도 해 아예 출판기념회를 빙자한 편법 정치자금 모금 행위를 근절하자는 여론이 높았기 때문입니다.

그러나 출판기념회 폐지 주장은 정치 신인의 홍보와 소통을 막고, 헌법상 언론 · 출판의 자유(제21조①)와 통상적인 영업활동을 침해할 수 있어 가뜩이나 어려운 출판계를 더 곤궁에 빠뜨릴 수 있다는 반대 논리에 부딪혀 추동력을 잃고 유야무야 됐습니다. 물론 출판기념회 개최의도를 누구보다 잘 헤아리고 있는 국회의원들이 출판기념회 폐지 쪽으로 손을 들었을 리는 만무할 것입니다.

출판기념회에 대한 비판은 개인의 출판 행위나 출판기념회 개최 자체에 초점을 둔 것이 아니었습니다. 출판기념회를 통해 '투명성'이 확보되지 않은 정치자금을 모금하는 '행위'가 문제였던 것입니다. 정치인에게만 출판기념회를 못하게 하는 것은 기본권에 대한 과도한 침해라 볼 수 있습니다.

그럼에도 불구하고 출판기념회가 주요 선거 때마다 정치자금 모금의 수단으로 악용되고 있는 문제를 해소하기 위해서는 출판사가 온오프라인 서점에서만 정가로 판매하든지, 아니면 출판기념회의 개최 횟수를 제한하고 출판기념회가 끝나면 수익내역을 선거관리위원회에 신고토록 하는 등의 법 · 제도적 보완책 마련이 필요할 것으로 보입니다.

출판기념회, 어떻게 준비해야 하나요?

이처럼 출판기념회는 출마 예정자의 인생이나 정치비전 등을 정리해 책으로 엮을 수 있을 뿐만 아니라, 출마예정 지역 주민에게 자신의 얼굴을 널리 알리고, 부수적으로 책 판매수입을 통해 선거자금을 모금할 수 있는 일석이조, 삼조의 효과가 있는 것은 분명합니다.

그런데 염불에는 뜻이 없고 잿밥에만 관심이 있어서는 일정 수준을 갖춘 온전한 책의 출판이 어렵습니다. 당연히 형편없는 글솜씨를 갖고 출판기념회를 빙자해 장치자금을 모금하려 했다는 뒷말이 무성하게 나오기도 합니다. 그럼 출판기념회를 어떻게 준비해야만 뒷말도 없고 뒤탈도 없는지 그 방법을 알려 드립니다.

좋은 책 출판하기

일 년에도 수백 권씩 쏟아지는 정치인들의 저서. 그런데 그 내용을 들여다보면 화보집처럼 본인 홍보에만 치우쳤거나 여기 저기 짜깁기로 완성된 졸작을 심심치 않게 찾아볼 수 있습니다. 출판사나 기획사의 컨설팅을 통해 노골적으로 대필한 책도 있어, 실제 누구의 이야기인지 분간하기 어려운 경우도 있습니다.

먼저 저자로서의 무한한 책임과 책에 대한 기본 예의를 갖춰야 합니다. 조정래, 박경리 등과 같이 한국을 대표하는 작가의 베스트셀러 작품 수준까지는 아니더라도 최소한 '책'이 갖는 소중한 의미와 상징성을 훼손하는 행위는 안 했으면 합니다.

훌륭한 작가들도 한 편의 작품을 만들기 위해서 몇 년간의 시간과 공을 들여 시나리오를 구상하고, 현지답사도 하고, 자료 수집을 하는 등 작품 세계에 몰입한 후에야 본격 집필에 들어갑니다. 그런데 일부 후보자들은 불과 한두 달 만에 책을 출판하는 놀라운 능력(?)을 보이기도 합니다.

이런 책들의 대부분은 아이디어, 기획력, 구성, 콘텐츠, 집필, 편집 등에 있어 책으로서 갖춰야 할 품격에 미달할 수밖에 없습니다. A4 용지 10,000장을 만드는 데 30년생 나무 한 그루가 필요하다고 합니다. 내용이 빈약한 책들로 지구가 훼손되는 일은 없어야 할 것입니다.

책의 출판과 출판기념회를 준비하고 있다면 최소 1년 전부터 치밀하게 기획하고, 집필할 주제와 분야를 정하고, 필요한 자료 조사와 수집을 시작할 것을 당부하고 싶습니다. 한 권의 책이 만들어지기까지는 아이디어와 생각, 통찰력이 전제되어야 하고, 이에 못지않게 내용을 잘 집필하는 능력과 이를 맛난 모양으로 만들어내는 능력을 갖춰야 합니다.

요즘은 정치인이 펴낸 책이라도 그 주제와 콘텐츠가 다양해지고 있습니다. 가장 일반적인 내용은 자전적 이야기를 담은 책입니다. 그동안 본인이 살아온 여정과 가족사, 에피소드, 정치인의 길을 걷게 된 계기 등을 엮어 자서전 형태로 펴낼 수 있습니다. 지금껏 살아오면서 한 번도 돌아보지 못한 한평생의 삶을 자신만의 솔직한 감정으로 정리해 자서전 형태로 남길 수 있다는 장점이 있습니다.

현역 지방의원은 임기 동안의 의정활동을 정리하는 의정보고 형태의 책을 출판하는 경우도 많습니다. 자치법규 발의, 행정사무감사 질의, 대집행부 질문, 청원과 민원 처리, 업무보고 질의, 현장 방문 등의 원내 활동과 주민 의견청취, 지역행사 참여 등의 원외 활동을 책에 담아내는 것입니다. 단순히 활동내역 만을 기술하는 것이 아니라 활동 결과와 자신의 소감 등을 함께 엮으면 개인 의정활동의 유용한 기록물이자 자료집이 될 수 있습니다.

다른 형태는 출마예정자 자신이 일상생활 속에서 얻은 생각이나 느낌을 특별한 형식에 얽매이지 않고 자유롭게 쓰는 수필 형태의 책입니다. 보고 듣고 느낀 것을 일기나 노트에 기록했던 글이나 홈페이지나 블로그 등에 올렸던 글을 정리해 책으로 출판하게 됩니다. 이러한 책들은 저자의 솔직한 생각과 감정 표현을 통해 유권자의 공감과 잔잔한 감동을 이끌어낼 수 있다는 장점이 있습니다. 무엇이나 글의 소재가 될 수 있으며 생활, 편지, 기행, 관찰, 일기, 사색 등의 형식으로 자유롭게 글을 쓸 수 있습니다.

평론집 형태의 책도 출판할 수 있습니다. 어떠한 특정한 사회 현상이나 이슈에 대한 개인의 비평과 논평을 담아내는 글입니다. 평론의 대상에는 꼭 사회문제에만 국한되는 것은 아닙니다. 평소 관심 있었던 예술작품이나 문화, 스포츠, 인물 등 평론의 대상에는 제한이 없습니다. 출마예정자가 평소 관심을 갖고 있던 특정한 정책 분야에 대한 평론서를 제작하는 경우도 있습니다.

최근에는 획일적이었던 출판의 형태가 다양해지고 있는 것이 목격되기도 합니다. 시인으로 등단한 후보자들의 시집 출판이 잇따르고 있고, 재능을 살려 음반을 제작하고 출반기념회를 갖는 사례도 있습니다.

출판기념회 준비하기

언론 보도를 보면, 출판기념회를 필요로 하는 논리는 홍보 기획사들의 횡포가 심하다고 합니다. 한 단체장 후보는 기획사에 계약금 3천만 원을 주고 일을 맡겼지만 출판기념회는 취소되고 돈도 못 찾는 낭패를 겪었습니다(KNN, 2018.3.17. 일자 방송). 그리고 저자의 생각과 아이디어를 글로 기획하고 구성해 주는 기획사의 능력이 떨어져 형편없는 책이 출판되기도 합니다.

어쨌든 힘든 여정을 거쳐 책을 출판하게 되었으면, 이를 기념하는 출판기념회를 갖게 됩니다. 앞서 설명한 바와 같이 출마 예정자로서는 본인의 얼굴을 알리고, 책도 판매할 수 있는 절호의 기회입니다.

때문에 출판기념회는 사전에 철저한 준비가 필요합니다.

행사 일정과 참석 규모에 맞춰 적절한 출판기념회 행사 장소를 대관하는 일이 중요합니다. 참석 예상인원을 고려해 이들을 수용할 수 있는 대규모 공공시설이나 공연장, 예식장 등을 주로 이용하게 됩니다. 책의 집필이 마무리될 때쯤이면 장소 섭외가 이미 완료돼 있어야 합니다.

장소섭외가 끝나면 출판기념회를 안내하고 내빈을 초청하는 일이 남습니다. 선거일전 180일 전이면 출판기념회 행사고지에 필요한 통상적인 사항(주최자, 일시, 장소)을 게재한 현수막과 벽보를 개최 장소와 거리에 게시할 수 있습니다.

출판기념회를 개최하면서 전화나 초청장 등의 방법으로 사회통념상 의례적인 범위의 인사를 초대할 수 있습니다. 그런데 불특정 다수의 일반 선거구민에게 초청장을 무작위로 발송하는 것은 「공직선거법」에 위반됩니다. 초청장에는 저자의 사진을 게재할 수 있지만, 봉투에는 불가능하다는 점을 유념해야 합니다.

다음으로 출판기념회 행사를 진행할 사회자와 식전 문화행사를 위한 공연자를 섭외합니다. 유명인사나 가수, 연예인 등이 사회나 행사를 진행할 수 있습니다. 전문연예인이 아니라면 단순히 한두 곡 정도의 축가를 부르는 행위는 가능합니다. 그러나 전문 예술인, 연예인의 공연은 아무리 무료라 해도 기부행위에 해당돼 「공직선거법」 위반으로 처벌받을 수 있습니다.

행사장에서 상영할 동영상이 있다면 미리 제작해 두어야 합니다. 저서 내용에 포함된 저자의 약력이나 소개글 또는 저서의 주요 내용,

유명인사의 축하 메시지 등을 동영상으로 제작합니다. 이 경우에도 저서의 내용과 무관하게 업적을 홍보 · 선전하거나 출마예정인 저자를 지지할 것을 직접 권유하는 내용은 불가합니다.

이제 출판기념회 행사 안내와 진행에 필요한 자원봉사자를 구해야 합니다. 주로 가족과 친척, 지인, 지역 봉사단체 회원 등이 도우미로 참석하게 됩니다. 그리고 행사 당일에 쓸 준비물을 챙기면 됩니다. ▶방명록/펜 ▶배너/현수막 ▶책봉투 ▶명함통 ▶모금함 ▶현금봉투 ▶음료 ▶어깨띠 ▶내빈 목록 등이 필요합니다.

출판기념회 행사 진행하기

일반적인 출판기념회는 다음 그림과 같은 순서로 진행합니다(1시간 30분 기준). 최근 유행하고 있는 북콘서트 형식으로 진행하는 경우에는 저자의 인사말을 생략하고, 사회자와 저자, 그리고 패널이 저서 내용과 저자에 관련된 자유로운 대화와 토론을 하게 됩니다.

행사 진행에서 주의해야 할 사실은 지역단위의 대규모 행사이다 보니 국회의원, 단체장, 지역 유지 등 내빈이 대거 참석한다는 점입니다. 이들을 모두 소개하고 축하인사를 한다면, 시간도 시간이지만 출판기념회가 자칫 정치행사장으로 전락하고 참석자들의 관심이 멀어질 수밖에 없습니다. 때문에 적정한 범위에서 내빈소개와 축사가 이뤄져야 할 것입니다.

진행일정(안)

1부 - 식전행사	**16:30 ~ 17:00**	**(30′)**
• 문화공연	16:30 ~ 16:55	(25′)
• 동영상 상영	16:55 ~ 17:00	(5′)
2부 - 출판기념회	**17:00 ~ 18:00**	**(60′)**
• 국민의례	17:00 ~ 17:05	(5′)
• 내빈소개	17:05 ~ 17:15	(10′)
• 축 사	17:15 ~ 17:30	(15′)
• 인 사 말(북콘서트)	17:30 ~ 18:00	(30′)
• 폐회 및 기념촬영	18:00	

출판기념회, 할 수 있는 것과 없는 것

「공직선거법」상 누구든지 선거일 전 90일 전부터 선거일까지는 후보자나 후보자가 되려는 사람과 관련 있는 저서의 출판기념회를 개최할 수 없습니다(제103조⑤). 이는 출판기념회를 빙자한 사실상의 선거운동을 방지하고 후보자 모두에게 선거운동의 기회를 균등하게 보장하기 위한 목적에서입니다.

다른 사람의 이름으로 저술한 것이니 괜찮겠지? 하고 방심하는 경우도 있는데, 후보자와 관련 있다면 그 출판기념회는 당연히 금지 대상입니다. 출판기념회를 여는 장소가 출마 예정지가 아니라고, 선거구민이 아니라고 안심하는 경우도 있는데 이 역시 금지 대상입니다. 출판기념일 개최 금지기간에는 전국 어디서나 누구를 대상으로 하든 그 이유를 불문하고 출판기념회를 개최할 수 없습니다. 이를 위반할 경우에는 2년 이하의 징역이나 400만 원 이하의 벌금에 처하게 됩니다.

이러한 입법 취지에 맞춰 중앙선거관리위원회에서는 출판기념회에서 할 수 있는 행위와 할 수 없는 행위를 명확히 구분해 예시하고 있습니다. 「공직선거법」의 관련 규정이 개정될 수도 있고, 선거관리위원회의 유권해석이 일부 변경될 수도 있으므로, 선거관리위원회 홈페이지에서 출판기념회 개최 관련 최신 선거정보를 검색해 법을 위반하는 일이 없기를 바랍니다.

중앙선거관리위원회는 2018년 6월 개최된 동시지방선거 출마예정자를 위해 출판기념회 개최와 관련해 '할 수 있는 사례'와 '할 수 없는 사례'를 다음과 같이 예시했습니다.

출판기념회에서 할 수 있는 사례

서적 출판 및 판매

- 서적 표지에 후보자가 되려는 사람인 **저자의 성명과 사진을 게재하는 행위**
- 판매업자(출판사, 서점 등)가 종전부터 **통상적으로 판매해 오던 방법**(예, 서점이나 인터넷)으로 서적을 판매하는 행위
- 후보자를 주인공으로 한 소설이나 평전을 제3자가 출간(출판기념회 포함)하는 행위. 다만, 특정 후보자에 대한 지지 호소 내용이 포함되거나 선거공약을 주요 내용으로 하는 출간은 위반

출판기념회 개최

- 출판사 등이 선거일 전 90일 전에 서적 출판을 기념하기 위해 **선거운동에 이르지 않는 내용이나 선거에 영향을 미치지 아니하는 내용**으로 통상적인 출판기념회를 개최하는 행위
- 출판기념회에서 참석자들에게 **시중가격**으로 서적을 판매하는 행위
- 출판기념회에 참석한 사람에게 통상적인 범위에서 **1천 원 이하의 차 · 커피 등 음료(주류 제외)를 제공하는 행위**
- 출판기념회에서 **전문연예인 등이 아닌 사람이 단순히 한두 곡 정도의 축가를 부르는 행위**(이들의 역무에 대한 정당한 대가로 교통비, 오찬 등을 제공할 수 있음)
- 유명인사 및 가수, 연예인 등이 후보자가 되려는 사람의 출판기념회에서 **단순히 사회나 행사 진행을 하는 행위**
- 선거와 무관하게 저서 내용에 포함된 저자의 약력 · 소개글 또는 저서의 주요 내용을 동영상으로 상영하는 행위
- **사회통념상 의례적인 한정된 범위의 인사를 초대**(자신이 개설한 인터넷 홈페이지나 초대장 이미지 파일 게시)해 출판기념회를 개최하는 행위
- 초청인사가 행사성격에 맞는 의례적인 내용의 축사 · 격려사를 하는 행위. 다만, 후보자가 되려는 사람을 지지 · 선전하는 등 선거운동에 이르는 행위는 불가
- 출판기념회를 축하 · 격려하기 위해 참석한 참석한 사람이 의례적인 범위에서 제공하는 축하금품(예, 축하화환, 쌀화환 등)을 제공받는 행위

※ 출판기념회 저작물 판매 수익금은 정치자금에 해당되지 아니하므로 그 수익금 관리를 위한 계좌개설에 대하여는 「정치자금법」이 적용되지 아니함.

- 출판기념회에서 제공받은 물품 등을 자선사업을 주관 · 시행하는 국가 · 지방자치단체 · 언론기관 · 사회단체 또는 종교단체 그밖에 국가기관이나 지방자치단체의 허가를 받아 설립된 법인 또는 단체에 제공하는 행위

---

* 제254조(선거운동기간위반죄) ① 선거일에 투표마감시각 전까지 이 법에 규정된 방법을 제외하고 선거운동을 한 자는 3년 이하의 징역 또는 600만 원 이하의 벌금에 처한다.
  ② 선거운동기간 전에 이 법에 규정된 방법을 제외하고 선전시설물 · 용구 또는 각종 인쇄물, 방송 · 신문 · 뉴스통신 · 잡지, 그밖의 간행물, 정견발표회 · 좌담회 · 토론회 · 향우회 · 동창회 · 반상회, 그밖의 집회, 정보통신, 선거운동기구나 사조직의 설치, 호별방문, 그밖의 방법으로 선거운동을 한 자는 2년 이하의 징역 또는 400만 원 이하의 벌금에 처한다.

서적광고

- 출판사가 선거일 전 90일 전에 **선거운동 또는 선거에 영향을 미치게 하기 위한 목적 없이 자사가 출판한 저서의 판매촉진을 위해 통상적인 방법**(신문, 인터넷 배너, 키워드 광고 등)으로 광고하는 행위
- 출판사가 선거일 전 180일 전에 후보자가 되려는 사람이 저자인 서적의 판매광고를 함에 있어 그 후보자가 되려는 사람이 입후보하려는 지역의 선거구민이 주로 이용하는 **버스 또는 지하철 스크린도어에 광고하는 행위**
- 출판사가 **라디오 및 인터넷사이트 배너광고를 이용해 통상적인 서적광고를 하는 행위.** 다만 후보자가 되려는 사람의 성명 · 경력 등을 부각해 광고하는 경우 법 제254조*에 위반되며, 누구든지 선거일 전 **90일부터 정당이나 후보자의 명의를 나타내는 서적광고를 하는 경우** 법 제93조 제2항**에 위반됨.

현수막 · 포스터 · 초대장 등

- **선거일 전 180일 전에** 출판기념회 주최자명 · 일시 · 장소 등 **통상적인 행사고지에 필요한 사항을 게재한 현수막이나 벽보 등을 개최장소와 거리에 게시하는 행위.** 다만, 선거일 전 180일부터 선거일까지 거리에 게시하는 경우 법 제90조*** 또는 제254조에 위반
- 출판기념회를 개최하면서 전화 · 초청장 등 **통상적인 방법으로 사회통념상 의례적인 범위 안의 인사를 초청하는 행위.** 다만, 초청장에 주최자명 · 일시 · 장소 · 저자의 사진을 게재하는 것은 무방하나 통상적인 고지에 필요한 사항 외에 경력 등 후보자가 되려는 사람을 홍보 · 선전하는 내용을 게재하거나 다수의 일반 선거구민들에게 발송하는 경우 법 제93조 또는 제254조에 위반
- 사회통념상 의례적인 범위의 인사에게 발송하는 **출판기념회 초청장에 후보자가 되려는 저자의 사진을 게재하는 행위**
- 서적판매를 영업으로 하는 서점 등이 **선거일 전 90일 전에** 일반적으로 행하여지고 있는 신간**서적 안내 포스터를 자신의 영업장소에 부착하는 행위**

출판기념회와 관련해 절대로 해서는 안 되는 사례

- 예비후보자 또는 후보자의 저서를 **선거사무소에서 판매하는 행위**
- 독자에게 특정 후보자가 되려는 사람을 **지지할 것을 직접적으로 권유하는 내용의 서적을 출간**하는 행위
- 후보자가 되려는 사람이나 그 가족에 대한 **비방이나 허위의 사실이 포함된 서적을 출간하거나 그 내용을 광고하는 행위**
- 특정지역 개발 등 **선거 공약을 주요 내용으로 하는 서적을 사실상 선거홍보물화하는 행위**
- 출판기념회를 개최하면서 저서의 내용과 무관한 후보자가 되려는 사람의 업적을 홍보하거나 선전하는 내용의 영상물 등을 상영하는 행위
- 후보자가 되려는 사람이 자신의 출판기념회에 참석한 선거구민에게 **음식물을 제공하는 행위.** 다만, 통상적인 범위에서 1천 원 이하의 차 · 커피 등 음료(주류 제외)를 제공하는 행위는 무방
- 후보자가 되려는 사람이 출판기념회를 개최하면서 참석한 선거구민이나 선거

** 제93조(탈법방법에 의한 문서 · 도화의 배부 · 게시 등 금지) ① (생 략)
② 누구든지 선거일 전 90일부터 선거일까지는 정당 또는 후보자의 명의를 나타내는 저술 · 연예 · 연극 · 영화 · 사진 그밖의 물품을 이 법에 규정되지 아니한 방법으로 광고할 수 없으며, 후보자는 방송 · 신문 · 잡지 기타의 광고에 출연할 수 없다. 다만, 선거기간이 아닌 때에 「신문 등의 진흥에 관한 법률」 제2조 제1호에 따른 신문 또는 「잡지 등 정기간행물의 진흥에 관한 법률」 제2조에 따른 정기간행물의 판매를 위하여 통상적인 방법으로 광고하는 경우에는 그러하지 아니하다.

*** 제90조(시설물설치 등의 금지) ① 누구든지 선거일 전 180일(보궐선거 등에서는 그 선거의 실시사유가 확정된 때)부터 선거일까지 선거에 영향을 미치게 하기 위하여 이 법의 규정에 의한 것을 제외하고는 다음 각 호의 어느 하나에 해당하는 행위를 할 수 없다. 이 경우 정당(창당준비위원회를 포함한다)의 명칭이나 후보자(후보자가 되려는 사람을 포함한다. 이하 이 조에서 같다)의 성명 · 사진 또는 그 명칭 · 성명을 유추할 수 있는 내용을 명시한 것은 선거에 영향을 미치게 하기 위한 것으로 본다.
1. 화환 · 풍선 · 간판 · 현수막 · 애드벌룬 · 기구류 또는 선전탑, 그밖의 광고물이나 광고시설을 설치 · 진열 · 게시 · 배부하는 행위
2. 표찰이나 그밖의 표시물을 착용 또는 배부하는 행위
3. 후보자를 상징하는 인형 · 마스코트 등 상징물을 제작 · 판매하는 행위

구민과 연고가 있는 자에게 **무료 또는 싼값으로 저서를 제공하는 행위**

- 후보자가 되려는 사람의 사진을 부각시키고 **저자의 정치적 경력, 선거구에 대한 애정을 강조한 광고문안을 게재하는 행위**
- 출판기념회에서 **가수나 전문합창단의 축가, 전문가 수준의 마술공연, 전문 예술인 초청공연을 하는 행위**
- **의정보고회와 출판기념회를 같은 장소에서 동시에 개최하는 행위**
- 특정 정당이나 후보자가 되려는 사람에게 유 · 불리할 수 있는 내용이 포함된 서적을 거리나 **각종 집회장소 등에서 판매하는 행위**
- 서적판매를 위한 **신문광고에 출판기념회 일시 · 장소를 포함해 일반 선거구민이 참석하도록 고지하는 행위**
- 서적판매와 관련해 후보자가 되려는 사람의 **명의를 추정할 수 있는 시설물을 거리를 오고 가는 다수의 일반 선거구민이 볼 수 있는 장소에 게시하는 행위**
- 선거일 전 90일부터 후보자의 명의를 나타내는 저술을 일간신문이나 인터넷 언론사 홈페이지 등에 광고하는 행위
- 출판기념회 **초청장 봉투에 저자의 사진을 게재하여 발송하는 행위**

지금부터는 그동안 중앙선거관리위원회가 출판기념회와 관련해 서면이나 인터넷을 통한 질의에 답변한 〈회답사례〉를 통해 출판기념회를 해석하는 기준을 살펴보겠습니다.

출판기념회 개최를 알리기 위한 현수막이나 포스터의 길거리 게시 · 첩부

선거일 전 180일 전까지는 통상적 내용의 현수막이나 포스터를 거리에 게시 · 첩부하는 것은 가능(「옥외광고물법」 등 다른 법률 위반 여부는 별론).

자신이 개설한 인터넷 홈페이지나 블로그에 출판기념회 초대장 이미지 파일을 게시하고, 문자메시지(SMS), 전자우편(e-mail), SNS 등으로 전송 가능

공직선거법에 위반되지 않음.

다수의 일반 선거구민에게 출판기념회 초청장 발송

사회통념상 의례적인 범위의 인사에게는 가능. 다만 광범위한 일반 선거구민에게 초청장을 발송하는 것은 후보자가 되려는 사람을 선전하는 행위에 해당되므로 행위 시기에 따라 「공직선거법」 제93조 또는 제254조에 위반됨.

출판기념회 행사에 연예인 등이 사회나 행사진행을 하는 경우

유명인사, 가수, 연예인 등이 후보자가 되려는 사람의 출판기념회에서 공연을 하지 않고 단순히 사회나 행사 진행을 하는 경우는 무방함.

출판기념회 축가와 관련해 성악전공 학생, 아마추어 마술가의 축하공연 가능 여부와 실비 지급

전문연예인 등(예 : 가수, 전문합창단, 전문예술인)이 아닌 사람이 단순히 한두 곡 정도의 축가를 부르거나 간단한 마술을 보여주는 것은 무방하며, 이에 대한 정당한 대가로 교통비, 오찬과 다과를 제공하는 것은 기부행위에 해당하지 아니함.

저서의 주요 내용이나 저서내용에 포함된 저자의 약력, 소개글을 영상으로 상영

선거와 무관하게 저서 내용에 포함된 저자의 약력, 소개글 또는 저서의 주요 내용을 동영상으로 상영하는 것은 무방함.

출판기념회 초청장과 봉투에 일시, 장소, 사진 등의 게재

초청장에 주최자명, 일시, 장소, 저자의 사진을 게재하는 것은 무방하나, 봉투에 저자의 사진을 게재하여 발송하는 것은 일상적 · 의례적 행위의 범위를 벗어나 후보자가 되려는 저자를 선전하는 행위가 되므로 행위 시기에 따라 「공직선거법」 제93조 또는 제254조에 위반됨.

출판기념회에 참석한 지인 등으로부터 제공받는 축하금

단순히 저서의 출판을 축하하기 위하여 의례적인 범위에서 제공하는 축하금품에 대해서는 「정치자금법」에 위반되지 않음. 다만, 국회의원 등 정치활동을 하는 사람의 정치활동에 소요되는 비용을 「정치자금법」에서 정하지 아니한 방법으로 제공받는 것은 위반됨.

출판기념회 참석자에게 축하금 상당의 저서나 음식물 제공

후보자가 되고자 하는 사람이 출판기념회를 개최하면서 참석한 선거구민에게 무료 또는 싼값으로 저서를 제공하거나, 통상적인 범위의 차 · 커피 등 음료 외의 음식을 제공하는 것은 축하금 제공여부를 불문하고 「공직선거법」 상 기부행위(제113조)에 해당함.

출판기념회 행사장에서 출판물의 할인 판매 가능여부

출판기념회 참석자에게 저서를 시중 가격으로 판매하는 것은 무방하나, 선거구 안에 있는 사람이나 선거구민과 연고가 있는 사람에게 무료 또는 싼값으로 제공하는 것은 「공직선거법」 상 기부행위에 해당함.

서적에 지방자치단체장 등의 추천사 게재

서적에 저자와 친분관계가 있는 지방자치단체장의 의례적인 내용의 추천사 또는 출간 축하의 글을 게재하는 것은 무방함.

후보자가 되려는 사람의 저서 사인회 개최

후보자가 되려는 사람의 일반 저서의 사인회는 출판기념회에 해당되지 아니하므로 선거기간이 아닌 때에 출판기념회에 이르지 아니하는 방법으로 통상적인 사인회를 개최하는 것은 무방할 것임. 다만, 사인회의 개최시기 · 횟수 · 방법 등이 출판업계에서 일반적으로 이루어지는 범위를 벗어나 후보자가 되려는 사람을 선전하는 행사에 이르는 때에는 「공직선거법」 제254조에 위반됨.

입후보 예정자의 서적출판을 위한 언론 광고

출판사가 입후보 예정자의 저서 판매촉진을 위하여 선거일 전 90일 전에 입후보 예정지역을 주된 배부권역으로 하는 신문에 광고하는 것은 무방함.

출판기념회나 북콘서트의 개최 횟수

출판사 또는 후보자가 되고자 하는 저자가 선거일 전 90일 전에 서적의 출간시기에 즈음하여 제한된 범위의 지인을 초청해 출판기념회를 개최하는 것은 무방하나, 이 기간 중이라도 선거구 내의 지역을 순회하며 반복적으로 개최하는 등 후보자 자신을 홍보 · 선전하는 집회에 이르는 경우에는 「공직선거법」 제254조에 위반됨.

끝으로 출판기념회와 관련한 위반 사항에 대한 법원의 판단을 살펴보겠습니다.

출판기념회에서의 입후보 예정자 지지발언의 정도

출판기념회에 참석한 지구당위원장의 연설 "지도자급 정치인에 해당하는 김○○ 씨가 안타깝게 떨어지는 걸 저는 보면서 ○○ 여러분들이 이 거목을 접어두고 어디엔가 인격적으로 체질적으로 함량이 좀 무너지는 그러한 정치인물을 선택했느냐 풀리지 않는 의문이올시다" "왕성한 의지를 가지고 있는 김○○의원, 아주 하늘 찌를듯한 능력을 가지고 있는 김○○를 잘 부탁드립니다".

: 출판기념회의 시기, 장소, 규모, 초청대상자의 수와 그 성격, 출판기념회의 과정 및 피고인이 출판기념회에서 행한 이 사건 연설내용 등에 비추어 보면, 출판기념회 자체가 김○○의 사전선거운동 등을 목적으로 계획되었고, 피고인 역시 김○○을 지지하는 연설을 함으로써 사전선거운동을 하였다는 사실을 충분히 인정할 수 있음(대전고등법원 1998. 2. 10. 선고 97노311).

출판기념회에서 공연이나 저서, 차량을 무상으로 제공한 사례

제6회 전국동시지방선거 A군수 후보자가 되려는 사람이 2013.6.29. 출판기념회를 개최하면서, 테크노각설이 공연, 전 그룹멤버의 공연, 국악인의 공연 등을 제공하고, 책을 정가 이하 또는 무상으로 제공하도록 방치하고, 출판기념회 행사장까지 왕복 운행하는 관광버스 2대를 무료로 제공함.

: 전문연예인의 공연은 대가 지불 여부와 무관하게 기부행위에 해당하고, 책을 무료로 또는 정가 이하에 가져가는 사람들에 대해서는 책값이나 책값과 실제 지불된 책값 사이의 차액을 기부하였다고 보아야 하며, 출판기념회 참석 편의를 제공하기 위해 버스를 무료로 운행하게 하였다면 이는 기부행위에 해당함(대법원 2014.11.13. 2014도10949).

휴대전화 문자메시지 자동동보방법으로 출판기념회 안내

○○광역시 △△구청장으로 재직하면서 제6회 전국동시지방선거 예비후보자 등록신청 개시일로부터 약 2달 전인 2013.12.19. △△구청의 자동동보시스템을 통해 △△구청과 관내 동사무소에 근무하는 공무원 910명(50~60퍼센트가 유권자)의 휴대전화기로 '△△구청장 ○○의 새로운 부흥시대를 열기 위해 《역동하라 ○○경제》라는 책을 출간했습니다. 그리고 출판기념회 세미나 저자 주제발표 동영상 링크 → http://youtu.be(이하 생략)'라는 내용의 문자메시지를 전송함.

: 단지 출판기념회가 있었다는 사실을 알리는 것을 넘어 자신의 인지도를 높이고 지지를 이끌어 내기 위해 문자메시지를 전송하였다고 볼 수 있으므로 피고인이 선거에 영향을 미치게 하기 위해 문자메시지를 전송한 것으로 본 원심의 판단은 정당함(대법원 2015.8.19. 선고, 2015도5789).

출마예비자가 출판기념회를 빙자해 초청장 발송, 문자메시지 과다 발송

2006년 5월 31일 실시되는 ○○시장 선거에 앞서 출판기념회 홍보를 위해 50,000여 장의 초청장과 12,000여 건의 문자메시지를 발송하고, 벽보 부착, ㅇㅇ방송 자막광고 등의 행위를 함.

: 피고인이 공모해 초청장 발송, 벽보 부착, ㅇㅇ방송 자막광고, 문자메시지 발송 등의 행위를 했다고 인정되고, 나아가 출판기념회 개최를 빙자해 피고인의 인지도를 높여 ㅇㅇ시장 선거에서 득표하거나 당선되기 위한 능동적 · 계획적 행위로서 사전선거운동에 해당한다고 판단한 원심의 인정과 판단은 정당함(대법원 2007.8.23. 선고, 2007도3940).*

* 그러나 출판기념회 개최를 빙자해 단순히 피고인의 인지도를 높였다는 이유로 사전선거운동에 해당한다는 대법원의 이 판단기준은 후에 일부 변경됐습니다(대법원 2016.8.26. 선고 2015도11812).

10

매니페스토 대비
효율적인 의정활동 기록 남기기 김정덕

Q : 지방선거 준비를 하거나 매년 연말이면 의정활동을 평가하면서 매니페스토 약속대상 시상식을 하는데, 지역활동이나 의정활동을 하다 보면 쉽지 않습니다. 매니페스토 실천을 어떻게 해야 할지 궁금합니다.

A : 민주주의는 결과도 중요하지만, 일련의 과정도 중요합니다. 매니페스토는 지역과 주민들의 사회 문제를 확인하고 이를 공식적으로 논의하는 의제화가 필요충분조건의 핵심입니다. 바쁜 의정활동을 하다보면 매니페스토를 소홀히 할 수 있지만, 조금만 부지런하고, 꼼꼼하면 공약이행을 잘할 수 있습니다.

'매니페스토'가 무엇인가요?

매니페스토는 한마디로 요약하자면, '증거' 또는 '증거물'이라고 할 수 있습니다. 이는 정당이나 후보자가 선거공약의 구체적인 로드맵을 문서화하여 공표하는 것으로써, 우리 사회에서 표를 얻기 위한 거짓말을 하지 않겠다는 서약서라고 할 것입니다.

매니페스토는 출마자가 과거에 어떤 비리 사건에 연루된 적이 있으면 그 경위를 밝히고 앞으로는 그런 일이 없을 것이라는 다짐과 함께 구체적인 정책대안을 공약서에 담아서 유권자에게 약속하는 것입니다.

Check Point

매니페스토의 유래

매니페스토(Manifesto)의 어원은 라틴어의 마니페스투스(Manifestus)인데, 이 단어는 이탈리아 어에서 변화하여 마니페스또(Manifesto)가 되었는데, '과거 행적을 설명하고, 미래 행동의 동기를 밝히는 공적인 선언'이라는 의미가 가지고 있습니다.

'매니페스토'가 왜 중요한가요?

국민이 '슈퍼 울트라 갑'인 민주주의 제도 하에서 매니페스토는 '을'인 후보자가 '갑'인 국민에게 제시하는 계약서이기 때문입니다. 매니페스토는 유권자가 후보의 정책을 평가하고, 실천 가능한 공약과 대안을 제시한 후보가 당선될 수 있는 환경을 만드는 토양입니다. 대의민주주의는 비행기 승객들이 일정한 기간마다 승객들 중에서 기장을 선출하는 매우 위험한 제도라고 합니다. 기장이 되려는 사람의 항로(철학과 비전)와 항법(정책공약)에 대한 면밀한 검증을 못 한다면 무능하고 무책임한 기장을 선출하게 되고, 일순간 추락하는 위기를 맞을 수 있다는 경고를 한순간도 잊지 말아야 합니다.*

* 한국매니페스토실천본부, 매니페스토 보도 매뉴얼, 2p.

[지방선거 릴레이 기고] 정책선거, 국민과의 약속과 다짐

매니페스토가 정착이 되기 위해서 앞으로 우리가 나아가야 할 방향은 무엇일까?
(중략)

첫째 정치권의 후보자들이 정치적 철학과 정책의 정당성을 국민들에게 입증해 보여야 한다. 정치철학이 분명히 제시되고 이에 따른 정책의 구체적 실현 가능성을 주장해 국민들을 설득할 수 있어야 한다. 국민들을 위해 권력을 얻고자 한다면 스스로 책임을 감당할 비전과 방향을 명확히 제시해야 하는 것이 선결돼야 한다.

둘째 국민들의 대표자 선출에 대한 기준점의 전환이 필요하다. 지금까지 후보자들의 학연, 혈연, 지연 등에 의존해 투표해 왔던 잘못된 관행을 타파해야 한다. 국민들이 필요로 하는 것이 무엇인지 의견을 수렴하고, 정책과 사례를 검토하고, 합리적이며 실현가능한 정책을 제시해야 한다.

마지막으로 국민들의 관심과 감시가 필요하다. 국민들의 관심으로 명확한 정책, 실현가능한 정책을 제시한 후보자에게 투표했다면 그 후 당선이 되었을 때 당선자가 제시한 공약을 실제로 실천하는지 지속적으로 감시해야 한다. 이 마지막 과정이 생략된다면 앞에서 언급한 방안이 '밑 빠진 독에 물붓기'로 전락해버릴 것이다.

매니페스토는 결코 어려운 것이 아니다. 정책으로 경쟁하고, 정책을 보고 선택하는 선거문화 정착은 후보자와 유권자를 포함한 국민 모두에 달려 있다. 이번에 출마하는 후보자들이 어떤 사고와 정책을 갖고 있는지 면밀히 살펴보고 투표한다면 매니페스토 정착과 더불어 우리나라의 정치가 한 발짝 도약할 수 있는 계기가 될 것이다.

출처 : 대전일보(2018. 4. 9 기사)

중앙선거관리위원회와 시민단체에서 매니페스토 평가에서 좋은 평가를 받기 위한 평가지표와 평가내용은 무엇인가요?

매니페스토는 후보자 및 의원들의 비전과 약속을 한눈으로 확인할 수 있는 로드맵으로서 공천심사시, 당선 이후 시민단체의 공약이행 평가시 중요한 항목으로 자리잡고 있습니다. 이와 관련하여 중앙선거관리위원회에서는 매니페스토 운동이 좋은 결실을 맺어 정책선거가 정착되기 위해서 정치권은 물론 학계, 시민단체, 언론 등 각계각층의 노력을 요청하고 있습니다. 특히 유권자로 하여금 정당이나 후보자가 제시한 공약과 그 이행상황에 대한 지속적인 평가와 관심을 갖도록 기준을 제시하고 있습니다.

평가지표 소개

구분	평가지표	평가내용
공약/DREAM	꿈/비전 (Dream)	공약이 바람직한 미래상과 시대적 정신에 부응하는가? 비전을 실현할 구체적인 정책이나 시책이 반영되어 있는가?
	반응성 (Responsiveness)	유권자의 요구에 부응하는가? 사회의 요구에 잘 부응하고 좋은 반응을 얻을 수 있는가?
	효율성 (Efficiency)	경제적 효율성 : 투입대비 산출이 높은 대안인가? 사회적 효율성 : 사회적 갈등을 야기하지는 않는가?
	연계성 (Adjustment)	소속정당이 추구하는 정책방향과 일치하는가? 기존 제도체제 또는 자신의 다른 공약과의 연계성은 적정한가?
	수단의 적절성 (Means)	공약이행을 위한 재원마련 방안은 적정한가? 추진 로드맵 등 이행수단이 적정한가?
개인/PLUS	적극성 (Positive)	상대에 대한 비방보다는 자신의 공약을 적극 알리려 하는가? 국가 및 지역의 현안을 해결하기 위해 적극적으로 노력하고 있는가?
	리더십 (Leadership)	공약을 실천할 수 있는 리더십을 가지고 있는가? 공약추진과 관계있는 기관이나 단체와의 원활한 협력이 가능한가?
	소통 (Understanding)	적절한 수단을 활용하여 정책으로 소통을 하고 있는가? 자신의 신상정보나 공약, 정견, 경력 등을 충분히 공개하고 있는가?
	전문성 (Specialty)	공약을 실천할 수 있는 전문성을 가지고 있는가? 공약을 추진해 나갈 수 있는 능력과 경력을 갖추고 있는가?

※출처 : 중앙선거관리위원회 홈페이지

따라서 공약과 개인 영역으로 구분하여, 공약부문에 꿈과 비전, 반응성, 효율성, 연계성, 수단의 적절성이 들어가 있어야 하며, 개인부문에는 적극성, 리더십, 소통, 전문성이 녹아져 들어가 있어야 합니다.

좋은 매니페스토 관리를 위해서는 구성을 어떻게 해야 하나요?

좋은 매니페스토로 평가 받기 위해서는 구체적인 목표, 핵심공약과 우선순위, 단계적 실행방안, 연차별 목표, 소요예산 및 재원조달방안, 대차대조표가 포함되어 있어야 합니다.*

1. 정책의 목표가 무엇인가?
2. 우선순위가 어느 정도인가?
3. 정책을 실현하기 위해 밟아야 하는 절차는?
4. 정책 완성의 기한은?
5. 정책을 위해 드는 재원은 얼마이며, 재원 조달방안은?

※출처 : 중앙선거관리위원회 홈페이지

다음에 소개하는 공약사항은 특정 정당과 정치인의 평가와 무관하며, 매니페스토 관리를 위한 형식적 측면에서 단순 예시를 열거한 것입니다.

1) 구체적인 목표가 설정되어 있어야 합니다.

좋은 공약은 구체성이 전제되어야 합니다. 뜬구름 잡듯이 저 산 너머에 무지개가 뜰 것이라는 추상적인 정치구호가 아닌, 이것만은 꼭 하겠다는 구체적인 목표가 있어야 합니다. 예를 들면, 대한민국이라는 비행기가 있으면, 러시아로 갈 것인지, 미국으로 갈 것인지, 중국으로 갈 것인지를 명확하게 제시하는 것은 물론 평가 가능한 목표도

* 한국매니페스토실천본부, 매니페스토 보도 매뉴얼, p31~32 참조 수정.

제시해야 합니다.

♣ 이런 공약 NO!!

• 내 얼굴 보고 맡겨주세요
• 뭔가 보여드리겠습니다와 같은 막연한 주장과 구호

♣ 이런 공약 YES!!

• 학부모의 교육비 부담 경감 추진 :
⇒ EBS 영어 교육전문채널 신설을 통한 영어 사교육비 절감, 교복값 인하 및 대학입학금 폐지 추진
• 전월세난 해소 및 세입자 보호 :
⇒ 임대주택 공급확대로 전월세난 해소 및 임대료 상한제 등 세입자 권리보호 강화
• 국민 세금 부담 완화 :
⇒ 주택임차 차입금 원리금 상환액에 대한 소득공제 상향 등 세금부담 완화로 가계경제 살리기 추진

2) 핵심공약과 우선순위가 제시되어야 합니다.

대부분의 후보자는 일자리, 복지, 지역경제활성화 등을 공통적으로 공약을 합니다. 그렇다고 대부분의 후보자가 모두 동일하다고 평가받지는 않습니다. 나열식으로 공약이 제시되어 있는 것은 좋은 평가를 받지 못합니다. 따라서 핵심공약과 우선순위를 구분하여 명확하게 제시되어야 하며, 무엇이 핵심공약인지, 그에 따른 우선순위는 어떤 것인지를 유권자가 확인할 수 있어야 합니다.

후보자들과 의원들 입장에서야 백화점식으로 나열하여 조금 더 포

괄적인 지역과 연령, 계층에서 표를 얻고 싶은 생각이 클 것입니다. 그러나 백화점식 나열 공약은 유권자나 지역주민들에게 후보자 및 의원활동을 하는 의원이 어떤 공약으로 지역발전에 집중할지를 알 수 없으므로, 핵심공약과 우선순위를 정하여 후보자 및 의원의 정치철학을 명확히 할 필요가 있습니다.

♣ 이런 공약 NO!!

- 지방의회 각종 위원회 지방의원 행정참여 금지
- 행정공무원, 의회 의원 편의 제공 처벌 규정 마련
- 의회의 의원 인사권 참여 제한

Q. 위 공약은 어떤 점이 아쉬울까요?

A. 위 공약은 지방의회를 개혁하겠다는 공약사항만 열거식으로 나열하여 어떤 것이 우선인지 구분하기 힘듭니다.

♣ 이런 공약 YES!!

• 4대 핵심 공약사항(국민안전 최우선, 가정행복 2018, 따뜻한 복지, 건강한 지방자치)
  공약 대주제 : 국민안전 최우선

– '국민안전 플랜' 마련
– 안전 관련 잘못된 관행과 비리 철폐
– 다중이용교통시설의 안전 대책 강화
– 아동학대 근절 위한 종합 대책 마련
– 안전 취약계층에 대한 치안 서비스 강화

Q. 위 공약은 어떤 점에서 긍정적으로 평가할 수 있을까요?

A. 위 공약은 정책의 핵심공약과 일반공약을 구분하여 후보자 및 정치인이 어떤 점을 중점적으로 활동하는지 알 수 있습니다.

– 0000까지 '보호자 간병이 필요 없는 환자 안심병원'을 전국의 모든 공공의료기관으로, 0000년까지 요양병원을 포함한 전국의 모든 병원급 의료기관까지 확대 시행

3) 단계적으로 실행할 방식이 있어야 합니다.

어떤 방식으로 공약을 이행할 것인지 적시되어야 합니다. 지역 현안 사업, 복지정책 어젠다라도 누가 어떤 방식으로 접근하느냐에 따라 너무나 큰 차이가 나기 때문입니다.

♣ 이런 공약 NO!!

⇒ 복지 관련 공약

• (현황과 문제점) 퍼주는 복지, 공짜복지, 무상복지 지양
• (이행방법) 제도 개편

– 0000까지 '보호자 간병이 필요 없는 환자안심병원'을 전국의 모든 공공의료기관으로, 0000년까지 요양병원을 포함한 전국의 모든 병원급 의료기관까지 확대 시행

♣ 이런 공약 YES!!

⇒ 복지 관련 공약

• (현황과 문제점) 노인 인구와 만성질환자 비중이 증가하고 도시화, 핵가족화 등으로 가족구조가 변화하면서 병원 내 간병서비스에 대한 요구는 지속적으로 증가하고 있는 상황임.

• (이행방법)

– 0000년 말까지 건강보험에 간병서비스를 포함시켜 별도 보험을 신설하는 법적근거 마련

– 0000까지 '보호자 간병이 필요 없는 환자안심병원'을 전국의 모든 공공의료기관으로, 0000년까지 요양병원을 포함한 전국의 모든 병원급 의료기관까지 확대 시행

4) 연차별 목표가 적시되어야 합니다.

공약 내용의 전체가 언제 달성되는지 명시되어 있어야 합니다. 권한과 범위에 따라 어떤 역할을 할 것이며, 임기 내에는 어디까지 도달한 것인지가 규정되어야 매니페스토에 대한 관리가 용이합니다.

♣ 이런 공약 NO!!

⇒ 복지 관련 공약

• 즉시 시행

– 0000까지 '보호자 간병이 필요 없는 환자안심병원'을 전국의 모든 공공의료기관으로, 0000년까지 요양병원을 포함한 전국의 모든 병원급 의료기관까지 확대 시행

♣ 이런 공약 YES!!

⇒ 복지 관련 공약

• (재원조달방법)

00정산제 도입 및 00보험에 대한 00지원 비율 확대 별도의 보험료(00보험료) 신설

– 0000까지 '보호자 간병이 필요 없는 환자안심병원'을 전국의 모든 공공의료기관으로, 0000년까지 요양병원을 포함한 전국의 모든 병원급 의료기관까지 확대 시행

5) 소요예산 및 재원조달방안이 제시되어야 합니다.

재원대책이 없는 정책공약은 헛된 구호에 불과합니다. 공약을 실천하기 위해서는 소요되는 예산이 얼마나 되는지, 어떻게 재원을 조달할 것인지, 정책을 어떻게 펼 것인지 그 방안이 제시되어야 합니다.

♣ 이런 공약 NO!!

⇒ 복지 관련 공약

• (재원조달방법) 당선 즉시 또는 없음.

♣ 이런 공약 YES!!

⇒ 복지 관련 공약

• (재원조달방법)

00정산제 도입 및 00보험에 대한 00지원 비율 확대

별도의 보험료(00보험료) 신설

6) 대차대조표(공약가계부)가 제시되어야 합니다.

가정살림살이에서도 가계부를 작성합니다. 이와 같이 공약의 실현 가능성을 유권자가 한눈에 알아볼 수 있는 가계부 형태의 대차대조표(공약가계부)가 제시되어야 합니다. 이는 유권자 뿐만 아니라, 후보자 및 의정활동을 하는 의원에게도 공약의 진행상황을 한눈에 볼 수 있고, 관리에도 매우 유용하다고 할 것입니다.

쉽게 말하면, 재정 없는 정책은 허구이기 때문입니다. 한 장짜리 공약가계부를 만들 수 있는 후보와 만들지 못하는 후보 간의 정책적 능력 차이는 생각보다 크다고 할 것입니다. 한 페이지에 공약가계부를 제시하는 작업은 후보의 모든 공약이 정리되어야 하며, 모든 공약의 소요예산과 재원조달방안에 대한 준비가 끝나야 가능한 작업이기 때문에 매우 중요합니다.

공약가계부는 어떻게 만들어서 관리하나요?

공약총수	세부 공약명		소요예산
000	일자리		
	복지		
	지방행정		
	지역경제 활성화		
합계			

좋은 매니페스토(공약) 관리를 위한 참고사항에는 무엇이 있나요?

과거와 현재의 흐름을 비교 분석하는 노력이 필요합니다. 선거나 의정활동에 있어서 우리의 식생활이 미세하게 변화하는 것처럼 주민들의 요구사항도 끊임없이 변화하고 있습니다. 따라서 이 흐름을 놓지지 않도록 항상 주목하고 있어야 합니다. 예를 들면, 중앙정부의 법제도 개선에 따른 주민들의 불편함이나 재산상 불이익 발생하는 사항이 없는지 등은 주민들의 사유재산권과 밀접한 이해관계가 있으므로 항상 예의 주시할 필요가 있습니다.

♣ 이런 제도(여론조사)도 있습니다.

⇒ 서울특별시의회 등에서는 지역현안이나 특정한 사항에 여론조사 등을 실시할 수 있는 예산이 편성되어 있으므로 지역주민들의 주요 관심사항과 이슈사항을 체크해 볼 수 있으니, 활용해 보는 것은 어떨까요?

유권자(주민)가 가려운 곳을 찾고, 긁어주는 의제에 주목해야 합니다.

후보자나 정치인은 각자가 하고 싶은 말만 하는 것은 선거나 의정활동에 도움이 되지 않습니다. 우리가 TV 채널을 선택할 때, 흥미롭고, 재미있는 프로그램을 선택해서 보듯이 유권자(주민)들도 시민들의 피부에 와닿고, 공감이 가는 의제에 늘 관심을 가지고 있습니다. 따라서 후보자 및 정치인은 주민들이 궁금해하고, 가려워하는 의제에 늘 관심을 가질 필요가 있으며, 끊임없이 노력해야 할 것입니다.

공약가계부를 세분화하여 중간 점검이 필요합니다.

공약가계부는 매니페스토 관리를 위한 가장 기본적인 사항입니다. 후보자 시절 공약했던 사항을 세분화하여 주기적인 점검을 해야 합니다. 예를 들면, A공약이 있다고 전제하면, 공약 이행의 근거규정, 재원, 진행정도, 문제점 등을 주기적으로 점검하여 이행여부 및 향후 진행 일정을 관리하여야 합니다.

연차별 이행로드맵과 예산편성을 유기적으로 연계하는 지혜가 필요합니다.

좋은 공약도 제때 시행되지 않으면, 공허한 메아리로 전락할 가능성이 클 것입니다. 공약시행을 위해서 연차별 이행로드맵을 작성할 때, 지방정부와 지방의회의 예산편성 시기를 파악할 필요가 있습니다. 필요한 예산을 집행부와 미리 협의 타진하여 반영될 수 있도록 사전 논의를 통해 공약 사항이 최대한 반영되어 진행될 수 있도록 해야 합니다. 지방의회에서 예산을 심의하는 권한을 행사하고 있지만, 대부분 집행부에서 관련 예산을 편성하고 계획하므로 집행부와의 충분한 협의가 필요합니다.

이행 불가능한 공약은 빨리 폐기할 필요가 있습니다.

후보자나 정치인들은 각자가 공약한 사항을 지키려 노력합니다. 유권자와 주민들과의 약속이기 때문입니다. 주민들의 선택과 부름을 받은 정치인은 공약 이행을 위해서 최선의 노력을 다해야 할 것입니다. 다만, 공약 사항이라고 할지라도 이행이 구조적, 경제적으로 불가능한 경우가 발생할 수 있습니다. 이런 경우에는 과감히 공약을 폐기하고, 대안 공약을 마련하는 지혜가 필요합니다. 이행할 수 없는 공약을 지지부진하게 추진할 경우, 향후 유권자나 주민들의 평가는 더욱 더 냉혹할 수 있기 때문에 이행이 불가능한 공약은 과감하게 정리하는 결단이 필요할 수도 있습니다.

Check Point

의정대상 수상 비법은?

정치인들은 의정활동을 평가받은 것 중 하나가 각종 의정대상 수상일 것입니다. 의정대상은 각종 NGO단체, 언론협회 등이 수여하는 것으로 정치인들의 의정활동에 공신력을 실어줍니다. 의정대상 수상은 의정활동 보고서 및 홍보물에 자주 등장합니다. 하지만 모든 공약을 이행해야 의정대상을 수상하는 것은 아닙니다. 의정대상을 주관 혹은 주최하는 기관이 어디인지, 평가요소가 무엇인지를 잘 파악해야 합니다. 예를 들면, 여성단체가 주관(주최)이 될 경우에는 여성 법제도 개선 사항을 의정활동시 중점을 둘 필요가 있습니다.

11

의정보고서, 잘 만드는 법 박순종

지방의원도 의정보고서를 제작 배포할 수 있나요?

지방의원은 「공직선거법」 제111조에 따라 선거구민을 대상으로 보고회, 보고서, 인터넷, 문자 메시지 등을 통해 자신의 의정활동을 선거구민에게 알릴 수 있습니다. 특히 인쇄물 형식으로 제작하는 의정보고서는 지역 주민의 입장에서 자신의 지역을 대표하는 지방의원의 다양한 의정활동을 파악함으로써 선거 전후 평가에 필요한 정보를 얻고, 나아가 '주민의 알 권리'를 실현할 수 있다는 측면에서 그 중요성이 높아지고 있습니다.

의정보고서 제작 배포가 금지되는 기간이 있나요?

대통령선거 · 국회의원선거 · 지방의회의원선거 및 지방자치단체의 장 선거 등 각종 선거일 전 90일부터 선거일까지 직무상 행위 기타 명목 여하를 불문하고 보고회 등 집회 · 보고서(인쇄물, 녹음 · 녹화물 및 전산자료 복사본 포함), 송 · 수화자 간 직접 통화하는 방식의 전화 또는 축사 · 인사말(게재하는 경우 포함)을 통하여 의정활동(선거구활동 · 일정 고지, 그밖의 업적 홍보에 필요한 사항 포함)을 선거구민에게 보고하는 행위는 금지되어 있습니다. 따라서 이 기간 동안에는 의정보고서를 제작 배포할 수 없다는 점을 유념해야 합니다. 이를 위반해 선거일 전 90일 전부터 선거일까지 의정활동을 보고한 사람은 2년 이하의 징역 또는 400만 원 이하의 벌금형을 받게 됩니다. 다만, 인터넷 홈페이지 또는 그 게시판 · 대화방 등에 게시하거나 전자우편 · 문자 메시지로 전송하는 방법(자동 동보통신의 방법 포함)으로 의정활동을 보고하는 것은 언제든지 가능합니다.

의정보고서는 어떻게 제작하고, 주로 어떤 내용들이 담겨져야 할까요?

의정보고서의 발행부수 · 면수 · 규격 또는 제작비용에 관하여 선거법상 특별한 제한규정은 없기 때문에 다양한 형식과 방법으로 자유롭게 제작할 수 있습니다. 다만, 제작 배포 전에 반드시 해당 지역구 선관위와 의정보고서 내용 등에 대한 협의 후 추진하는 것이 바람직합니다. 혹시 있을지 모르는 선거법 위반 등의 사항을 사전에 점검해 불미스러운 일이 발생하지 않도록 해야 합니다. 의정보고서에 주로 담겨져야 할 내용을 분류해 제시하면 다음과 같습니다.

Check Point

의정보고서에 수록할 주요내용 예시

① 앞 · 뒷 표지
② 주요경력과 프로필 소개
③ 인사말씀 또는 지역구민들께 드리는 말씀
④ 시 · 도 지역구 예산 및 시 · 도 교육청 지역구 관내학교 예산 확보내역
⑤ 입법 활동, 행정사무감사 및 조사 활동, 특별위원회 활동
⑥ 지역현안에 대한 시 · 도정 질문, 5분 자유발언, 상임위원회 · 본회의 활동
⑦ 공약 이행 실적 또는 지역 현안 문제 해결 및 진척도, 청원 처리 내역
⑧ 대내외 의정활동 내역
⑨ 각종 수상내역
⑩ 주요 언론보도사항

의정보고서를 잘 만들기 위한 비법이 있나요?

의정보고서는 복잡하고 다양한 의정활동을 지역구민에게 효율적으로 홍보하기 위한 것으로, 압축적이고 알기 쉬워야 하며, 시각적으로도 잘 표현돼야 합니다. 또한 임기가 4년이라는 점을 감안해 장기간 동안 각종 사진이나 필요한 자료 등을 제대로 관리해야 합니다. 앞서 말한 바와 같이 일정한 형식과 내용에 대한 제한은 없으나 의정보고서를 잘 만들기 위한 몇 가지 사항을 정리하면 다음과 같습니다.

Check Point

의정보고서를 잘 만들기 위한 Tip

① 사진 관리는 기본이고, 경력과 프로필을 철저히 관리합니다.
② 언론사에 배포한 보도자료와 실제 언론사 보도사항은 그 때 그 때 정리합니다.
③ 블로그 또는 개인홈페이지 등을 활용해 의정활동 실적을 누적 관리합니다.
④ 지역예산 확보 사항은 집행부(시 · 도, 교육청)에 자료요구를 통해 확보합니다.
⑤ 입법 활동, 5분 자유발언, 시정 질문 등에 관한 사항도 자료요구를 통해 확보합니다.
⑥ 의정보고서에 기재한 사항에 대한 증빙자료는 반드시 모아둡니다.
⑦ 의정보고서 기재내용의 선거법 위반 여부 등에 대해 선관위와 반드시 사전 협의합니다.
⑧ 지역구 세대주 명단은 구 · 시 · 군의 장에게 서면으로 신청합니다.
⑨ 제작과 발송비용은 모두 본인의 몫이라는 점을 잊지 않아야 합니다.
⑩ 책자형식 제작에 따른 비용이 부담된다면 이메일, 문자, SNS 등을 적극 활용합니다.

의정보고서 발송을 위한 세대주별 주소와 성명은 어디서 받나요?

지방의원이 의정보고서를 우편으로 발송하고자 할 때에는 그 발송 수량의 범위 안에서 선거구민인 세대주의 성명 · 주소의 교부를 연 1회에 한하여 구 · 시 · 군의 장에게 서면으로 신청할 수 있습니다. 이 때 신청을 받은 구 · 시 · 군의 장은 다른 법률의 규정에도 불구하고 지체 없이 그 세대주 명단을 작성 · 교부해야 합니다.

다만, 교부된 세대주 명단 또는 전산자료 복사본을 다른 사람에게 양도 또는 대여할 수 없으며, 재산상의 이익 기타 영리의 목적으로 사용할 수 없다는 점도 반드시 알아 둬야 합니다. 이를 위반할 경우 2년 이하의 징역 또는 400만 원 이하의 벌금을 받게 됩니다.

의정보고서를 우편 발송할 경우 우편료가 지원되나요?

결론부터 말하면, 제작부터 우편 발송료까지 모두 지방의원이 스스로 부담해야 합니다. 국회는 의원의 원활한 의정활동 지원을 위한 사업의 일환으로 '의정자료 발간비' 및 '정책자료 발송료'를 편성해 의정보고서 발간과 발송 예산을 지원하고 있습니다. 또한 「우편법」 제26조의 2 제2항 및 같은 법 시행규칙 제85조 제1호 마목에 따라 연간 3회 범위에서 국회의원의 의정보고서 발송을 위한 우편요금을 감면(일반 우편요금의 67퍼센트 감액)해 주고 있습니다.

그러나 지방의회는 「지방자치단체 예산편성 운영기준」에서 정한 10가지 의정활동 소요 경비 외에 새로운 비목을 설정할 수 없도록 규정하고 있어 지방의원 의정보고서 발간 · 발송 예산을 새로 편성할 수 없고, 우편요금 감면 대상에서도 제외되어 있습니다. 이러한 현실 속에서 지방의원은 경제적 부담으로 인해 의정보고서 발간 · 발송을 제한받고 있고, 지역주민은 선거구민으로서 정당한 알 권리를 보장받지 못하는 문제점이 발생하고 있습니다. 따라서 지방의원의 의정보고서 발간 · 발송 예산 편성과 우편요금 감면을 위한 관련 법령의 개정이 조속한 시일에 이뤄져야만 합니다.

공직선거법상 의정보고서와 관련된 선관위의 유권해석이나 주의해야 할 사항이 있나요?*

〈할 수 있는 사례 예시〉

- 자원봉사자 등이 공개된 장소 또는 의정보고회 장소에서 의정보고서를 배부하는 행위
- 지방의원이 해외연수를 다녀와서 그 연수와 관련된 내용을 수록하여 제작한 책자 형태의 유인물을 의정보고서로 발송하는 행위
- 이 · 미용실, 식당 등에 의정보고서를 비치하여 두고 선거구민 스스로의 의사에 따라 이를 보거나 가져가도록 하는 행위
- 의정보고회장에서 배부, 우편배달, 호별 투입, 우편함 투입, 신문삽입 배포, 가두 배포, 현관문에 부착, 공공기관 · 마을회관 · 종교시설 등에 비치하는 행위
- 인터넷 팩스발송 대행사이트와 같은 용역대행사에 의뢰하는 등 모사전송의 방법으로 의정보고서를 전송하는 행위
- 의정활동 내용이 게재된 의정보고서를 통상의 명함 크기로 작성하여 선거일 전 90일 전에 선거구민에게 배부하는 행위(다만, 명함 용도로 사용하기 위해 작성한 경우는 위법)
- 지방의원이 당해 선거구와 관련된 사업 중 당해 지방자치단체에서 다음 연도에 중점적으로 추진할 사항을 의정보고서 내용에

* 제7회 전국동시지방선거 정치관계법 사례예시집(2018), 중앙선거관리위원회

포함하여 선거구민에게 미리 보고하고, 의원으로서 그 사업의 해결을 위해 최선을 다하겠다는 내용을 게재하는 행위

- 의정보고서의 서두 또는 말미 등에 의례적인 신년인사 문구를 게재하는 행위(다만, 신년 인사장을 따로 덧붙이는 형태로 작성 · 배부하는 행위는 위법)
- 지명유래 · 고사성어 등을 의정보고서 지면 중 일부에 부수적으로 게재하는 행위
- 의정보고서에 자신의 의정활동에 대하여 보도된 신문 칼럼을 그대로 게재하는 행위
- 의정보고서 배부봉투에 보고자의 소속정당명 · 성명 · 사진 등을 게재하는 행위(다만, 소속 정당의 선전구호나 선거구호 등을 게재하는 행위는 위법)
- 신문배달 소년 등 인력을 이용해 의정보고서를 호별 투입하는 경우 역무제공의 대가로 통상의 수고비를 지급하는 행위
- 국회의원이 일용인부 혹은 당원을 활용하여 의정보고서를 배부하고, 역무의 제공에 대한 정당한 대가를 지급하는 것은 무방하나, 역무제공에 대한 정당한 대가의 범위를 벗어난 금품을 선거구민에게 제공하는 것은 위법

〈할 수 없는 사례 예시〉

- 선거일 전 90일 전에 의정보고서를 발송하였으나 의정활동보고 금지기간 중 선거구민에게 의정보고서가 도착하도록 발송하는 행위

- 의정활동보고 금지기간에 그 지역주민에게 의정보고서를 배부하지 못한 이유를 설명하는 서신을 발송하는 행위
- 의정활동보고 금지기간 중 선거운동 자원봉사자들을 대상으로 선거운동을 위한 교육을 하면서 의정보고서를 보여주고 의원으로서의 활동실적을 설명한 행위(대법원 1996.9.10.선고 96도1469)
- 의정보고서를 벽보나 현수막 형태로 작성 · 게시하는 행위
- 의정보고서를 탁상용 달력 · 연하장 · 명함 등의 형태로 만들어 일반 선거구민에게 배부하는 행위
- 의정보고서를 도로변 · 점포 · 골목길 등에서 살포하거나 호별방문의 방법으로 배부하는 행위
- 의정보고서에 타인의 인사문을 게재하거나 의정보고회장에서 동료의원 · 후원회장이 축사 · 격려사를 하는 행위
- 의정활동과 관련 없는 특정 정당의 정책홍보 내용을 게재하여 선거구민에게 배부하는 행위
- 지방의원의 성장과정과 살아온 내력만으로 작성된 의정보고서를 배부하는 행위
- 재임하기 전에 이미 확정된 사업을 자신의 의정활동사항으로 보고하는 행위
- 의정보고서에 정규학력이 아닌 '○○대학교 경영대학원 최고경영자 과정 총동창회 부회장'이라고 기재한 행위
- 임기가 만료될 무렵 의정보고서에 다음 임기에 다루어질 구체적인 사안에 대한 공약을 게재 · 배부한 행위(대법원 2000.4.25.선고 98도4490)

- 지방의원이 자신의 의정보고서에 다른 선거의 후보자가 되려는 사람의 입당사실을 게재한 행위(대법원 2005.3.10.선고 2004도8717) → 벌금 200만 원
- 낙천대상자 선정사유에 대하여 해명하는 글이나 낙천대상자 선정에 대한 제3자의 반론 등을 게재한 행위(대법원 2006.3.24.선고 2005도3717) → 벌금 70만 원
- 의정보고서 내용이 저장된 USB를 제공하는 행위

Check Point

의정보고서 작성과 배포

의정보고서 내용과 제작형식 등에 관해 공직선거법상 특별한 제한규정은 없기 때문에 다양한 형식과 방법으로 자유롭게 제작할 수 있습니다. 그러나 인쇄 전에 의정보고서 초안을 반드시 해당 지역구 선관위에서 검토하게 한 후 인쇄를 하는 것이 좋습니다.

아울러, 선관위에서 제시한 '할 수 있는 사례'와 '할 수 없는 사례'는 반드시 구분해 기억해 둬야 합니다. 혹시 있을지 모르는 선거법 위반 등의 사항을 사전에 체크해 불미스러운 일이 발생하지 않도록 주의해야 합니다.

바로 읽고 바로 실무에 적용 가능한 의정 활동 워크북

지방의회, 아는 만큼 잘할 수 있다! - 최신 개정판-

초　판 1쇄 발행 2018년 6월 30일
개정판 1쇄 발행 2024년 6월 30일

지은이 | 강상원 · 한태식 외

펴낸이 | 정광성

펴낸곳 | 알파미디어

주소 | 서울특별시 강동구 천호옛12길 18, 2층(성내동)

전화 | 02-487-2041

ISBN 979-11-91122-64-0 (13350)

• 책값은 뒤표지에 있습니다.

• 이 책의 일부 또는 전부를 재사용하시려면 저자들의 서면 동의를 받아야 합니다.

• 잘못 만들어진 책은 교환해 드립니다.